21世纪经济与管理精编教材 · 经济学系列

经济增长理论导论

Introduction to Theory of Economic Growth

沈佳斌◎著

北京大学出版社
PEKING UNIVERSITY PRESS

图书在版编目(CIP)数据

经济增长理论导论/沈佳斌著. —北京：北京大学出版社，2015.8
（21 世纪经济与管理精编教材 · 经济学系列）
ISBN 978-7-301-26059-3

Ⅰ. ①经… Ⅱ. ①沈… Ⅲ. ①经济增长理论—高等学校—教材 Ⅳ. ①F061.2

中国版本图书馆 CIP 数据核字（2015）第 147526 号

书　　名　经济增长理论导论
著作责任者　沈佳斌　著
策 划 编 辑　王　晶
责 任 编 辑　兰　慧
标 准 书 号　ISBN 978-7-301-26059-3
出 版 发 行　北京大学出版社
地　　址　北京市海淀区成府路 205 号　100871
网　　址　http://www.pup.cn
电 子 信 箱　em@pup.cn　　QQ:552063295
新 浪 微 博　@北京大学出版社　@北京大学出版社经管图书
电　　话　邮购部 62752015　发行部 62750672　编辑部 62752926
印 刷 者　三河市北燕印装有限公司
经 销 者　新华书店
　787 毫米×1092 毫米　16 开本　14 印张　349 千字
　2015 年 8 月第 1 版　2015 年 8 月第 1 次印刷
印　　数　0001—3000 册
定　　价　34.00 元

前　言

经济增长一直是经济学的重要研究主题。一方面，经济增长对人类社会福利的改善至关重要（Barro and Sala-i-Martin，2004）；另一方面，经济增长所呈现出来的典型事实——时间上的持续性和空间上的差异性——令经济学家着迷[①]。自然，经济增长理论在经济学家族中也就有着很重要的地位。

更进一步，经济增长理论所采用的形式化的动态一般均衡分析法也是宏观经济学的主要分析方法，由此，弄懂经济增长理论有助于宏观经济学的学习。

可是，由于形式化的动态一般均衡分析法大量采用数学，因此，弄懂经济增长理论不是一件容易的事情。本书试图对经济增长理论给出一个比较“明了”的解读，从而让那些经济学和数学基础不是很好的读者能够通过本书读懂经济增长理论。为了达成这个目标，我尽力做好以下两个方面的工作：

第一，注重经济增长理论研究方法的讲解，并且总是根据这些研究方法来解读每一个经济增长模型。具体来说，在仔细讲解经济增长的研究方法的基础上，我们着重做了两件事情：

首先，按照相同的步骤来讨论每一个模型。本书把经济增长理论的研究方法“分解”为设定模型、建立模型和分析模型三个步骤，并总是遵照这三个步骤来讨论每一个模型。这样不但可以做到条理清楚，而且可以通过对模型进行“化整为零”来降低理解模型的难度，更为重要的是，能够通过这种不断的重复让读者理解从而学会经济增长理论设定、建立和分析模型的方法。

其次，按照同一个程序来建立每一个模型。本书建立经济增长模型总是以最终品生产函数为起点，接下来，依次去寻找每一个投入变量的决定式。这样做的好处是，能够让读者在研读经济增长模型时，知晓模型（方程组）中每一个方程的“来龙去脉”。随着阅读的深入，读者就会慢慢体会到本书模型中的所有方程的出现都是环环相扣的。

第二，讲清楚书中用到的数学知识。这些相关的数学知识主要有：齐次函数，一阶线性微分方程，相位图的画法，稳态的基本性质，非线性微分方程对数线性化方法，最优控制论，动态优化问题中的两种约束条件及其相互转换的方法，定积分关于非积分变量求导，不变替代弹性函数，等等。

---

① 以至于著名经济学家卢卡斯（Lucas，1988）有过这样的感叹：一旦你开始思考（经济增长问题），就很难再去思考其他的问题了。

讲解这些数学知识时，我们努力做到如下几点：一是在要用到它们的时候讲解，这样，可以比较好地凸显出数学在经济增长理论中的“有用性”；二是尽可能做到通俗易懂，比如，书中讲解较为复杂的数学问题时，总是设法找一个类似的较为简单的数学问题来进行类比；三是努力讲清楚这些数学知识的使用方法，比如，给出了非线性微分方程对数线性化方法的具体步骤。

上述两点，是本书区别于其他相关图书的独有特征。这两点让经济增长理论变得“友好”了许多。因为这两点能够让读者在学会如何建立和分析经济增长模型的同时，了解为什么要这样建立和分析模型。由此，本书能够让你读懂主要的经济增长模型，哪怕你的经济学和数学基础不是太好。这就是本书所孜孜以求的所谓“低起点、高落点”的效果。

下面，介绍一下本书的结构安排。本书按照现代经济增长理论的发展规律来组织全书内容。概括地说，这个发展规律是，现代经济增长理论的起点是索洛模型，此后的模型都是在放松索洛模型若干假设的基础之上发展而来的。很自然，索洛模型成为本书展开的第一个增长模型，它是本书第二章的主题。

第一个被放弃的索洛模型假设是储蓄率外生给定。储蓄率外生给定导致索洛模型出现过度储蓄。为了消除这种非理性的结果，凯斯和库普曼斯把拉姆齐的消费者最优化分析引入增长理论中，从而提供了一种对储蓄率的内生决定理论。[①] 当然，凯斯和库普曼斯对消费者最优行为的分析所使用的方法不同于拉姆齐，前者用的是现代控制论，后者使用的则是古典变分法。这种不同只是数学进步的结果。拉姆齐模型是本书第三章的内容。

在讨论储蓄率（内生）决定时，拉姆齐模型假设进行消费、储蓄决策的家庭是永续存在的王朝。虽然考虑到父母（对子女）的“利他”行为，这个假设还是有些合理性，并且，这个假设极大地简化了模型的建立和分析过程，但是，它毕竟与人们具有有限生命这一事实不符，尤其是在这个假设下，拉姆齐模型无法分析不同代际之间的相互影响。为此，在第四章里，我们将放弃消费者具有无限生命的假设，讨论迭代增长模型，在这个模型中，消费者具有有限生命。

在接下来的第五章里，我们将从三个方面来进一步扩展拉姆齐模型。一是引入政府，讨论政府的经济活动——主要是政府购买和税收——对经济增长的影响；二是引入物质资本投资的安装成本，考虑厂商动态优化决策；三是在开放条件下来展开拉姆齐模型。

第二个被放弃的索洛模型假设是人口和劳动增长率外生给定。这个假设排除了生育决策和劳动与闲暇之间的选择。放弃这个假设就是为了考虑生育决策和劳动与闲暇之间的选择对经济增长的影响。本书第六章讨论包含生育决策和劳动与闲暇之间选择的增长模型。

第三个被放弃的索洛模型假设是可累积要素（主要是指物质资本）的边际报酬递减。由于采用了可累积要素边际报酬递减的新古典生产函数，索洛模型和拉姆齐模型都无法解释经济增长在时间上的持续性与在地域间的差异性。正是为了克服索洛模型和拉姆齐模型的这一不足，内生增长理论得以出现。内生增长模型的共同做法就是放弃可累积要素边际报酬递减假设。

---

① 因此，这种储蓄率内生决定的增长模型通常叫作“拉姆齐模型”。尽管拉姆齐关于最优储蓄决定的文献早在索洛模型出现之前就发表了，但是，由于这种储蓄内生决定分析方法是在索洛模型之后才被引入增长模型的，因此，拉姆齐模型被看作是对索洛模型的扩展。

要素边际报酬递减规律发生作用有两个前提条件：一是其他要素保持不变；二是技术保持不变。因此，要使可累积要素边际报酬不递减，只需要放弃其中某一个条件即可。在增长文献中，由放弃“其他要素保持不变”假设而发展而来的内生增长模型叫作“*AK* 模型”；由放弃“技术保持不变”假设而发展起来的内生增长模型叫作“内生技术进步模型”。

经济增长模型通常有两种不同的方式来放弃“其他要素保持不变”假设。一是直接假设其他要素不存在；二是在可累积要素和其他要素之外引入第三个要素，可累积要素的增加可以导致这个第三要素增加，从而导致“其他要素”增加。按照第一种方式发展起来的模型是 *AK* 模型的基准，本书将它叫作“基本”*AK* 模型。第二种方式所引入的第三要素主要包括“干中学”、政府服务和人力资本，据此，可以将这种方式发展起来的模型区分为干中学模型、政府服务模型和人力资本模型。

至于放弃“技术保持不变”假设就是引进技术进步[①]，更准确地说是把技术进步内生化。在经济增长文献中，技术进步一般被区分为水平技术进步（产品种类数增加）和垂直技术进步（产品质量提升）。由此，内生进步增长模型又被区分为“水平创新内生增长模型”和“垂直创新内生增长模型”。第七章依次介绍四种 *AK* 模型；水平技术进步内生增长模型和垂直技术进步内生增长模型分别是本书第八章与第九章的主题。

第十章讨论可变时间偏好率的经济增长模型。在这一章里，我们将放弃此前一直保持的“消费者的时间偏好率外生给定并保持不变”的假设，将时间偏好率内生化。我们把可变的时间偏好率分别引入拉姆齐模型和内生增长模型。

除开导言的其余九章可以被分为四个部分。第一部分包含第二章和第三章，可以被叫作“新古典增长模型”，因为索洛模型和拉姆齐模型使用的都是新古典生产函数。第四章、第五章和第六章构成第二部分，可以被叫作“扩展的新古典增长模型”，一方面，这些模型使用的仍然是新古典生产函数；另一方面，它们又都在非生产函数方面做了某些改进。第七章、第八章和第九章构成第三部分，是所谓“内生增长模型”，它们的共同特征就是放弃了新古典生产函数。第四部分只包含最后一章，这一章主要是将此前一直外生给定的不变时间偏好率内生化，我们把内生可变的时间偏好分别引入新古典增长模型和内生增长模型。将这一章独立划入第四部分，是因为这一章涉及的是消费者偏好的改变，这与此前的模型都不相同。

① 其实，索洛模型和拉姆齐模型为了解释经济增长的持续性与差异性，也引入了技术进步，只是技术进步是外生给定的。与之不同，内生增长模型中的技术进步是经济行为人有意识的决策的结果。

目　录

第一章 导 言

开门见山。导言的任务是回答以下问题：什么是现代经济增长理论？要介绍一门学科，无非是从“研究主题”和“研究方法”两个主要方面展开。这两个部分的内容构成了本章的两节。

1.1 研究主题

经济增长理论的研究主题自然是“经济增长”。通常，经济增长被定义为“人均产出的增加”。因此，经济增长理论要研究的中心问题是，人均产出增长率的决定因素是什么。如果用 y 表示人均产出，t 表示时间，则经济增长理论就是要求解 $\frac{\mathrm{d}y/\mathrm{d}t}{y}$ 的决定式。显然，如果知道 $y(t)$ 的话，那么，$\dot{y}/y$（本书用 $\dot{x}$ 表示变量 x 关于时间 t 的导数，即 $\dot{x} \equiv \mathrm{d}x/\mathrm{d}t$）就很容易求得。如此一来，简单地说，经济增长理论的主要任务就是要求解函数式 $y(t)$ 。

当然，经济增长理论还会研究与产出相关的一些变量，关注的重点也是求解这些变量关于时间的函数。一方面，产出是投入的结果。经济增长理论常常关注的投入变量有资本、投资、劳动、人力资本，等等。另一方面，产出总归是要被使用的。经济增长理论也关注产出的最终使用，比如消费、储蓄这些变量的变化。

具体说来，经济增长理论要研究的是经济增长的两大典型事实：增长的持续性和差异性。经济增长理论文献通常的做法是，先将产出及与之相关的变量的变化情况概括成若干“典型事实”，然后建立模型来解释这些变量变化的典型事实。说到经济增长的典型事实，就不能不提及卡尔多(Kaldor，1963)所做出的六点经典概述：(1) 人均产出持续增长，并且增长率没有下降的趋势；(2) 人均物质资本持续增长；(3) 资本的回报率基本保持不变；(4) 物质资本与产出比率大体不变；(5) 劳动和物质资本在国民收入中的占比基本保持不变；(6) 不同国家间的人均产出增长率存在巨大差异。这六点当中，重点是第(1)点和第(6)点，这是因为前面五点事实密切相关，解释第一点的因素大体上就可以解释第(2)点至第(5)点。为此，经济增长典型事实通常被抽象成如下两点：一是从时间上看，经济增长具有持续性；二是从空间上来看，经济增长存在巨大差异。

1.2 研究方法

现代经济增长理论的研究方法可以用两个关键词来概括：“动态一般均衡分析法”和“形式化分析法”。研究方法是一个极为抽象的问题，这里只做尽可能简单的介绍和说明。简单的标准是，这里的介绍和说明能够让下文顺利展开即可。详细的解读，留待下文结合具体的经济增长模型来进行。

1.2.1 动态一般均衡分析法

在经济学中，均衡的含义是"最优"。要注意的是，这个含义成立需要满足"（理性）经济人"和"信息完全"两个假设条件。

从字面上理解，当我们说某个对象处于均衡状态时，就是指这个对象"不动了"。用在经济学中，就是指某个经济现象"不动了"。要准确理解经济学中均衡的含义，就得注意到如下事实：所有的经济现象都是经济行为人选择的结果。[①] 因此，与其说是某个经济现象"不动了"，还不如说是那些（个）选择这个经济现象的经济行为人"不动了"，即不改变自己的选择了。如此一来，要理解经济学中均衡的含义，就得弄清在什么情形下经济行为人不改变自己的选择。

概括地说，经济行为人不改变自己选择的情形可以区分为两类三种。第一类是经济行为人"达到最优"了。换言之，就是经济行为人"满足了"。第二类是经济行为人"以为自己达到了最优"。这类情形又可以进一步区分为两种情况：一是经济行为人是非理性的，错把非最优当成最优；二是经济行为人虽然是理性的，但是由于缺乏信息而错把非最优当成最优。经济学的"（理性）经济人"和"信息完全"两个假设排除了第二类情形中的两种情况。由此，经济学中均衡的含义就可以简单地理解为"最优"。

经济学中的均衡（从而均衡分析）可以分为三个层次。第一个层次是单个经济行为人均衡。比如，消费者均衡、生产者均衡、厂商均衡等。消费者均衡就是消费者达到了最优，也就是实现了"效用最大化"；生产者均衡就是生产者达到了最优，即实现了"既定产量条件下的成本最小化，或者既定成本条件下的产量最大化"；厂商均衡就是厂商达到了最优，即实现了"利润最大化"。第二个层次是单个市场均衡。市场均衡是指市场上的供求双方同时达到了最优。也就是说，这个市场中的消费者在实现效用最大化的同时，厂商也实现了利润最大化。第三个层次是一般均衡。一般均衡是指所有市场中的供求双方都同时达到了最优；换句话说，在一般均衡分析法看来，要分析的经济现象是所有参与这一经济现象的经济行为人的最优选择及其相互作用的结果。

经济增长理论使用的主要分析方法就是一般均衡分析法。这是因为，在经济增长理论中，经济增长被理解为"所有参与经济增长活动的经济行为人的最优选择及其相互作用的结果"。

用动态分析法来研究经济增长，是因为经济增长是一个动态（经济）问题，也就是包含跨时点因素的经济问题。所谓跨时点因素是指，一个时期内不同时点的选择之间存在相互影响。如果一个经济问题只涉及某一个时点的选择，那么它一定是静态问题。也就是说，动态问题首先必须是某一个时期内的选择问题；除此之外，动态问题还要求这个时期内不同时点的选择之间存在相互影响。换言之，即使某一个问题是一个时期内的选择问题，但是，如果这个时期内不同时点的选择彼此独立，那么，这个时期内的选择问题本质上仍然是一个静态问题。因为这个时期内，只要每一个时点的选择是最优的，那么，整个时期的选择就是最优的。

---

① 正因为如此，经济学属于社会科学。

1.2.2 形式化分析法

所谓形式化分析法就是数学化的方法，简单地说，就是用数学模型来分析经济现象（问题）。形式化的分析法一般包括三个步骤：设定模型、建立模型和分析模型。

1. 设定模型。设定模型就是把要分析的“经济问题”转换成“数学问题”。形象地说，就是要编写（设计）一道数学应用题。① 那么，如何设定模型呢？也就是说，在设定模型时，要说清楚哪些方面的内容呢？

在（一般）均衡分析法看来，经济现象（问题）是“经济行为人最优选择及其相互作用的结果”。于是，对经济模型进行设定，自然需要说清楚以下两个问题。其一，所要研究的经济现象是哪些经济行为人的、什么最优选择、如何相互作用的结果？其二，这些经济行为人的决策（选择）条件（背景）是什么？

经济增长理论②，通常有两种不同的做法来解决上述第一个问题（Gillman，2011）。这两种不同的做法就是经济增长理论的两种建模（分析）框架：（分散）市场经济框架和（社会）计划者经济框架。

市场经济框架。在市场经济框架中，经济行为人通常被区分为消费者和厂商。消费者在产品市场上需求产品，在要素市场上供给要素；厂商则相反，在产品市场上供给产品，在要素市场上需求要素。产品市场和要素市场的均衡条件将消费者与厂商的选择联系起来。

计划者经济框架。在计划者经济框架中，经济行为人不再被区分为消费者和厂商，而是被看成融消费者和厂商于一身的一个复合体（a composite unit）。这个类似于鲁滨逊·克鲁索的消费-生产者，拥有生产要素、生产产品，并且消费产品。在经济增长文献中，这个复合体常被称为“社会计划者”（the social planner）（Barro and Sala-i-Martin，2004），本书也采用这种叫法。正因为如此，本书将这种分析框架所分析的经济体叫作“社会计划者经济”。这个社会计划者要做的选择就是决定在不同的时点把多少要素投入生产，以最大化自己的跨时点效用。

对比两种分析框架，它们之间的差异主要表现为两个方面。一是在市场经济框架中，各种市场上的供求函数以及价格是显性存在的；而在计划者经济框架中，这些内容大多被“隐藏”起来了。因此，使用计划者经济框架是无法讨论价格决定或者变动问题的。二是计划者经济框架只能被用来分析完全竞争经济，市场经济框架则还能用来分析不完全竞争经济。对于社会计划者而言，信息不完全、交易费用、外部性等导致不完全竞争因素都是不存在的，因此，计划者经济框架只能用于分析完全竞争经济。

在完全竞争条件下，两种分析框架得到的分析结果是一致的（Acemoglu，2009）。所以，只要讨论的不是价格决定或者变动这类问题，那么，完全竞争时，这两种分析框架是可以相互替代的。但是，如果所考察的经济社会不满足完全竞争条件，那么就只能使用市场经济框架，而不能用计划者经济框架。正是由于计划者经济框架只能适用于完全竞争经济，因此，计划者经济框架得到的结果总是帕累托最优的。由此，当我们要考察一个不完全竞争条件下的经济增长模型的效率问题时，总是把从市场经济框架得到的结果与从计划者经济框架得到的结果进行比较说明，Barro and Sala-i-Martin（2004）就是这样做的。

---

① 用这个比方来类比的话，建立和分析模型就是要“求解”一道数学应用题。

② 其实，准确地说，应该是整个宏观经济学，而不仅是经济增长理论。

在解决了分析框架问题之后，接下来的事情就是要给出经济行为人的决策背景。这些决策背景通常由一些函数来描述，比如，效用函数用以描述消费者的偏好，生产函数则用来描述厂商面临的技术约束，等等。这些函数往往以经济行为人最优选择问题的目标函数和约束条件出现在模型中。

2. 建立模型。建立模型就是列方程组。如果所列方程组中有某（些）个方程包含跨时点因素，更简单地说，就是包含微（差）分方程的话，那么这个模型就是动态的，否则就是静态的。

经济学模型中的方程大体可以区分为三种类型。第一种是定义方程（式）。由于是通过下定义而给出的方程式，所以，这类等式的本质是恒等式。比如，储蓄被定义为没有被消费的收入。如果分别用 S、Y 和 C 表示储蓄、收入和消费的话，那么，这个方程式就可以写成 $S=Y-C$，式中的等号可以写成恒等号。第二种是均衡条件。均衡条件通常是表示某个（些）市场的供求相等。一般地，一个模型包含几个市场就有几个均衡条件。第三种是行为方程。行为方程表示的是模型中的经济行为人最优选择的原则。这种方程通常由经济行为人最优化问题的均衡条件推导（化简）而来。比如，消费者对某种商品的需求函数是由消费者效用最大化问题的均衡条件化简而来的；厂商对某种商品的供给函数则来自厂商利润最大化问题的均衡条件。

在宏观经济学模型中，如果所有的行为方程都来自经济行为人最优化问题的均衡条件的话，那么，这个宏观经济模型就是具有微观基础的；反之，如果行为方程只是通过先入为主的方式给出的先验方程的话，那么，这个宏观经济模型就是缺乏微观基础的。

建模工作也就是列方程组，从什么地方开始？开始之后，如何继续下去？最后，到什么地方结束？

本书中，在建立经济增长模型时，总是以最终品生产函数为起点，这是因为经济增长模型探讨的是产出的增加。生产函数中的产出是模型要决定的变量，为了找到这个变量，就需要知晓生产函数中的投入变量。为此，我们就依次去寻找每一个投入变量的决定式。在寻找这些投入变量决定式的过程中，如果有"新"变量——即除了在已经列出的方程中出现过的"旧"变量以外的变量——被引入的话，就需要寻找这个新变量的决定式，直至这些决定新变量的方程式中只有旧变量或者外生变量为止。

需要说明的是，本书所说的这个思路不是必须的，更不是唯一的。因为事实上，只要方程组是封闭、有解的，从方程组的任意一个方程出发，都是可以将方程组列出来的。只是我们觉得这样做，建模过程会更加清晰，而且更好理解。按照这种程序，一方面，能够保证列方程组时，总是可以知道下一步要做什么，以及到什么时候这个过程可以结束了；另一方面，能够保证全书所有模型的建立程序保持一致，而不像现在多数文献中那样，不同模型使用不同的建模思路。本书将始终遵循这一建模程序，随着下文的展开，读者将会体会这个思路的好处。如果是这样的话，那么，这个建模程序的提出，可以算是本书的一个微小贡献。

3. 分析模型。自然，模型建立起来之后，要做的工作就是分析模型了。模型分析一般区分为"均衡分析"和"比较分析"。均衡分析，也就是解方程组。如果是静（动）态模型的话，均衡分析也叫作静（动）态分析。比较静（动）态分析的具体做法是，改变某个已知条件，重新列方程组、解方程组，比较已知条件改变前后模型均衡分析结果的异同。通常，模型的已知条件叫作"外生变量"，由模型决定的量则叫作"内生变量"。据此，均衡分析的任务就是把内生变量表示成外生变量的函数；比较分析要做的事情则是考察外生变量变化对内生变量的影响。

均衡分析也就是解方程组要做的第一件事情是化简方程组，即通过消元法把方程组化简为一个只包含一个未知变量的方程。这个方程通常称为“简化方程”(the reduced equation)。具体到经济增长模型,这个简化方程一定是一个微(差)分方程。我们把这个微分方程叫作模型的“基本微分方程”。

找到基本微分方程之后,接下来的事情就是求解基本微分方程。遗憾的是,除非在非常特殊的条件下,绝大多数增长模型的基本微分方程(组)是求解不出显性解的。[①] 解决这个问题的办法是,用关键的局部分析来取代整体分析。这个关键局部是所谓稳态(the steady state)及其周边。对稳态进行的分析叫作“稳态分析”,对稳态周边所做的分析叫作“转型动态分析”。

在经济增长文献中,稳态分析也叫作“静态分析”,转型动态分析又叫作“动态分析”;相应地,比较分析也叫作“比较静态分析”和“比较动态分析”[②]。稳态分析又叫作“长期分析”,转型动态分析也叫作“短期分析”。

综上所述,设定、建立和分析一个经济增长模型要做的具体工作包括:选定建模框架、给出经济行为人的决策条件、列方程组、化简方程组(即寻找模型的基本微分方程)、稳态分析、转型动态分析和比较分析(主要是比较静态分析)。对每一个增长模型,本书基本上都是从这几个方面来展开讨论的。

最后,既然形式化分析方法就是数学分析法,那么,一个很自然的问题是,经济增长理论需要哪些数学知识呢?经济增长理论需要的主要数学知识包括“动态优化”和“微(差)分方程”两个部分。动态优化理论主要用于导出模型中的行为方程;而微(差)分方程知识则主要用于求解模型的均衡解。随着下文中具体模型的展开,这一点会慢慢呈现出来。说是“主要”数学知识,是因为如果涉及所建模型(也就是所列出的方程组)的解的存在性和唯一性问题的话,那就还需要实分析知识。另外,即使方程组存在解,但绝大多数情况下是很难找到显性解的。这个时候往往需要求助于计算数学。本书不涉及这两部分内容。

?习题

1. 简述经济增长的典型事实。
2. 一般均衡分析的基本逻辑是什么?
3. 如何判断一个经济问题是不是动态经济问题?
4. 分散市场经济框架和社会计划者框架是经济增长理论的两种建模(分析)框架。简述这两种框架的区别和联系。
5. 为什么社会计划者框架只能被用于讨论完全竞争经济?
6. 经济学模型中的方程(函数)通常可以区分为哪三类?
7. 如何判断一个宏观经济模型是否具有微观基础?
8. 经济增长模型分析一般包括哪些内容?

---

① Barro and Sala-i-Martin(2004)第 44 页给出了一个能够求出显性解的特殊例子。

② 限于数学的约束,比较动态分析几乎很难进行。

第二章 索洛模型

本书由索洛模型开启现代经济增长理论之旅。这是因为:第一,索洛模型比较简单,易于理解;第二,索洛模型虽然简单,但是,它可以让我们熟悉动态模型分析的基本步骤;第三,索洛模型是现代经济增长理论的基准模型,也就是说,现代经济增长理论的主要模型都是在放弃或者改变索洛模型若干假设条件的基础上发展而来的。

本章包含四节,可以分为两个部分。前三节属于第一部分,主要讲述基本索洛模型。第一节给出基本模型的主要假设条件,并且对每一个假设都进行了详细的解读。第二节分别按照计划者经济和(分散)市场经济两种分析框架来建立数学模型。第三节则对模型进行稳态和转型动态分析。最后一节构成第二部分,主要从三个不同的角度对索洛模型进行了扩展。

2.1 假设条件

自然,建立经济学模型之前,需要设定模型,换言之,就是给出模型的假设条件。在导言中,我们已经指出,设定模型需要说清楚以下两个问题:第一,所要研究的经济现象是哪些经济行为人的、什么最优选择、如何相互作用的结果?第二,这些经济行为人的决策(选择)条件(背景)是什么?

2.1.1 代表性厂商

在基本索洛模型中,只存在厂商和消费者两种经济行为人。在市场经济框架下,这两种经济行为人是彼此独立存在的;而在计划者经济框架下,这两种经济行为人则是“融合”为一个社会计划者而存在的。

在一个现实经济中,总是存在许许多多各不相同的厂商和消费者。显然,这些厂商和消费者是无法原封不动地被“搬进”模型中的,或者说,它们总是要被作一番“抽象”之后才能进入模型。那么,这些林林总总的厂商和消费者是以什么样的方式进入经济增长模型的?经济增长理论,更准确地说,宏观经济学是通过所谓“代表性厂商”(a representative firm)和“代表性消费者”(a representative household)假设来解决这个问题的。

厂商是生产产品的。先按照它们所生产的产品的功能,将一个现实经济中的全部厂商区分为“中间品”厂商和“最终品”厂商两类。当然,如果有必要,这两类厂商还可以在各自的类别之内被区分为若干“子”类别。只是这样,在与现实经济更接近的同时,会大大增加模型的复杂程度,因此,这样的“细分”程度是相当有限的。

通常,每一类厂商又各自包含许多单个厂商,所有中间品厂商统称为“中间品部门”,所有最终品厂商统称为“最终品部门”。自然，这两个部门各自内部的单个厂商之间通常也是有差异的。简单地说，代表性厂商假设就是要用一个厂商的最优选择来代表一个部门所有厂商的最优选择。

我们要关注的是一个部门中所有厂商各自最优选择的“总”结果。本来，这个总结果应该是由每一个厂商在各自的资源约束下利润最大化的结果“综合”而来的。可是，要在一个模型中将每一个厂商的最优选择都表示出来是不可能的。代表性厂商假设解决这一问题的思路是，假设一个部门只存在一家厂商，这家厂商拥有这个部门(所有厂商)的全部资源，进而认为这家厂商在这个部门的全部资源约束下所做的最优选择，就是这个部门现实中的所有厂商最优选择的“总”结果。概括地说，代表性厂商的含义是，一个部门中的所有单个厂商在各自资源约束下的最优选择的“总”结果，与一个厂商在这个部门“总”资源约束下的最优选择结果相同。这个虚构的厂商就是所谓的代表性厂商。

代表性厂商假设的成立需要满足以下两个条件[①]：一是一个部门之内不同厂商的选择不存在外部性，也就是说，一个厂商的选择不会影响到其他厂商的选择；二是所有厂商都是市场价格的接受者。

本书绝大部分模型都采用代表性厂商假设。这是因为：一方面，许多模型包括本章讨论的索洛模型，都是在完全竞争条件下展开的，只要厂商是完全竞争的，代表性厂商假设成立的两个条件就自然能够得到满足；另一方面，即使模型是在不完全竞争条件下展开的，这些模型也总是通过使用比较特别的条件，来保证代表性厂商假设成立的两个条件得以满足，这一点将在下文的内生技术进步增长模型中得到体现。

至于代表性消费者假设，将在下一章中详细介绍。我们马上就会看到，在索洛模型中，所有消费者的最优选择，都通过假设由外生给定而被舍弃了。也就是说，在索洛模型中，根本就不存在消费者选择问题，因此，在此讨论代表性消费者假设没有什么意义。

2.1.2 一部门生产技术

一部门生产技术(one-sector production technology)是指，一个经济社会的最终品部门和中间品部门使用相同的生产技术。在经济增长理论中，生产部门，先是按照它们所生产的产品的功能，区分为“最终品部门”和“中间品部门”；进一步，中间品部门又可以被细分为两种乃至更多种不同的“子中间品”生产部门。在此基础上，如果全部中间品部门和最终品部门使用的是相同的生产技术，那么，这个经济就是一部门生产技术经济；如果中间品部门和最终品部门分别使用不同的生产技术，那么，这个经济就是两部门生产技术经济；如果中间品部门就使用两种不同的技术，而最终品部门又使用第三种不同的生产技术，那么，这个经济就是三部门生产技术经济。

总之，按照产品功能区分，每个经济至少要包含两个生产部门：一个中间品部门和一个最终品部门。但是，一个经济不管按照产品功能来划分有几个部门，只要这些部门使用的技术相同，那么这个经济就是一部门技术经济。一个简单而有效的判别方法是，在一个经济增长模型中，如果只有一个生产函数，那这个模型一定是一部门生产技术模型；如果有两个不同的生产函数，那么这个模型就是两部门生产技术模型。可以此类推。

① 严格的证明不是很难，可以参见 Acemoglu(2009)。

最后，顺便说一下，经济增长理论中的两部门经济与发展经济学中的两部门(二元)经济是不同的。尽管两者都是用生产技术来区分不同的生产部门，但是，经济增长理论是把中间品部门与最终品部门区分开来，而发展经济学则是将同一个最终品部门区分为两个子部门——传统部门和现代部门。

在一部门生产技术经济中，消费品和资本品之间可以毫无成本地进行 1∶1 的相互转化。我们可以将这种产品想象成类似于稻谷这种既可以作为种子，也可以作为消费品的产品。因此，在索洛模型中，厂商是作为一个整体出现的，而不需要对最终品和中间品厂商进行区分。

代表性厂商假设将一个生产部门"变成"了一家厂商，这样，在索洛模型中，就只存在中间品厂商和最终品厂商两家厂商。在此基础上，一部门生产技术假设则是将(索洛模型中的)两家厂商(部门)"合并"成一家厂商。这就是说，在"代表性厂商"和"一部门生产技术"两个假设的作用下，索洛模型中的一家厂商就代表一个经济中的全部厂商，因此，建模工作会简单许多。

2.1.3 新古典生产函数

一般地，生产函数可以写成如下形式：

$$Y(t) = F(K(t), L(t), A(t)) \tag{2.1}$$

式中，$Y(t)$、$K(t)$、$L(t)$和 $A(t)$[①]分别表示 t 时的产出、资本、劳动和技术(知识)水平。如果某种生产要素随着使用者数量的增加，使用者的平均使用数量减少，那么，这种生产要素就是竞争性的；如果某种生产要素的平均使用数量不随使用人数的增加而减少，那么，这种生产要素就是非竞争性的。显然，资本和劳动为竞争性生产要素，而技术为非竞争性生产要素。

索洛模型使用的生产函数是新古典生产函数。新古典生产函数具有以下几个性质：

(1) 规模报酬不变。生产函数 $F(\cdot)$关于竞争性投入 K 和 L 呈现规模报酬不变。其含义是，对于任意常数 $\lambda>0$，有如下关系成立：

$$\lambda Y = F(\lambda K, \lambda L, A) \tag{2.2}$$

不是很严格地说，其直观含义是，产出的改变倍数与竞争性投入的改变倍数相同。这里，生产函数规模报酬不变仅仅是针对竞争性要素的，因此，在(2.2)式中，就只有资本 K、劳动 L 以及产出 Y 乘以常数 λ。

需要注意的是，技术水平 A 虽然并没有改变，但是，由于其具有非竞争性，所以，仅仅改变竞争性投入，产出也能够随之改变相同的倍数。如果在改变竞争性投入的同时，非竞争性投入也改变相同的倍数的话，那么，函数关于所有三种投入就会呈现规模报酬递增。这里，考虑投入增加(即 $\lambda>1$)的情形，则有：

$$F(\lambda K, \lambda L, \lambda A) > F(\lambda K, \lambda L, A) = \lambda Y$$

上式中的等式就是(2.2)式；而上式中的不等式的成立需要"技术的边际产出大于零即 $F_A>0$"，这个条件是很宽松的。

关注一下规模报酬与生产可能性集合之间的关系是有益的。同生产函数一样，生产可能性集合也是用来表示生产技术的。如果一个生产可能性集合是凸的，那么，它所代表的技术就不可能呈现规模报酬递增。因此，经济增长文献称所有规模报酬不递增的技术为凸技术。下

① 为了简洁起见，在不会引起歧义时，下文一般省去表示时间的下标 t。

面，我们简单地证明一下这个命题。

现有生产可能性集合 Y，如果它满足下述条件，我们就说它是凸集：若有 $y\in Y$ 和 $y'\in Y$，则对于任意 $t\in[0,1]$，都有 $ty+(1-t)y'$成立。显然，$0\in Y$ 是成立的。因为它的含义是人们可以选择不生产。如此一来，如果我们假定 $y'=0$ 的话，就有 $ty\in Y$。由于 $t\in[0,1]$，所以 $ty\leqslant y$，进而，规模报酬就不可能是递增的。

用数学术语来讲，呈现规模报酬不变的生产函数是所谓“一次齐次函数”。这里，补充必要的有关齐次函数的数学知识，主要是齐次函数的定义和表述齐次函数主要性质的欧拉定理。

***m* 次齐次函数的定义：**令 $K\in\mathbb{N}$，有函数 $g(x,y,z)$，其中，$z\in\mathbb{R}^K$ 为 K 阶向量。如果对于任意 $\lambda\in\mathbb{R}_+$，对于函数 $g(x,y,z)$，都有下述等式成立：

$$g(\lambda x,\lambda y,z)\equiv\lambda^m g(x,y,z) \tag{2.3}$$

那么，函数 $g(x,y,z)$就是关于 x 和 y 的 m 次齐次函数。

欧拉定理：有函数 $g(x,y,z)$是关于 x 和 y 的 m 次齐次函数，并且，g_x 和 g_y 分别表示 x 和 y 的一阶偏导数。则有：

(a) $mg(x,y)\equiv g_x\times x+g_y\times y$；

(b) g_x 和 g_y 是关于 x 和 y 的 $m-1$ 次齐次函数。

证明　(a) 因为函数 $g(x,y,z)$是关于 x 和 y 的 m 次齐次函数，所以，根据齐次函数的定义有(2.3)式成立。将(2.3)式等号两边同时关于 λ 求一阶导数，得到：

$$\frac{\partial[g(\lambda x,\lambda y,z)]}{\partial(\lambda x)}\times\frac{\partial(\lambda x)}{\partial\lambda}+\frac{\partial[g(\lambda x,\lambda y,z)]}{\partial(\lambda y)}\times\frac{\partial(\lambda y)}{\partial\lambda}\equiv m\lambda^{m-1}g(x,y,z)$$

$$\frac{\partial[g(\lambda x,\lambda y,z)]}{\partial(\lambda x)}\times x+\frac{\partial[g(\lambda x,\lambda y,z)]}{\partial(\lambda y)}\times y\equiv m\lambda^{m-1}g(x,y,z)$$

上述关系式是对所有的 λ、所有的 x 和 y 都成立的恒等式。特别地，当 $\lambda=1$ 时，上式一定成立。由此，将 $\lambda=1$ 代入上式中就可以导出需要证明的结果：

$$g_x(x,y,z)\times x+g_y(x,y,z)\times y\equiv mg(x,y,z)$$

(b) 这里，只证明 g_x 是关于x 和 y 的 $m-1$ 次齐次函数。将(2.3)式等号两边同时关于 x 求一阶导数，得到：

$$\lambda g_x(\lambda x,\lambda y,z)\equiv\lambda^m g_x(x,y,z)$$

将上式等号两边同时除以 λ，就可以得到我们需要证明的结论：

$$g_x(\lambda x,\lambda y,z)\equiv\lambda^{m-1}g_x(x,y,z)$$

显然，根据齐次函数的定义，从上式可以得出：g_x 是关于 x 和 y 的 $m-1$ 次齐次函数。

将欧拉定理应用于规模报酬不变的生产函数，就有如下等式成立：

$$Y=F_L\times L+F_K\times K \tag{2.4}$$

式中，F_K 和 F_L 分别表示资本和劳动的边际产出。这个式子把全部产出分解到了劳动和资本两种要素上面，技术没有得到任何报酬。这个结论——我们称之为“产出分解公式”—— 将在下文中被反复提及。与抽象的、非线性的生产函数(2.1)式相比，(2.4)式是线性的函数，因此，在建立和分析模型时，会大大减少运算难度。这是规模报酬不变假设带来的一大好处。

除此之外，生产函数呈现规模报酬不变，对于经济增长模型来说还有两点益处。一是如果生产函数只含有竞争性投入的话，那么，生产函数(关于竞争性投入)规模报酬不变的假设就能够保证市场结构是完全竞争的。[①] 由(2.4)式可知,在规模报酬不变的条件下,劳动和资本的价格正好等于各自的边际产出,而这正是市场完全竞争的条件。换一个角度理解,规模报酬不变的一个直接后果就是厂商的平均成本与生产规模没有关系,因此,任何厂商都无法通过规模的扩大来降低成本,从而垄断市场。

二是能够将生产函数写成集约形式,便于模型的推导和分析。这里,用一个不包括技术进步的生产函数为例加以说明。比如,生产函数 $Y=F(K,L)$ 关于 K 和 L 呈现规模报酬不变。令 $\lambda\equiv 1/L$,则有:

$$Y = F(K,L) \Longrightarrow \lambda Y = F(\lambda K,\lambda L) \Longrightarrow \frac{Y}{L} = F\left(\frac{K}{L},1\right) \Longrightarrow \frac{Y}{L} = F\left(\frac{K}{L}\right)$$

再令 $y\equiv Y/L$,$k\equiv K/L$,分别表示劳(人)均产出和劳(人)均资本,那么,生产函数 $Y=F(K,L)$ 的集约形式就可以写成如下形式:

$$y = f(k)$$

将生产函数表述成集约形式的最大好处是,我们将一个原本有三个变量的函数变成了只有两个变量的函数,也就是把一个在平面上无法画出图像的函数变成了一个可以画出图像的函数。这样一来,有些关于模型分析的内容就可以用平面图形来进行直观而简单的表示了。"一图胜千言"的功效就能够得到凸显。

(2) 要素边际报酬为正但递减。这个假设可以简单地说成是生产函数关于投入的一阶导数大于零,二阶导数小于零:

$$\frac{\partial F}{\partial K} > 0, \quad \frac{\partial^2 F}{\partial K^2} < 0; \quad \frac{\partial F}{\partial L} > 0, \quad \frac{\partial^2 F}{\partial L^2} < 0$$

这个假设条件的含义是,在技术水平和劳动保持不变的条件下,资本的边际报酬递增,但是递增的速度下降;劳动的边际报酬也具有相同的性质。这就是所谓要素的边际报酬递减规律。需要注意的是这个规律成立的前提条件:技术水平不变和其他要素保持不变。[②] 从一定意义上说,下文的"内生增长模型"就是以各种不同的方式来放弃这两个前提条件而得到的"新"模型。

(3) 稻田条件(Inada conditions)。这个假设条件用数学式子表示如下:

$$\lim_{K\to 0}\left(\frac{\partial F}{\partial K}\right) = \lim_{L\to 0}\left(\frac{\partial F}{\partial L}\right) = \infty$$

$$\lim_{K\to \infty}\left(\frac{\partial F}{\partial K}\right) = \lim_{L\to \infty}\left(\frac{\partial F}{\partial L}\right) = 0$$

这个假设条件说的是,当资本趋向于零(无穷大)的时候,资本的边际产出趋向于无穷大(零);劳动的边际产出也具有同样的性质。

(4) 生产活动至少需要两种生产要素。这个假设用数学式表示如下:

$$F(K,0) = F(0,L) = F(0,0) = 0$$

这个假设的合理性是很直观的。需要说明的是,在有些文献中,这个假设是没有的。因为由前三个假设可以推导出这个假设(Barro and Sala-i-Martin,2004)。

① 如果生产函数包含非竞争性投入的话,则还需要非竞争性投入不从生产过程中获得任何报酬这个条件,才能保证市场结构是完全竞争的。关于这一点,下文有严格证明。

② "其他"要素保持不变,暗含这个生产函数至少包含两种生产要素。

2.1.4 技术进步外生给定

索洛模型假设技术进步是外生给定的。这个假设包含两层含义。第一,技术进步来自厂商之外,就是说技术进步不是厂商使用生产要素“生产”出来的。可以把它想象成上天的恩赐,或者是政府公共投资的结果。第二,厂商无偿使用外生的技术。上天恩赐的技术,厂商当然可以无偿使用;政府投资的技术通常被看成纯公共物品,也就可以被厂商无偿使用。另外,外生技术进步率通常被假设是不变的,不妨用 γ_A① 来表示。

2.1.5 完全竞争厂商

在索洛模型中,厂商在产品市场和要素市场上都是完全竞争的。在这里,“完全竞争”被理解为一个市场结果。它符合如下主要的假设条件:(1) 许多厂商。市场中存在许多的厂商,多到每一个厂商的产出占到整个市场供给的份额都是微不足道的。(2) 产品同质。这里指消费者认为不同厂商的产品是无差别的。(3) 信息完全。买者和卖者拥有包括产品价格与质量在内的全部相关市场信息。(4) 进出自由。厂商可以在任何时候无须任何成本迅速地进入或退出某一行业。(5) 无交易成本。无论是卖者还是买者,都不会因为参与市场交易而导致出现成本。(6) 无外部性。每一家厂商都承担自己生产过程的全部成本,同时得到其全部收益。

经济学尤其是经济增长的理论文献也常常将“完全竞争”等同于“价格接受者”假定。比如,Varian(2009)就这样写道:“如果每一个厂商都认为市场价格是独立于自己的产出量的话,那么,我们就说这一市场是完全竞争的。”又比如,Barro and Sala-i-Martin(2004)在谈到技术进步源于‘干中学’时,有这样一句话:“这一规定容许我们保留完全竞争框架,尽管其结果将被证明不是帕累托最优。”这里的“完全竞争”指的就是“价格接受者”假定;否则,这句话就与福利经济学第二定理是矛盾的。

不可否认价格接受者假定是完全竞争最为主要的含义,因此,在一定意义上,两者可以不加区分。但是,我们认为,注意到两者之间的差别是有意义的,至少对于经济增长理论是这样的。两者最主要的差别是,完全竞争比价格接受者假定更为严格。换言之,完全竞争条件下的买卖双方一定是价格接受者;反之,则不一定。比如,在新经济增长理论中的“干中学”模型中,当干中学带来技术进步时,外部性就出现了,也就是说,完全竞争的假设条件(6)遭到了违背,但是,厂商仍然是价格接受者。

完全竞争假设,可以由规模报酬不变和技术进步外生给定两个假设来保证。具体说来,“技术不获得报酬”保证了“规模报酬不变”与“完全竞争市场”之间的相容性。换一个角度说,在规模报酬不变的条件下,如果技术获得报酬的话,那么,市场结构就一定是非完全竞争。用反证法证明如下:在完全竞争的条件下,如果技术获得报酬,那么,厂商需要支付的全部要素价格为 $F_K \times K + F_L \times L + F_A \times A$。可是,由生产函数(关于竞争性要素)规模报酬不变的假设,即(2.4)式可知,厂商要支付的全部要素价格的前两部分即 $F_K \times K + F_L \times L$,就等于厂商全部产出的价值即 Y。这样,在完全竞争、技术获得报酬和规模报酬不变三个假设同时成立的情况下,厂商一定是亏损的:要支付的全部要素价格($F_K \times K + F_L \times L + F_A \times A$)大于其全部产出的

① 本书总是用 γ_X 表示变量 X 的增长率,即 $\gamma_X \equiv \frac{\dot{X}}{X}$。

价值(Y)。显然，这是不现实的。厂商为了"扭亏为盈"，一定会抬高商品价格，即让商品的价格高于边际成本，不完全竞争由此出现。

2.1.6 劳动供给外生给定

劳动供给数量主要受三个因素影响：人口数量、劳动参与率和劳动时间。通俗地说，就是一个经济社会有多少人，这些人中有多少是劳动力，每一个劳动力拿多少时间出来从事劳动。在这三个因素中，经济增长理论总是假设劳动参与率是不变的，从而将其舍弃掉了。本书也遵循这一传统，因为事实也表明劳动参与率是比较稳定的。人口数量则主要由人口增长率和移民因素来决定，人口增长率主要由消费者的生育决策来决定。劳动时间则由消费者在劳动和闲暇之间的选择来决定。为了简单起见，索洛模型用三个假设将这三个因素都舍弃掉了。

首先，索洛模型假设不存在移民来将其舍弃。其次，索洛模型通过假设每一个劳动力的劳动时间外生给定，来舍弃消费者在劳动和闲暇之间的选择问题。这个假设连同"劳动参与率不变"假设意味着，人口给定了，劳动的供给就给定了。换言之，劳动供给与工资无关。因此，在以工资为纵轴、劳动供给量为横轴的坐标系中，劳动供给曲线是一条垂直于横轴的直线。最后，索洛模型假设人口增长率外生给定并保持不变。在劳动参与率不变、不存在移民和劳动时间外生给定这三个假设下，劳动增长率就总是等于人口增长率。由此，我们就不需要区分"人均"和"劳均"变量。这样，我们可以用 $L(t)$ 不加区分地表示劳动或者人口数量。以此为基础，人口(劳动)增长率外生给定假设可以表示为：

$$\dot{L}(t)/L(t)=n \tag{2.5}$$

显然，(2.5)式是一个关于 $L(t)$ 的微分方程，求解这个微分方程就可以得到劳动供给 $L(t)$。

综合以上三个假设，在索洛模型中，对于给定的 $L(t)$，劳动供给曲线就是垂直的；同时，$L(t)$ 会按照外生给定的增长率 n 变化，从而，垂直的劳动供给曲线会随之移动。在本书第六章中，我们将放弃人口增长率外生给定、不存在移民和劳动时间外生给定这三个假设，以讨论消费者的生育决策、移民因素和消费者的劳动-闲暇选择对经济增长的影响。

2.1.7 储蓄率外生给定

消费者对最终产品的需求和对资本的供给是同一个跨时点效用最大化问题的解。不过，索洛模型也舍弃了这个优化问题。索洛模型假设消费者将总收入(即总产出)[①]的不变比例(s)储蓄起来，这个不变储蓄率外生给定。用 S 来表示储蓄，则储蓄函数可以表示为：

$$S(t)=s\times Y(t) \tag{2.6}$$

进一步，由于储蓄是没有被消费的收入，即：

$$S(t)\equiv Y(t)-C(t)$$

因此，消费函数为：

$$C(t)=Y(t)-S(t)=(1-s)\times Y(t) \tag{2.7}$$

储蓄是消费者的投资(资本)供给，消费则是消费者对产品的需求。同样，由于储蓄率外生给定，所以，在以利率为纵轴、储蓄(资本供给)量为横轴的坐标系中，资本供给曲线也是一条垂直

① 要注意的是，在索洛模型中，这里的"总"收入是指包括折旧的收入。而在其他的增长模型中，收入通常是指"净"收入。

于横轴的直线。

最后，我们说说索洛模型存在哪些市场。在索洛模型中，虽然有三种生产要素，但由于技术是外生给定的，所以只有劳动和资本两种要素市场。由于索洛模型中不存在货币，所以资本市场就是资本品市场。索洛模型还存在一个消费品市场。因为一部门技术假设，索洛模型中的资本品与消费品之间可以毫无成本地按照 1∶1 的比例进行相互转换，所以，全部产出要么是资本品，要么是消费品。这样，在建立模型时，消费品市场和资本品市场中，只要有一个市场均衡了，另一个市场就一定是均衡的。同样是因为一部门技术假设，我们可以将消费品和资本品统称为产品，从而，在索洛模型中，就只存在劳动和产品两个市场了。

2.2 建立模型

由于索洛模型是在完全竞争市场结构下展开的，同时，关注的是产出增加而非价格变化之类的问题。因此，计划者经济框架和市场经济框架都适用于索洛模型。在接下来的两小节里，我们将分别用计划者经济框架和市场经济框架来建立索洛模型。在此基础之上，我们将索洛模型区分为“不包含技术进步”和“包含技术进步”两种情形分别进行分析，以体现循序渐进的建模思路。

2.2.1 计划者经济模型

不存在技术进步的索洛模型。前文已经指出，本书的建模思路总是从生产函数开始。不存在技术进步时，生产函数(2.1)式就变成如下形式：

$$Y(t) = F(K(t), L(t)) \tag{2.8}$$

由(2.8)式可知，要求解 $Y(t)$，就需要知道 $K(t)$和 $L(t)$。

在计划者经济中，要素与产品的供给和需求总是相等的，因为它们的需求者和供给者是同一个人——社会计划者。对此，解释如下：计划者经济只存在一个(经济行为)人，可以将这个人想象成是一个社会计划者，或者是孤岛上的鲁滨逊·克鲁索。① 这个人必定是一个融消费者和生产者于一身的复合体：一方面，一个人首先总是表现为一个消费者；另一方面，由于这个经济体中只有他一个人，所以，要想有消费，就必须自己动手进行生产。

这样一来，这个经济体中的劳动数量由(2.5)式给出。投资等于没有被社会计划者消费的收入，消费由(2.7)式给出。如果用 $I(t)$来表示投资的话，那么，就有下式成立：

$$I(t) = Y(t) - C(t) = Y(t) - (1-s)Y(t) = sY(t) \tag{2.9}$$

(2.9)式的含义是，对于一个融消费者与生产者于一身的经济行为人而言，全部产出要么被用于消费，要么被用于投资。换言之，就是总有等式 $Y=C+I$ 成立。对于一个追求效用最大化的理性经济行为人来说，这一结论是不言自明的。

由于作为生产函数投入的是资本存量 $K(t)$，而(2.9)式给出的是投资流量 $I(t)$，因此，为了决定资本数量，还需要找到把投资“转换”为资本的关系：

$$\dot{K}(t) + \delta K(t) = I(t) \tag{2.10}$$

① 正是因为如此，这种只存在一个经济行为人的经济体通常叫作“克鲁索经济”。

式中，δ 表示物质资本折旧率，它也假设外生给定，并且保持不变。

至此，完成了列方程组工作。这个模型包含(2.8)式、(2.5)式、(2.9)式和(2.10)式共四个方程。

包含技术进步的索洛模型。与不包括技术进步的模型相比，包含技术进步的模型的不同之处有两点：一是使用的生产函数由(2.8)式换成(2.1)式；二是加入了技术进步决定方程。根据前文关于外生技术进步率等于 γ_A 的假设，技术进步决定方程可以写成：

$$\frac{\dot{A}(t)}{A(t)} = \gamma_A \tag{2.11}$$

劳动和资本决定方程都与不包含技术进步的模型完全相同。这就是说，包含技术进步的索洛模型包括(2.1)式、(2.5)式、(2.9)式、(2.10)式和(2.11)式共五个方程。

2.2.2 市场经济模型

关于市场经济模型，这里仅以不存在技术进步情形为例展开。这是因为同计划者经济一样，只需要在不存在技术进步模型的基础之上，用包含技术进步的生产函数替换不包含技术进步的生产函数，同时，引入技术进步决定方程，就可以得到包含技术进步的索洛模型。

在市场经济中，不存在技术进步时，生产函数仍然由(2.8)式给出。投入生产过程中的劳动和资本数量则都要由市场来决定。要素的供给函数由消费者决定，需求函数由厂商决定。

劳动数量的决定。前文关于劳动供给的假设已经指出，索洛模型假设劳动供给曲线在 $L(t)$ 处垂直于数量(横)轴，因此，市场均衡的劳动数量就等于供给量 $L(t)$。这就是说，劳动需求曲线在决定劳动数量时不起作用，而只被用来决定工资水平。进一步，根据假设条件，L 的大小则仍然由(2.5)式给出。

劳动需求则是厂商利润最大化的结果。用 π 表示利润，则厂商利润最大化问题可以写成如下形式：

$$\max_{L,K}\pi = Y - (r+\delta)K - wL$$

式中，w 和 r 分别表示工资和利率，$r+\delta$ 则表示租用资本的租金，不妨用 R 表示。由上述厂商利润最大化问题的一阶条件即 $\partial\pi/\partial L=0$，可以得到劳动需求函数如下：

$$\partial Y/\partial L = w \tag{2.12}$$

综上所述，市场均衡的劳动数量由(2.5)式给出，劳动需求函数(2.12)式则只被用于工资的决定。

资本数量的决定。资本的供给来自消费者的储蓄。根据模型的假设，消费者总是把总收入的 s 份额储蓄起来。这个储蓄函数由(2.6)式给出。资本需求函数仍然由厂商利润最大化问题的一阶条件给出。由 $\partial\pi/\partial K=0$，可以得到资本需求函数：

$$\partial Y/\partial K = r+\delta \tag{2.13}$$

由于资本供给是用流量变量即 S 给出的，而资本需求是用存量变量即 K 来表示的，所以，还是需要资本与投资关系式(2.10)式将两者转化为相同的变量形式。资本市场的均衡条件为：

$$I = S \tag{2.14}$$

总之，储蓄函数(2.6)式、储蓄流量与资本存量关系式(2.10)式、资本需求函数(2.13)式和资本市场均衡条件(2.14)式一起决定了资本数量。

至此，建模工作结束。不包含技术进步的市场经济索洛模型由生产函数(2.8)式、劳动需求函数(2.12)式、劳动供给函数(2.5)式、储蓄函数(2.6)式、储蓄流量与资本存量关系式(2.10)式、资本需求函数(2.13)式和资本市场均衡条件(2.14)式构成。

资本市场的均衡条件(2.14)式,可以由下式来替换:

$$Y = C + I \tag{2.15}$$

把储蓄的定义式即 $S \equiv Y - C$ 代入(2.14)式中,就可以得到(2.15)式,所以,这两个均衡条件是"等价"的。

在一部门技术条件下,消费品和资本品可以 1∶1 地转换,也就是说,一个经济的全部最终产品等于消费品和资本品两者直接简单相加。如此一来,当其中的资本品市场供求相等时,就意味着消费品市场从而最终品市场的供求也相等。当然,(2.15)式表达的直接含义是,产品市场的供给 Y 等于需求 $C+I$。以后,只要是资本品与消费品可以 1∶1 转换时,我们就可以不加区分地用(2.14)式或者(2.15)式。

2.3 分析模型

前文已经指出,对经济增长模型进行分析包括稳态分析和转型动态分析。由于是本书第一次对增长模型进行稳态分析,因此,我们先要认真辨析稳态的含义。

关于稳态的含义,本书遵循 Barro and Sala-i-Martin(2004)的定义。(经济的)稳态是指经济处于这样一种情形:经济中的主要变量都以不变的速度变化,这些主要变量通常包括产出、资本、消费等。

关于稳态的理解,要注意两点。一是主要变量的变化速度可以等于零,但是不要求等于零;二是主要变量的变化速度可以相等,但是不要求相等。需要注意的是,关于稳态的含义,不同文献存在不同的理解。有的文献,比如 Acemoglu(2009),将本书中的稳态叫作"平衡增长路径"(the balanced growth path,the BGP),而把"稳态"留给主要变量增长率都等于零这种特殊情形。

虽然这里强调稳态的一般含义,但是,必须指出的是,受数学的限制,经济增长文献讨论的稳态大多是两类"特殊的"情形:模型中主要变量的增长率都等于零,或者是由模型中主要变量"组合"而成的"新"变量的增长率等于零。

关于后一种情形,稍作进一步说明。比如,如果模型的主要变量的稳态增长率都相等,那么,我们就可以定义一个新变量来表示"这两个增长率相等的变量之比",显然,这个新变量的稳态增长率就是零;再比如,如果模型中有一个变量的稳态增长率等于另外两个变量的稳态增长率之和,那么,我们可以定义一个新变量来表示"第一个变量与第二、第三个变量的积之比",这个新变量的稳态增长率也等于零。为了行文方便,我们把稳态增长率等于零的变量叫作"零(增长率)变量"。

增长理论之所以主要关注增长率等于零的稳态,是因为这种稳态下,无论是稳态分析还是转型动态分析都要简单一些。稳态分析时,由于稳态增长率等于零,所以,在把增长率等于零这个条件代入之后,微分方程(组)中的"微分"就不复存在了,由此,微分方程(组)就变成了普通的方程(组)。对于转型动态分析,更是如此,尤其是在稳态增长率等于零时,可以很方便地使用相位图来进行转型动态分析。随着下文的展开,这一点将会清晰起来。

如前文所述,进行稳态分析之前,要寻找模型的基本微分方程(组)。在寻找基本微分方程时,本书运用了如下两个小技巧:一是我们总是将方程组中的非微分方程代入微分方程中去;

将其中简单的微分方程代入复杂的微分方程中去。这样做的理由很清楚，因为我们化简工作的结果是微分方程。二是尽可能将基本微分方程中的变量转换成零(增长率)变量。这是因为增长模型主要关注的是增长率等于零的稳态。

2.3.1 不包含技术进步模型

1. 基本微分方程。导出基本微分方程(组)是进行稳态和转型动态分析的必不可少的前期准备工作。由于增长率等于零的稳态便于分析，所以，通常的做法是将基本微分方程(组)表示成零变量的函数。要做到这一点，需要在建立模型之后、化简模型之前，知道模型的稳态是什么。而要在导出基本微分方程之前求出模型的稳态，需要借助于稳态的一个性质定理，本书将这个定理叫作“稳态的基本性质”。

稳态的基本性质。稳态的基本性质是指：稳态时，每一种资源在其各自的竞争性用途中的分配比例不变。它存在两种相互等价表述形式。

第一种表述：有一种资源，其总量为 X，一共有 N 种竞争性用途。如果稳态增长时，每一种用途的资源分配量为 X_i($i=1,2,\cdots,N$)，那么，每一种用途的资源分配量占全部资源的比重不变，即 $x_i\equiv\dfrac{X_i}{X}$不变。

第二种表述：有一种资源，其总量为 X，一共有 N 种竞争性用途。如果稳态增长时，每一种用途的资源分配量为 X_i($i=1,2,\cdots,N$)，那么，每一种用途的资源分配量的增长率都等于资源总量的增长率，即 $\gamma_{X_i}=\gamma_X$。

显然，这两种表述是等价的。由 $x_i\equiv\dfrac{X_i}{X}$不变可以得到：

$$\frac{\mathrm{d}\ln x_i}{\mathrm{d}t}=\frac{\mathrm{d}\ln X_i}{\mathrm{d}t}-\frac{\mathrm{d}\ln X}{\mathrm{d}t}=0$$

由此，$\gamma_{X_i}=\gamma_X$。

这里证明第二种表述。先以一种资源只有两种竞争性用途为例来证明基本性质，然后推广到有 N 种用途的一般情形。

一种资源总量为 X，一共有两种用途，两种用途的分配量分别为 X_1 和 X_2。在此条件下，稳态的基本性质认为，稳态时，有 $\gamma_{X_1}=\gamma_{X_2}=\gamma_X$。对此，证明如下[①]：

在此经济背景下，资源约束条件为 $X_1+X_2=X$。利用稳态增长率，资源约束条件可以写成：

$$X_1(0)\mathrm{e}^{\gamma_{X_1}t}+X_2(0)\mathrm{e}^{\gamma_{X_2}t}=X(0)\mathrm{e}^{\gamma_X t}$$

式中，$x(0)$表示变量 x 的初始值。[②] 将上式等号两边同时乘以 $\mathrm{e}^{-\gamma_X}$，得：

$$X_1(0)\mathrm{e}^{(\gamma_{X_1}-\gamma_X)t}+X_2(0)\mathrm{e}^{(\gamma_{X_2}-\gamma_X)t\}}=X(0)$$

再将上式等号两边关于时间 t 求一阶导数得到：

$$X_1(0)(\gamma_{X_1}-\gamma_X)\mathrm{e}^{(\gamma_{X_1}-\gamma_X)t}+X_2(0)(\gamma_{X_2}-\gamma_X)\mathrm{e}^{(\gamma_{X_2}-\gamma_X)t}=0$$

稳态时，γ_{X_1}、γ_{X_2} 和 γ_X 均为常数。能使上式成立的条件有四种情形。(1) $\gamma_{X_1}=\gamma_X$ 和 $\gamma_{X_2}=\gamma_X$；

---

① 证明思路来自 Schlicht(2006)，这里只是将这种思路推广到了更一般的情形。

② 这里，变量 x 包含 X_1、X_2 和 X。

(2) $X_1(0)=0$ 和 $\gamma_{X_2}=\gamma_X$；(3) $X_2(0)=0$ 和 $\gamma_{X_1}=\gamma_X$；(4) $X_1(0)=-X_2(0)$ 和 $\gamma_{X_1}=\gamma_{X_2}$。显然，后三种情形与现实经济现象不符，因为作为实际经济变量的初始值 $x(0)$ 都应该大于零。

只需要将上述证明过程重复几次，就可以很容易地将它推广到资源有三种及以上用途的情形。比如，当一种资源有三种用途时，只需要将上述证明过程使用两次就可以了。具体说来，假设三种用途的资源分配量分别为 X_1、X_2 和 X_3，资源约束条件就可以写为 $X_1+X_2+X_3=X$。首先，将三种用途中的两种(比如 X_2 和 X_3)看成一种用途(X_{-1})，即 $X_2+X_3=X_{-1}$，这样，资源约束条件就可以写成 $X_1+X_{-1}=X$。只要重复使用上述证明方法两次就可以得到所需的结论 $\gamma_{X_1}=\gamma_{X_2}=\gamma_{X_3}=\gamma_X$。第一次，从"$X_1+X_{-1}=X$"出发，证明"$\gamma_{X_1}=\gamma_{X_{-1}}=\gamma_X$"；第二次，从 $X_2+X_3=X_{-1}$ 出发，证明"$\gamma_{X_2}=\gamma_{X_3}=\gamma_{X_{-1}}$"。

稳态基本性质背后的含义是很直观的。如果稳态时，一种资源分配到每一种用途中的比例不是不变的，而是有的增加、有的减少的话，那么，随着时间的推移，这种资源最终一定会全部被配置到比例增加的那种用途中去。而这样的结果显然与事实不符。

具体到索洛模型，稳态增长的基本性质表现为：稳态时，有 $\gamma_Y=\gamma_K=\gamma_C$。根据(2.15)式和(2.10)式，索洛模型中的资源约束条件可以写成：

$$(\gamma_K+\delta)K=Y-C$$

由于 γ_K 和 δ 均为常数，所以，从上式出发，运用前文给出的证明方法，很容易就可以得到要证明的结论"$\gamma_Y=\gamma_K=\gamma_C$"。

利用刚刚导出的索洛模型稳态基本性质，即索洛模型处于稳态时，有 $\gamma_Y=\gamma_K=\gamma_C$，可以容易地求出索洛模型的稳态表现为：稳态时，$\dot{k}=0$，也就是人均资本增长率等于零，换言之，就是资本和劳动的增长率相等。

将索洛模型的生产函数(2.8)式两边同时除以 K 得到：

$$\frac{Y}{K}=F\left(\frac{L}{K}\right)$$

稳态增长的基本性质"$\gamma_Y=\gamma_K=\gamma_C$"要求 Y/K 为常数，而生产函数 $F(\cdot)$ 为单调函数，因此 L/K 也是常数。也就是说，资本增长率等于人口增长率，即 $\gamma_K=\gamma_L=n$。由此，人均资本增长率就等于零，即 $\dot{k}/k=0$。由于稳态时，人均资本增长率等于零，所以，我们将模型的基本微分方程表示为人均资本的函数。

对于计划者经济模型，由(2.9)式和(2.10)式可以得到：

$$\dot{K}+\delta K=sF(K,L) \tag{2.16}$$

在得到(2.16)式时，我们用(2.8)式作了必要的代换。再利用(2.5)式代换掉(2.16)式中的 L，就可以得到索洛模型的基本微分方程，只是代换过程需要一点技巧。

首先，将(2.16)式中的变量都变换为人均量，即将上式等号两边同时除以 L 得到：

$$\frac{\dot{K}}{L}+\frac{\delta K}{L}=sF\left(\frac{K}{L},1\right)=sF\left(\frac{K}{L}\right)$$

其次，利用 $k\equiv K/L$，求出 $\dot{k}$：

$$\dot{k}=\frac{\mathrm{d}\left(\frac{K}{L}\right)}{\mathrm{d}t}=\frac{L\dot{K}-K\dot{L}}{L^2}=\frac{\dot{K}}{L}-nk$$

需要指出的是，得到上式时，我们利用(2.5)式进行了必要的代换。

综合上面两个式子，具体说来，就是代换掉上面两个式子中的 $\dot{K}/L$ 项，就可以得到：

$$\dot{k}=sf(k)-(n+\delta)k \tag{2.17}$$

得到(2.17)式的过程中，利用“$k\equiv K/L$”和“$f(k)\equiv F(K/L)$”这两个式子进行了必要的代换。(2.17)式就是不存在技术进步的索洛模型的基本微分方程。

可以预料，利用市场经济模型也可以导出上述基本微分方程。不难看到，把(2.6)式和(2.10)式一起代入(2.14)式中，就得到了(2.16)式。之后的化简过程与前文相同。

我们注意到如下事实是有益的：基本微分方程本质上是市场均衡条件。这一点从(2.16)式可以清楚地看出，该式的等号左边是投资，等号右边是储蓄，只不过，等号左边的投资(流量)是用资本(存量)的变化量来表示的。这就是说，如果市场均衡条件也就是整个经济的资源约束条件中的投资用资本变化量来表示，这个均衡条件就是模型的基本微分方程了。简单地说，当其中的投资以流量形式出现时，这个式子就是(产品)市场的均衡条件；当其中的投资以资本存量的变化量形式出现时，这个式子就是基本微分方程。

了解市场均衡条件(经济约束条件)的这些等价形式，对我们在市场经济和计划者经济两种建模框架之间进行转换是有好处的。特别是，当我们要用社会计划者经济均衡结果来评价市场经济均衡结果时，就知道要从市场均衡条件出发去寻找社会计划者的约束条件。这一点在下文会得到充分体现。

这里没有直接去寻找一个关于产出 $y(t)$ 的微分方程，而是找出了一个关于资本 $k(t)$ 的微分方程，这样做完全是出于运算的方便；另外，在得到 $k(t)$ 之后，再经由生产函数找到 $y(t)$ 不是困难的事情。更为主要的是，下文中我们将看到，无论是稳态还是转型动态，$y(t)$ 同 $k(t)$ 都是一样的。

2. 稳态分析。 关于稳态分析，我们要讨论以下几个问题：稳态是什么，稳态的存在性和唯一性，稳态的求解，外生变量变化对稳态的影响(比较静态分析)，对稳态的评价。不过，关于问题“稳态是什么”，我们常常需要在导出基本微分方程之前就给出。因为只有这样，我们才知道把基本微分方程表示成什么零变量的函数。刚刚导出索洛模型的基本微分方程时，我们就是这样做的，本书基本上都遵循这种做法。

在导出了基本微分方程之后，我们可以利用另外一种方法来求解“稳态是什么”的问题。这种方法需要两个关系式，这两个关系式在索洛模型分析中常常用到，不妨先给出并证明如下：

在索洛模型中，对于生产函数(2.8)式，有如下两个关系成立：

$$\partial Y/\partial K=f'(k) \tag{2.18}$$

$$\partial Y/\partial L=f(k)-k\times f'(k) \tag{2.19}$$

这里，只以(2.18)式为例给出证明。因为生产函数呈现规模报酬不变，因此有：

$$Y=F(K,L)=LF\left(\frac{K}{L},1\right)=Lf(k)$$

所以有：

$$\frac{\partial Y}{\partial K}=\frac{\partial[Lf(k)]}{\partial K}=Lf'(k)\frac{\partial\left(\frac{K}{L}\right)}{\partial K}=Lf'(k)\frac{1}{L}=f'(k)$$

现在用另外一种方法来证明：索洛模型的稳态表现为 $\dot{k}=0$，也就是人均资本增长率等于

零。将索洛模型基本微分方程即(2.17)式两边同时除以 k,得到:

$$\frac{\dot{k}}{k}=\frac{sf(k)}{k}-(n+\delta)$$

根据稳态的定义,稳态时,$\dot{k}/k$ 为常数,上式中,s、n 和 δ 是常数。因此,要使索洛模型达到稳态,就要求上式中的 $f(k)/k$ 为常数,即:

$$\frac{\mathrm{d}[f(k)/k]}{\mathrm{d}t}=0$$

$$\frac{\mathrm{d}[f(k)/k]}{\mathrm{d}t}=\frac{f'(k)\dot{k}k-\dot{k}f(k)}{k^2}=\frac{\dot{k}}{k}\times\frac{f'(k)k-f(k)}{k}=0$$

由(2.19)式可知,

$$[f'(k)k-f(k)]/k\neq 0$$

所以,要使上式成立,必有 $\dot{k}/k=0$。

必须指出的是,这种求解"稳态是什么"问题的方法需要利用模型的基本微分方程。而前述的利用稳态基本性质的求解方法则可以在导出基本微分方程之前使用,正是在导出基本微分方程之前就知道了模型的稳态是什么,我们就可以知道将基本微分方程表示成什么零变量的函数。比如,就索洛模型而言,正是因为知道了模型稳态时,人均资本增长率等于零,所以,在推导模型基本微分方程时,我们就知道了化简模型方程组的方向是找到一个关于人均资本的微分方程。

索洛模型稳态的存在性和唯一性。在求解稳态之前,还需要讨论:稳态是否存在?如果存在,稳态是否唯一?已经证明索洛模型的稳态表现为 $\dot{k}=0$,也就是人均资本增长率等于零。因此,根据模型的基本微分方程,讨论模型稳态的存在性和唯一性,就是要讨论下列方程的解的存在性和唯一性:

$$sf(k)-(n+\delta)k=0 \tag{2.20}$$

解决这个问题,通常可以用几何法和代数法两种方法。

几何法。几何法就是将方程(2.20)中的两个子函数 $sf(k)$ 和 $(n+\delta)k$ 同时画在坐标系中,看它们是否有唯一的交点。如果有,就说明模型的稳态存在并且唯一。从图 2.1 中可以清楚地看到,曲线 $sf(k)$ 和 $(n+\delta)k$ 有唯一的交点(k^*),因此,索洛模型稳态是存在的并且是唯一的。

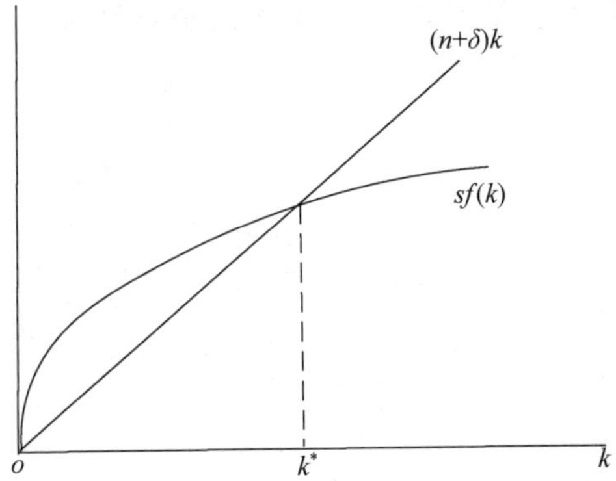

图 2.1　索洛模型稳态的存在性和唯一性

代数法。代数法就是直接将介值定理运用于方程(2.20)。将方程(2.20)写成如下形式：

$$g(k) \equiv \frac{f(k)}{k} - \frac{n+\delta}{s} = 0$$

根据介值定理，要使上述方程即 $g(k)=0$ 有唯一解，必须有：$g(k)$ 为单调函数，并且，$g(0)$ 和 $g(\infty)$ 一正一负。

$$g'(k) = \frac{\mathrm{d}\left(\frac{f(k)}{k} - \frac{n+\delta}{s}\right)}{\mathrm{d}k} = \frac{f'(k)k - f(k)}{k^2}$$

由(2.19)式可知，

$$(\partial Y)/(\partial L) = f(k) - f'(k)k > 0$$

因此：

$$g'(k) = [f'(k)k - f(k)]/k^2 < 0$$

这就是说，函数 $g(k)$ 为单调(减)函数。同时有：

$$\lim_{k\to 0}\left(\frac{f(k)}{k} - \frac{n+\delta}{s}\right) = \lim_{k\to 0}\frac{f'(k)}{1} - \frac{n+\delta}{s} = \infty > 0$$

$$\lim_{k\to 0}\left(\frac{f(k)}{k} - \frac{n+\delta}{s}\right) = \lim_{k\to 0}\frac{f'(k)}{1} - \frac{n+\delta}{s} = -\frac{n+\delta}{s} < 0$$

在导出上述两式时，用到了洛必达法则和稻田条件。

求解稳态值即"静态分析"，就是解方程(2.20)。由于生产函数没有给定具体的形式，所以无法得到显性解。用 k^* 表示稳态值，则有下列等式成立：

$$sf(k^*) = (n+\delta)k^* \tag{2.21}$$

由于函数 $f(\cdot)$ 是单调的，所以，可以将 k^* 写成如下形式：

$$k^* = k^*(s, n, \delta)$$

也就是将内生变量 k 的稳态值表示成外生变量 s、n 和 δ 的函数。

接下来，要讨论外生变量 s、n 和 δ 变化对内生变量稳态值的影响。这就是所谓"比较静态分析"。同样，可以用几何法和代数法来进行比较静态分析。

图 2.2 展示了几何法。在图 2.2 中，储蓄率由 s_1 上升到 s_2，曲线 $s_1 f(k)$ 由此向上移动到 $s_2 f(k)$。由于储蓄率没有出现在直线 $(n+\delta)k$ 当中，所以储蓄率上升不影响该直线。人均资本的稳态值随之从 k_1^* 上升到 k_2^*。也就是说，人均资本的稳态值与储蓄率成正比。从图中可以看到，n 和 δ 增加会使得直线 $(n+\delta)k$ 变得更加陡峭，相对于一条不变的曲线，比如 $s_1 f(k)$，显然，人均资本的稳态值会变小。换言之，人均资本的稳态值与人口增长率(折旧率)成反比。

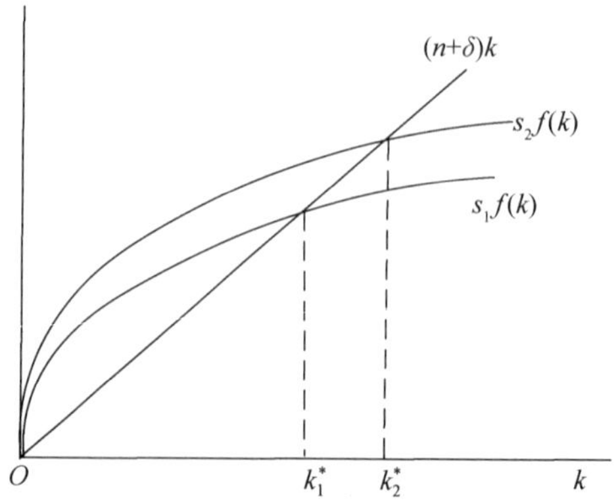

图 2.2　索洛模型比较静态分析

用代数法进行比较静态分析，就是要分别求解偏导数$\frac{\partial k^*}{\partial s}$、$\frac{\partial k^*}{\partial n}$和$\frac{\partial k^*}{\partial \delta}$。主要是要判定这些偏导数是大于零还是小于零。比如，“关于某个外生变量的偏导数大于零”就表示稳态值与这个外生变量成正比；反之，则成反比。这里，仅以求解$\frac{\partial k^*}{\partial s}$为例来说明求解技巧。

将(2.21)式写成如下形式：

$$\frac{f(k^*)}{k^*}=\frac{n+\delta}{s}$$

对上式等号两边同时关于 s 求一阶导数，得到：

$$\frac{\partial k^*}{\partial s}\times\frac{f'(k^*)k^*-f(k^*)}{k^{*2}}=-\frac{n+\delta}{s^2}$$

显然，上式右边项小于零；根据(2.19)式，左边第二项小于零，因此，要使上述等式成立，必须有$\frac{\partial k^*}{\partial s}>0$。类似地，可以推出$\frac{\partial k^*}{\partial n}<0$ 和$\frac{\partial k^*}{\partial \delta}<0$。

还可以对(2.21)式两边同时进行全微分来对模型进行比较静态分析，可以得到：

$$f(k^*)\mathrm{d}s+sf'(k^*)\mathrm{d}k^*=k^*\mathrm{d}n+k^*\mathrm{d}\delta+(n+\delta)\mathrm{d}k^*$$

上式描述的是，当经济从一个稳态变化到另外一个稳态时，变量 k^*、s、δ 和 n 的变化量间必须保持的关系。

为了求出 k^* 如何对外生变量 s、δ 和 n 的变化做出反应，我们可以将上式变换成：

$$f(k^*)\mathrm{d}s-k^*\mathrm{d}n-k^*\mathrm{d}\delta=(n+\delta-sf'(k^*))\mathrm{d}k^*$$

利用上式，可以求得：

$$\frac{\partial k^*}{\partial s}=\frac{f(k^*)}{n+\delta-sf'(k^*)}$$

在讨论储蓄率 s 变化引起稳态人均资本 k^* 的变化时，自然是在其他外生变量 δ 和 n 不变的前提下来展开；换言之，求出上式时，我们用到了关系式 $\mathrm{d}n=\mathrm{d}\delta=0$。不难推出上式大于零：上式等号右边的分子大于 0 是显然的；而分母大于零则可以从图 2.2 中看出，$n+\delta$ 是直线$(n+\delta)k$在稳态时的斜率，而 $sf'(k^*)$则是曲线 $sf(k)$在稳态时的斜率。

最后，我们探讨“资本积累黄金律”问题。从人均资本稳态值的求解过程可知，在其他外生变量保持不变的条件下，给定一个储蓄率 s，就有一个人均资本稳态值 $k^*(s)$与之对应。有了人均资本稳态值，经由生产函数(2.8)式就可以得到人均产出稳态值 $y^*=f(k^*(s))$。有了人均产出稳态值，加上给定的储蓄率，就可以得到与这个给定的储蓄率相对应的人均储蓄从而得到人均消费的稳态值。这就是说，人均消费稳态值是关于储蓄率的函数，不妨表示为 $c^*(s)$。

到这里，一个很自然的问题是，在所有不同的储蓄率所对应的人均消费稳态值当中，哪个储蓄率对应的人均消费稳态值是最大的？这就是所谓资本积累黄金律问题。我们把最大稳态消费对应的那个储蓄率叫作“黄金储蓄率”，用 s_{gold}表示；相应地，用 k^*_{gold}表示与之相对应的“黄金稳态人均资本”。根据黄金储蓄率来进行积累就是符合黄金积累律的。

下面，给出黄金储蓄率以及黄金稳态资本的求解过程。根据消费与储蓄的关系，可以将稳态消费表示成：

$$c^*(s)=f(k^*(s))-sf(k^*(s))$$

资本稳态值满足(2.21)式，因此，将(2.21)式代入上式，得到：

$$c^*(s) = f(k^*(s)) - (n+\delta)k^*(s)$$

解方程 $\frac{\partial c^*(s)}{\partial s}=0$，就可以找到黄金稳态资本和黄金储蓄率：

$$\frac{\partial c^*(s)}{\partial s} = f'(k^*(s))\frac{\partial k^*}{\partial s} - (n+\delta)\frac{\partial k^*}{\partial s}$$

$$= \frac{\partial k^*}{\partial s}[f'(k^*(s)) - (n+\delta)] = 0$$

由前面的比较静态分析可知，$\frac{\partial k^*}{\partial s}>0$。因此，要使上式成立，需要 $f'(k^*(s))-(n+\delta)=0$。也就是说，解这个方程，可以求得黄金稳态资本和黄金储蓄率。换言之，黄金稳态资本 k^*_{gold} 满足下式：

$$f'(k^*_{\text{gold}}) = n+\delta$$

再把黄金稳态资本代入稳态资本与储蓄率之间的函数关系式当中，就可以求出黄金储蓄率。

当一个经济的实际储蓄率大于黄金储蓄率时，这个经济就处于过度储蓄状态，这种状态通常叫作"动态无效率状态"。因为此时，只需要消费者减少储蓄，就可以增加消费，并且不影响经济增长率。之所以会出现动态无效率的情况，是因为在索洛模型中储蓄率是外生给定的，而不是由消费者通过效用最大化来内生决定的。只要消费的边际效用大于零，并且储蓄率是由消费者效用最大化行为决定的，那么消费者选择的储蓄率就一定是黄金储蓄率。从而，动态无效率情况就不会出现。这一点在下一章将要展开的拉姆齐模型中，会得到清楚的体现。

3. 转型动态分析。转型动态分析的目的是考察稳态周边的情况。既然是要考察稳态周边的情况，所以存在稳态是进行转型动态分析的前提条件。也就是说，如果所研究的动态经济不存在稳态，那就无须进行转型动态分析。当然，一个经济可能存在稳态，但不存在转型动态。在这种情况下，经济总是处于稳态，因此，就不存在从非稳态向稳态"转型"的问题。也就是说，模型存在稳态是其存在转型动态的必要条件而非充分条件。

转型动态分析要考察的内容包括两个主要方面。一是定性分析，探讨稳态的稳定性(the stability of the steady state)。要回答的问题是，经济能否仅仅依靠自身的力量从非稳态回到稳态？如果答案是肯定的，我们就说这个稳态是稳定的；否则就是不稳定的。二是定量分析，在稳态稳定的前提下，计算经济从稳态附近(非稳态)回到稳态的速度。换一种说法，转型动态分析要考察经济是否收敛(定性分析)，如果收敛的话，收敛速度如何(定量分析)。

如果能将微分方程的显性解求出来，那么，该微分方程的转型动态情况就会一目了然。前文指出，进行(稳态和)转型动态分析就是因为微分方程无法找到显性解。对于无法求出显性解的情形，我们可以研究一个与之类似的能够求出显性解的微分方程，求出该微分方程的显性解，看看是这类微分方程的哪些性质决定着转型动态的收敛性和收敛速度。索洛模型的稳态是增长率等于零这种特殊情形，因此，我们先求解一个稳态增长率为零的微分方程。

先说一阶线性微分方程的求解方法。这里，要讨论的一阶线性微分方程的一般情形为：

$$\dot{y}(t) = a(t)\times y(t) + b(t) \tag{2.22}$$

我们把上述一般情形简化成三种特殊情形：

$$\dot{y}(t) = a\times y(t) \tag{2.23}$$

$$\dot{y}(t) = a\times y(t) + b \tag{2.24}$$

$$\dot{y}(t) = a(t) \times y(t) \tag{2.25}$$

遵循简单到复杂的原则，讨论完三种特殊情形之后，再讨论一般情形。

方程(2.23)是最简单的情形。求解这一方程有多种方法。

方法一：直接进行积分。将方程(2.23)写成如下形式：

$$\frac{\dot{y}(t)}{y(t)} = a$$

对上式等号两边分别关于时间 t 进行积分，得到：

$$\int \frac{\dot{y}(t)}{y(t)} \mathrm{d}t = \ln|y(t)| + c_0$$

$$\int (a)\mathrm{d}t = at + c_1$$

化简，得到：

$$\ln|y(t)| = at + (c_1 - c_0)$$

$$\mathrm{e}^{\ln|y(t)|} = \mathrm{e}^{[at+(c_1-c_0)]}$$

$$y(t) = \pm \mathrm{e}^{at} \times \mathrm{e}^{(c_1-c_0)}$$

令 $c = \pm e^{(c_1-c_0)}$，则有：

$$y(t) = c \times \mathrm{e}^{at}$$

可以通过初始条件来确定积分常数 c。用 $x(0)$来表示变量 x 的初始值。这里，$y(0)$就是已知的量。将 $t=0$ 代入上式，有：

$$y(0) = c \times \mathrm{e}^{a \cdot 0} = c$$

将 $c = y(0)$回代到 $y(t) = c \times \mathrm{e}^{at}$ 中，就可以得到微分方程(2.23)的解如下：

$$y(t) = y(0) \times \mathrm{e}^{at} \tag{2.26}$$

方法二：利用稳态值求解。因为讨论的是增长率为零的稳态，所以，可以直接令 $\dot{y} = 0$ 来求出稳态值 y^*。再利用稳态值，将要求的 $y(t)$表示成如下形式：

$$y(t) - y^* = (y(0) - y^*)\mathrm{e}^{at} \tag{2.27}$$

把这种方法运用到方程(2.23)，就是将 $y^* = 0$ 代入(2.27)式即可。结果是 $y(t) = y(0) \times \mathrm{e}^{at}$，与(2.26)式完全一致。使用这种求解方法要注意两点。一是令 $\dot{y} = 0$“能”求出稳态值；二是要将 $\dot{y}$ 项与方程中的其他项分别放在等号的两边，这样可以确保 $y(t)$项前面系数的符号正确。

方法三：利用积分因子求解。先将方程中的未知项与已知项分别放在等号两边。具体到方程(2.23)，就是要写成如下形式：

$$\dot{y}(t) - ay(t) = 0$$

然后，将变换后的方程两边同时乘以积分因子 e^x。这里，x 等于 $y(t)$项前面的系数乘以变化时间即期末时点减去期初时点，通常是 $t-0$。具体到方程(2.23)，这个 x 的含义是，变化时间 $t-0$ 内，y 变化的总量等于变化速度 $-a$ 乘以变化时间$(t-0)$，即有 $x = -at$。也就是说，要将上式两边同时乘以积分因子 e^{-at}。这样，就可以得到下式：

$$\dot{y}\mathrm{e}^{-at} - ay\mathrm{e}^{-at} = 0$$

显然，上述方程的等号左边项等于$\frac{\mathrm{d}(y\mathrm{e}^{-at})}{\mathrm{d}t}$；等号右边项 0 则是常数项关于时间的导数。因此，对上述方程两边关于时间 t 积分，得到：

$$y\mathrm{e}^{-at} = c$$

将上式等号两边同时乘以 e^{at}，并且用初始值 $y(0)$ 来替代积分常数，就可以得到(2.26)式。

第三种方法是求解一阶线性微分方程的基本方法。这里，"基本"的含义是，第一种和第二种方法能够求解的方程，它可以求解；一些第一种和第二种方法不能求解的方程，它也可以求解。这一点，我们马上就会看到。

方程(2.24)也可以用上述三种方法来求解。使用方法一时，为了简化求解过程，可以将原方程先变换成如下形式：

$$\dot{y}(t) = a\left(y(t) + \frac{b}{a}\right)$$

令 $x(t) \equiv y(t) + \frac{b}{a}$，则有：$\dot{x}(t) = \dot{y}(t)$。因此，原方程就可以写成如下形式：

$$\dot{x}(t) = ax(t)$$

不难发现，上述方程与方程(2.23)完全相同。由此，可知上述方程的解为：

$$x(t) = x(0)e^{at}$$

再将 $x(t) \equiv y(t) + \frac{b}{a}$ 和 $x(0) \equiv y(0) + \frac{b}{a}$ 回代入上式，就可以得到原方程的解如下：

$$y(t) + \frac{b}{a} = \left(y(0) + \frac{b}{a}\right)e^{at} \tag{2.28}$$

至于方法二和方法三都是直接按步骤套就可以了，这里不再展开。

说明一下方程(2.23)和方程(2.24)求解方法之间的关系。方程(2.23)是齐次方程，而方程(2.24)是非齐次方程。非齐次方程的求解方法通常是，先求出与之对应的齐次方程的通解；再找出非齐次方程的一个特解；最后，利用叠加原理[①]把齐次方程的通解和非齐次方程的特解加起来，就是非齐次方程的解。

具体到方程(2.24)，其对应的齐次方程(2.23)的通解是 $c \times e^{at}$，而 $-\frac{b}{a}$ 是非齐次方程(2.24)的一个特解，因此，$y(t) = c \times e^{at} - \frac{b}{a}$ 就是非齐次方程(2.24)的解。利用初始值 $y(0)$ 可以得到积分常数 $c = y(0) + \frac{b}{a}$，利用这个结果代换掉积分常数，就得到了非齐次方程(2.24)的最终解(2.28)式。

方程(2.25)也可以用上述三种方法来求解。对比一下方程(2.25)与方程(2.23)，能够发现两者之间的唯一差异就是，方程(2.23)中的常数 a 在方程(2.25)中变成了函数 $a(t)$。由此给求解方法带来的改变就是积分因子 e^x 中的指数 x 不再是简单的 $-at$，需要变成 $-\int_0^t a(s)\mathrm{d}s$。显然，两者的本质是一样的，都是求和。只是前者是在 a 不随时间变化时求和，即 t 个 a 相加就等于 at；后者则是在 a 随时间变化的情形下求和，这时求和就是函数 $a(t)$ 关于时间的积分即 $\int_0^t a(s)\mathrm{d}s$。其他一切照旧。因此，可以比照方程(2.23)的解，写出方程(2.25)的解如下：

$$y(t) = y(0)e^{\int_0^t a(s)\mathrm{d}s} \tag{2.29}$$

转到一阶线性微分方程的一般形式即(2.22)式的求解，我们发现方法一和方法二都不好

① 参见阮炯(2002)。

用了。这时就只能用方法三了。先将方程(2.22)中的未知项和已知项分别放在等号的两边,即:

$$\dot{y}(t)-a(t)y(t)=b(t)$$

在上式等号两边同时乘以积分因子 $\mathrm{e}^{-\int_0^t a(s)\mathrm{d}s}$,得到:

$$[\dot{y}(t)-a(t)y(t)]\mathrm{e}^{-\int_0^t a(s)\mathrm{d}s}=b(t)\mathrm{e}^{-\int_0^t a(s)\mathrm{d}s}$$

同样,上式的等号左边项等于$\frac{\mathrm{d}(y(t)\mathrm{e}^{-\int_0^t a(s)\mathrm{d}s})}{\mathrm{d}t}$,因此,上式可变换成:

$$\frac{\mathrm{d}(y(t)\mathrm{e}^{-\int_0^t a(s)\mathrm{d}s})}{\mathrm{d}t}=b(t)\mathrm{e}^{-\int_0^t a(s)\mathrm{d}s}$$

对上式等号两边关于时间 t 积分,得到:

$$y(t)\mathrm{e}^{-\int_0^t a(s)\mathrm{d}s}=\int b(t)\mathrm{e}^{-\int_0^t a(s)\mathrm{d}s}\mathrm{d}t+c$$

式中,c 为任意积分常数。再在上式等号两边同时乘以 $\mathrm{e}^{\int_0^t a(s)\mathrm{d}s}$,就可以得到方程的解:

$$y(t)=\mathrm{e}^{\int_0^t a(s)\mathrm{d}s}\int b(t)\mathrm{e}^{-\int_0^t a(s)\mathrm{d}s}\mathrm{d}t+\mathrm{e}^{\int_0^t a(s)\mathrm{d}s}c$$

同样,可以利用初始值等边界条件来得到积分常数 $c=y(0)$。

第三种方法也就是借助积分因子的方法,是基本的求解一阶线性微分方程的方法。鉴于此,最后我们说明一下积分因子的"来历"。

把一般形式的微分方程重写为如下形式:

$$\dot{y}(t)+[-a(t)]y(t)=b(t) \tag{2.30}$$

由求导法则可知:

$$\frac{\mathrm{d}[v(t)y(t)]}{\mathrm{d}t}=v(t)\dot{y}(t)+\dot{v}(t)y(t) \tag{2.31}$$

对比(2.30)式的等号左边项和(2.31)式的等号右边项,发现两者类似。

如果用未知的 $v(t)$同时乘以(2.30)式的等号两边,(2.30)式的等号左边项和(2.31)式的等号右边项会更加类似:

$$v(t)\dot{y}(t)+v(t)[-a(t)]y(t)=v(t)b(t) \tag{2.32}$$

以下要做的工作是要说明这个 $v(t)$就是"积分因子"。

对比(2.31)式的等号右边项与(2.32)式的等号左边项,如果有 $\dot{v}(t)=v(t)[-a(t)]$,则两者完全一样。不妨,先假设"真有"$\dot{v}(t)=v(t)[-a(t)]$,则(2.32)式就可以变换成:

$$v(t)\dot{y}(t)+\dot{v}(t)y(t)=v(t)b(t)$$

也就是有:

$$\frac{\mathrm{d}[v(t)y(t)]}{\mathrm{d}t}=v(t)b(t)$$

将上式等号两边同时关于时间积分,得到:

$$y(t)=\frac{1}{v(t)}\int v(t)b(t)\mathrm{d}t \tag{2.33}$$

需要注意的是,(2.33)式是在假设"真有"$\dot{v}(t)=v(t)[-a(t)]$成立的前提下得到的。这个条件是一个一阶线性微分方程,比照(2.29)式,可知其解为:

$$v(t) = v(0)\mathrm{e}^{-\int_0^t a(s)\mathrm{d}s}$$

这就是说，在推导(2.33)式的过程中，将(2.30)式等号两边同时乘以 $v(t)$，就是同时乘以 $\mathrm{e}^{-\int_0^t a(s)\mathrm{d}s}$。这里，$v(0)$是一个常数，同时乘以等号两边不会改变等式，所以被省略了。这就是积分因子的来历。

一阶线性微分方程的解的一般形式是(2.27)式，原微分方程的转型动态的特征都能够在这个一般解中得到体现。为了方便，不妨将这个式子重新写在下面：

$$y(t) - y^* = (y(0) - y^*)\mathrm{e}^{at}$$

说(2.27)式所代表的经济收敛，就是指随着时间的推移，有 $y(t)=y^*$ 成立。显然，要使 $y(t)=y^*$ 成立，需要(2.27)式等号右边项等于零。而等号右边项中的 $y(0)-y^*$ 肯定不等于零，因此，要使(2.27)式等号右边项等于零，就要求 $\mathrm{e}^{at}=0$。而要使 $\mathrm{e}^{at}=0$，需要 $a<0$。同时，给定 $y(0)-y^*$，a 的绝对值越大，$y(t)$收敛于 y^* 的速度就越快。所以，进行转型动态分析的关键是要找到这个 a 值。

对于转型动态的定性分析，弄清 a 的含义是很有用的。① 关于 a 的含义可以按照两种不同的思路来理解。

一是把 a 理解为 $y(t)$的系数。这种理解思路主要运用于线性方程(组)的稳态稳定性讨论。在分析线性微分方程的稳态稳定性时，如果系数 a 小于零，就可以断定方程的稳态是全局稳定(the global stability of steady state)的；类似地，在讨论线性微分方程组的稳态稳定性时，如果方程组的系数矩阵的特征值都小于零，就可以断定方程组的稳态是全局稳定的。如果要讨论的方程(组)是非线性的话，就要借助第二种理解思路。

二是把 a 看成 $\dot{y}(t)$关于 $y(t)$的一阶导数。为了方便，令 $\dot{y}(t)\equiv g(y(t))$。非线性微分方程 $g(y(t))$有稳态 y^* 使得 $g(y^*)=0$。如果有 $g'(y^*)<0$，就可以断定该非线性微分方程的稳态是局部稳定(the local stability of steady state)的。换言之，就是在稳态附近，稳态是稳定的。同样，对于非线性微分方程组，如果它的稳态处的雅可比矩阵特征值都小于零，就可以断定该非线性微分方程组是局部稳定的。

现在，对索洛模型进行转型动态定性分析。为了行文方便，令 $\dot{k}\equiv g(k)$，则索洛模型的基本微分方程可以写成 $g(k)=sf(k)-(n+\delta)k$。由此，对索洛模型进行转型动态定性分析，就是要判断 $g'(k^*)$ 是否小于零。

对基本微分方程关于 k 求一阶导数，并将 k^* 代入，得到：

$$g'(k^*) = sf'(k^*) - (n+\delta)$$

根据(2.21)式，索洛模型稳态资本水平满足下式：

$$\frac{sf(k^*)}{k^*} - (n+\delta) = 0$$

综合上述两式，也就是代换掉两式中的 $n+\delta$，得到：

$$g'(k^*) = sf'(k^*) - \frac{sf(k^*)}{k^*} = \frac{s[k^* f'(k^*) - f(k^*)]}{k^*}$$

由(2.19)式可知，$k^* f'(k^*)-f(k^*)<0$，因此，$g'(k^*)<0$，从而，索洛模型稳态是稳定的。

---

① 这里给出的命题或者结论都只进行了描述性的说明，严格的证明参见 Acemoglu(2009)。

与定性分析仅仅需要知道 a 的符号不同，转型动态定量分析需要知道 a 的值。要求解非线性微分方程(组)的 a，通常要先对其进行对数线性化(Log-linearization of nonlinear functions)处理。

如果用 x 表示非线性函数中的内生变量[①]，用 x^* 表示 x 的稳态值，用 $\tilde{x}$ 表示 x 与其稳态值 x^* 之间的自然对数离差即 $\tilde{x}\equiv\ln x-\ln x^*$，那么，对数线性化就是要将原本关于 x 的非线性函数，转换成关于 x^* 和 $\tilde{x}$ 的线性函数。

概括地说，非线性函数对数线性化要做的主要工作包括两个方面。一是通过适当的恒等变换，将非线性函数中的内生变量都替换成各自的对数形式；二是通过泰勒级数展开，将非线性函数变换成线性函数。这两个工作，哪个先做，哪个后做，没有要求。

如果先进行泰勒级数展开的话，那么，自然是将非线性函数关于其内生变量本身(x)作泰勒级数展开。如果先进行恒等变换的话，那么非线性函数就可以被看成内生变量的自然对数 $\ln x$，或者内生变量的对数离差($\tilde{x}$)的函数。这样，再进行泰勒级数展开时，就可以将非线性函数关于其内生变量的自然对数 $\ln x$ 作泰勒级数展开，或者关于其内生变量的对数离差 $\tilde{x}$ 作泰勒级数展开。下面依次介绍三种方法，并将它们逐一用来作为对数线性化索洛模型的基本微分方程。

方法一：将非线性函数关于其内生变量本身(x)作泰勒级数展开。

这种方法包含四个具体步骤。

第一步，写出非线性函数的稳态形式。具体做法是，把非线性函数中的所有内生变量都用其稳态值加以替换，也就是用 x^* 来代换 x。我们称由此得到的函数为非线性函数的“稳态形式”。

第二步，对非线性函数进行泰勒级数展开。在非线性函数的内生变量 x 的稳态值 x^* 处，对非线性函数进行泰勒级数展开。由此得到的等式可以叫作非线性函数的“线性近似形式”。

第三步，对第二步得到的非线性函数的线性近似形式进行恒等变换。我们把由此得到的等式叫作非线性函数的“近似形式的恒等形式”。进行这个恒等变换要利用如下等式：

$$x-x^*\approx x^*\tilde{x}=x^*(\ln x-\ln x^*) \tag{2.34}$$

证明这个式子是很简单的事情。在 $x=x^*$ 处，将函数 $\ln x$ 关于 x 作一阶泰勒级数展开：

$$\ln x\approx\ln x^*+\frac{1}{x^*}(x-x^*)$$

稍作整理，就得到了(2.34)式。

第四步，利用稳态形式，化简近似形式的恒等形式，得到最终对数线性化的结果。我们称由此得到的结果为非线性函数的“简化线性近似式”。

具体到索洛模型，我们先将模型的基本微分方程(2.17)式写成如下稳态形式：

$$sf(k^*)/k^*=n+\delta \tag{2.35}$$

(2.35)式就是(2.21)式。

接下来，我们对模型的基本微分方程进行泰勒级数展开。为此，把模型的基本微分方程(2.17)式写成如下形式：

$$\frac{\dot{k}}{k}=\frac{sf(k)}{k}-(n+\delta) \tag{2.36}$$

① 需要特别说明的是，这里的 x 是一个模型中所有内生变量的统称，并且，在不同模型中，x 所代表的变量不尽相同。

在 $k=k^*$ 处，对(2.36)式的等号右边项进行泰勒级数展开，得到基本微分方程的线性近似形式如下：

$$\frac{\dot{k}}{k}=\frac{sf'(k^*)k^*-sf(k^*)}{k^{*2}}(k-k^*)$$

第三步，就是用(2.34)式对上述近似形式进行恒等变换，得到基本微分方程的近似形式的恒等形式如下：

$$\frac{\dot{k}}{k}=\frac{sf'(k^*)k^*-sf(k^*)}{k^*}(\ln k-\ln k^*)$$

最后一步，就是用稳态形式即(2.35)式对第三步得到的恒等形式进行化简。为此，先把上述恒等形式稍作变换：

$$\frac{\dot{k}}{k}=-\frac{f(k^*)-f'(k^*)k^*}{f(k^*)}\times\frac{sf(k^*)}{k^*}\times(\ln k-\ln k^*)$$

用等式 $\mathrm{d}\ln k/\mathrm{d}t=\dot{k}/k$ 代换掉上式等号左边的项，同时，用(2.35)式代换掉上式等号右边的中间项，就可以得到我们想要的对数线性化结果如下：

$$\frac{\mathrm{d}\ln k}{\mathrm{d}t}=-\frac{f(k^*)-f'(k^*)k^*}{f(k^*)}\times(n+\delta)\times(\ln k-\ln k^*) \tag{2.37}$$

(2.37)式等号右边的第一项是劳动的产出弹性，在给定了具体生产函数的情况下，这一项就可以被生产函数中的相关给定参数替换掉。

经济增长模型的生产函数常常被假设为柯布-道格拉斯形式，即：

$$Y=L^{1-\alpha}K^{\alpha} \tag{2.38}$$

在上述具体生产函数下，有下式成立：

$$\frac{f(k^*)-f'(k^*)k^*}{f(k^*)}=1-\alpha$$

将上述结果代入(2.37)式中，就得到了索洛基本微分方程的对数线性形式：

$$\frac{\mathrm{d}(\ln k)}{\mathrm{d}t}=-(1-\alpha)\times(n+\delta)\times(\ln k-\ln k^*) \tag{2.39}$$

很容易看出，上式中的 a 值为 $-(1-\alpha)\times(n+\delta)$。遵循 Barro and Sala-i-Martin(2004)的做法，本书也令

$$\beta\equiv\left|\frac{\mathrm{d}[\mathrm{d}(\ln k)/\mathrm{d}t]}{\mathrm{d}(\ln k)}\right|=(1-\alpha)\times(n+\delta)$$

方法二：将非线性函数关于其内生变量的自然对数($\ln x$)作泰勒级数展开。

这一方法也包含四个步骤，其中，第一步和第四步与方法一完全相同，所以这里只具体说明第二步和第三步。

第二步，对非线性函数进行恒等变换。具体做法是，利用等式 $x=\mathrm{e}^{\ln x}$，将非线性函数中的所有内生变量 x 都替换成 $\ln x$。我们把由此得到的等式叫作非线性函数的“恒等形式”。

第三步，对非线性函数的恒等形式进行泰勒级数展开。将非线性函数的恒等形式看作是关于 $\ln x$ 的函数，然后在 $\ln x$ 的稳态值 $\ln x^*$ 处，对非线性函数的恒等形式进行泰勒级数展开。

现在，将方法二应用于索洛模型基本微分方程。第二步，利用恒等式 $k\equiv\mathrm{e}^{\ln k}$，将(2.36)式写成如下恒等形式：

$$\frac{\dot{k}}{k}=\frac{sf(\mathrm{e}^{\ln k})}{\mathrm{e}^{\ln k}}-(n+\delta)$$

第三步，将上式在稳态值 $\ln k^*$ 处，关于 $\ln k$ 作泰勒级数展开，得到：

$$\begin{aligned}\frac{\dot{k}}{k}&\approx 0+\frac{sf'(\mathrm{e}^{\ln k^*})\times(\mathrm{e}^{\ln k^*})\times(\mathrm{e}^{\ln k^*})-sf(\mathrm{e}^{\ln k^*})\times(\mathrm{e}^{\ln k^*})}{(\mathrm{e}^{\ln k^*})^2}\times(\ln k-\ln k^*)\\&=\frac{sf'(k^*)k^*-sf(k^*)}{k^*}\times(\ln k-\ln k^*)\\&=\frac{f'(k^*)k^*-f(k^*)}{f(k^*)}\times\frac{sf(k^*)}{k^*}\times(\ln k-\ln k^*)\end{aligned}$$

用(2.35)式代换掉上式中的 $sf(k^*)/k^*$，就得到了索洛模型基本微分方程的对数线性化结果即(2.37)式。

方法三：关于内生变量对数离差($\tilde{x}$)作泰勒级数展开。

这种方法也包括四个具体步骤。第一步和第四步与方法一完全相同。

第二步，对非线性函数进行恒等变换。在进行恒等变换时，要利用如下等式：

$$x=x^*\mathrm{e}^{\tilde{x}} \tag{2.40}$$

由上文给出的 $\tilde{x}$ 的定义式即 $\tilde{x}\equiv\ln x-\ln x^*$，可得：

$$\tilde{x}\equiv\ln x-\ln x^*=\ln\frac{x}{x^*}$$

由上式可得：

$$\mathrm{e}^{\tilde{x}}=\mathrm{e}^{\ln\frac{x}{x^*}}=\frac{x}{x^*}$$

很容易看到，将上式等号两边同时乘以 x^*，即可得到要证明的等式。于是，第二步的具体做法是，利用(2.40)式，将非线性函数中的所有内生变量 x 都用 $x^*\mathrm{e}^{\tilde{x}}$ 来替换。

第三步，对非线性函数的恒等形式进行泰勒级数展开。将非线性函数的恒等形式看作是关于 $\tilde{x}$ 的函数，然后在 $\tilde{x}$ 的稳态值处对非线性函数的恒等形式进行泰勒级数展开。

具体到索洛模型的基本微分方程，方法三的第二步就是利用 $k=k^*\mathrm{e}^{\tilde{k}}$ 将基本微分方程(2.36)变换成如下恒等形式：

$$\frac{\dot{k}}{k}=\frac{sf(k^*\mathrm{e}^{\tilde{k}})}{k^*\mathrm{e}^{\tilde{k}}}-(n+\delta)$$

第三步，在 $\tilde{k}$ 的稳态值处，对上述非线性函数的恒等形式(等号右边项)关于 $\tilde{k}$ 进行泰勒级数展开。根据(2.34)式可知，$\tilde{k}$ 是变量 k 在稳态时的增长率。而索洛模型稳态时，k 的增长率等于零，也就是说，$(\tilde{k})^*=0$。于是有：

$$\begin{aligned}\frac{\dot{k}}{k}&\approx 0+\frac{sf'(k^*)k^*\mathrm{e}^{(\tilde{k})^*}-sf(k^*)\mathrm{e}^{(\tilde{k})^*}}{k^*}(\tilde{k}-(\tilde{k})^*)\\&=\frac{sf'(k^*)k^*-sf(k^*)}{k^*}\times(\ln k-\ln k^*)\\&=\frac{f'(k^*)k^*-f(k^*)}{f(k^*)}\times\frac{sf(k^*)}{k^*}\times(\ln k-\ln k^*)\end{aligned}$$

得到第二行式子时，代入了 $(\tilde{k})^*=0$ 和 $\tilde{k}=\ln k-\ln k^*$。同样，用(2.35)式代换掉上式中的 $sf(k^*)/k^*$，就得到了索洛模型基本微分方程的对数线性化结果即(2.37)式。

在完成基本微分方程对数线性化之后，对模型进行转型动态定量分析就是很容易的事情了。简单地说，就是找 a 的绝对值，也就是本书所定义的 β，也就是模型的收敛系数。β 越大，经济收敛速度越快。具体到索洛模型，由(2.39)式可知，这个收敛系数 $\beta=(1-\alpha)(n+\delta)$。

除了把这个收敛系数理解为线性微分方程中的 a 的绝对值以外，还可以换个角度来理解收敛系数。(2.39)式是一个关于 $\ln k$ 的一阶线性微分方程，根据前文介绍的求解方法，不难求得其解为：

$$\ln k(t)-\ln k^{*}=\mathrm{e}^{-\beta t}[\ln k(0)-\ln k^{*}] \tag{2.41}$$

可以将(2.41)式变换成：

$$\frac{\ln k(t)-\ln k^{*}}{\ln k(0)-\ln k^{*}}=\mathrm{e}^{-\beta t} \tag{2.42}$$

如果形象地将(2.42)式中 $\ln k(0)-\ln k^{*}$ 理解为某个经济从起始点 $\ln k(0)$ 到稳态值目标点 $\ln k^{*}$ 需要走的全部路程的话，那么，$\ln k(t)-\ln k^{*}$ 则表示还未走完的从当下点 $\ln k(t)$ 到目标点 $\ln k^{*}$ 的路程。这样，(2.42)式的含义就是，当下"未走路程"与"全部路程"之比等于 $\mathrm{e}^{-\beta t}$。在知道 β 的情况下，可以用(2.42)式来计算一个经济收敛到其稳态需要的时间。比如，如果某个经济收敛到其稳态还有 1/3 的"路程"要走的话，那么，就可以通过 $\mathrm{e}^{-\beta t}=1/3$ 来计算出需要的时间。

在经济增长经验研究文献中，(2.41)式是收敛问题计量模型的理论来源。将(2.41)式等号两边同时减去 $\ln k(0)$，经过适当变换，可以得到从 0 到 t 的平均增长率决定式如下：

$$\frac{1}{t}\times\ln\frac{k(t)}{k(0)}=\frac{1-\mathrm{e}^{-\beta t}}{t}\times\ln\frac{k^{*}}{k(0)}$$

经济增长文献中的"绝对收敛"和"相对收敛"概念可以从上式中得到体现。经济增长文献中的"收敛"是指穷国的经济增长率比富国高，$k(0)$(或者 $y(0)$)高的国家是富国，低的国家是穷国。从上式可以看到，一国经济从 0 到 t 的平均增长率取决于三个因素：β、k^{*} 和 $k(0)$。由此可以看出，如果两个国家的 β 和 k^{*} 都一样，那么，显然有如下结论：$k(0)$低的国家，其经济增长率更高。这就是所谓"绝对收敛"，预言两个经济会收敛于相同的稳态。如果两个国家只有 β 相同，也就是说，k^{*} 和 $k(0)$都不同，那么，$\frac{k^{*}}{k(0)}$越大的国家，其经济增长率就越高。一国的比值 $\frac{k^{*}}{k(0)}$越大，就说明这个国家经济的当下水平离其稳态水平越远。"相对收敛"的概念由此产生：不同的经济拥有不同的稳态，离自己的稳态越远的，经济增长率越高。区分绝对收敛和相对收敛的关键在于，认为不同经济拥有相同的稳态就是绝对收敛；反之，就是相对收敛。

2.3.2 包含技术进步模型

不包含技术进步的索洛模型预言，稳态时，人均经济增长率等于零。这样的结论难以令人信服。为了解决这个问题，索洛模型引入了外生技术进步。引入外生技术进步立刻会引起的一个问题是，技术进步变量 A 如何进入模型中的生产函数。研究发现，只有哈罗德中性技术进步才能与稳态相容，因此，包含外生技术进步的索洛模型采用的都是哈罗德中性技术进步。在进入模型的细节之前，我们要先回答两个问题：第一，什么是哈罗德中性技术进步？第二，为什么只有哈罗德中性技术进步才能与稳态增长相容？

1. 中性技术进步的种类。如果一种技术进步发生前后，资本收入(产出)和劳动收入(产出)的比例即$(F_K \times K)/(F_L \times L)$保持不变,那么,这种技术进步就是中性的。资本收入和劳动收入的比例不变这个结果,可以在不同的初始条件下得到。根据初始条件的不同,可以将中性技术进步区分为"希克斯中性""哈罗德中性"和"索洛中性"三种。

在给定资本和劳动比即 K/L 不变的条件下,如果一种技术进步前后的资本和劳动收入比例保持不变,那么,这种技术进步就是希克斯中性的。体现希克斯中性技术进步的生产函数可以写成如下形式:

$$Y = F(AK, AL)$$

这是因为,K/L 和$(F_K \times K)/(F_L \times L)$不变,很容易推出资本边际产出与劳动边际产出 F_K/F_L 也保持不变。这就意味着技术进步不改变等产量线形状,也就是说,技术进步对资本和劳动的影响是一样的,就相当于在等产量曲线图中重新给等产量线指定数字一样。

哈罗德认为,在资本和产出比即 K/Y 不变的条件下,如果一种技术进步前后的资本和劳动收入比例保持不变,那么这种技术进步就是中性的。这就是哈罗德中性技术进步。体现哈罗德中性技术进步的生产函数为以下形式:

$$Y(t) = F(K(t), A(t)L(t)) \tag{2.43}$$

对此,Uzawa(1961)提供了严格的证明。这里只就其背后的含义给出一个描述性的说明。

因为生产函数呈现规模报酬不变,所以,有(2.4)式即 $Y=F_K \times K+F_L \times L$ 成立;同时,资本和劳动收入占比不变。综合这两点,可以推出$\frac{F_K \times K}{Y}$不变,而哈罗德中性技术进步的前提条件是 K/Y 不变,这样,就可以得到哈罗德中性技术进步不影响资本边际产出的结论。这就是说,在 K/Y 不变时,F_K 也要保持不变。为了保持 K/Y 不变,在产出增长时,资本也要按照相同比例增长。而在资本边际报酬递减规律的作用下,资本边际产出 F_K 要想保持不变,就需要劳动也按照相同比例增长,这就要求技术进步是劳动扩张型的。

索洛中性技术进步是指在劳动和产出比(即 L/Y)不变的条件下,一种技术进步前后的资本和劳动收入占比保持不变。显然,索洛中性技术进步正好与哈罗德中性技术进步相对应。体现索洛中性技术进步的生产函数为 $Y=F(AK,L)$。由于在本书中不使用到这种类型的技术进步,所以,这里对其不展开论述。

关于三种不同中性技术进步所采取的生产函数形式,有一个简单的理解和记忆方法。技术进步因子 A 只能与生产要素即资本或(和)劳动相乘,因此,要满足 K/L 保持不变这一条件,A 势必要同时与 K 和 L 相乘,这就是希克斯中性技术进步所呈现出的生产函数形式。同样,在 K/Y 不变时,A 就只能与 L 相乘;在 L/Y 不变时,A 就只能与 K 相乘。

2. 只有哈罗德中性技术进步才能与稳态增长相容。这在经济增长文献中已达成共识。这一小节将严格证明这个命题。证明这个命题就是要证明稳态增长要求模型的生产函数呈现(2.43)式的形式,要用到前文证明过的稳态增长的基本性质定理:在稳态时,产出、资本和消费的增长率相等,即 $\gamma_Y=\gamma_K=\gamma_C$。

有规模报酬不变的生产函数 $Y(t)=F(K(t),L(t))$,其初始时的形式为:

$$Y(0) = F(K(0), L(0))$$

利用已知的产出、资本和劳动的不变增长率 γ_Y、γ_K 和 n,可以将上式变换成:

$$Y(t) \times e^{-\gamma_Y t} = F(K(t) \times e^{-\gamma_K t}, L(t) \times e^{-nt})$$

将上式等号两边同时乘以 $e^{\gamma_Y t}$,得到:

$$Y(t) = F(K(t) \times e^{(\gamma_Y-\gamma_K)t}, L(t) \times e^{(\gamma_Y-n)t})$$

由稳态的基本性质知道，$\gamma_K=\gamma_Y$，将这一等式代入上式，得到：

$$Y(t) = F(K(t), L(t) \times e^{(\gamma_Y-n)t})$$

令 $\gamma_A \equiv \gamma_Y - n$，上式就是(2.43)式。

3. 包含外生技术进步的索洛模型。与不包含技术进步的模型相比，包含技术进步的索洛模型只有所使用的生产函数不同，即由(2.43)式替换(2.8)式。因此，关于假设条件和建模过程基本上略而不谈。模型分析也只给出主要结论，推导过程基本略去。

基本微分方程。经过化简得到如下与不包含技术进步索洛模型中的(2.16)式对应的方程：

$$\dot{K} + \delta K = sF(K, AL)$$

利用稳态基本性质和生产函数，可以导出：包含外生技术进步的索洛模型稳态表现为"资本的增长率等于人口增长率加上外生技术进步率"。

为此，我们定义模型的零变量——有效劳动平均资本——$\hat{k} \equiv K/AL$，并且将基本微分方程表示成 $\hat{k}$ 的函数。为此，将上述等式两边同时除以 AL，而不再是像不包含技术进步模型那样除以 L，经过化简得到基本微分方程如下：

$$\dot{\hat{k}} = sf(\hat{k}) - (n + \gamma_A + \delta) \times \hat{k} \tag{2.44}$$

稳态分析。令(2.44)式中的 $\dot{\hat{k}}=0$，就可以求解有效劳动平均资本的稳态值。用 $\hat{k}^*$ 表示有效劳动平均资本的稳态值，则其满足下列式子：

$$sf(\hat{k}^*) = (n + \gamma_A + \delta) \times \hat{k}^* \tag{2.45}$$

如果给定了生产函数的具体形式，通过(2.45)式就可以求出 $\hat{k}^*$。

不妨用柯布-道格拉斯生产函数为例来求解稳态，包含外生技术进步的柯布-道格拉斯生产函数为：

$$Y = (AL)^{(1-\alpha)} K^{\alpha}$$

其集约形式为：

$$\hat{y} = f(\hat{k}) = \hat{k}^{\alpha} \tag{2.46}$$

式中，$\hat{y} \equiv \frac{Y}{AL}$。将(2.46)式代入(2.45)式，可以求得有效劳动的平均资本稳态值为：

$$\hat{k}^* = \left(\frac{s}{n + \gamma_A + \delta}\right)^{1/(1-\alpha)}$$

从上式可以很容易得到比较静态分析的结果：有效劳动的平均资本稳态值与储蓄率成正比，与人口增长率、折旧率和外生技术进步率成反比。

转型动态分析。我们用柯布-道格拉斯生产函数来展开转型动态分析。将生产函数的集约形式即(2.46)式代入(2.44)式，得到柯布-道格拉斯生产函数下的基本微分方程如下：

$$\dot{\hat{k}} = s\hat{k}^{\alpha} - (n + \gamma_A + \delta) \times \hat{k} \tag{2.47}$$

对(2.47)式进行对数线性化，找出决定转型动态的 a 值。令(2.47)式等于零，写出其稳态形式如下：

$$s(\hat{k}^*)^{\alpha} = (n + \gamma_A + \delta) \times \hat{k}^*$$

将上述基本微分方程等号两边同时除以 $\hat{k}$，得到：

$$\dot{\hat{k}}/\hat{k}=s\hat{k}^{-(1-\alpha)}-(n+\gamma_A+\delta)$$

将上式等号右边项在稳态值 $\hat{k}^*$ 处关于 $\hat{k}$ 进行泰勒级数展开，得到：

$$\dot{\hat{k}}/\hat{k}\approx-(1-\alpha)s\hat{k}^{*-(1-\alpha)-1}(\hat{k}-\hat{k}^*)$$

将 $\hat{k}-\hat{k}^*=\hat{k}^*(\ln\hat{k}-\ln\hat{k}^*)$ 和稳态值代入上式，就可以得到基本微分方程的对数线性化形式如下：

$$\frac{\mathrm{d}\ln\hat{k}}{\mathrm{d}t}=-(1-\alpha)(n+\gamma_A+\delta)(\ln\hat{k}-\ln\hat{k}^*) \tag{2.48}$$

由(2.48)式可以清楚地看出，包含外生技术进步的索洛模型的稳态也是稳定的，因为 $-(1-\alpha)(n+\gamma_A+\delta)<0$。收敛系数为 $(1-\alpha)(n+\gamma_A+\delta)$。

2.4 扩展的索洛模型

这一节，我们从三个方面来扩展索洛模型。首先，在开放条件下展开索洛模型，主要是允许资本在国际间流动；其次，在索洛模型中引入人力资本；最后，考虑经济增长对环境的影响。

2.4.1 开放的索洛模型

1. 假设条件。开放的索洛模型，是要把所讨论的经济体置身于世界经济之中。因此，在假设条件中，首先要说明这个经济体与世界经济的关系。关于这一点，具体说来，又可以细分为两个方面。一是模型所考虑的经济体通过什么方式与世界经济发生联系；二是模型所考察的经济体对世界经济的影响程度。

关于第一个方面，我们假设在开放的索洛模型中，商品和资本可以完全自由流动，但是劳动不能流动。这也反映了商品和资本比人力劳动更容易实现跨国流动的经验事实。

至于第二个方面，就要借助所谓"小型经济"假设。这个假设的含义是，模型所讨论的经济体的利率总是等于世界利率(用 $\bar{r}$ 表示)。相对于世界经济而言，模型考虑的开放经济体很小，从而这个经济体的经济活动都不会影响到世界上其他国家的经济状况。特别是，这个经济体内的储蓄和投资总量对世界利率不产生任何显著的影响。这个假设所要表达的含义是，即使是一个很大的经济体，相对于世界来说，也不具有在长期里影响世界经济的实力。

基本索洛模型的主要假设在这里悉数被保留。它们是新古典生产函数、一部门生产技术、外生给定的不变人口(劳动)增长率、外生给定的不变技术进步率、外生给定的不变储蓄率、外生给定的不变折旧率以及完全竞争市场。

2. 建立模型。建模之前，需要厘清开放经济与封闭经济之间的两点主要差异。一是在开放经济中，一国的总资产未必等于该国的总资本。在封闭模型中，一国的全部资产(储蓄)会悉数转化成本国的资本(投资)，因此有一国总资产与总资本相等的结论。在开放模型下，由于存在国际间的资本流动，这一结论不再成立。

在存在资本国际流动的条件下，一国资产(Z)[①]等于该国资本减去国外流入本国的资产

---

① 这里用资产的第一个汉语拼音字母来表示资产，而没有用资产的第一个英文字母 A 来表示资产，是因为字母 A 在本书中通常用来表示技术。

(F_{in})加上本国流向外国的资产(F_{out}),即:

$$Z = K - F_{in} + F_{out}$$

如果进一步用 F 表示一国的资本净流出(即 $F = F_{out} - F_{in}$)的话,那么,就有如下关系式成立:

$$Z = K + F \tag{2.49}$$

式中,K 还是表示资本。正是基于此,在开放模型中,我们将关注的是资产市场均衡,而非资本市场均衡。

二是国民生产总产值未必等于国内生产总值。这是由第一点差异导出的必然结果。用 Y^n 和 Y 分别表示国民生产总值和国内生产总值,则二者的关系可以表示为如下的式子:

$$Y^n = Y + (\bar{r} + \delta)F \tag{2.50}$$

根据假设,索洛模型讨论的经济体中只有劳动和资本两种要素,因此,国民生产总值就等于该国劳动获得的全部工资加上该国资产获得的全部"总(gross)收入",这里,"总"的含义是包括"折旧"。用公式表示如下:

$$Y^n = wL + (\bar{r} + \delta)Z = wL + (\bar{r} + \delta)(K + F) \tag{2.51}$$

式中,δ 是折旧率。在导出(2.51)式第二个等号后面的式子时,用到了(2.49)式。由于生产函数呈现规模报酬不变,由欧拉定理可以得到 $Y = wL + (\bar{r} + \delta)K$。将这一式子代入(2.50)式就可以得到(2.51)式。

为了简单起见,我们用不包含技术进步的具体的柯布-道格拉斯函数即(2.38)式来建立和分析模型。劳动供给仍然由(2.5)式给出。劳动和资本需求由厂商利润最大化行为给出,在(2.38)式这个具体生产函数下,它们分别为:

$$w = (1 - \alpha)L^{-\alpha}K^{\alpha} \tag{2.52}$$

$$\bar{r} + \delta = \alpha L^{1-\alpha}K^{\alpha-1} \tag{2.53}$$

由于在开放模型中,资本不再等同于资产,所以还要给出资产的供求函数和均衡条件。资产需求由(2.49)式给出;资产供给即储蓄为:

$$S = sY^n = s[Y + (\bar{r} + \delta)F] \tag{2.54}$$

照例,还需要一个将投资和资产联系起来的关系式:

$$\dot{Z} + \delta Z = I \tag{2.55}$$

最后,将模型封闭起来的就是资产市场上的均衡条件,当然,还是由(2.14)式给出。不妨重写如下:

$$I = S$$

综上所述,生产函数(2.38)式、储蓄函数(2.54)式、劳动供给函数(2.5)式、劳动需求函数(2.52)式、资本需求函数(2.53)式、资产需求函数(2.49)式、资产与投资关系式(2.55)式和资产市场均衡条件(2.14)式一起组成的方程组就是开放条件下的索洛模型。

3. 模型分析。模型分析仍然是从稳态和转型动态两个方面来进行。与封闭模型一样,开放的索洛模型的稳态也是主要变量的增长率都等于人口增长率,也就是说在稳态时,主要变量的人均增长率都等于零。具体说来,稳态时,有 $\gamma_{Y^n} = \gamma_Y = \gamma_Z = \gamma_K = \gamma_F = \gamma_C = \gamma_L$。对此,证明如下:

将(2.54)式和(2.55)式代入资产市场均衡条件(2.14)式,能够得到:

$$\dot{Z} + \delta Z = sY^n \tag{2.56}$$

将(2.56)式等号两边同时除以 Z，得到：

$$\frac{\dot{Z}}{Z}+\delta=s\frac{Y^n}{Z}$$

上式中，δ 和 s 是常数。稳态时，$\gamma_Z\equiv\dot{Z}/Z$ 也是常数。因此，要使得上式成立，必须有 Y^n/Z 为常数。由此，稳态时有 $\gamma_{Y^n}=\gamma_Z$。利用前文证明稳态基本性质时使用的方法，经由(2.49)式，能够证明：稳态时有 $\gamma_Z=\gamma_K=\gamma_F$；经由关系式 $Y^n=C+I=C+\dot{Z}+\delta Z$，可以证明：稳态时有 $\gamma_Z=\gamma_C=\gamma_{Y^n}$；经由(2.50)式，可以证明：稳态时有 $\gamma_Y=\gamma_F=\gamma_{Y^n}$。最后，利用生产函数(2.38)式或者资本需求函数(2.53)式，很容易就可以证明：稳态时有 $\gamma_Y=\gamma_K=\gamma_L$。综合这些结果，就可以推出我们想要证明的结论：在开放的索洛模型中，稳态时主要变量的人均增长率都等于零。

接下来需要做的事情就是导出模型的基本微分方程。用(2.51)式代换掉(2.56)式中的 Y^n，得到：

$$\dot{Z}+\delta Z=s[wL+(\bar{r}+\delta)Z] \tag{2.57}$$

由于开放的索洛模型稳态时有 $\gamma_Z=\gamma_L$，所以，我们可以用封闭模型所用的化简方法，将(2.57)式等号两边同时除以 L，而将其化简为集约形式。(2.57)式中的 δ、$\bar{r}$和 s 都是常数，因此，该式能否被化简成关于人均资产($z\equiv Z/L$)的微分方程的关键是，工资 w 是否是常数。幸运的是，w 确实是一个常数，并且能够经由(2.52)式和(2.53)式求出。具体求解过程如下：将(2.52)式等号两边同时乘以 L，(2.53)式两边同时乘以 K，然后，把两个乘积相除，得到下式：

$$w=\frac{1-\alpha}{\alpha}(\bar{r}+\delta)\frac{K}{L}\equiv\frac{1-\alpha}{\alpha}(\bar{r}+\delta)k \tag{2.58}$$

再由(2.53)式，可以得到：

$$k\equiv\frac{K}{L}=\left(\frac{\bar{r}+\delta}{\alpha}\right)^{1/(\alpha-1)}$$

将上式代入(2.58)式中，就可以得到 w 的决定式如下：

$$w=(1-\alpha)\left(\frac{\bar{r}+\delta}{\alpha}\right)^{\alpha/(\alpha-1)}$$

显然，工资 w 是一个常数。

基于以上讨论，从(2.57)式出发，经过适当化简，开放的索洛模型的基本微分方程为：

$$\dot{z}=[s(\bar{r}+\delta)-(n+\delta)]z+s(1-\alpha)\left(\frac{\bar{r}+\delta}{\alpha}\right)^{\alpha/(\alpha-1)} \tag{2.59}$$

前文已经证明模型的稳态是“$\dot{z}=0$”，因此，令(2.59)式中的 $\dot{z}$ 等于零之后，这个式子就变成了一个关于 z 的一元一次方程，这个方程的解的存在性和唯一性也就是模型稳态的存在性和唯一性是很显然的。

有了上述准备，求解主要变量的稳态值就比较简单了。令(2.59)式中的 $\dot{z}$ 等于零，得到 z 的稳态值为：

$$z^*=\frac{s(1-\alpha)\left(\frac{\bar{r}+\delta}{\alpha}\right)^{\alpha/(\alpha-1)}}{(n+\delta)-s(\bar{r}+\delta)} \tag{2.60}$$

关于这个稳态值作一点说明。要是 $z^*>0$，就要求 $(n+\delta)>s(\bar{r}+\delta)$，因为(2.60)式中的分子显然是大于零的。而条件 $(n+\delta)>s(\bar{r}+\delta)$ 应该是很容易满足的，更进一步，如果包含外生的技术进步的话，这个条件就变成了$(n+\delta)+\gamma_A>s(\bar{r}+\delta)$，只要技术进步率$\gamma_A>0$，这个条件就更加容易得到满足了。

最后，由(2.51)式，可以得到y^n的稳态值$(y^n)^*=w+(\bar{r}+\delta)z^*$，只需要将上述求得的$w$和$z^*$代入即可。由(2.58)式可以直接求得$k$的稳态值：

$$k^*=\frac{\alpha}{\bar{r}+\delta}\frac{w}{1-\alpha}$$

同样，只需要将前面求出的w值代入即可。有了z^*和k^*，通过(2.49)式，也就是用z^*减去k^*就可以求得f^*：

$$f^*=\frac{1}{1-\alpha}\times\frac{s}{n+\delta}\times\frac{1}{\bar{r}+\delta}\times\frac{\bar{r}+\delta-\alpha(n+\delta)/s}{1-s(\bar{r}+\delta)/(n+\delta)}\times w$$

根据上式，如果$\bar{r}+\delta>\alpha(n+\delta)/s$，那么，就有$f^*>0$，即稳态时该国国外净资产为正；反之，就为负。

比较静态分析的结果与封闭模型完全一致，也就是，z^*与s成正比，与n和δ成反比。这一点从(2.60)式可以很容易得出，这里不加解释。

模型的转型动态分析也很简单，因为(2.59)式是一阶常系数线性微分方程。变量z前面的系数为$s(\bar{r}+\delta)-(n+\delta)$，前文已说明这个系数应该小于零，因此，开放的索洛模型的稳态是稳定的。而收敛速度则直接由$s(\bar{r}+\delta)-(n+\delta)$的绝对值给出。与封闭模型相比，资本净流出国的收敛速度则要小一些，开放条件下的资本净流入国的收敛速度要大一些。对于资本净流出国，有$\bar{r}+\delta>\alpha(n+\delta)/s$。将这个式子等号两边同时乘以$s$，然后两边同时减去$n+\delta$，能够得到：

$$s(\bar{r}+\delta)-(n+\delta)>(\alpha-1)(n+\delta)$$

由于上式等号两边都是负数，所以，它们的绝对值就是前者小于后者，而这两个绝对值表示的就是开放模型和封闭模型的收敛速度。这就是说，开放条件下，资本净流出国的收敛速度比封闭条件下小。

对比开放模型与封闭模型，我们发现就增长率而言，两者没有差异：在不包含外生技术进步时人均经济增长率都等于零；包含技术进步时人均经济增长率都等于外生技术进步率。但是，就人均收入水平来说，开放模型要大于封闭模型。也就是说，允许资本国际间流动即开放资本账户，可以促进一国人均收入水平的提高。对此，解释如下：

在具体的不包含技术进步的柯布-道格拉斯函数即(2.38)式下，求解封闭模型下的利率和产出的稳态值如下：

$$r_c^*+\delta=\alpha(n+\delta)/s$$

$$y_c^*=\left(\frac{n+\delta}{s}\right)^{\alpha/(\alpha-1)}$$

将上述稳态利率代入使得$f^*>0$的条件中，也就是代入$\bar{r}+\delta>\alpha(n+\delta)/s$这个式子当中，就可以将这个条件简化为$\bar{r}>r_c^*$。其含义是，当世界利率大于国内利率时，该国的资本就会储蓄净流出为正；反之，净流入为正。

为了与封闭模型的人均收入y_c^*相比，我们先求出开放模型的人均收入$(y^n)^*$：

$$(y^n)^*=w+(\bar{r}+\delta)z^*=(1-\alpha)\left(\frac{\bar{r}+\delta}{\alpha}\right)^{\alpha/(\alpha-1)}\frac{n+\delta}{(n+\delta)-s(\bar{r}+\delta)}$$

不妨令 $x \equiv (y^n)^* / y_c^*$，则有：

$$x = (1-\alpha)\left(\frac{\bar{r}+\delta}{r_c^*+\delta}\right)^{\alpha/(\alpha-1)} \frac{1}{1-\alpha(\bar{r}+\delta)/(r_c^*+\delta)}$$

$$= (1-\alpha)\left(\frac{\bar{r}+\delta}{r_c^*+\delta}\right)^{\alpha/(\alpha-1)} \frac{1}{1-\hat{r}} \tag{2.61}$$

式中，$\hat{r} \equiv (\bar{r}+\delta)/(r_c^*+\delta)$。在导出(2.61)式的过程中，使用上文所导出的封闭条件下的利率公式进行了相关的替换和化简。

显然，根据(2.61)式，当$\bar{r}=r_c^*$时，有 $x=1$ 和$(y^n)^*=y_c^*$。也就是说，即使是在开放经济条件下，由于国内利率等于世界利率，资本不会在国际间流动，因此，开放下的人均收入等于封闭下的人均收入。这就是说，如果能够证明在$\bar{r} \neq r_c^*$ 即 $\hat{r} \neq 1$ 时，x 总是大于 1，那么，就证明了“开放资本账户可以促进一国收入水平提高”这一命题。

由(2.61)式不难看出，x 是关于 $\hat{r}$ 的函数。将(2.61)式等号两边同时取对数，然后，求 $\ln x$ 关于 $\hat{r}$ 的一阶和二阶导数得到：

$$\frac{\mathrm{d}\ln x}{\mathrm{d}\hat{r}} = -\frac{\alpha}{1-\alpha}\frac{1}{\hat{r}} + \frac{\alpha}{1-\alpha\hat{r}}$$

$$\frac{\mathrm{d}^2\ln x}{\mathrm{d}\hat{r}^2} = \frac{\alpha}{1-\alpha}\frac{1}{\hat{r}^2} + \frac{\alpha^2}{(1-\alpha\hat{r})^2}$$

显然，当 $\hat{r}=1$，一阶导数等于零，而二阶导数是大于零的，这就是说，当 $\hat{r}=1$ 时，x 取最小值 1。因此，当 $\hat{r} \neq 1$ 时，x 总是大于 1。

2.4.2 包含人力资本的索洛模型

1. 假设条件。与基本索洛模型相比，包含人力资本的索洛模型最为主要的差别是其使用的生产函数多了一种投入——人力资本。具体的柯布-道格拉斯生产函数采取如下形式：

$$Y = K^\alpha H^\beta (AL)^{1-\alpha-\beta} \tag{2.62}$$

式中，H 表示人力资本，其他变量所代表的含义与基本模型完全一样。由于多了一种投入，这个模型比基本模型多出了一个人力资本要素市场。基本模型的其他假设条件在这里差不多都被保留了：生产函数的新古典性质、完全竞争市场、一部门生产技术、技术进步率、人口增长率、储蓄率和资本折旧率外生给定并且保持不变。

一部门生产技术假设意味着人力资本、物质资本和最终产品的生产函数完全相同，都由(2.62)式给出。换言之，就是同物质资本一样，人力资本与最终产品之间能够无成本地进行 1∶1 的相互转换。这就是说，在这个模型所讨论的经济中，最终产品或者用于消费、或者用于物质资本投资、或者用于人力资本投资，并且这三种用途之间可以 1∶1 地相互转换。

2. 模型的建立。由于模型中的市场都是完全竞争的，所以可以用计划者分析框架来建立模型。还是从生产函数出发，生产函数由(2.62)式给出。该生产函数一共有四种要素投入，下面依次说明这四个要素的决定。技术进步仍然由(2.11)式来决定，劳动由(2.5)式给出。这样一来，以下建模的关键是决定两种资本的数量。

资本市场的均衡条件用流量形式即(2.14)式给出。稍有不同的是，这里的投资要被区分为物质资本投资和人力资本投资，即有 $I=I_K+I_H$。储蓄仍然由外生给定的储蓄率 s 来给出。如此一来，(2.14)式就变成了如下形式：

$$I_K + I_H = I = S = sY \tag{2.63}$$

既然投资和资本被区分为两类了，那么，投资与资本关系式也就有两个：

$$\dot{K} + \delta K = I_K \tag{2.64}$$

$$\dot{H} + \delta H = I_H \tag{2.65}$$

这里，我们假设物质资本和人力资本有相同的折旧率 δ。

需要指出的是，上述三个式子还无法决定物质资本和人力资本的数量，因为将(2.64)式和(2.65)式代入(2.63)式，我们只能得到一个含有 K 和 H 两个变量的微分方程。为此，我们还需要一个表示 K 和 H 之间关系的方程。

这个方程要由厂商关于两种资本的需求函数来给出。厂商的资本需求函数当然是来自厂商的利润最大化决策，不难得到这个最优决策的一阶条件为：

$$\alpha K^{\alpha-1} H^{\beta}(AL)^{1-\alpha-\beta} = r + \delta$$

$$\beta K^{\alpha} H^{\beta-1}(AL)^{1-\alpha-\beta} = r + \delta$$

由上述两式，可以得到：

$$\alpha H = \beta K \tag{2.66}$$

(2.66)式就是所谓"无套利"原则。其背后的含义是很直观的：由于两种资本之间可以 1∶1 地进行相互转换，因此，只要两种资本边际报酬不相等，报酬低的资本就会转化成报酬高的资本，从而使得两种资本的边际报酬相等。

至此，我们给出了四种要素的决定式，建模工作也随之结束。归纳起来，整个模型由(2.62)式、(2.5)式、(2.11)式、(2.63)式、(2.64)式、(2.65)式和(2.66)式构成。

3. 模型分析。 包含人力资本的索洛模型的稳态与基本模型完全一致：稳态时，物质资本、人力资本、产出等主要变量的增长率都相等，并且等于外生技术进步率加上人口增长率。推导方法在前文有详细说明，这里只给出推导步骤。由(2.63)式、(2.64)式和(2.65)式，可以证明物质资本、人力资本和产出的稳态增长率相等；利用这个结果，通过生产函数可以推出这三个变量的稳态增长率都等于外生人口增长率加上技术进步增长率。

根据模型的稳态，我们将模型基本微分方程中的变量都写成有效劳动平均量形式。将(2.64)式、(2.65)式和生产函数(2.62)式代入(2.63)式，得到：

$$\dot{K} + \delta K + \dot{H} + \delta H = sK^{\alpha} H^{\beta}(AL)^{1-\alpha-\beta}$$

用(2.65)式，将上式中的 H 替换成 K，然后将式子等号两边同时除以 AL，再经过适当的化简，得到模型的基本微分方程如下：

$$\dot{\hat{k}} = s\frac{\beta^{\beta}\alpha^{1-\beta}}{\alpha+\beta}\hat{k}^{\alpha+\beta} - (n + \delta + \gamma_A)\hat{k} \tag{2.67}$$

式中，$\hat{k} \equiv K/AL$，γ_A 为外生技术进步率。

令 $\dot{\hat{k}} = 0$，经由(2.67)式，可以求得有效劳动的平均资本稳态值为：

$$\hat{k}^* = \left[\frac{\beta^{\beta}\alpha^{1-\beta}}{\alpha+\beta} \times \frac{s}{n + \gamma_A + \delta}\right]^{\frac{1}{1-\alpha-\beta}}$$

比较静态分析的结果与不包含人力资本的索洛模型完全相同：单位有效劳动的平均资本稳态值与储蓄率成正比；与人口增长率、折旧率和外生技术进步率成反比。

同样，进行转型动态分析，需要先对基本微分方程(2.67)式进行对数线性化。对数线性化的步骤不再详细给出。通过与基本索洛模型进行类比,就可以得到转型动态分析的结果。

对比一下(2.67)式和(2.47)式,能够发现两式间的不同之处仅仅表现在等号右边的第一项上。具体说来,有两点不同:一是变量 $\hat{k}$ 的系数不同;二是变量 $\hat{k}$ 的指数不同。通过观察(2.47)式对数线性化的结果即(2.48)式能够发现,只有这一项的指数出现在对数线性化结果中。因此,只需要把(2.67)式的这一项当中的变量 $\hat{k}$ 的指数 $\alpha+\beta$ 替换为(2.47)式中的指数 α 即可。不妨,写出对数线性化结果如下:

$$\frac{\mathrm{d}\ln\hat{k}}{\mathrm{d}t}=-(1-\alpha-\beta)(n+\gamma_A+\delta)(\ln\hat{k}-\ln\hat{k}^*)$$

由上式可以得到模型转型动态分析的结果:一方面,模型稳态是稳定的,因为 $-(1-\alpha-\beta)(n+\gamma_A+\delta)<0$;另一方面,收敛系数为 $(1-\alpha-\beta)(n+\gamma_A+\delta)$,这个收敛系数通常比基本索洛模型的收敛系数要小,这与现实世界中各国经济收敛速度缓慢的事实更接近一点。当然,关于转型动态定性分析,我们也可以用相位图来进行。这里也省去。

2.4.3 绿色索洛模型

这里介绍的是 Brock and Taylor(2010)所发展的绿色索洛模型,其目的是解释所谓的"环境库兹涅茨曲线"——一种存在于污染水平(通常用"排放量"来表示)与人均收入之间的倒 U 形关系。这种倒 U 形关系的具体含义是,当一个经济体的人均收入水平比较低时,其污染水平与人均收入水平成正比;随着人均收入的增长,当这个经济体的人均收入超过某一个临界点后,其污染水平与人均收入之间则呈现出反比关系。

1. 假设条件。关于绿色索洛模型的假设条件,概括地说就是一句话:在保留了基本索洛模型所有假设的基础上,模型引入了一个"污染(生产)函数"。在这里,保留的基本模型假设不再展开,只说明两点:一是生产函数使用包含外生技术进步的柯布-道格拉斯生产函数即(2.46)式;二是模型中用到的变量的含义都与基本模型完全相同。

污染(即排放量)来自生产。在没有经过治理的情况下,1 单位的产出会"生产"出 Ω_t 单位的污染。不过,模型假设经济社会会投入 θ 部分的最终产出用以治理污染,显然,有 $0<\theta<1$。模型假设这个 θ 外生给定,并且保持不变。经过治理之后,Ω_t 单位的污染会"下降"为 $b(\theta)\Omega_t$ 单位。$b(\theta)$ 是污染治理函数,其主要性质为:$b(0)=1, b'(\theta)<0, b''(\theta)>0$。这里,一阶导数小于零说的是,污染程度与治理投入成反比;二阶导数大于零说的是治理投入的"边际报酬(即对污染下降的边际影响)"递减。一个常用的具体污染治理函数是 $b(\theta)=(1-\theta)^{\varepsilon}, \varepsilon>1$。综合起来,污染生产函数为:

$$P_t=b(\theta)\Omega_t Y_t \tag{2.68}$$

式中,P_t 表示污染水平。

模型假设污染治理技术进步率(γ_b)外生给定,并且保持不变。污染治理技术进步表现为 Ω_t 以 γ_b 的速度下降,即有:

$$\dot{\Omega}_t=-\gamma_b\Omega_t \tag{2.69}$$

2. 建立模型。由于模型中的市场都是完全竞争的,所以,这里还是用计划者分析框架来建模。生产函数是(2.46)式,外生技术进步率由(2.11)式给出,劳动数量由(2.5)式决定,资本来自投资,投资还是由(2.9)式给出,只是现在最终产出有一部分要被用于进行污染治理,而不能成为社会计划者的收入,也就是说,Y_t 要变换成 $(1-\theta)Y_t$,从而,(2.14)式要变成:

$$I_t = s(1-\theta)Y_t \tag{2.70}$$

资本和投资间的关系仍然由(2.10)式给出。

综合起来,绿色索洛模型包含(2.46)式、(2.11)式、(2.5)式、(2.10)式、(2.68)式、(2.69)式和(2.70)式。

3. 模型分析。绿色索洛模型的稳态与基本模型完全一样。主要变量的稳态增长率等于外生人口增长率加上外生技术进步率。这里不给出详细的证明,因为证明方法与基本模型一样,而只给出一个说明。绿色索洛模型与基本索洛模型的不同之处仅有两点:一是假设生产过程会导致污染产生;二是会有部分最终产品被用于治理污染。这两点改变根本就不影响模型的动态,虽然会影响模型变量的水平值。

由(2.70)式、(2.10)式、(2.46)式、(2.11)式和(2.5)式,可以得到:

$$\dot{\hat{k}}/\hat{k} = s(1-\theta)\hat{k}^{\alpha-1} - (n+\delta+\gamma_A) \tag{2.71}$$

用生产函数(2.46)式替换掉(2.68)式中的Y,然后对等式两边同时取对数,最后将等式关于时间求导数,可以得到污染增长决定式:

$$\gamma_P \equiv \frac{\dot{P}}{P} = \gamma_Y - \gamma_b = \left(\gamma_A + n + \alpha\,\frac{\dot{\hat{k}}}{\hat{k}}\right) - \gamma_b \tag{2.72}$$

在导出(2.72)式的过程中,我们用(2.11)式、(2.5)式和(2.69)式以及关系式$\dot{K}/K=\dot{\hat{k}}/\hat{k}+\dot{A}/A+\dot{L}/L$进行了适当的替换和化简。

与基本模型相比,绿色模型的基本微分方程有两点不同:一是多出了表示污染变化的方程(2.72)式;二是表示资本变化的微分方程(2.71)式等号右边第一项变量系数中多了$1-\theta$这一项。

分析一下能够发现,(2.71)式能够单独决定资本的变化过程,也就是说,方程(2.72)对资本从而产出增长率的决定没有作用;另外,(2.71)式中资本变量系数变化不会对资本增长率产生影响。由此,绿色模型中的资本、产出的稳态增长率以及转型动态都与基本模型完全一样。不同之处是,通过(2.72)式,我们可以找到污染的稳态增长率。稳态时,$\dot{\hat{k}}/\hat{k}=0$。将该式代入(2.72)式中,能得到污染的稳态增长率为:

$$\gamma_P^* = \gamma_Y - \gamma_b = \gamma_A + n - \gamma_b$$

绿色模型的最大用处是可以对环境库兹涅茨曲线给出一种理论解释。虽然环境库兹涅茨曲线原本表示的是,人均收入与环境污染之间呈现倒U形关系,但是,根据生产函数(2.1)式,人均收入与人均资本总是成正比。因此,环境库兹涅茨曲线可以被表述为:在人均资本持续增长过程中,开始时污染增长,然后污染减少。

根据(2.71)式,人均资本要持续增长,就要求:

$$s(1-\theta)\hat{k}^{\alpha-1} > (n+\delta+\gamma_A) \tag{2.73}$$

如此一来,绿色模型要解释的事实就是,在$s(1-\theta)\hat{k}^{\alpha-1}>(n+\delta+\gamma_A)$的条件下,起初污染增长,然后污染减少。不过,在给出具体解释之前,还要做两点准备:

第一,将γ_P^*和(2.71)式一起代入(2.72)式中,得到:

$$\gamma_P = \gamma_P^* + \alpha s(1-\theta)\hat{k}^{\alpha-1} - \alpha(n+\delta+\gamma_A) \tag{2.74}$$

第二,定义"可持续增长"。所谓可持续增长是指伴有环境质量提高的经济增长。模型所讨论的经济实现可持续增长需要满足的条件为：

$$\gamma_A > 0 \quad 和 \quad \gamma_P^* < 0 \tag{2.75}$$

前者保证人均收入增长，后者保证环境质量改善。绿色索洛模型正是在上述条件下来解释环境库兹涅茨曲线的。

综上所述，绿色模型要解释的事实就是，在条件(2.73)式和(2.75)式下，期初污染增加(即$\gamma_P>0$)，然后污染减少(即$\gamma_P<0$)。根据(2.74)式可知：$\gamma_P>0$，要求：

$$\alpha s(1-\theta)\hat{k}^{\alpha-1} > \alpha(n+\delta+\gamma_A) - \gamma_P^*;$$

反之，$\gamma_P<0$，要求：

$$\alpha s(1-\theta)\hat{k}^{\alpha-1} < \alpha(n+\delta+\gamma_A) - \gamma_P^*$$

这正是绿色索洛模型的主要结论。

在图2.3的子图(a)中，我们画出了曲线$\alpha s(1-\theta)\hat{k}^{\alpha-1}$、水平直线$\alpha(n+\delta+\gamma_A)-\gamma_P^*$和$\alpha(n+\delta+\gamma_A)$。曲线与两条水平直线分别交于$T$点和$B$点。$B$点是模型的稳态点，这就是说，从原点开始直到$B$点，经济体的人均资本都是增长的。$T$点时，$\gamma_P=0$，表示环境污染到达最大值；$T$点左边$\gamma_P>0$，表示环境污染水平增加；$T$点右边$\gamma_P<0$，表示环境污染水平减少。这一结果被画在图2.3的子图(b)中，这就是环境库兹涅茨曲线。

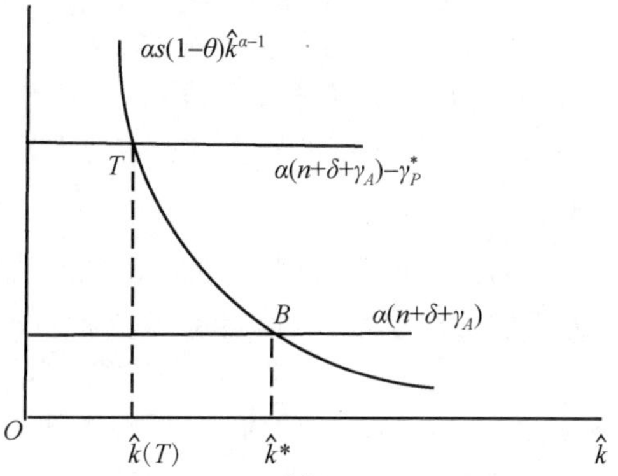

(a)

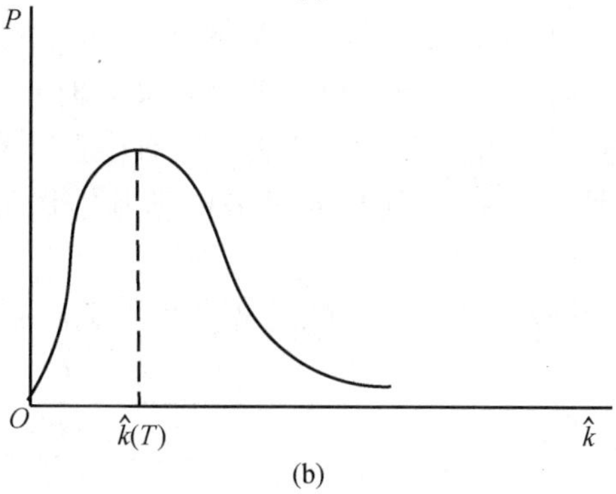

(b)

图2.3 环境库兹涅茨曲线

习题

1. 代表性厂商假设的含义是什么？这个假设成立所依赖的两个条件是什么？

2. 经济增长理论中的一部门生产技术假设的含义是什么？经济增长理论中的两部门经济与发展经济学中的二元(两部门)经济有什么不同？

3. 经济增长理论中的代表性厂商假设与一部门生产技术假设是如何简化建模工作的？

4. 新古典生产函数具有哪些主要性质？

5. 为什么说生产函数规模报酬不变假设和技术进步外生给定假设能够保证完全竞争市场假设成立？

6. 简述决定劳动供给的三个主要因素以及索洛模型是如何设定劳动供给问题的。

7. 分别在分散市场经济框架和社会计划者框架下，导出不存在外生技术进步的索洛模型的基本微分方程。

8. 什么是增长模型的稳态？简述增长模型的稳态基本性质并加以证明。

9. 对于新古典生产函数 $Y=F(L,K)$，证明下述等式成立：

$$\partial Y/\partial K = f'(k)$$

$$\partial Y/\partial L = f(k) - kf'(k)$$

式中，Y、L 和 K 分别表示产出、劳动和资本，$k \equiv K/L$ 表示人均资本。

10. 证明：不包含外生技术进步的索洛模型的稳态表现为人均资本增长率等于零，如果用 k 表示人均资本的话，那么，就是有 $\dot{k}=0$ 成立。

11. 以不存在外生技术进步的索洛模型为例，证明模型稳态的存在性和唯一性。

12. 在不存在外生技术进步的索洛模型中，储蓄率 s、资本折旧率 δ 和人口增长率 n 的变动如何影响模型的稳态？

13. 在索洛模型中，资本积累黄金率的含义是什么？达到资本积累黄金率的条件是什么？

14. 分别用三种不同的方法将索洛模型的基本微分方程进行对数线性化。

15. 证明：只有哈罗德中性技术进步才能与稳态相容。

16. 由新古典生产函数的前三个性质导出第四个性质，即由“规模报酬不变、要素边际报酬为正但递减和稻田条件”推导出“生产活动至少需要两种生产要素”。

17. 导出存在哈罗德中性外生技术进步的索洛模型基本微分方程，并对其进行对数线性化。

18. 证明：存在哈罗德中性外生技术进步的索洛模型的稳态是稳定的。

第三章　拉姆齐模型

第二章讨论的索洛模型有一个缺点:储蓄率外生给定,并且保持不变。这个缺点导致索洛模型无法分析消费者对诸如利率、税收等变动的反应;也是这个缺点导致了动态无效率情形的出现。这一章要讨论的拉姆齐模型可以弥补索洛模型在这方面的不足。

自然,要弥补索洛模型的不足,拉姆齐模型就必须放弃储蓄率外生给定的假设。这就是说,拉姆齐模型要做的事情就是将储蓄也就是消费的决定内生化。[①] 具体说来,就是用消费者的跨时点效用最大化来决定储蓄和消费函数。这一点是拉姆齐模型区别于索洛模型的根本所在。因此,消费者动态优化问题的详细展开将是本章的重点。既然引入了消费者最优决策,我们先要说明众多消费者进入模型的方式,也就是第二章提到过的代表性消费者(家庭)假设。

3.1　代表性家庭

在经济学文献中,消费者通常是指消费的决策单位——家庭。宏观经济学文献中的家庭主要是指“代表性家庭”(the representative household)。所谓代表性家庭是一个虚构的消费者,这个消费者在面对一个经济中所有消费者的“总”预算约束时,所做出的“个人”效用最大化选择能够导出这个经济中所有消费者的“总”需求函数。代表性家庭假设的成立是需要条件的。这里直接给出这些条件,并解释其背后的含义,但不涉及严格的数学推导和证明。[②]

直观地说,代表性家庭假设的含义是,一个代表性家庭的最优选择,在面对自己个人的预算约束时,得到的就是个人需求函数;在面对所有消费者的总预算约束时,得到的就是整个经济的总需求函数。

在给定偏好和一定价格的条件下,一个消费者对某种产品的需求量,取决于其财富数量。而一个经济中所有消费者的总需求量,除了取决于该经济的总财富数量以外,还要取决于该经济的财富分配结构。这是因为,一般地,不同消费者的收入(财富)效应不同。在此条件下,即使总的财富数量不变,财富分配结构的变化也会导致总需求的变化。这也暗示,如果一个经济社会的财富分配结构固定不变,或者不同消费者的收入(财富)效应相同,那么,该经济社会的总需求量就仅仅取决于社会财富总量,从而保证代表性家庭假设能够成立。这就引出了代表性家庭假设赖以成立的两类条件。

---

① 需要注意的是,从编年史的角度来讲,拉姆齐模型要远远早于索洛模型;但是,从使用的数学方法来讲,拉姆齐模型却难于索洛模型,从而造成了拉姆齐模型是在改进索洛模型的基础之上发展而来的假象。

② 数学推导和证明参见 Acemoglu(2009) 和 Mas-Colell *et al*.(1995)。

第一，所有消费者的偏好和财富（收入）都相同。也就是说，一个经济中的所有家庭都是完全一样的(identical)。在每个消费者都拥有相同的财富时，整个经济社会就只有一种财富结构，换句话说，这个经济的财富结构是固定不变的。

第二，所有的消费者都拥有某种相同的特定偏好。这些特定偏好都可以用如下所谓Gorman形式的间接效用函数来表示：

$$v^h(p, w^h) = a^h(p) + b(p)w^h$$

式中，v 表示（间接）效用，上标 h 表示不同家庭，p 是价格向量，w 表示财富。这些特定的偏好的特殊性表现在，能够保证所有消费者的收入（财富）效应都相同。位似(homothetic)偏好和拟线性(quasilinear)偏好是Gorman形式偏好的两个特例。宏观经济学和本书常用的不变替代弹性(CES)效用函数（偏好）就是位似偏好。

综上所述，当消费者仅仅具有相同的任意偏好时，就要求财富结构固定不变来保证代表性家庭假设成立；当特定的Gorman形式偏好保证了不同消费者拥有相同的财富效应时，不同的财富结构就不影响代表性家庭假设的成立。这就是说，在特定的Gorman形式偏好下，不同的财富结构对模型的“总量”方面的结论不会产生影响(Barro and Sala-i-Martin，2004)。

3.2 建立模型

除了放弃储蓄率外生给定假设以外，拉姆齐模型保留了索洛模型的其他所有假设条件。建模还是从生产函数出发，这里我们只讨论包含外生技术进步的情形。为了保证模型存在稳态，技术进步也采取哈罗德中性形式。如此一来，厂商的生产函数就是如下形式：

$$Y(t) = F[K(t), A(t)L(t)] \tag{3.1}$$

上述生产函数满足第二章所给出的新古典生产函数的所有假设条件。同索洛模型一样，假设技术进步率为 γ_A，并且保持不变，即：

$$\dot{A}/A = \gamma_A \tag{3.2}$$

在技术进步外生给定的条件下，建模的主要任务就是决定劳动和资本的数量，这要借助于劳动和资本市场均衡。

劳动均衡数量的决定。劳动需求函数仍然来自厂商的利润最大化行为。由于市场是完全竞争的，厂商从劳动市场按照给定的工资 w 雇用劳动，在资本市场上按照给定的租金 R 租用资本。仍然假设资本按照不变的折旧率 δ 进行折旧，因此有 $R=r+\delta$ 成立。这样一来，厂商的利润 π 可以表示为：

$$\pi = Y - (r+\delta)K - wL$$

由于利润函数中不包含跨时点因素，因此，一个时期内的厂商利润最大化问题，就可以简化成这个时期内每一个时点的利润最大化问题。由一阶条件 $\partial\pi/\partial L=0$ 可以得到厂商的劳动需求函数如下：

$$\partial Y/\partial L = w \tag{3.3}$$

劳动供给函数还是外生给定的，这一点与索洛模型完全相同。同时，劳动增长率 n 也由外生给定，并且这个增长率不随时间变化。即有：

$$\dot{L}/L = n \tag{3.4}$$

这样，劳动供给曲线垂直于数量轴，并独自决定了劳动市场的均衡数量，由此，模型中的 L 直接表示劳动市场的均衡数量。同样，劳动需求曲线的作用只是决定工资。

资本均衡数量的决定。 资本需求曲线也是来自厂商的利润最大化行为，由一阶条件 $\partial\pi/\partial K=0$ 可以得到资本需求曲线如下：

$$\partial Y/\partial K = r+\delta \tag{3.5}$$

资本供给则来自消费者，如果用 Z 来表示消费者的资本供给的话[①]，那么，资本市场的均衡条件就是：

$$K = Z \tag{3.6}$$

现在，决定均衡资本数量的关键是找到资本供给函数。

消费者会将收入当中没有被消费的部分作为资本供给。家庭（消费者）的收入来自两个方面：一是家庭提供数量为 $L(t)$ 的劳动，挣得总工资收入 $w(t)L(t)$，$w(t)$ 为（单位）工资；二是向金融市场提供数量为 Z 的诸如贷款、有价证券等金融资产，赚取利息 $r(t)Z(t)$，$r(t)$ 为利息率。这样，消费者的资本供给函数可以"初步"写成：

$$\dot{Z}(t) = r(t)Z(t)+w(t)L(t)-C(t) \tag{3.7}$$

说(3.7)式只是初步的资本供给函数的原因是，在(3.7)式中，还有 C 这个新引入的变量有待确定。这正是消费者跨时点最优问题要完成的任务。由于这个问题比较复杂，我们专辟一节来讨论。

3.3 消费者跨时点效用最大化问题

3.3.1 效用函数与约束条件

构建消费者跨时点效用最大化问题，首先自然是要给出消费者最优决策的背景条件：效用函数与约束条件。

讨论动态经济问题时，时间要区分为"时点"和"时期"。由此，效用从而效用函数也要区分为时点和时期两种类型。时期效用是该时期内所有时点效用之和。家庭是由家庭成员即多个个体构成的，因此，效用从而效用函数又要区分为个人效用和家庭效用。家庭效用是由所有家庭成员的个人效用加总而来的。

个人时点效用函数，也叫作个人瞬时效用函数(the instantaneous utility function)，通常被写成如下形式：

$$u(c(t))$$

式中，$c(t)$ 表示 t 时的人均消费，正是这一点体现着"个人"时点效用的含义。这一效用函数通常被假设在其定义域 $(0,+\infty)$ 之内，是单调递增且二次可导的凹函数，即有：$u'(c)>0$，$u''(c)<0$。同时，该效用函数也满足稻田条件，也就是有：随着 $c\to 0$，$u'(c)\to\infty$；随着 $c\to\infty$，$u'(c)\to 0$。满足这些条件的效用函数叫作"新古典效用函数"。

关于上述个人时点效用函数，作两点进一步的说明。第一，介绍与时点效用函数相关的两

---

① 由于字母 A 被用于表示技术，所以，这里用资产汉语拼音第一个字母来表示总资产，但是，人均变量还是用英文资产的第一个字母 a 来表示。

个概念:“边际效用弹性”与“跨时替代弹性”。边际效用弹性准确地讲,是边际效用关于消费的弹性。它被定义为:

$$\frac{\mathrm{d}\ln u'(c)}{\mathrm{d}\ln c}=\frac{u''(c)\times \mathrm{d}c}{u'(c)}\bigg/\frac{\mathrm{d}c}{c}=\frac{u''(c)}{u'(c)}c \tag{3.8}$$

由于边际效用函数是一个递减函数,所以,上述弹性通常是一个负值,有些文献在其前面加上符号以变成正值。

在给出跨时替代弹性之前,说明替代弹性的一般概念。一般地,两种商品 i 和 j[①] 的替代弹性 $\sigma_{i,j}$ 被定义为两种商品数量相对变动率比上两种商品价格相对变动率。即:

$$\sigma_{i,j}=\frac{\mathrm{d}\ln(c_i/c_j)}{\mathrm{d}\ln(p_i/p_j)}$$

替代弹性说的是,两种商品的相对数量变动对引起它们变动的两种商品的相对价格变化的反应程度。通常,相对数量变动方向会与相对价格变动方向相反,所以替代弹性一般是负值。当然,也有文献用正值来表示。本书中,替代弹性是负值。

根据消费者均衡理论可知,消费者均衡时,关于两种商品的边际替代率与相对价格之间有如下等式成立:

$$\mathrm{MRS}_{i,j}=\frac{u'(c_i)}{u'(c_j)}=\frac{p_i}{p_j}$$

结合上述两式,可以将两种商品 i 和 j 之间的替代弹性定义为:

$$\sigma_{i,j}=\frac{\mathrm{d}\ln(c_i/c_j)}{\mathrm{d}\ln \mathrm{MRS}_{i,j}}$$

用两种商品的边际替代率代替两种商品的价格来定义两种商品之间的替代弹性的好处是,只需要知道消费者的效用函数,就可以求出这个替代弹性。因为两种商品之间的边际替代率等于两种商品的边际效用之比。

定义两个时点(比如时点 t_1 和时点 t_2)消费的跨时替代弹性,只需要将两个时点的消费 c_1 和 c_2 看成是上式中的两种不同商品 c_i 和 c_j 即可。

$$\sigma_{1,2}=\frac{\mathrm{d}\ln(c_1/c_2)}{\mathrm{d}\ln \mathrm{MRS}_{1,2}}=\left[\mathrm{d}\left(\frac{c_1}{c_2}\right)\bigg/\frac{c_1}{c_2}\right]\times\left[\mathrm{d}\left(\frac{u'(c_1)}{u'(c_2)}\right)\bigg/\frac{u'(c_1)}{u'(c_2)}\right]^{-1}$$

上式中,为了简化标号,将 t_1 和 t_2 分别写成 1 和 2。对上式在 $(t_2-t_1)\to 0$ 时求极限,就可以得到 t 时的瞬时替代弹性。为此,先进一步计算上式:

$$\sigma_{1,2}=\left[\frac{u'(c_1)}{u'(c_2)}\bigg/\frac{c_1}{c_2}\right]\frac{\mathrm{d}c_1\times c_2-\mathrm{d}c_2\times c_1}{c_2^2}\times\frac{[u'(c_2)]^2}{u''(c_1)\mathrm{d}c_1u'(c_2)-u'(c_1)u''(c_2)\mathrm{d}c_2}$$

对上式求 $(t_2-t_1)\to 0$ 时的极限,就是用 c 替代上式中的 c_1 和 c_2,由此得到:

$$\sigma=\frac{c(\mathrm{d}c_1-\mathrm{d}c_2)}{c^2}\times\frac{[u'(c)]^2}{u''(c)u'(c)(\mathrm{d}c_1-\mathrm{d}c_2)}=\frac{u'(c)}{u''(c)c} \tag{3.9}$$

由于是瞬时弹性,所以,(3.9)式中的 σ 不再有下标。显然,由边际效应递减法则可以知道,(3.9)式中的 $u'>0$ 而 $u''<0$,同时 $c>0$,所以,替代弹性是小于零的。对比(3.8)式和(3.9)式,可以发现时点效用函数的边际效用弹性与瞬时替代弹性互为倒数。

第二,给出一个增长理论中常用的瞬时效用函数 $u(c)$ 的具体形式。这个具体效用函

① 当然,也可以是两种要素。因为这里是介绍消费跨时替代弹性,所以用商品替代弹性为例来说明。

数为：

$$u(c)=\frac{c^{1-\theta}-1}{(1-\theta)} \tag{3.10}$$

不难求得函数(3.1)式的边际效用弹性为常数 $-\theta$，瞬时替代弹性为常数 $1/-\theta$。由此，这个效用函数叫作“不变跨时替代弹性”(constant intertemporal elasticity of substitution，CIES)效用函数①。

家庭时期效用是要把整个时期里的所有时点、整个家庭里所有个人的效用加总起来。要进行这样的加总，就需要弄清楚如下三个方面的信息：一是要加总的时期，即该时期的起点和终点；二是家庭人口总数；三是时点效用的折扣率(the discount rate)。

时间起点很容易处理，我们总是把要讨论的动态问题的起始时间点叫作零点。寻找时间终点就要困难一点。一个家庭的终点是什么时候呢？尽管任何人的生命都是有限的，但是，经济学文献常把家庭的终点定为∞。由此，把家庭称作“家庭王朝”(the household dynasty)。这样确定家庭终点的一个通常理由是“代际间的利他行为”，父母总是会把财产留给自己的子女，特别是父母在最大化效用时总是会将子女的效用涵盖其中。这样，每一代父母“利”自己子女的行为就把家庭王朝构建起来了。

经济增长文献关于家庭人口数量的确定，主要涉及两点：一是通常将起始点的家庭人口单位化成 1；二是前文已经假设人口的增长率 n 外生给定并保持不变。综合这两点，t 时的家庭总人口就是 $L(t)=\mathrm{e}^{nt}$。

效用折扣率的作用是将整个时期内每一个时点的效用都贴现到零点，这样，才能够将不同时点间的效用进行相加。效用折扣率表示的是，某一个时点的 1 单位(边际)效用相对于上一个时点的 1 单位(边际)效用而言要被折扣掉的部分。经济学文献中通常用“ρ”来表示效用折扣率。ρ 的含义是：用零点的效用来表示，如果前一时点的 1 单位效用是 1 的话，那么，现时这一点的 1 单位效用就是 $1-\rho$。

换个角度，效用折扣率的含义可以按照如下方式来理解：$-\rho$ 是效用的增长率。这是因为有：$-\rho=[(1-\rho)-1]/1$。如此一来，如果用 $u(t)$ 来表示 t 时的效用的话，那么，就有下述描述效用变化的微分方程：

$$\frac{\dot{u}}{u}=-\rho$$

上述微分方程的解为：$u(t)=u(0)\mathrm{e}^{-\rho t}$，把 $u(0)$ 单位化成 1，就得到了 $u(t)=\mathrm{e}^{-\rho t}$。这就是说，1 个单位 t 时点的效用，用 0 时点的效用来表示就是 $\mathrm{e}^{-\rho t}$ 个单位。

有了以上准备，就可以将家庭时期效用函数写成如下形式：

$$U=\int_0^{\infty} u[c(t)]\times \mathrm{e}^{nt}\times \mathrm{e}^{-\rho t}\,\mathrm{d}t \tag{3.11}$$

一般，假设 $\rho>0$，这意味着今天的效用比明天的效用更有价值；也体现着父母“自私”的一面：在自己的效用与子女的效用之间，更看重自己的效用。为了保证总效用有界，常常进一步假设 $\rho>n$ \$ 。

要注意的是，很多文献把“效用折扣率”叫作“时间偏好率”(the time-preference rate)。这是因为，当效用折扣率是一个不变的常数时，消费者的时间偏好率总是等于这个不变的效用折

① 这个函数也叫作“不变相对风险规避系数(constant relative risk aversion，CRRA)效用函数”。

扣率。至于两者的关系，在本书最后一章讨论可变时间偏好率模型时，将会详细讨论。

家庭跨时消费最大化问题有两个约束条件。除了常规的预算约束之外，还有一个避免所谓“蓬齐游戏”(Ponzi game)的边界约束条件，下文称这个条件为“非蓬齐游戏条件”(non-Ponzi game condition)。

常规预算约束表示的是家庭一定时期内的总支出等于总收入。在动态经济模型中，一定时期内的预算约束通常有两种表示方法。第一种方法是把一个时期的预算约束表示成经济行为人在这个时期内的每一个时点的收支相等；第二种方法是把一个时期的预算约束表示成经济行为人在整个时期内的收支相等。Barro and Sala-i-Martin(2004)把这两种方法得到的预算约束分别叫作“流量预算约束”(the flow budget constraint)和“跨时预算约束”(the intertemporal budget constraint)。下面依次写出两种形式的家庭预算约束。

家庭流量预算约束条件就是前文所述的家庭资本供给函数即(3.7)式。这是因为，从约束的角度看，家庭的两种支出消费和储蓄(即资产)要等于全部收入；从资本供给角度看，家庭会将没有被消费的收入作为资本供给出去。如果要说有区别的话，那就用(3.7)式来表示预算约束时，等号右边的消费 C 通常被移到了左边。

由于效用函数中的消费用的是人均量，所以我们也将约束条件化简成人均量形式。为此，令 $a(t)\equiv\dfrac{Z(t)}{L(t)}$ 和 $c(t)\equiv\dfrac{C(t)}{L(t)}$，则可以将(3.7)式化简成人均量形式如下：

$$\dot{a}(t) = w(t) + r(t)a(t) - c(t) - na(t) \tag{3.12}$$

可以看出，(3.12)式中的变量都是以流量形式存在的，虽然资产是存量，但是它是以变化量出现的，因而也是流量。正因为如此，它可以叫作流量预算约束。同时，它是一个微分方程，表达的是一定时期内不同时点间的动态关系。由此，它也叫作动态预算约束(Wälde,2011)。

把(3.12)式看成关于 $a(t)$ 的一阶线性微分方程，求解这个方程就可以将流量预算约束变换成跨时预算约束。这个求解过程分为两步。第一步是求出(0,∞)间任意时点 T 时的解 $a(T)$。方程(3.12)是一个类似于方程(2.22)的一般一阶线性微分方程，求解这个微分方程，可以得到：

$$a(T)\times \mathrm{e}^{-[\bar{r}(T)-n]T} + \int_0^T c(t)\mathrm{e}^{-[\bar{r}(T)-n]t}\mathrm{d}t = a(0) + \int_0^T w(t)\mathrm{e}^{-[\bar{r}(T)-n]t}\mathrm{d}t$$

式中，

$$\bar{r}(t) = (1/t)\int_0^t r(v)\mathrm{d}v$$

为 0 到 t 时的平均利率。

第二步是对上式求 $T\to\infty$ 的极限，就可以得到想要的跨时预算约束：

$$\lim_{T\to\infty} a(T)\times \mathrm{e}^{-[\bar{r}(T)-n]T} + \int_0^\infty c(t)\mathrm{e}^{-[\bar{r}(t)-n]t}\mathrm{d}t = a(0) + \int_0^\infty w(t)\mathrm{e}^{-[\bar{r}(t)-n]t}\mathrm{d}t$$

上式中的最左边项 $\lim\limits_{T\to\infty} a(T)\times \mathrm{e}^{-[\bar{r}(T)-n]T}$ 的含义是，决策期末即这个家庭王朝结束时拥有的资产的现值。这一项应该等于零。① 理由如下：一方面，它不可能大于零，这是因为在效用函数是递增的即一阶导数大于零的条件下，对于理性的消费者是会在决策期内消费尽可能多的产品，不可能将资产留到家庭王朝结束之后；另一方面，它也不可能小于零，这是因为如果一个家

① 这就是下文将要给出的动态优化问题中的所谓“横截性条件”。

庭在决策期末的资产是负值的话，这个家庭就陷入了所谓蓬齐游戏之中，这是为现实经济所不容许的，这个非蓬齐游戏条件，我们马上就要给出。

以此为基础，跨时预算约束可以最终写成如下形式：

$$\int_0^{\infty} c(t)\mathrm{e}^{-[\bar{r}(t)-n]t}\mathrm{d}t = a(0) + \int_0^{\infty} w(t)\mathrm{e}^{-[\bar{r}(t)-n]t}\mathrm{d}t \equiv a(0) + \widetilde{w}(0) \tag{3.13}$$

式中，

$$\widetilde{w}(0) \equiv \int_0^{\infty} w(t)\mathrm{e}^{-[\bar{r}(t)-n]t}\mathrm{d}t$$

表示决策期内家庭的全部工资现值。这样，跨时预算约束的含义是在决策期内，家庭全部消费现值等于初始资产价值加上全部工资现值。也就是说，在整个决策期内，家庭会将其全部收入(来自资产和工资)都用于消费，因为当决策期结束时，这个家庭将不复存在。

现在，给出非蓬齐游戏条件。简单地说，所谓蓬齐游戏是指这样一种情形：通过借新债还旧债的方式，一个家庭能够借到一笔永远不归还的债务。设想一个家庭借到一笔债务用于生活，等到要归还这笔债务时，它又能够借到更多债务，至少足以归还上次债务的本利和。如果这个家庭总是能够在要归还上一次债务时，借到至少足以归还上一次债务本利和的新债务，那么这个家庭所借到的第一笔债务就相当于永远不用归还了。这样一来，这个家庭就可以用这种方式来支付想要的任意消费水平。不难看出，一个陷入蓬齐游戏的家庭的最终资产一定是负的。也就是说，只要一个家庭期末的资产是非负的，那么，这个家庭就没有陷入蓬齐游戏。因此，非蓬齐游戏条件可以表示为：

$$\lim_{t\to\infty}\{a(t) \times \mathrm{e}^{-\int_0^t [r(v)-n]\mathrm{d}v}\} \geqslant 0$$

还可以换一种方式来理解非蓬齐游戏条件，那就是“家庭债务增长率要小于利率”。为了理解这一点，我们可以将上式稍加变换。如果令家庭资产[①]的增长率为 γ_a，则有等式 $a(t)=a(0)\mathrm{e}^{\gamma_a t}$ 成立。将这一等式代入上式就可以得到：

$$\lim_{t\to\infty}\{a(0)\mathrm{e}^{\gamma_a t} \times \mathrm{e}^{-\int_0^t [r(v)-n]\mathrm{d}v}\} \geqslant 0$$

再用

$$\bar{r} = (1/t)\int_0^t [r(v)-n]\mathrm{d}v$$

表示平均利率，则上式就可以变成如下形式：

$$\lim_{t\to\infty}[a(0)\mathrm{e}^{(\gamma_a-\bar{r})t}] \geqslant 0$$

要注意的是，债务是负资产，所以，上式中的 $a(0)$ 是负值。在此前提下，只要 $\gamma\{a\}>\bar{r}$，上式就一定小于零，由此，上式就不能够成立。

其实，即使有 $\gamma_a<\bar{r}$，上式也不可能大于零。这就是说，上面给出的非蓬齐游戏条件中的≥应该换成=。确实是这样的，原因前面指出过：效用函数单调递增，也就是说消费者的偏好具有非饱和性。由此，消费者不会将资产留到家庭王朝结束之后。所以，非蓬齐游戏条件为：

$$\lim_{t\to\infty}\{a(t) \times \mathrm{e}^{-\int_0^t [r(v)-n]\mathrm{d}v}\} = 0 \tag{3.14}$$

---

① 这里资产使用的是人均量，利率也减去了人口增长率。

关于非蓬齐游戏条件，还要说明一点。由马上要展开的动态优化理论可知，在推导动态优化问题一阶条件时，非蓬齐游戏条件(3.14)式将作为一个一阶条件，即所谓"横截性条件"被推导出来。所以，非蓬齐游戏条件通常没有作为一个独立的约束条件出现在动态优化问题的表述中，而是作为一阶最优条件(即横截性条件)出现。

至此，消费者跨时效用最大化问题就是在(3.12)式和(3.14)式的约束下通过选择消费水平来最大化(3.11)式。由于上述"最优条件包含非蓬齐游戏条件"这个原因，跨时效用最大化问题可以简单地表述为在(3.12)式的约束下最大化(3.11)式。即：

$$\begin{aligned} \max_{c} \quad & U = \int_0^{\infty} u[c(t)] \times e^{nt} \times e^{-\rho t} \, dt \\ \text{s.t.} \quad & \dot{a}(t) = w(t) + r(t)a(t) - c(t) - na(t) \end{aligned} \tag{3.15}$$

由于求解动态优化问题的一阶条件需要动态优化知识，所以，先用一小节简单介绍一下动态优化理论。

3.3.2 动态优化理论简介

1. 动态优化问题的描述。首先说说如何用数学方法来描述动态优化问题。动态优化问题是要在整个决策(或者计划)期内，找出一个选择变量关于时间的最优函数(路径)。

下面用一个虚构的例子来加以说明。比如，用图3.1来表示要完成某项"从 A 点到 C 点"的工作。从图中可以看出，从 A 点到 C 点有多条路径：从 A 点到 B 点，再经由直线到 C 点；从 A 点到 B 点，再经由曲线到 C 点；也可以从 A 点经由 B' 或者 B'' 点到 C 点；等等。两点间带箭头线段旁边的数字表示完成两点间工作所需要的成本，比如，从 A 点到 B 点需要5个单位的成本，从 B 点经由直线到 C 点需要3个单位的成本，而经由曲线到 C 点则需要付出6个单位的成本；等等。这样，完成某项工作"从 A 点到 C 点"有多种路径，每一条路径都有一个成本。动态优化问题就是要从所有能够完成这项工作的路径中，找出成本最小的那一条来。这是一个离散时间动态优化的例子。

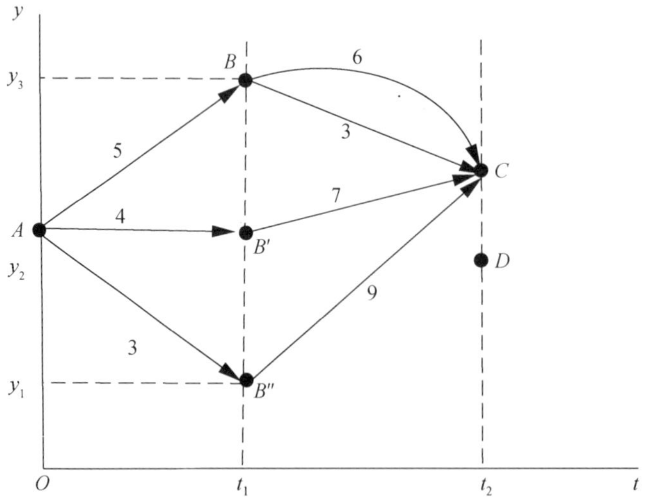

图3.1 离散时间动态最优化问题示意图

图3.2则展示了一个连续时间动态优化的例子。图中有 L_1、L_2、L_3 和 L_4 四条路径完成

某项“从 A 点到 C 点”的工作。动态优化问题就是要从中找出一条最优的路径来。当然，最优的标准可能在不同的工作中有不同的表现形式，比如，可以是最小成本，也可以是最大利润，等等。

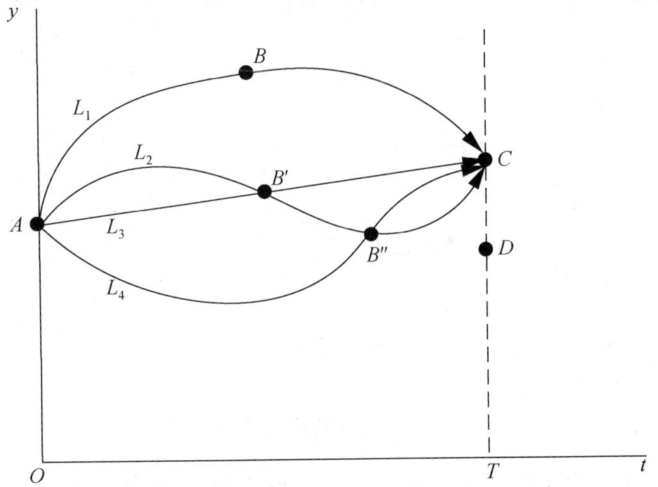

图 3.2　连续时间动态优化问题示意图

要用数学方法（即最优化理论）来寻找上述最优路径，就需要先对所有可能的路径进行赋值，也就是寻找动态优化问题的目标函数。对可能的路径进行赋值之前，需要用数学方法来表示不同的路径。路径（也就是线）是点运动的轨迹，描述一个点用两个坐标——在图 3.1 和图 3.2 中，就是时间 t 和状态 y——就可以了。要描述点的运动，则需要加上点的导数 $\dot{y}$。比如，在离散情形的图 3.1 中，运动点从 B 到 C 是经过直线还是曲线，可以由运动点离开 B 时的导数来区分。连续情形也一样。比如，在图 3.2 中，运动点从 A 出发，是沿着哪一条线走，也可以用它离开 A 时的导数来区分。到 B' 时，L_2 和 L_3 两条线相交了，同样，只要知道运动点离开 B' 时的导数就可以区分是沿着哪一条线走的。这就是说，用数学方法描述不同路径需要包含三个方面的信息：状态 y、时间 t 和状态关于时间的导数 $\dot{y}$。

由于路径是点运动的轨迹，因此对路径赋值就需要对这个动点在每个位置都进行赋值，然后对所有位置的值进行加总。如果假设点运动的时间是从 0 到 T 的话，那么连续情形动态优化问题的目标函数可以表示如下：

$$V=\int_0^T F(y(t),\dot{y}(t),t)\,\mathrm{d}t \tag{3.16}$$

在上述关于动态优化问题的两个例子中，我们都假设知道问题的起始点 A 和终结点 C，也就是知道这两个点的时间和状态。对于一个决策者而言，知道问题的起始点应该是情理之中的事情。但是终结点由于处在未来，所以一般是无法提前知晓的。为此，要来专门讨论一下动态优化问题的终结点。

通常，动态问题的终结点可以被区分为两类四种。第一类，固定终结点情形。时间和状态都是固定的，也就是终结点是已知的，如同上述两个例子一样。这种情形可以理解为事先对某一个工作规定了要完成的时间和状态。

第二类，自由终结点情形。这一类又可以分为三种情形。第一种，时间固定，状态自由变动；可以设想成某一工作在某个规定的时间必须结束，不论完成的结果如何。第二种，状态固定，时间自由变动；比如，某一工作必须到达一定的程度才算完成，而结束的时间则不限制。第三种，状态和时间都可以自由变动，但是两者之间要满足某一个函数关系，比如，$y=\phi(t)$。如图 3.3 显示，三种自由终结点情形又分别叫作“垂直终结线”“水平终结线”和“弯曲终结线”动态优化问题。

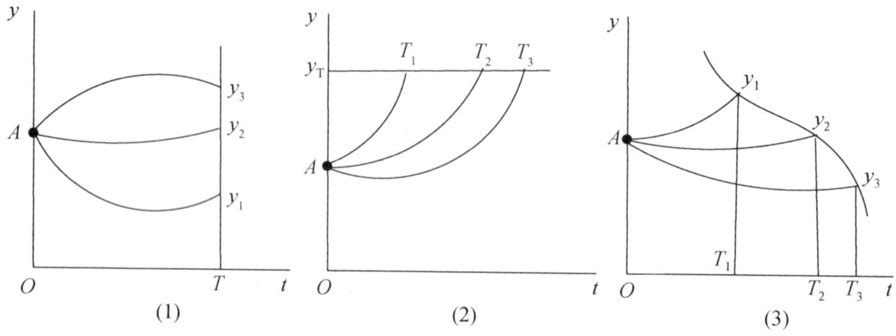

图 3.3 自由终结线的三种情形

在自由终结点的动态优化问题中，由于终结点两个坐标（变量）总有一个是未知的，所以需要决策者来选择最优的那个终结点。这就需要一个条件也就是决策者选择规则来决定终结点。这个条件叫作“横截性条件”。这个横截性条件规定最优路径应该如何穿越终结线。

2. 动态优化问题的求解。求解动态优化问题有三种方法：变分法、最优控制论和动态规划。这三种方法中，变分法是古典方法，后两种方法是现代方法。与两种现代方法相比，变分法对目标函数的可导性要求更加严格。所以，现在这种方法并不常用，而被更一般的两种现代方法所取代。在两种现代方法中，最优控制论主要用于求解连续时间的动态优化问题，而动态规划则主要用于离散动态优化问题的求解。由于经济增长理论大多采用连续时间动态模型，所以本书主要介绍最优控制论。我们先介绍有限终结时间（T）的模型，然后，推广到无限终结时间（∞）的模型。

连续时间的动态优化问题可以表示成如下形式：

$$\begin{aligned}&\max_{u(t)} \quad V=\int_0^T F(y(t),u(t),t)\mathrm{d}t\\&\text{s.t.} \quad \dot{y}(t)=f(y(t),u(t),t), \quad 并且 \quad y(0)=y_0\end{aligned} \tag{3.17}$$

式中，$u(t)$叫作控制变量，是最优控制论中决策者要选择的变量。控制变量通过上述约束条件式子来决定状态变量的值。从表面上看，(3.17)式中的目标函数与(3.16)式有所不同。其实，只要用(3.17)式中的约束条件代换掉目标函数中的 $u(t)$，就能得到与(3.16)式完全相同的目标函数。引入控制变量，简化求解过程，正是最优控制论解决动态优化问题的基本思路。随着下文的展开，这一点会清晰起来。

最优控制论导出的动态优化问题的一阶最优条件叫作“最大值原理”。得到最大值原理，需要借助“汉密尔顿函数（方程）”。最优控制论求解动态优化问题，通常包括三个步骤。

第一步：写出如下形式的汉密尔顿函数：

$$\mathcal{H}=F(y(t),u(t),t)+\lambda(t)\times f(y(t),u(t),t) \tag{3.18}$$

式中，λ 叫作“协（共）状态变量”(co-state variable)，是状态变量 y 的影子价格。对比(3.17)式

和(3.18)式，可以看出，汉密尔顿函数等号右边第一项是目标函数中的被积分函数即 $F(y,u,t)$，第二项则是约束条件的等号右边项 $f(y,u,t)$乘以新引入的共状态变量 λ。

与求解静态(即瞬时)最大化问题相比，求解动态最优化问题则要复杂得多。其突出表现是，静态最优问题寻找的只是一个点，而动态问题要寻找的则是某一变量的时间函数。造成这种困难的根本原因是动态问题中的跨时期因素。这是因为即使面对的是一个时期最大化问题，但是，如果不存在跨时点因素的话，我们就可以将它转化为时点最大化问题。不过这也提醒我们，如果能够想办法"去掉"跨时点因素，我们就可以将时期最大化问题转化成时点最大化问题。汉密尔顿函数的作用就是帮助我们完成这种转换，显然，汉密尔顿函数中的变量都是 t 时点的变量，从而，(3.18)式中不再包含跨时点因素。等到将汉密尔顿函数用于求解家庭跨时点效用最大化问题时，我们再仔细解释这种转换是如何完成的。

第二步，求解最优条件。最优条件包含"一阶条件"和"横截性条件"。一阶条件由汉密尔顿函数关于其所有自变量求一阶导数得到。具体到(3.18)式而言，就是将汉密尔顿函数关于控制变量 $u(t)$、状态变量 y 和共状态变量 λ 分别求一阶导数得到。将最优一阶条件罗列如下：

$$\frac{\partial \mathcal{H}}{\partial u} = 0 \tag{3.19}$$

$$\frac{\partial \mathcal{H}}{\partial y} = -\dot{\lambda} \tag{3.20}$$

$$\frac{\partial \mathcal{H}}{\partial \lambda} = \dot{y} \tag{3.21}$$

上述三个条件中，(3.19)式就是通常的"一阶导数等于零"的那种必要条件；(3.20)式是共状态变量的运动方程；(3.21)式是状态变量的运动方程，它其实就是最优化问题的约束条件。

横截性条件是决定终结点的条件，前面已经说过。不同终结点的动态优化问题有不同的横截性条件，这些条件在接下来推导最优条件时会逐一导出。具体到动态优化问题(3.17)式，横截性条件为：

$$\lambda(T) = 0 \tag{3.22}$$

第三步，化简最优条件。通常是将(3.19)式和(3.20)式进行代换化简成所谓"欧拉方程"。化简方法通常是将关于控制变量的一阶条件，两次代入关于状态变量的一阶条件中，以代换掉之前在写出汉密尔顿时引入的未知"共状态变量"。具体到这里，就是将(3.19)式两次代入(3.20)式。关于这个化简方法，在讨论拉姆齐模型化简时，会有更为详细的说明。

综上所述，动态优化问题的最优条件包含欧拉方程、约束条件和横截性条件三类。至于这些条件的含义，等到求解消费者跨时效用最大化问题时给出。

下面推导动态优化问题的最优化条件[①]，推导过程包括三个步骤。不过，在开始推导过程之前，需要先介绍所谓"莱布尼茨规则"。这个规则是被用来对一个形如下式的定积分关于非积分变量进行求导的方法：

$$K(x) \equiv \int_{a(x)}^{b(x)} F(t,x)\,\mathrm{d}t \tag{3.23}$$

(3.23)式中，t 是积分变量，x 是非积分变量。

莱布尼茨规则。如果(3.23)式中的函数 $F(t,x)$和 $\partial F/\partial x$ 关于 t 和 x 连续，同时，$a(x)$和

① 这里的推导主要参照了蒋中一(1999)。

$b(x)$以及它们的一阶导数也是连续的，那么就有：

$$\frac{\mathrm{d}K}{\mathrm{d}x}=\int_{a(x)}^{b(x)}\frac{\partial F}{\partial x}\mathrm{d}t+F(b,x)\frac{\mathrm{d}b}{\mathrm{d}x}-F(a,x)\frac{\mathrm{d}a}{\mathrm{d}x}$$

下面，我们直观地解释一下莱布尼茨规则。

这个规则要考虑的问题是，非积分变量 x 的变动如何影响上述定积分的大小。从(3.23)式可以看出，非积分变量 x 的变动，可以通过改变被积分函数、积分上限和积分下限三种方式来影响定积分的大小。为了简单起见，我们在讨论其中某一种变动方式的影响时，假设另外两种变动方式不发生，这样可以将一个原本复杂的求导问题，先拆分成三个简单的求导问题分别进行求导，再把这个三个求导问题的结果合并起来。

图 3.4 显示了这三种情形。先考虑图 3.4 中的子图(a)，这种情形假设 x 变化只改变被积分函数，而不改变积分上下限。从图中可以清楚地看到，由于积分上下限没有变化，所以，定积分的变化量就等于在积分上下限之内直接对函数变化量进行加总。换言之，就是直接“穿过”积分符号来对被积函数求导数。定积分的这部分变化量为：

$$\int_a^b F_x(t,x)\mathrm{d}t \tag{3.24}$$

式中，$F_x(t,x)=\frac{\mathrm{d}F}{\mathrm{d}x}$。

再看子图(b)所代表的情形，这种情形假设 x 变化只改变积分上限，而不改变被积分函数和积分下限。在这种情形下，定积分的变化量就等于 F 乘以 b 的变化量，即：

$$F[b(x),x]\times b'(x) \tag{3.25}$$

同样的方法，可以求出第三种情形时(见子图(c))，定积分的变化量为：

$$-F[a(x),x]\times a'(x) \tag{3.26}$$

对比(3.25)式和(3.26)式，两者之间的不同之处表现在式子前面的符号：一正一负。这个很好理解，从图形中可以清楚地看到，积分上限和下限变化对定积分的影响显然是相反的。把(3.24)式、(3.25)式和(3.26)式三式结合起来就得到了莱布尼茨规则。

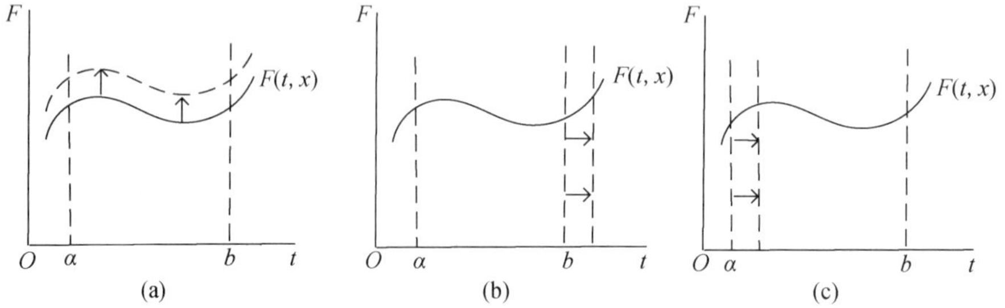

图 3.4　定积分求导的三种形式

有了必要的数学准备，现在开始最优条件的推导过程，一共分为三个步骤。

第一步：将(3.17)式中的约束条件也就是状态变量的运动方程，结合到目标函数中去，并用汉密尔顿函数重新表示目标泛函。具体做法是：

由 $\dot{y}(t)=f(y(t),u(t),t)$，得到：$f(y(t),u(t),t)-\dot{y}(t)=0$。据此，可以构造如下式子：

$$\int_0^T\lambda(t)[f(y(t),u(t),t)-\dot{y}(t)]\mathrm{d}t=0$$

利用上式，可以得到新的目标泛函如下：

$$\overline{V} \equiv V + \int_0^T \lambda(t)[f(y(t),u(t),t) - \dot{y}(t)]\mathrm{d}t$$
$$= \int_0^T \{F(y,u,t) + \lambda(t)[f(y(t),u(t),t) - \dot{y}(t)]\}\mathrm{d}t$$

根据(3.18)式，有：

$$\mathcal{H} = F(y,u,t) + \lambda \times f(y,u,t),$$

所以，上式可以变换成：

$$\overline{V} = \int_0^T [\mathcal{H}(y,u,t,\lambda) - \lambda(t)\dot{y}]\mathrm{d}t$$
$$= \int_0^T \mathcal{H}(y,u,t,\lambda)\mathrm{d}t - \int_0^T \lambda(t)\dot{y}\mathrm{d}t \tag{3.27}$$

对(3.27)式等号右边第二项进行分部积分，得到：

$$-\int_0^T \lambda(t)\dot{y}\mathrm{d}t = -\lambda(T)y_T + \lambda(0)y_0 + \int_0^T y(t)\dot{\lambda}\mathrm{d}t$$

将上式回代到(3.27)式当中，得到：

$$\overline{V} = \int_0^T [\mathcal{H}(y,u,t,\lambda) + y(t)\dot{\lambda}(t)]\mathrm{d}t - \lambda(T)y_T + \lambda(0)y_0 \tag{3.28}$$

第二步：引入扰动项。假设已有一条最优控制路径 $u^*(t)$，并且，如果我们用一个扰动路径 $p(t)$来干扰 $u^*(t)$路径，就可以得到“邻近”控制路径：

$$u(t) = u^*(t) + \varepsilon p(t) \tag{3.29}$$

对于每一个 ε 都有一条。

同样，对于最优状态路径 $y^*(t)$和相应的扰动路径 $q(t)$而言，能够得到如下邻近路径：

$$y(t) = y^*(t) + \varepsilon q(t) \tag{3.30}$$

类似地，有：

$$T = T^* + \varepsilon\Delta T \tag{3.31}$$
$$y_T = y_T^* + \varepsilon\Delta y_T \tag{3.32}$$

在(3.29)式中，由于 $u^*(t)$和 $p(t)$是给定的，所以，$u(t)$可以看成是关于 ε 的函数。同样，可以将 $y(t)$、T 和 y_T 都看作是关于 ε 的函数。这样一来，一旦我们将(3.29)—(3.32)式代入(3.28)式中，就可以把$\overline{V}$看成是关于 ε 的函数。

$$\overline{V} = \int_0^{T(\varepsilon)} \{[\mathcal{H}(y^*(t) + \varepsilon q(t), u^*(t) + \varepsilon p(t), t, \lambda]$$
$$+ \dot{\lambda}(t)[y^*(t) + \varepsilon q(t)]\}\mathrm{d}t - \lambda(T)y_T + \lambda(0)y_0 \tag{3.33}$$

第三步：导出最优条件。由 $\frac{\mathrm{d}\overline{V}}{\mathrm{d}\varepsilon} = 0$，得到：

$$\frac{\mathrm{d}\overline{V}}{\mathrm{d}\varepsilon} = \int_0^{T(\varepsilon)} \left\{\left[\frac{\partial \mathcal{H}}{\partial y}q(t) + \frac{\partial \mathcal{H}}{\partial u}p(t)\right] + \dot{\lambda}(t)q(t)\right\}\mathrm{d}t$$
$$+ [\mathcal{H}(t) + \dot{\lambda}(t)y(t)]\big|_{t=T}\frac{\mathrm{d}T(\varepsilon)}{\mathrm{d}\varepsilon} - \lambda(T)\frac{\mathrm{d}y_T}{\mathrm{d}\varepsilon} - y_T\frac{\mathrm{d}\lambda(T)}{\mathrm{d}T}\frac{\mathrm{d}T}{\mathrm{d}\varepsilon} = 0$$

化简上式，得到：

$$\frac{\mathrm{d}\overline{V}}{\mathrm{d}\varepsilon} = \int_0^T \left[\left(\frac{\partial \mathcal{H}}{\partial y} + \dot{\lambda}(t)\right)q(t) + \frac{\partial \mathcal{H}}{\partial u}p(t)\right]\mathrm{d}t + \mathcal{H}_{t=T}\Delta T - \lambda(T)\Delta y_T = 0$$

上式中的 $q(t)$、$p(t)$、ΔT 和 Δy_T 均为任意扰动项，因此，要使得上式成立，必有下列三式同时成立：

$$\frac{\partial \mathcal{H}}{\partial u}=0 \tag{3.34}$$

$$\frac{\partial \mathcal{H}}{\partial y}=-\dot{\lambda}(t) \tag{3.35}$$

$$\mathcal{H}_{t=T}\Delta T-\lambda(T)\Delta y_T=0 \tag{3.36}$$

(3.34)式就是最优一阶条件中的(3.19)式，(3.35)式就是一阶最优条件中的(3.20)式，(3.36)式则是被用来导出横截性条件的。至于一阶最优条件中的(3.21)式则是预算约束条件。现在，我们转向横截性条件的讨论。横截性条件是规定终结点的条件，因此，不同终结点的动态问题具有不同的横截性条件。

(1) 垂直终结线情形。所谓垂直终结线，就是终结时间 T 是固定的，但终结状态可以自由变动。也就是说，终结点满足条件 $\Delta T=0$、$\Delta y_T\neq 0$。将这两个条件代入(3.36)式，就很容易得到垂直终结线动态问题的横截性条件为 $\lambda(T)=0$，也就是(3.14)式。如果终结时间是无穷大，横截性条件就是 $\lim\limits_{t\to\infty}\lambda(t)=0$。

(2) 水平终结线情形。水平终结线是指终结时间可以自由变动，而终结状态固定不变。也就是说，终结点满足条件 $\Delta T\neq 0$、$\Delta y_T=0$。将这两个条件代入(3.36)式，就得到水平终结线动态问题的横截性条件为：

$$\mathcal{H}_{t=T}=0$$

如果模型的时间终结点是无穷大，水平终结线动态问题的横截性条件就是：

$$\lim_{t\to\infty}\mathcal{H}=0$$

(3) 曲线终结线情形。曲线终结线是指终结时间和终结状态都可以自由变动，但是两者之间满足条件 $y_T=\phi(T)$。也就是说，终结点满足条件 $\Delta y_T=\phi'\Delta T$。将这一条件代入(3.36)式，就得到曲线终结线的横截性条件为：

$$\mathcal{H}_{t=T}-\lambda(T)\phi'(T)=0$$

(4) 截断垂直终结线情形。截断垂直终结线情形是指终结时间 T 是固定的，终结状态要满足条件 $y_T\geqslant y_{\min}$。换言之，就是终结点满足条件 $\Delta T=0$、$y_T\geqslant y_{\min}$。在此条件下，最优解只有两种结果是可行的：$y_T^*>y_{\min}$ 和 $y_T^*=y_{\min}$。在第一种情况下，约束条件 $y_T\geqslant y_{\min}$ 不起作用，因此，也只需要将条件 $\Delta T=0$ 代入(3.36)式即可得到与垂直终结线情形完全一样的横截性条件为：

$$\lambda(T)=0,\quad \text{当 } y_T^*>y_{\min} \tag{3.37}$$

在第二种情况下，约束条件 $y_T\geqslant y_{\min}$ 要起作用，也就是说，在 $t=T$ 时，(3.32)式所代表的邻近路径仅包含终结状态满足条件 $y_T\geqslant y_{\min}$ 的那些路径。将 $y_T^*=y_{\min}$ 代入(3.32)式，即可得到 $t=T$ 时的终结状态为：

$$y_T=y_{\min}+\varepsilon q(T)$$

假设在扰动曲线上 $q(T)>0$[①]，在此条件下，要使 $y_T\geqslant y_{\min}$，根据上式，就要求 $\varepsilon\geqslant 0$。这时，上述导出横截性条件的(3.36)式就不再成立了，因为导出(3.36)式时，我们没有对 ε 施加“非负”

① 改变这个假设不会改变推导结果。

约束。

在添加了约束条件 $\varepsilon \geqslant 0$ 之后，求解最大化(3.33)式的最优条件时，就需要借助库恩-塔克条件。根据库恩-塔克条件，(3.33)式达到最优的条件不再是 $\frac{\mathrm{d}\overline{V}}{\mathrm{d}\varepsilon}=0$，而是 $\frac{\mathrm{d}\overline{V}}{\mathrm{d}\varepsilon}\leqslant 0$。对此，用图 3.5 来简单解释一下。① 在图 3.5 中，如果在 $\varepsilon>0$ 时，函数达到最大值，显然，A 是这个最大值点。如果在 $\varepsilon=0$ 时，函数达到最大值，那么，这个最大值点是 B 点而非 C 点。A 点与 C 点同在函数 $f(\varepsilon)$ 之上，这个函数的最大值显然只会出现在 $\varepsilon>0$ 时；而在函数 $g(\varepsilon)$ 之上虽然可能还有比 B 函数值更大的点，但是，这个点一定在 B 点的左边，也就是 $\varepsilon<0$ 时，因为函数 $g(\varepsilon)$ 是递减函数即 $g'(\varepsilon)<0$。这就是说，如果函数的最大值出现在自变量等于零时，那么，这个函数一定是递减函数。

将 $\frac{\mathrm{d}\overline{V}}{\mathrm{d}\varepsilon}\leqslant 0$ 运用于(3.33)式最优条件的求解，决定横截性条件的(3.36)式就会变成如下形式：

$$\mathcal{H}_{t=T}\Delta T-\lambda(T)\Delta y_T\leqslant 0$$

再将 $\Delta T=0$ 和 $\Delta y_T>0$ 代入上式，就可以得到 $y_T^*=y_{\min}$ 时的横截性条件如下：

$$\lambda(T)\geqslant 0,\quad 当\ y_T^*=y_{\min} \tag{3.38}$$

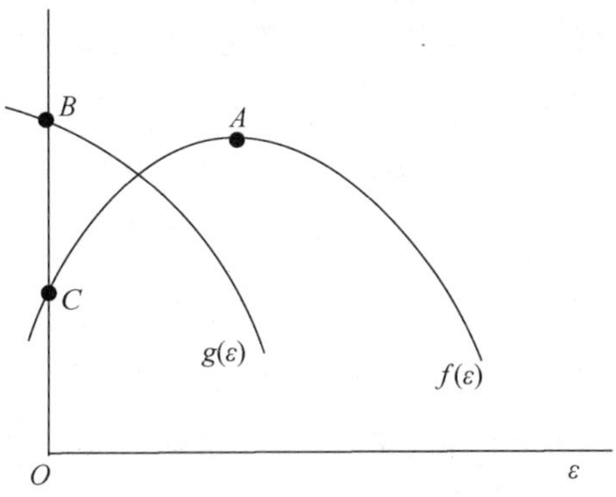

图 3.5 库恩-塔克条件图示

合并(3.37)式和(3.38)式，就可以得到具有截断垂直终结线终结点问题的横截性条件为：

$$\lambda(T)\geqslant 0,\quad y_T\geqslant y_{\min},\quad (y_T-y_{\min})\lambda(T)=0 \tag{3.39}$$

如果 $y_{\min}=0$，那么上述横截性条件就变成如下形式：

$$\lambda(T)\geqslant 0,\quad y_T\geqslant 0,\quad y_T\lambda(T)=0 \tag{3.40}$$

进一步，如果模型的时间终点是∞的话，就需要对上述横截性条件求极限，得到：

$$\lim_{t\to\infty}\lambda(t)\geqslant 0,\quad \lim_{t\to\infty}y(t)\geqslant 0,\quad \lim_{t\to\infty}y(t)\lambda(t)=0 \tag{3.41}$$

在经济学尤其是经济增长模型中，经济变量（即这里的 y）及其影子价格（即这里的 λ）通常被要求是大于等于零的。另外，在增长模型中，模型的时间终结点常常被认为是无穷大。这样一来，横截性条件(3.40)式和(3.41)式在经济增长模型中被经常用到。前者用于有限时间模型，后者则用于无限时间模型。同样是因为经济变量及其影子价格通常是大于等于零的，所

① 更加详细的、严格的推导则可以参见 Takayama(1985)。

以，横截性条件(3.40)式和(3.41)式中的三项常常被简写成最后一项，即 $y_T\lambda(T)=0$ 和 $\lim_{t\to\infty}y(t)\lambda(t)=0$。

(5) 截断水平终结线情形。截断水平终结线情形是指终结状态固定，终结时间被要求满足条件 $T\leqslant T_{\max}$。类似于截断垂直终结线情形，可以推导出这种情形的横截性条件为：

$$\mathcal{H}_{t=T}\geqslant 0,\quad T\leqslant T_{\max},\quad (T-T_{\max})\mathcal{H}_{t=T}=0 \tag{3.42}$$

3.3.3 最优条件

现在，可以将上一小节所导出的动态优化问题最优条件运用到消费者跨时点效用最大化问题中。不过要注意的是，跨时消费者效用最大化问题的汉密尔顿函数有"现值"(the present value)与"当时值"(the current value)两种表示方法。

对比上一小节的优化问题(3.17)式与消费者跨时效用最大化问题(3.15)式，能够发现，(3.15)式中的目标函数多出了一个贴现因子 $e^{-\rho t}$。在使用上一小节导出的最优条件时，要把(3.15)式中的被积函数当成(3.17)式中的被积函数。这就是说，汉密尔顿函数要写出如下形式：

$$\mathcal{H}=u[c(t)]\times e^{nt}\times e^{-\rho t}+\lambda(t)[w(t)+r(t)a(t)-c(t)-na(t)] \tag{3.43}$$

(3.43)式包含贴现因子 $e^{-\rho t}$，因此叫作现值汉密尔顿函数。对(3.43)式直接运用上一小节导出的最优条件，就可以求解出跨时消费者效用最大化问题的最优条件。(3.43)式中，$c(t)$是控制变量，$a(t)$是状态变量。类比(3.19)式、(3.20)式和(3.21)式，最优条件为：

$$\frac{\partial\mathcal{H}}{\partial c}=0\Longrightarrow u'(c)e^{-(\rho-n)t}=\lambda \tag{3.44}$$

$$\frac{\partial\mathcal{H}}{\partial a}=-\dot{\lambda}(r-n)\lambda=-\dot{\lambda} \tag{3.45}$$

$$\frac{\partial\mathcal{H}}{\partial\lambda}=\dot{a}\Longrightarrow w+ra-c-na=\dot{a} \tag{3.46}$$

简单地说，去掉(3.43)式中的贴现因子，就可以得到当时值汉密尔顿函数。具体说来，将(3.43)式两边同时乘以 $e^{\rho t}$，并且令 $\mathcal{H}_c\equiv\mathcal{H}e^{\rho t}$、$\lambda_c(t)\equiv\lambda(t)e^{\rho t}$，就可以将现值汉密尔顿函数(3.43)式变换成如下的当时值汉密尔顿函数：

$$\mathcal{H}_c=u[c(t)]\times e^{nt}+\lambda_c(t)[w(t)+r(t)a(t)-c(t)-na(t)] \tag{3.47}$$

对于当时值汉密尔顿函数，与(3.44)式、(3.45)式和(3.46)式相对应的最优条件分别为：

$$\frac{\partial\mathcal{H}_c}{\partial c}=0\Longrightarrow u'(c)e^{-(\rho-n)t}=\lambda \tag{3.48}$$

$$\frac{\partial\mathcal{H}_c}{\partial a}=-\dot{\lambda}_c+\lambda_c\rho\Longrightarrow (r-n)\lambda=-\dot{\lambda} \tag{3.49}$$

$$\frac{\partial\mathcal{H}_c}{\partial\lambda_c}=\dot{a}\Longrightarrow w+ra-c-na=\dot{a} \tag{3.50}$$

现值和当时值汉密尔顿函数的最优条件之间，即(3.44)式与(3.48)式、(3.45)式与(3.49)式以及(3.46)式与(3.50)式之间，可以相互导出。这里只给出从现值最优条件导出当时值最优条件。将(3.47)式等号两边同时乘以 $e^{-\rho t}$，可以得到：

$$\mathcal{H}_c e^{-\rho t}=u[c(t)]\times e^{nt}e^{-\rho t}+\lambda_c(t)e^{-\rho t}[w(t)+r(t)a(t)-c(t)-na(t)]$$

注意到上式中，$\mathcal{H}_c e^{-\rho t}\equiv\mathcal{H}$、$\lambda_c(t)e^{-\rho t}\equiv\lambda(t)$，则由(3.44)式、(3.45)式和(3.46)式，可以得到：

$$\frac{\partial \mathcal{H}}{\partial c}=0 \Rightarrow \frac{\partial(\mathcal{H}_c \mathrm{e}^{-\rho t})}{\partial c}=0 \Rightarrow \frac{\partial \mathcal{H}_c}{\partial c}=0$$

$$\frac{\partial \mathcal{H}}{\partial a}=-\dot{\lambda} \Rightarrow \frac{\partial(\mathcal{H}_c \mathrm{e}^{-\rho t})}{\partial a}=-\frac{\mathrm{d}[\lambda_c(t)\mathrm{e}^{-\rho t}]}{\mathrm{d}t} \Rightarrow \frac{\partial \mathcal{H}_c}{\partial a}=-\dot{\lambda}_c+\lambda_c\rho$$

$$\frac{\partial \mathcal{H}}{\partial \lambda}=\dot{a} \Rightarrow \frac{\partial(\mathcal{H}_c \mathrm{e}^{-\rho t})}{\partial[\lambda_c(t)\mathrm{e}^{-\rho t}]}=\dot{a} \Rightarrow \frac{\partial \mathcal{H}_c}{\partial \lambda_c}=\dot{a}$$

至此，导出了(3.48)式、(3.49)式和(3.50)式。

两种形式的汉密尔顿函数导出的最优条件是一样的。本书以后主要采用现值汉密尔顿函数来给出动态问题的最优条件。下面以(3.43)式为例，说明汉密尔顿函数是如何"去掉"动态优化问题中的"跨时点因素"的。其实，也就是解释汉密尔顿函数的含义。

在(3.43)式中一共有三个变量，分别是控制变量 c、状态变量 k 和共状态变量 λ。λ 是我们为了构建汉密尔顿函数而引入的辅助变量，是储蓄(资产)的影子价格，只不过这里表示这一价格的不是通常的货币量，而是现值效用。(3.43)式中等号右边第二项当中的方括号项为储蓄(资产)总量，这样，(3.43)式等号右边第二项的含义就是储蓄的效用，它等于储蓄量乘以其影子价格。显然，(3.43)式的等号右边第一项表示的是消费的效用。因此，汉密尔顿函数所表示的含义就是，家庭的总效用等于消费效用加上储蓄效用。这类似于我们熟悉的国民收入恒等式：国民收入等于消费加上储蓄。两者之间的唯一区别就是所使用的衡量单位不同而已。这就是说，汉密尔顿函数将整个时期的总效用表示为其中每一个时点的效用之和。由此，跨时期因素就不再存在了。

总之，通过假设已知每个时点储蓄的影子价格，汉密尔顿函数将同消费效用交织在一起的储蓄效用"分离"出来，再把它加到消费效用之上。在此条件下，在决策时，消费者只需要考虑每一时点的效用最大化，而不必顾及对其他时点的影响。当然，储蓄的影子价格并不真实可知，为此需要引入决定每个时点储蓄影子价格的微分方程即(3.45)式。

将(3.44)式直接代入(3.45)式的等号左边替换掉 λ。再对(3.44)式等号两边关于时间求一阶导数，然后代入(3.45)式的等号右边替换掉 $\dot{\lambda}$。由于这种代换化简在下文中会常常用到，我们把这种方法叫作"两次代入法"，即将(3.44)式两次代入(3.45)式中。这样，就可以将(3.44)式和(3.45)式两个最优条件合并成如下一个叫作欧拉方程的最优条件：

$$r=-\frac{u''(c)}{u'(c)}\dot{c}+\rho=-\frac{u''(c)c}{u'(c)}\times\frac{\dot{c}}{c}+\rho \tag{3.51}$$

欧拉方程还可以通过另外一种方法推导出来。这种方法是，先将(3.44)式等号两边同时取自然对数，然后对这个变换后的式子等号两边同时关于时间求导数，得到一个关于 $\dot{\lambda}/\lambda$ 的关系式，最后利用这个关系式代换掉(3.45)式中的 $\dot{\lambda}/\lambda$，就得到了欧拉方程。为了行文方便，不妨叫这种方法为"自然对数求导法"。

欧拉方程背后的经济含义是，储蓄收益等于消费收益。(3.51)式等号左边的利率代表储蓄的收益很好理解。将(3.51)式等号右边两项之和理解为消费的收益则要费一点周折。理解的关键是要把"消费的收益"看成是"不消费的机会成本"。换言之，同样一笔资源，如果现在不消费，而是留待将来消费的话，消费者从将来消费中获得的效用要比从现在消费中获得的效用少。这个"少"的部分就是不消费的机会成本或者消费的收益。

与现在消费相比，将来消费的效用减少是由两个方面的原因引起的：一是由于时间的缘故，即消费者总是重视现在而轻视未来。由此将来消费比现在消费带来的效用要少 ρ，这是时间偏好率的原本含义。二是因为边际效用递减规律发生作用。现在不消费，留待将来消费，随着将来消费的增加，边际效用递减规律会使得将来消费的效用减少，(3.51)式等号右边第一项就是表示这层含义。边际效用(关于消费的)弹性即 $-\frac{u''(c)}{u'(c)}c$ 的含义就是"增加 1 单位消费导致的边际效用的(相对)减少量"，而 $\dot{c}/c$ 表示的则是消费的(相对)增加量，由此，这两项相乘的含义就是现在不消费使得将来的消费增加，从而在边际效用递减规律作用下总效用减少的量。

在给定(3.10)式那种具体的不变替代弹性效用函数条件下，欧拉方程为：

$$\frac{\dot{c}}{c}=\frac{1}{\theta}(r-\rho) \tag{3.52}$$

由(3.52)式可知，消费的增长率由边际效用弹性、利率和时间偏好率三个因素来决定。进一步，与利率成正比，而与边际效用弹性和时间偏好率成反比。利率越高，储蓄的收益越高，消费者就越愿意增加储蓄，从而将来的消费就会增长。时间偏好率越高，就说明消费者越重视现在，从而增加现在的消费，减少将来的消费，消费增长率就会降低；同样，边际效用弹性越大，说明增加消费导致的边际效用减少量越大，消费者就会减少将来的消费，从而导致消费增长率降低。

最优条件中的(3.46)式则只是"重写"了一遍预算约束。横截性条件可以直接由(3.41)式导出：

$$\lim_{t\to\infty}a(t)\lambda(t)=0 \quad \text{或} \quad \lim_{t\to\infty}a(t)[\lambda_c(t)\mathrm{e}^{-\rho t}]=0$$

横截性条件中包含共状态变量 λ，它由微分方程(3.45)决定，解这个微分方程得到：

$$\lambda(t)=\lambda(0)\times\exp\left\{-\int_0^t[r(v)-n]\mathrm{d}v\right\}$$

利用上式，上述横截性条件可以被表示成如下形式[①]：

$$\lim_{t\to\infty}\left\{a(t)\times\exp\left[-\int_0^t[r(v)-n]\mathrm{d}v\right]\right\}=0 \tag{3.53}$$

综上所述，消费者跨时点效用最大化问题的最优条件是由欧拉方程(3.51)式[②]、横截性条件(3.53)式和预算约束(3.46)式三个式子构成。

3.4 模型分析

随着消费者跨时效用最大化问题的一阶条件的求出，我们的建模工作就得以完成。这个模型包括以下方程：(3.1)—(3.7)式、欧拉方程(3.52)式和横截性条件(3.53)式；其中，(3.7)式可以被(3.46)式取代，后者只是前者的人均量形式。在这个方程组中，(3.1)式是生产函数，(3.2)式决定技术投入，(3.3)式和(3.4)式决定劳动投入，其他的式子则决定资本投入，其中，(3.5)式是资本需求函数，(3.7)式和(3.52)式一起构成资本供给函数。

3.4.1 基本微分方程

进行模型分析，还是先要导出基本微分方程组。我们把这个基本微分方程组中的变量变

---

① 当时值汉密尔顿函数下的横截性条件被省略了。

② 在具体效用函数下，欧拉方程就是(3.52)式，下面我们大多直接使用这个式子。

换成“有效劳动的平均量”形式。这是因为，与索洛模型一样，在存在外生技术进步的条件下，模型的稳态表现为主要变量的有效劳动平均量都等于零，即稳态时有 $\gamma_{\hat{y}}=\gamma_{\hat{k}}=\gamma_{\hat{c}}=0$。对此，证明如下：

将生产函数(3.1)式等号两边同时除以 K，得到：

$$\frac{Y}{K}=F\left(\frac{AL}{K},1\right)=F\left(\frac{AL}{K}\right)$$

由第二章所证明的稳态基本性质可知，稳态时有 $\gamma_Y=\gamma_K=\gamma_C$。由此可以得到如下结论：稳态时，$Y/K$ 不变。又因为函数 $F(\cdot)$为单调函数，所以，稳态时 AL/K 也是常数。这就是说，稳态时，有：

$$\frac{\mathrm{d}\left[\ln\left(\frac{AL}{K}\right)\right]}{\mathrm{d}t}=\frac{\mathrm{d}(\ln A+\ln L-\ln K)}{\mathrm{d}t}=\frac{\mathrm{d}(\ln K-\ln A-\ln L)}{\mathrm{d}t}=0$$

而

$$\gamma_{\hat{k}}=\frac{\mathrm{d}\left[\ln\left(\frac{K}{AL}\right)\right]}{\mathrm{d}t}=\frac{\mathrm{d}(\ln K-\ln A-\ln L)}{\mathrm{d}t}$$

由此，证明了稳态时 $\gamma_{\hat{k}}=0$；再加上稳态的基本性质，即稳态时有 $\gamma_{\hat{y}}=\gamma_{\hat{k}}=\gamma_{\hat{c}}$，就可以得到我们要证明的结论：稳态时有 $\gamma_{\hat{y}}=\gamma_{\hat{k}}=\gamma_{\hat{c}}=0$。

在我们建立的模型中，没有一个方程中的变量是以有效劳动平均量形式出现的。因此，我们需要将模型中的变量先变换成有效劳动的平均量。由于生产函数呈现规模报酬不变，所以，只需要将生产函数(3.1)式等号两边同时除以 AL，就可以将其写成如下集约形式：

$$\hat{y}=f(\hat{k}) \tag{3.54}$$

式中，$\hat{y}\equiv\frac{Y}{AL}$和$\hat{k}\equiv\frac{K}{AL}$分别表示有效劳动的平均产出和平均资本。

为了把资本和劳动需求函数中的变量变换成有效劳动平均量，我们需要以下两个关系式：

$$\partial Y/\partial K=f'(\hat{k})$$

$$\partial Y/\partial L=[f(\hat{k})-\hat{k}\times f'(\hat{k})]\times \mathrm{e}^{\gamma_A t}$$

这两个关系的推导过程，与第二章的(2.18)式和(2.19)式的推导完全相同。利用上述两个式子就可以将资本需求函数(3.5)式和劳动需求函数(3.3)式写成如下有效劳动平均量形式：

$$f'(\hat{k})=r+\delta \tag{3.55}$$

$$[f(\hat{k}-\hat{k}\times f'(\hat{k})]\times \mathrm{e}^{\gamma_A t}=w \tag{3.56}$$

稻田条件意味着随着 $\hat{k}\rightarrow\infty$，有 $f'(\hat{k})\rightarrow 0$；随着 $\hat{k}\rightarrow 0$，有 $f'(\hat{k})\rightarrow\infty$。

现在，模型就包括：生产函数(3.54)式、技术进步增长率决定式(3.2)式、劳动需求函数(3.56)式、劳动增长率决定式(3.4)式、资本需求函数(3.55)式、资本市场均衡条件(3.6)式、消费者约束条件(3.7)式、欧拉方程(3.52)式和横截性条件(3.53)式。

为了导出基本微分方程组，我们还是将其他函数式代入模型中的两个微分方程(3.7)式和(3.52)式中。代换过程中，还需要将方程中的变量都转换成有效劳动平均量形式。先将资本市场均衡条件(3.6)式代入(3.7)式中，得到：

$$\dot{K}=rK+wL-C$$

再将上式等号两边同时除以 AL，并且，用(3.55)式和(3.56)式代换掉上式中的 r 和 w，进行适当化简，就可以得到：

$$\dot{\hat{k}} = f(\hat{k}) - \hat{c} - (\gamma_A + n + \delta)\hat{k} \tag{3.57}$$

式中，$\hat{c} \equiv C/AL$。

接下来，把欧拉方程中的变量也变换成有效劳动平均量形式。为此，将(3.55)式代入(3.52)式中，同时用关系式 $\dot{\hat{c}}/\hat{c} = \dot{c}/c - \gamma_A$ 将(3.52)式中的 $\dot{c}/c$ 代换成 $\dot{\hat{c}}/\hat{c}$，就可以得到：

$$\frac{\dot{\hat{c}}}{\hat{c}} = \frac{1}{\theta}[f'(\hat{k}) - \delta - \rho - \theta\gamma_A] \tag{3.58}$$

最后，需要将横截性条件也表示成 $\hat{k}$ 的函数。将 $a = k$、$\hat{k} = k\mathrm{e}^{-\gamma_A t}$ 和(3.55)式代入(3.53)式中，横截性条件可以写成：

$$\lim_{t\to\infty}\left\{\hat{k} \times \exp\left[-\int_0^t [f'(\hat{k}) - \delta - n - \gamma_A]\mathrm{d}v\right]\right\} = 0 \tag{3.59}$$

横截性条件的含义是，稳态时，$f'(\hat{k}) - \delta$ 要以快于 $n + \gamma_A$ 的速度增长。

至此，寻找基本微分方程组的过程结束了。这个微分方程组由(3.57)式和(3.58)式一起构成。虽然从理论上说，可以用欧拉方程代换掉消费者约束条件中的消费 c，但是，由于欧拉方程是一个微分方程，这种代换是很难完成的。即使做了这样的代换，代换之后的消费者约束条件也将是一个很复杂的微分方程，几乎无法用它来进行相关的模型分析。因此，通行的做法是，不进行这样的代换过程，而是让这两个微分方程一起来构成模型的基本微分方程组。

同索洛模型一样，这里的基本微分方程(3.57)式的本质也是市场均衡条件(整个经济的资源约束条件)。很容易从(3.57)式推出均衡条件 $y = c + i$。[①] 要把(3.57)式中的存量变量变换成流量变量，就自然要利用投资流量与资本存量之间的关系式：$I = \dot{K} + \delta K$。先将这个式子两边同时除以 AL，得到：

$$\hat{i} = \frac{\dot{K}}{AL} + \delta\hat{k}$$

式中，$\hat{i} \equiv \dfrac{I}{AL}$。不难推出：

$$\frac{\dot{K}}{AL} = \dot{\hat{k}} + (\gamma_A + n)\hat{k}$$

综合上述两个式子，就可以得到：

$$\dot{\hat{k}} = \hat{i} - (\gamma_A + n + \delta)\hat{k}$$

将上式代入(3.57)式中，就得到：

$$\hat{y} = \hat{i} + \hat{c}$$

这种由资本市场均衡条件导出产品市场均衡条件的方法，在下文中会经常用到。这种方法的关键是，用资本存量和投资流量之间的关系式代换掉消费者约束条件中的资本变化量，即(3.57)式中的 $\dot{\hat{k}}$。使用这种方法有一个前提条件，那就是同消费品一样，资本品是产品的一部分。简单地说，这个式子，其中的投资以流量形式出现，就是产品市场的均衡条件；而其中的投

---

① 这里我们没有区分人均变量与有效劳动平均变量。因为对于目前的任务而言，这样的区分没有什么意义。

资以资本存量的变化量出现，就是模型的基本微分方程。

3.4.2 计划者经济模型

到目前为止，我们是在分散市场经济框架下展开拉姆齐模型的。其实，拉姆齐模型也可以用计划者经济框架来建立。根据前文的解读，我们知道基本微分方程(3.57)式就是模型整个经济的资源约束条件，从而这个式子就是社会计划者的约束条件，因为在社会计划者经济中，只有社会计划者一个经济行为人，由此，"经济的约束就是社会计划者个人的约束"。社会计划者的目标函数仍然由(3.11)式给出。这样一来，计划者经济框架下，社会计划者就是在(3.57)式的约束下，通过选择消费路径来最大化(3.11)式。

社会计划者最优化问题的现值汉密尔顿函数可以写成如下形式：

$$\mathcal{H}=\frac{(\hat{c}\times e^{\gamma_A t})^{(1-\theta)}-1}{1-\theta}e^{-(\rho-n)t}+\lambda[f(\hat{k})-\hat{c}-(\gamma_A+\delta+n)\hat{k}]$$

在写出上式的过程中，我们已经将具体效用函数(3.10)式代换掉了(3.11)式中的 $u(c(t))$。求解上式的一阶条件即 $\frac{\partial\mathcal{H}}{\partial\hat{c}}=0$、$\frac{\partial\mathcal{H}}{\partial\hat{k}}=-\dot{\lambda}$、$\frac{\partial\mathcal{H}}{\partial\lambda}=\dot{\hat{k}}$ 和横截性条件 $\lim\limits_{t\to\infty}\hat{k}(t)\lambda(t)=0$，再经过适当化简，主要是把前两个一阶条件"合并"成欧拉方程，以及代换掉横截性条件中的 λ，就能得到(3.57)式、(3.58)式和(3.59)式。不难发现，与市场经济模型相比，在计划者经济模型中，导出基本微分方程组时要做的代换、化简工作少一些，直接找最优化问题的欧拉方程和约束条件即可。

3.4.3 稳态分析

同索洛模型一样，拉姆齐模型分析包括稳态分析和转型动态分析。稳态分析包含静态分析和比较静态分析；转型动态分析包括定性分析和定量分析。

前文已经证明，拉姆齐模型与索洛模型有相同的稳态，即在存在外生技术进步的条件下，稳态时有 $\gamma_{\hat{y}}=\gamma_{\hat{k}}=\gamma_{\hat{c}}=0$。

求解模型的稳态值，只需要令(3.57)式中的 $\dot{\hat{k}}=0$ 和(3.58)式中的 $\dot{\hat{c}}=0$，然后解这个两个式子构成的方程组即可。由于这个两个式子构成的方程组中的生产函数没有给定具体的形式，所以我们无法找到显性解。不过，我们可以用几何图形加以表示。按照程序，我们还需要证明模型稳态的存在性和唯一性。

为此，令(3.57)式中的 $\dot{\hat{k}}=0$ 和(3.58)式中的 $\dot{\hat{c}}=0$，可以得到如下两个方程：

$$\hat{c}=f(\hat{k})-(\gamma_A+n+\delta)\hat{k} \tag{3.60}$$

$$f'(\hat{k})-\delta=\rho+\theta\gamma_A \tag{3.61}$$

显然，方程(3.61)可以单独确定唯一的有效劳动平均资本 $\hat{k}$ 的稳态值，因为 $f'(\hat{k})$是一个单调函数，而方程中的其他变量都是常数。将这个唯一的有效劳动平均资本稳态值代入(3.60)式中，有效劳动平均消费的稳态值也就能够被唯一确定。

图 3.6 中的倒 U 形曲线表示的是方程(3.60)，垂直横轴的实线表示的是方程(3.61)。遵循 Wälde(2011)的做法，我们把这两条曲线分别叫作变量 $\hat{k}$ 和 $\hat{c}$ 的零值运动曲线(the zero-motion lines)。某个变量 x 的零值运动曲线上的所有点所代表的变量 x 的值都不变化，即 $\dot{x}=0$。在 $\hat{k}-\hat{c}$ 坐标系中，方程(3.61)是一条垂直于横轴的直线是显然的。而方程(3.60)之所以是一条倒 U 形曲线，是因为 $\hat{c}$ 是关于 $\hat{k}$ 的二阶导数小于零。根据(3.60)式，$\hat{c}$ 关于 $\hat{k}$ 的一

阶导数为：

$$\mathrm{d}\hat{c}/\mathrm{d}\hat{k} = f'(\hat{k}) - \delta - n - \gamma_A$$

由此，二阶导数为 $\mathrm{d}^2\hat{c}/\mathrm{d}\hat{k}^2 = f''(\hat{k})$，新古典生产函数的性质可以保证这个二阶导数小于零。

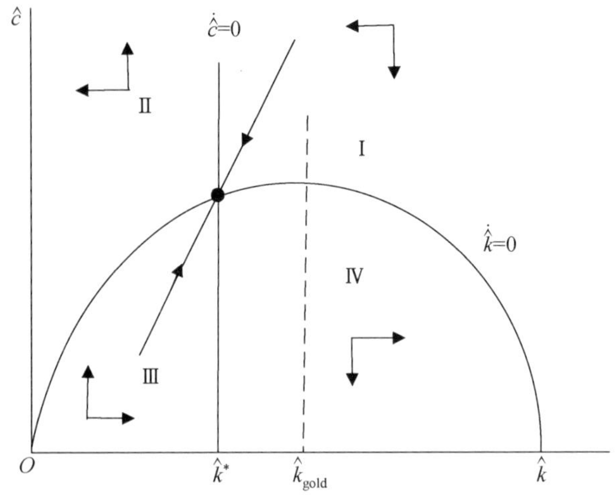

图 3.6　拉姆齐模型的稳态和转型动态

在图 3.6 中，两条零值运动线的交点代表模型的稳态。如果用 $\hat{k}^*$ 和 $\hat{c}^*$ 分别表示 $\hat{k}$ 和 $\hat{c}$ 的稳态值，那么，$\hat{k}^*$ 和 $\hat{c}^*$ 就能够使得方程(3.60)和(3.61)同时成立。

注意到在图 3.6 中，资本的稳态值 $\hat{k}^*$ 比资本的黄金律值 $\hat{k}_{\text{gold}}$ 要小。资本的稳态值 $\hat{k}^*$ 满足下式：

$$f'(\hat{k}^*) - \delta = \rho + \theta\gamma_A \tag{3.62}$$

而资本黄金律值则由 $\mathrm{d}\hat{c}/\mathrm{d}\hat{k} = f'(\hat{k}) - \delta - n - \gamma_A = 0$ 来决定，即：

$$f'(\hat{k}_{\text{gold}}) - \delta = n + \gamma_A$$

另外，横截性条件(3.59)式要求稳态时有：

$$f'(\hat{k}^*) - \delta > n + \gamma_A$$

综合上述三式，能够得到 $f'(\hat{k}^*) > f'(\hat{k}_{\text{gold}})$，而新古典生产函数的性质告诉我们，$f'(\hat{k})$是递减函数，由此得到 $\hat{k}^* < \hat{k}_{\text{gold}}$。

拉姆齐模型不会出现过度储蓄这种在索洛模型可能出现的动态无效率情况。这是因为，如果出现过度储蓄，那么横截性条件将无法得到满足。同时，在拉姆齐模型中，消费者也不会储蓄到资本的黄金律水平，也就是 $\hat{k}^* < \hat{k}_{\text{gold}}$。原因是有效贴现率 $\rho + \theta\gamma_A$ 使得消费者认为牺牲当前的消费以便在稳态时到达最大的消费(即 $\hat{c}_{\text{gold}}$)是不值得的事情。

在拉姆齐模型中，稳态时，内生变量(主要是资本、消费和产出)的单位有效劳动量的增长率等于零，人均量的增长率等于外生技术进步率，总量的增长率等于外生技术进步率加上外生人口增长率。这就是说，除了外生技术进步率和外生人口增长率以外，模型中的其他参数(比如描述偏好的参数 ρ 和 θ 等)的变动都不会影响内生变量的稳态增长率。不过，这些外生变量变动会影响拉姆齐模型内生变量稳态水平值。

对此，只需要对(3.60)式和(3.61)式关于某个外生变量求一阶导数，然后将 $\hat{c} = \hat{c}^*$ 与 $\hat{k} = \hat{k}^*$ 代入即可。资本的稳态值可以由(3.61)式单独来决定。比如，将(3.61)式关于 ρ 求一阶导数，并求这个导数的稳态值，可以得到：

$$f''(\hat{k}^*)\times\frac{\partial\hat{k}^*}{\partial\rho}=1$$

由新古典生产函数的性质可知 $f''(\hat{k}^*)<0$,所以,根据上式就可以知道,$\frac{\partial\hat{k}^*}{\partial\rho}<0$,这就是说,$\hat{k}^*$ 与 ρ 成反比。同样,可以知道,$\hat{k}^*$ 与 θ、γ_A 和 δ 也成反比。

再比如,将(3.60)式关于 ρ 求一阶导数,并求这个导数的稳态值,可以得到:

$$\frac{\partial\hat{c}^*}{\partial\rho}=[f'(\hat{k}^*)-\delta-n-\gamma_A]\times\frac{\partial\hat{k}^*}{\partial\rho}$$

由横截性条件可知 $f'(\hat{k}^*)-\delta-n-\gamma_A>0$,由(3.62)式可知 $\frac{\partial\hat{k}^*}{\partial\rho}<0$,因此,由上式可以得到 $\frac{\partial c^*}{\partial\rho}<0$,也就是说,稳态消费值与时间偏好率成反比。类似地,可以进行关于其他外生变量的比较静态分析。当然,也可以利用图 3.6 用几何法来进行分析。①

3.4.4 转型动态分析

转型动态分析包含定性和定量分析。定性分析可以采取代数法和几何法两种方法;而定量分析则只能采用代数法了。几何法进行转型动态定性分析时使用的工具是相位图。

先用一个一般的二元微分方程组作为例子来介绍相位图的作用,以及如何使用相位图来进行转型动态定性分析。考虑如下微分方程组:

$$\dot{v}=f(v,w),\quad f_v<0,\ f_w>0 \tag{3.63a}$$

$$\dot{w}=g(v,w),\quad g_v>0,\ g_w>0 \tag{3.63b}$$

在 $v-w$ 坐标系中,画出 $\dot{w}=0$ 和 $\dot{v}=0$,也就是 $f(v,w)=0$ 和 $g(v,w)=0$ 两条零值运动曲线,如图 3.7 所示。这两条曲线将整个第一象限分为四个区域,相位图的作用就是要表示出这四个不同区域内点的运动方向。

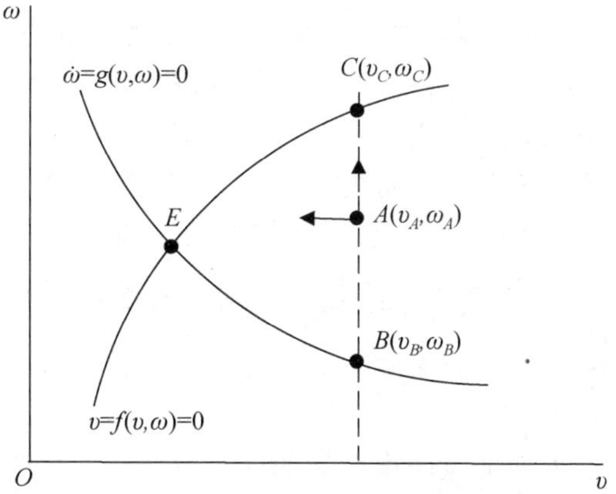

图 3.7　二元微分方程组的相位图

这里,以图 3.7 中 A 点所在的区域为例加以说明。现在我们要做的事情是,判断 A 点沿横轴和纵轴的变动方向。为此,需要我们把 A 点的坐标代入方程(3.63a)和方程(3.63b)中,

① 几何法分析可以参见 Barro and Sala-i-Martin(2004)。

来计算 $g(v_A, w_A)$ 和 $f(v_A, w_A)$，看它们是大于零还是小于零。具体说来，当我们求得 $g(v_A, w_A)>0$ 时，就能够判定 A 沿纵(w)轴向上运动，反之就向下运动；当我们求出 $f(v_A, w_A)>0$ 时，就能够判定 A 沿横(v)轴向右运动，反之就向左运动。

为了找到解决问题的思路，不妨先看看我们已知哪些条件。我们的已知条件有两个：一是函数 f 和 g 关于两个自变量 w 和 v 的一阶导数的符号；二是两条零值运动曲线上的所有点的函数值都等于零。

对照要求解的问题和已知条件，不难发现，要判断 A 点的函数值是大于零还是小于零，自然就是要把 A 点的函数值与零值运动曲线上点的函数值进行比较，因为我们已知后者的函数值总是等于零。可是，零值运动曲线上点的函数值都等于零，那么，到底要取哪个点？

选择这个点的原则是，要求这个点与 A 点有相同的横坐标或者纵坐标。这样选择能够让比较这个点的函数值与 A 点函数值大小的工作简单很多。具体说来，能够让我们在比较两个点的函数值大小时，只需要关注两个点的另一个不同坐标对函数值的影响。

具体到正在讨论的这个例子，我们过 A 点作垂直于横轴的直线分别交 $g(v,w)=0$ 和 $f(v,w)=0$ 曲线于点 B 和点 C。这样做，就是为了让零值运动曲线上的 B 点和 C 点、A 点有相同的横坐标。显然，由于 $v_A=v_B$，所以有 $g(v_A, w_A)=g(v_B, w_A)$。由 $w_A>w_B$ 和已知条件 $g_w>0$，可以得到 $g(v_B, w_A)>g(v_B, w_B)=0$。综合以上两个结论，就可以得到：

$$g(v_A, w_A) = g(v_B, w_A) > g(v_B, w_B) = 0$$

根据这个结果，可以断定 A 点沿纵轴向上运动，如图 3.7 所示。类似地，可以判定 A 点沿横轴向左运动。

下面，小结一下在相位图上判断某一个点(不妨用 A 点来表示)的运动方向的方法。概括地说，就是两个步骤。一是固定 A 点的一个坐标。要固定横(纵)坐标，就过 A 点作横(纵)轴的垂线，这条垂线会与零值运动曲线相交于一个点，不妨用 B 点来表示。二是利用微分方程(函数)关于没有被固定的那个变量的一阶导数的符号，来比较 A 点和 B 点的函数值。至于固定哪个坐标(变量)，通常的选择标准是哪个变量的导数求解困难一些，我们就固定这个(变量)坐标。显然，这样选择是为了方便第二步求解关于没有被固定变量的一阶导数。

拉姆齐模型相位图分析结果呈现在图 3.6 中。这里，用上述给出的方法来判断相位图中某一点的运动方向。先看变量 $\hat{c}$ 零值运动线左边点的纵坐标的变动方向。我们先固定纵坐标即 $\hat{c}$，然后，就横坐标即 $\hat{k}$ 而言，变量 $\hat{c}$ 零值运动线左边的点都要小于线上的点。从(3.58)式可以看出，$\dot{\hat{c}}$ 关于 $\hat{k}$ 的一阶导数小于零，这样，就可以断定对变量 $\hat{c}$ 零值运动线左边的点而言有 $\dot{\hat{c}}>0$，从而这些点的纵坐标都会向上变动。至于变量 $\hat{c}$ 零值运动线右边的点，其纵坐标就自然是向下运动的。

再看变量 $\hat{k}$ 零值运动线上面的点的横坐标的变动方向。我们先固定横坐标即 $\hat{k}$，然后，就纵坐标即 $\hat{c}$ 而言，$\hat{k}$ 零值运动线上面的点都大于线下的点。从(3.57)式可知，$\dot{\hat{k}}$ 关于 $\hat{c}$ 的一阶导数小于零，因此，$\hat{k}$ 零值运动线以上的点的横坐标都会向左变动。自然，$\hat{k}$ 零值运动线以下的点的横坐标都会向右变动。

从图 3.6 中可以看出，拉姆齐模型的稳态是一个鞍形路径。区域Ⅰ和Ⅲ的点向稳态点收敛；而区域Ⅱ和Ⅳ则是向稳态点相反的方向运动，从而是发散的。虽然用相位图进行转型动态定性分析简单而直观，但是它的缺陷也很明显，那就是最多只能用于两个变量的微分方程组。

要分析三个以上变量的微分方程组，就得借助于代数法。

代数法通常是先求出将要分析的微分方程组的解，然后根据这个解来进行转型动态分析。为此，这里先以一个二元线性微分方程组为例，来介绍线性微分方程组的求解方法。用二元方程组为例，一方面，是它比较简单；另一方面，在增长理论中，二元方程组基本够用了。只讨论线性方程组，那是因为非线性的方程组，我们可以用第二章给出的对数线性化方法将其转换为线性方程组。

考虑如下微分方程组：

$$\begin{cases}\dot{v} = 4v - 5w, \quad v(0) = 8 \\ \dot{w} = 2v - 3w, \quad w(0) = 5\end{cases} \tag{3.64}$$

将上述方程组写成如下矩阵形式：

$$\dot{u} = Au, \quad t = 0\text{ 时} \quad u = u(0) \tag{3.65}$$

式中，

$$u(t) = \begin{bmatrix} v(t) \\ w(t) \end{bmatrix}, \quad A = \begin{bmatrix} 4 & -5 \\ 2 & -3 \end{bmatrix}, \quad u(0) = \begin{bmatrix} 8 \\ 5 \end{bmatrix}$$

如何求解方程(3.65)？我们知道，一元微分方程比如 $\dot{u} = au$（这里，常数 a 取代了(3.65)式中的矩阵 A），有如下形式的解：

$$u(t) = \mathrm{e}^{at}u(0)$$

将这个解的形式直接用于方程组(3.64)，不妨，假设方程组(3.64)有如下解：

$$\begin{cases} v(t) = \mathrm{e}^{\lambda t}y \\ w(t) = \mathrm{e}^{\lambda t}z \end{cases} \tag{3.66}$$

用向量形式表示，就是：

$$u(t) = \mathrm{e}^{\lambda t}x, \quad \text{其中} \quad x = \begin{bmatrix} y \\ z \end{bmatrix}$$

为了找到方程组的具体解，将(3.66)式代入(3.64)式中，得到：

$$\begin{cases} \lambda \mathrm{e}^{\lambda t}y = 4\mathrm{e}^{\lambda t}y - 5\mathrm{e}^{\lambda t}z \\ \lambda \mathrm{e}^{\lambda t}z = 2\mathrm{e}^{\lambda t}y - 3\mathrm{e}^{\lambda t}z \end{cases}$$

约去上述方程组中的公共项 $\mathrm{e}^{\lambda t}$，上述方程组就变成为：

$$\begin{cases} 4y - 5z = \lambda y \\ 2y - 3z = \lambda z \end{cases}$$

也就是

$$Ax = \lambda x \tag{3.67}$$

找到满足方程(3.67)的常数 λ 和向量 x，回代到(3.66)式中就可以得到微分方程组(3.64)的解。这样一来，求解微分方程组解的关键是求解方程(3.67)。由线性代数的知识可知，(3.67)式就是微分方程系数矩阵 A 的特征方程。因此，求解到微分方程组系数矩阵的特征值和特征向量就可以求出微分方程组的解。

就二元微分方程组而言，在找到系数矩阵 A 的特征值 λ_1 和 λ_2 及其相对应的特征向量 x_1 和 x_2 之后，就可以按照如下方式写成方程组的解：

$$u(t) = c_1\mathrm{e}^{\lambda_1 t}x_1 + c_2\mathrm{e}^{\lambda_2 t}x_2 \tag{3.68}$$

式中，c_1 和 c_2 为两个积分常数，通常由变量的初始条件 $u(0)$ 来决定。这里，运用了另外一个叠加原理[①]：如果 φ_1 和 φ_2 是某一个方程的解，c_1 和 c_2 为任意常数，那么，$c_1\varphi_1+c_2\varphi_2$ 也是这个方程的解。

由微分方程组的解(3.68)式可以清楚地知道，微分方程组是否收敛主要由系数矩阵的特征值来决定：(1) 如果两个特征值都小于零，那么，微分方程组的稳态是稳定的；(2) 当两个特征值都大于零时，微分方程组的稳态就是不稳定的；(3) 当两个特征值的符号相反时，稳态呈现局部鞍形路径稳定。

这里，直接给出二元微分方程组系数矩阵特征值的求解公式如下：

$$\lambda=\frac{\text{trace}\pm[(\text{trace})^2-4\det]^{1/2}}{2}$$

式中，trace 和 det 分别表示系数矩阵 A 的迹和行列式。根据上式，有如下结论：(1) 当系数矩阵的迹小于零、同时行列式大于零时，两个特征值都小于零，从而稳态是稳定的；(2) 当系数矩阵的行列式小于零时，两个特征值的符号相反，从而稳态是局部鞍形路径稳定的；(3) 当系数矩阵的迹和行列式都大于零时，两个特征值都大于零，从而稳态是不稳定的。

由于拉姆齐模型的基本微分方程组是非线性的，所以，我们先要将其在稳态值处进行对数线性展开，再求解近似线性方程组的解。转型动态分析，我们仍然在具体的柯布-道格拉斯生产函数下展开。将集约形式的柯布-道格拉斯生产函数即 $\hat{y}=\hat{k}^{\alpha}$，代入基本微分方程组(3.57)式和(3.58)式中，得到：

$$\dot{\hat{k}}=\hat{k}^{\alpha}-\hat{c}-(\gamma_A+n+\delta)\hat{k} \tag{3.69}$$

$$\dot{\hat{c}}/\hat{c}=\frac{1}{\theta}(\alpha\hat{k}^{-(1-\alpha)})-\delta-\rho-\theta\gamma_A) \tag{3.70}$$

先对数线性化(3.69)式。将该式等号两边同时除以 $\hat{k}$，得到：

$$\dot{\hat{k}}/\hat{k}=\hat{k}^{\alpha-1}-\hat{c}/\hat{k}-(\gamma_A+n+\delta) \tag{3.71}$$

写出(3.71)式和(3.70)式的稳态形式如下：

$$(\hat{k}^*)^{\alpha-1}-\hat{c}^*/\hat{k}^*-(\gamma_A+n+\delta)=0 \tag{3.72}$$

$$\alpha(\hat{k}^*)^{\alpha-1}-\delta-\rho-\theta\gamma_A=0 \tag{3.73}$$

将(3.71)式等号右边项在变量的稳态值处进行泰勒级数展开，得到：

$$\dot{\hat{k}}/\hat{k}=-(1-\alpha)(\hat{k}^*)^{(\alpha-1)-1}(\hat{k}-\hat{k}^*)-\frac{1}{\hat{k}^*}(\hat{c}-\hat{c}^*)+\frac{\hat{c}^*}{(\hat{k}^*)^2}(\hat{k}-\hat{k}^*)$$

把等式 $\frac{\mathrm{d}\ln\hat{k}}{\mathrm{d}t}=\dot{\hat{k}}/\hat{k}$、$\hat{k}-\hat{k}^*=\hat{k}^*(\ln\hat{k}-\ln\hat{k}^*)$ 和 $\hat{c}-\hat{c}^*=\hat{c}^*(\ln\hat{c}-\ln\hat{c}^*)$ 代入上式，经过适当化简，得到方程(3.71)的近似式如下：

$$\frac{\mathrm{d}\ln\hat{k}}{\mathrm{d}t}=\left[-(1-\alpha)(\hat{k}^*)^{\alpha-1}+\frac{\hat{c}^*}{\hat{k}^*}\right](\ln\hat{k}-\ln\hat{k}^*)-\frac{\hat{c}^*}{\hat{k}^*}(\ln\hat{c}-\ln\hat{c}^*)$$

最后，将稳态形式(3.72)式和(3.73)式代入上式，适当化简，就得到了(3.69)式的对数线性化方程如下：

$$\frac{\mathrm{d}\ln\hat{k}}{\mathrm{d}t}=[\rho-n-(1-\theta)\gamma_A](\ln\hat{k}-\ln\hat{k}^*)$$

---

① 参见阮炯(2002)。

$$+\left[(\gamma_A+n+\delta)-\frac{\rho+\theta\gamma_A+\delta}{\alpha}\right](\ln\hat{c}-\ln\hat{c}^*) \tag{3.74}$$

类似地,可以得到(3.70)式的对数线性化方程如下:

$$\frac{\mathrm{d}\ln\hat{c}}{\mathrm{d}t}=\left[-(1-\alpha)\frac{\rho+\theta\gamma_A+\delta}{\theta}\right](\ln\hat{k}-\ln\hat{k}^*) \tag{3.75}$$

由(3.74)式和(3.75)式构成的微分方程组的系数矩阵为:

$$\begin{bmatrix}\xi & (\gamma_A+n+\delta)-\dfrac{\rho+\theta\gamma_A+\delta}{\alpha}\\ -(1-\alpha)\dfrac{\rho+\theta\gamma_A+\delta}{\theta} & 0\end{bmatrix}$$

式中,$\xi\equiv\rho-n-(1-\theta)\gamma_A$。

计算系数矩阵的特征值 λ,就是要求解以下方程:

$$\begin{vmatrix}\xi-\lambda & (\gamma_A+n+\delta)-\dfrac{\rho+\theta\gamma_A+\delta}{\alpha}\\ -(1-\alpha)\dfrac{\rho+\theta\gamma_A+\delta}{\theta} & -\lambda\end{vmatrix}=0$$

也就是如下关于 λ 的一元二次方程:

$$\lambda^2-\xi\lambda-\left[\frac{\rho+\theta\gamma_A+\delta}{\alpha}-(\gamma_A+n+\delta)\right]\left[\frac{\rho+\theta\gamma_A+\delta}{\theta}(1-\alpha)\right]=0 \tag{3.76}$$

这个方程有两个解:

$$2\lambda=\xi\pm\left\{\xi^2+4\left[\frac{\rho+\theta\gamma_A+\delta}{\alpha}-(\gamma_A+n+\delta)\right]\left[\frac{\rho+\theta\gamma_A+\delta}{\theta}(1-\alpha)\right]\right\}^{1/2}$$

由横截性条件(3.59)式和(3.61)式可知,$[\rho-n-(1-\theta)\gamma_A]>0$。这个不等式加上条件 $\alpha<1$ 可以导出$[(\rho+\theta\gamma_A+\delta)/\alpha-(\gamma_A+n+\delta)]>0$,同时,显然有$[(\rho+\theta\gamma_A+\delta)(1-\alpha)/\theta]>0$,因此可以推出:

$$\left[\frac{\rho+\theta\gamma_A+\delta}{\alpha}-(\gamma_A+n+\delta)\right]\left[\frac{\rho+\theta\gamma_A+\delta}{\theta}(1-\alpha)\right]>0$$

所以,方程(3.76)的两个根一个为正,另一个为负,不妨用 λ_1 表示正根,用 λ_2 表示负根。由此,就可以断定拉姆齐模型稳态是鞍形路径局部稳定的。

现在,转向转型动态的定量分析。要进行定量分析,就需要把模型的基本微分方程组求出来。由于求解微分方程组通常是比较困难的事情,我们仍然以方程组(3.64)为例来进行"类比"介绍。求解微分方程组的步骤前文已有说明,那就是先求方程组系数矩阵的特征值及其特征向量,然后用特征值和特征向量写出形如(3.68)式的解,最后用变量的初始值来确定积分常数。方程组(3.64)的系数矩阵的特征值由下列方程决定:

$$\begin{vmatrix}4-\lambda & -5\\ 2 & -3-\lambda\end{vmatrix}=0$$

上述方程的两个解分别为:$\lambda_1=-1$ 和 $\lambda_2=2$。

将这两个特征值分别代入方程组(3.67)中,可以得到与两个特征值相对应的特征向量是:

$$x_1=\begin{bmatrix}1\\1\end{bmatrix},\quad x_2=\begin{bmatrix}5\\2\end{bmatrix}$$

由(3.68)式,得到:

$$u(0) = c_1 x_1 + c_2 x_2$$

再将向量 $u(0)$、x_1 和 x_2 全部代入上式，就可以得到如下方程组：

$$\begin{bmatrix} 1 & 5 \\ 1 & 2 \end{bmatrix} \begin{bmatrix} c_1 \\ c_2 \end{bmatrix} = \begin{bmatrix} 8 \\ 5 \end{bmatrix}$$

解上述方程组，得到 $c_1 = 3$ 和 $c_2 = 1$。将这两个积分常数、系数矩阵的特征值和特征向量同时代入(3.68)式，可以得到微分方程组(3.64)的解：

$$v(t) = 3e^{-t} + 5e^{2t}, \quad w(t) = 3e^{-t} + 2e^{2t} \tag{3.77}$$

观察(3.77)式，可以发现方程组的最终解具有如下形式：

$$v(t) = \psi_1 e^{\lambda_1 t} + \psi_2 e^{\lambda_2 t}$$

式中，ψ_1 和 ψ_2 也是任意常数，但是，不同于积分常数 c_1 和 c_2，ψ_1 和 ψ_2 是积分常数构成的向量与特征向量的内积。要注意的是，(3.77)式给出的是形如(3.64)这样的齐次方程组的最终解。对于非齐次微分方程组，我们还是可以利用第二章提到的叠加原理来求其最终解。那就是，在齐次方程组通解的基础上，加上一个非齐次方程组的特解，这个特解通常是所求变量的稳态值。比如，某一个与齐次方程组(3.64)对应的非齐次方程组的最终解就可以写成如下形式：

$$v(t) = v^* + \psi_1 e^{\lambda_1 t} + \psi_2 e^{\lambda_2 t} \tag{3.78}$$

式中，v^* 是 $v(t)$的稳态值，也就是非齐次方程组的一个特解。这样，简单“类比”找出非齐次方程组的一个优点就是不需要求解系数矩阵的特征向量。

对于拉姆齐模型而言，虽然我们找到了其基本微分方程(3.74)和(3.75)构成的微分方程组系数矩阵的两个特征值，但是，要求出其特征向量是非常困难的事情。因此，我们利用(3.78)式来写出方程组的最终解。即：

$$\ln \hat{k}(t) = \ln \hat{k}^* + \psi_1 e^{\lambda_1 t} + \psi_2 e^{\lambda_2 t} \tag{3.79}$$

根据(3.79)式，要使 $\ln \hat{k}(t)$收敛于其稳态 $\ln \hat{k}^*$，就必须有 $\psi_1 = 0$。这是因为：一方面，由于 $\lambda_2 < 0$，所以，随着 t 的增加，不论 ψ_2 等于多少，(3.79)式中的最右边项 $\psi_2 e^{\lambda_2 t}$必将趋向于零。另一方面，由于 $\lambda_1 > 0$，因此，随着 t 的增加，$e^{\lambda_1 t}$会越来越大。如此一来，无论是 $\psi_1 > 0$，还是 $\psi_1 < 0$，$\psi_1 e^{\lambda_1 t}$都不可能等于零。这样，$\ln \hat{k}(t)$就无法收敛到 $\ln \hat{k}^*$。

另一个系数 ψ_2 则可以由初始条件来决定：

$$\psi_2 = \ln \hat{k}(0) - \ln \hat{k}^*$$

将 ψ_1 和 ψ_2 的值回代到(3.79)式中，就得到了 $\ln \hat{k}(t)$的最终解：

$$\ln \hat{k}(t) = \ln \hat{k}^* + [\ln \hat{k}(0) - \ln \hat{k}^*] e^{\lambda_2 t} \tag{3.80}$$

这里的 λ_2 就是第二章索洛模型中的 $-\beta$。同样，模型的收敛速度由 λ_2 的绝对值大小来决定，并且与之成正比。最后，不妨将这个 β 也就是 $-\lambda_2$ 写在下面：

$$2\beta = \left\{ \xi^2 + 4\left[\frac{\rho + \theta\gamma_A + \delta}{\alpha} - (\gamma_A + n + \delta)\right]\left[\frac{\rho + \theta\gamma_A + \delta}{\theta}(1 - \alpha)\right] \right\}^{1/2} - \xi \tag{3.81}$$

式中，$\xi \equiv \rho - n - (1 - \theta)\gamma_A$。

?习题

1. 代表性消费者假设的含义是什么？在哪两种条件下，代表性消费者假设能够成立？

2. 有消费者瞬时效用函数 $u(c)$，其中，u 表示效用，c 表示消费。求这个效用函数的编辑效用弹性和跨时替代弹性。

3. 效用折扣率 ρ 的含义是什么？

4. 写出消费者跨时效用最大化问题的约束条件的两种表示方法：流量预算约束和跨时预算约束，并由流量预算约束推导出跨时预算约束。

5. 写出非蓬齐游戏条件并解释其含义。

6. 写出莱布尼茨规则。

7. 考虑如下消费者跨时效用最大化问题：

$$\max_{c} \quad U = \int_0^{\infty} u[c(t)] \times e^{nt} \times e^{-\rho t} dt$$

$$\text{s.t.}\ \dot{a}(t) = w(t) + r(t)a(t) - c(t) - na(t)$$

请分别用现值汉密尔顿函数和当时值汉密尔顿函数两种形式导出上述最优化问题的最优条件，并证明两种汉密尔顿函数得到的最优条件是等价的。

8. 导出包含外生技术进步的拉姆齐模型的基本微分方程组，并对其进行对数线性化。

9. 用相位图对拉姆齐模型进行转型动态分析。

10. 解释拉姆齐模型中的欧拉方程的含义。

第四章　迭代增长模型

这一章讨论迭代增长模型。简单地说，迭代模型不同于拉姆齐模型之处是，消费者不再像拉姆齐模型中那样具有“永久生命”；换言之，迭代模型是拉姆齐模型的“有限生命”版本。这样一来，在迭代模型中，消费者将被按照他们的出生时间来加以区分，而不再像拉姆齐模型那样，笼统地被当成一个代表性消费者。同一时间出生的消费者被称为“一代”人，我们总是用 τ 来表示“代别”，用 t 表示时间。由于区分了不同代别的消费者，一方面，迭代模型可以被用来讨论代际间的相互影响；另一方面，迭代模型会得到一些与拉姆齐模型不同的结论。

在强调拉姆齐模型与迭代模型之间区别的同时，也要注意到它们之间存在非常紧密的联系。概括地说，在满足一定条件时，拉姆齐模型可以被看成是迭代模型的特殊情形。由此，迭代模型提供了另外一种讨论无限生命的代表性消费者行为的分析框架。这个需要满足的“一定条件”可以被区分为两种情形。

第一种情形是消费者都具有利他精神。迭代模型中的每一代消费者都具有利他精神，都关心自己后代的福利；并且，这种利他精神强烈到他们都愿意给后代留下正的资产。如此一来，不同代际的、有限生命的利他消费者，就通过他们之间的正的馈赠“连接”成了一个具有无限生命的代表性消费者。

第二种情形是消费者的死亡时间是随机的。在这种条件下，虽然消费者在将来某一天会死亡是确定的，但是，由于死亡时间不确定，所以，他们都会“无意”而客观地留下正的“遗产”。这样，这种存在于不同代际间的无意的正的馈赠，再次将有限生命的消费者“连接”成了一个具有无限生命的代表性消费者。

与这两种特殊情形相比，一般迭代模型中的消费者就要同时满足下面两个条件：一是消费者没有利他精神；二是他们知道自己确切的死亡时间①。

综合起来，我们将在三种不同条件下来展开迭代模型。为了区分，我们把第三种情形下的模型叫作“基本(baseline)模型”；第一和第二种情形下的模型分别叫作“利他模型”和“永葆青春(perpetual youth)模型”。第三种情形要同时满足两个条件，而第一和第二种情形则只需要满足一个条件，这样，第一和第二种情形就可以被看作是在第三种情形下分别放弃一个条件下发展起来的。由此，第三种情形下发展起来的模型叫作“基本”模型。

基本模型是在CIES效用函数与柯布-道格拉斯生产函数下展开的。即便如此，在下文中，我们将看到基本模型还是比较复杂的。为了简化模型，基本模型中的CIES效用函数常常

---

①　如下文即将展开的那样，通常每一个消费者被假设有两个时期的寿命，在第二个时期每个消费者都肯定会离开这个世界。

被更加简单的对数效用函数取代。这种在对数效用函数和柯布-道格拉斯生产函数下发展起来的迭代模型叫作“经典”模型。永葆青春模型又将在离散时间和连续时间两种情况下来展开。总之，这一章将讨论五个迭代模型：基本迭代模型、经典迭代模型、利他迭代模型、离散永葆青春模型和连续永葆青春模型。

4.1 基本迭代模型

4.1.1 假设条件

除了将“无限生命”消费者变换成了“有限生命”消费者之外，基本迭代模型保留了拉姆齐模型的所有其他假设条件。这些假设条件包括：代表性厂商、新古典生产函数、一部门技术、完全竞争市场、新古典效用函数、不变的资本折旧率 δ 外生给定、不变的人口(劳动)增长率 n 外生给定、不变的时间偏好率 ρ 外生给定。

在这个经济中，时间 t 是离散的，从 0 开始一直到无穷大，即有 $t=0,1,2,\cdots$。$t=0$ 表示经济的初始时期，同时，被研究的那个时期总是叫作 t 期。经济中的每一个消费者都只生存两个时期，在第二个时期终点时，都会离开这个世界。比如，t 期出生的消费者会生存 t 和 $t+1$ 两个时期，在 $t+1$ 时期结束时就会死去。这样，在任一个时期内，这个经济都由两类消费者——年轻人和老年人——构成。比如，在 t 期里，这个经济中的消费者就是由 t 期出生的年轻人和 $t-1$ 期出生的老年人构成。到了 $t+1$ 时期，$t-1$ 时期出生的消费者都离开了这个世界，t 期出生的消费者变成了老年人，而 $t+1$ 时期出生的消费者就是年轻人了。这就是说，在每一个时期里，都是由本期出生的年轻人和上一期出生的老年人“交叠”在一起构成全部的消费者。“迭代”模型的名称由此而来。

以上述人口结构假设为基础，模型进一步假设每一个时期的年轻人都拥有 1 单位的劳动，不妨还是用 $L(t)$ 来表示总年轻人(总劳动)的数量。同时，假设劳动的不变增长率 n 外生给定。进一步，假设消费者会全部供给自己的劳动。这些假设都与索洛模型和拉姆齐模型相同。

4.1.2 建立模型

建模还是从生产函数开始。由于是一部门技术经济，所以模型只有一个生产函数：

$$Y(t) = F(L(t), K(t)) \tag{4.1}$$

式中变量的含义与索洛模型和拉姆齐模型中的生产函数完全相同。生产函数满足新古典生产函数的全部假设条件：规模报酬不变、一阶导数大于零、二阶导数小于零，稻田条件、一种生产要素无法从事生产活动。

根据上文关于劳动的相关假设，投入生产活动的劳动数量总是等于消费者拥有的劳动数量 $L(t)$，其增长率则由下式给出：

$$L(t) = (1+n)L(t-1) \tag{4.2}$$

由此，与索洛模型和拉姆齐模型一样，由于劳动供给曲线是垂直的，所以，劳动的均衡数量单纯由劳动供给来决定，而劳动需求函数仅仅用来决定工资水平。

资本数量则要由资本市场均衡来决定。资本需求函数来自厂商的利润最大化行为。根据生产函数(4.1)式，可以写出厂商的利润函数，进而，利用一阶条件就可以得到资本需求函数如下：

$$f'(k(t)) = r(t) + \delta \tag{4.3}$$

式中，$k \equiv K/L$，表示人均资本，$f(k) \equiv F(k,1)$是生产函数的集约形式。同时，通过厂商利润最大化行为，我们也能够得到劳动需求函数如下：

$$w(t) = f(k(t)) - k(t)f'(k(t)) \tag{4.4}$$

式中，w 表示工资。

资本供给则由消费者效用最大化行为来决定。为此，先给出消费者的效用函数：

$$U_t(c_1(t), c_2(t+1)) = u(c_1(t)) + \beta u(c_2(t+1)) \tag{4.5}$$

式中，U_t 表示 t 期出生的消费者（即 t 代人）的效用；下标 1 和 2 分别表示年轻时期和老年时期；$\beta = \frac{1}{1+\rho}$，表示折扣率。效用函数 u 满足新古典效用函数的所有条件，即一阶导数大于零、二阶导数小于零以及稻田条件。

消费者的预算约束分两个时期给出。t 期的预算约束为：

$$c_1(t) + s(t) = w(t) \tag{4.6}$$

式中，$s(t)$表示第 t 代消费者的储蓄。(4.6)式的含义是，在 t 期里，第 t 代消费者的消费加上储蓄等于全部收入 w。消费者 $t+1$ 期的预算约束为：

$$c_2(t+1) = (1 + r(t+1))s(t) \tag{4.7}$$

(4.7)式的含义是，$t+1$ 期的收入全部来自储蓄的总收入（即本利和），这个收入被全部用于 $t+1$ 期的消费，因为 t 期出生的消费者在 $t+1$ 期结束时就会死去，所以他们没有储蓄的欲望了。

通常，这个消费者最优问题可以用两种方法来求解。

一是"代入法"。先用两个时期的约束条件即(4.6)式和(4.7)式代换掉目标函数中的 $c_1(t)$ 和 $c_2(t+1)$，这样，效用函数就变成了一个关于储蓄 $s(t)$的函数：

$$U_t(s(t)) = u[w(t) - s(t)] + \beta u[(1 + r(t+1))s(t)] \tag{4.8}$$

最大化上述效用函数的一阶条件为 $\partial U_t / \partial s(t) = 0$。根据这个条件，可以得到：

$$u'[w(t) - s(t)] = \beta[1 + r(t+1)]u'[(1 + r(t+1))s(t)] \tag{4.9}$$

由(4.9)式可以求得最优问题的解如下：

$$s(t) = s[w(t), (1 + r(t+1))] \tag{4.10}$$

(4.10)式被叫作"储蓄函数"。

二是"拉格朗日乘数法"。先将两个时期的约束条件即(4.6)式和(4.7)式当中的任意一个代入另外一个当中去，以代换掉两式中的储蓄 $s(t)$，得到消费者跨时点约束条件如下：

$$c_1(t) + \frac{1}{1 + r(t+1)}c_2(t+1) = w(t) \tag{4.11}$$

(4.11)式的含义是，t 期出生的消费者在两个时期的消费总支出等于其全部收入工资。要注意的是，$c_1(t)$的价格是 1，$c_2(t+1)$则是 $1/[1+r(t+1)]$。

由消费者的效用函数(4.5)式和跨时点约束条件(4.11)式，可以写出拉格朗日方程如下：

$$L = u(c_1(t)) + \beta u(c_2(t+1)) + \lambda(t)\left[w(t) - c_1(t) - \frac{1}{1 + r(t+1)}c_2(t+1)\right]$$

式中，$\lambda(t)$是拉格朗日乘数。由一阶条件 $\partial L / \partial c_1(t) = 0$ 和 $\partial L / \partial c_2(t+1) = 0$，得到：

$$u'(c_1(t)) = \beta(1+r(t+1))u'(c_2(t+1)) \tag{4.12}$$

(4.12)式就是(4.9)式，用(4.6)式和(4.7)对上式稍作代换就可以看出这一点。它们是离散时间的欧拉方程。经由消费者最优一阶条件(4.12)式和跨时点约束条件(4.11)式，同样可以推出储蓄函数(4.10)式。

由欧拉方程(4.12)式也就是(4.9)式不难看出，消费者跨时点问题与静态问题的最优条件在本质上是一样的，都是每一种商品的边际效用与各自价格之比值相等。理解这一点，只需要将动态问题中，不同时点的同一种商品看成"不同商品"即可。就我们这里的问题而言，只需要将 $c_1(t)$ 和 $c_2(t+1)$ 看成是两种不同的普通商品——比如面包和汽水—— 就可以了。

至此，我们找到了资本市场的需求函数(4.3)式和资本供给函数即消费者的储蓄函数(4.10)式。再加上资本市场的均衡条件，模型就封闭起来了。用人均量来表示的话，资本市场的均衡条件是：

$$i(t) = s(t) \tag{4.13}$$

资本需求函数(4.3)式中的资本是以资本"存量"出现的。所以，使用上述均衡条件，需要将资本存量转换成投资流量。做这样的转换，还是要借助于资本存量和投资流量间的如下关系式：

$$K(t+1) - K(t) + \delta K(t) = I(t) \tag{4.14}$$

显然，还需要将(4.14)式中的变量都变换成"人均量"。将(4.14)式等号两边同时除以 $L(t)$，并利用(4.2)式进行必要的代换，得到：

$$(1+n)k(t+1) - k(t) + \delta k(t) = i(t) \tag{4.15}$$

式中，$k(t+1) \equiv K(t+1)/L(t+1)$。到这里，建模工作就结束了。

4.1.3 模型分析

照例还是先找到模型的基本差分方程。综合资本市场均衡条件(4.13)式、资本供给(也就是储蓄)函数(4.10)式和资本存量与流量关系式(4.15)式，能够得到模型基本差分方程的"半成品"如下：

$$(1+n)k(t+1) - k(t) + \delta k(t) = s[w(t), 1+r(t+1)]$$

再用(4.3)式和(4.4)式分别代换掉上式中的 $r(t+1)$ 和 $w(t)$，就可以得到：

$$(1+n)k(t+1) - (1-\delta)k(t) = s[f(k(t)) - k(t)f'(k(t)), 1+f'(k(t+1)) - \delta]$$

由于每一个消费者在自己生存的第二时期会将所有资产都消费掉，因此，在这个模型中，资本折旧率 $\delta=1$。这样，模型的基本差分方程就是：

$$(1+n)k(t+1) = s[f(k(t)) - k(t)f'(k(t)), f'(k(t+1))] \tag{4.16}$$

(4.16)式的含义是，每一个时期的资本存量等于上一期年轻人的储蓄，这正是因为"资本使用一个时期就被全部磨损掉"。

下面，转入模型的稳态和转型动态分析。由于模型的生产函数是新古典的，同时又是一部门生产技术，所以，根据稳态的基本性质可知，模型的稳态表现为 $k(t+1)=k(t)=k^*$。不过，要求出这个稳态值，并对模型进行转型动态分析，需要给出具体的效用函数和生产函数。效用函数还是使用我们熟悉的 CIES 形式：

$$U_t(c_1(t), c_2(t+1)) = \frac{c_1(t)^{1-\theta}-1}{1-\theta} + \beta\frac{c_2(t+1)^{1-\theta}-1}{1-\theta} \tag{4.17}$$

式中，$\theta>0$，$\beta\in(0,1)$。生产函数则还是柯布-道格拉斯形式：

$$y(t) = f(k(t)) = k(t)^{\alpha} \tag{4.18}$$

有了具体效用函数(4.17)式,根据(4.12)式,可以写出具体函数下的欧拉方程如下:

$$c_1(t)^{-\theta} = \beta(1 + r(t+1))c_2(t+1)^{-\theta}$$

求解由上述欧拉方程和跨时点约束条件(4.11)式构成的方程组,就可以求得储蓄函数:

$$s(t) = \frac{w(t)}{1 + \beta^{-1/\theta}(1 + r(t+1))^{-(1-\theta)/\theta}} \tag{4.19}$$

要求上式中的分母大于1,即:

$$1 + \beta^{-1/\theta}(1 + r(t+1))^{-(1-\theta)/\theta} > 1$$

以保证储蓄要小于收入 $w(t)$。

储蓄函数还可以从(4.9)式导出。在具体效用函数(4.17)式下,最优条件(4.9)式就是如下形式:

$$s(t)^{-\theta}\beta(1 + r(t+1))^{1-\theta} = (w(t) - s(t))^{-\theta}$$

由上式可以直接推导出(4.19)式。

将储蓄函数(4.19)式代入模型基本差分方程(4.16)式中,得到:

$$k(t+1) = \frac{w(t)}{(1+n)1 + \beta^{-1/\theta}(1 + r(t+1))^{-(1-\theta)/\theta}}$$

再将(4.3)式和(4.4)式代入上式中,就得到了模型在具体效用函数(4.17)式和生产函数(4.18)式下的基本差分方程:

$$k(t+1) = \frac{(1-\alpha)k(t)^{\alpha}}{(1+n)[1 + \beta^{-1/\theta}(\alpha k(t+1)^{\alpha-1})^{-(1-\theta)/\theta}]} \tag{4.20}$$

在推导(4.20)式的过程中,我们使用具体的生产函数(4.18)式进行了必要的代换。

前文已有说明,利用模型稳态基本性质,可以知道模型的稳态是 $k(t+1)=k(t)=k^*$。因此,只要将 $k(t+1)=k(t)=k^*$ 代入(4.20)式中,就可以知道稳态值 k^* 要满足下式:

$$(1+n)[1 + \beta^{-1/\theta}(\alpha(k^*)^{\alpha-1})^{-(1-\theta)/\theta}] = (1-\alpha)(k^*)^{\alpha-1} \tag{4.21}$$

也就是说,上述方程的解 k^* 就是模型的稳态值。

其实,求解这个稳态值之前,我们还需要证明稳态的存在性和唯一性。这个问题就是要证明(4.21)式这个方程有唯一的解。为此,将(4.21)式稍作整理:

$$g(k^*) \equiv 1 + \beta^{-1/\theta}\alpha^{(\theta-1)/\theta}(k^*)^{(1-\alpha)(1-\theta)/\theta} - \frac{1-\alpha}{1+n}(k^*)^{\alpha-1} = 0$$

要证明上述方程有唯一解,就是要将介值定理运用于这个方程。

先看函数 $g(\cdot)$ 两个端点的函数值是否一正一负。自然,$k^* \in (0,\infty)$。不难得到:

$$\lim_{k^* \to 0} g(k^*) < 0, \quad \lim_{k^* \to \infty} g(k^*) > 0$$

再看函数 $g(k^*)$ 是不是单调函数。为此,求出 $g'(k^*)$:

$$g'(k^*) = \beta^{-\frac{1}{\theta}}\alpha^{\frac{\theta-1}{\theta}}\frac{(1-\alpha)(1-\theta)}{\theta}(k^*)^{\frac{(1-\alpha)(1-\theta)-\theta}{\theta}} + \frac{(1-\alpha)^2}{1+n}(k^*)^{\alpha-2}$$

很容易看出,对于任意大于零的 k^* 都有 $g'(k^*)>0$。至此,就证明了模型稳态的存在性和唯一性。

虽然经由(4.21)式求出人均资本的稳态值不是一件容易的事情,但是,由这个式子,我们知道人均资本的稳态值是关于外生变量 n、θ、β 和 α 的函数,即有:

$$k^* = k^*(n,\theta,\beta,\alpha)$$

由此，利用(4.21)式，我们可以对模型进行比较静态分析，也就是讨论外生变量 n、θ、β 和 α 的变化对 k^* 的影响。

下面，我们以 n 变化对 k^* 的影响来对模型进行比较静态分析。我们知道，进行这个比较静态分析，就是要求解 $\partial k^*/\partial n$。为了求解这个导数，我们先把(4.21)式变换成如下形式：

$$(k^*)^{1-\alpha}+\beta^{-\frac{1}{\theta}}\alpha^{-\frac{1-\theta}{\theta}}(k^*)\frac{1-\alpha}{\theta}=\frac{1-\alpha}{1+n}$$

将上式等号两边同时关于 n 求一阶导数，得到：

$$\left[(1-\alpha)(k^*)^{-\alpha}+\beta^{-\frac{1}{\theta}}\alpha^{-\frac{1-\theta}{\theta}}\frac{1-\alpha}{\theta}(k^*)^{\frac{-\alpha}{\theta}}\right]\frac{\partial k^*}{\partial n}=(\alpha-1)(1+n)^{-2}$$

上式中，等号左边方括号里面的多项式和等号右边的第二项即 $(1+n)^{-2}$ 都大于零，而等号右边的第一项即 $\alpha-1$ 小于零，由此可以推出：

$$\frac{\partial k^*}{\partial n}<0$$

这就是说，人口增加会导致人均资本稳态值减少。类似地，可以求得 $\frac{\partial k^*}{\partial \beta}>0$，其含义是，消费者越看重未来的消费，即 β 越大，消费者就会储蓄越多，从而人均资本稳态值就会越大。

对模型进行转型动态分析，我们能够发现，模型的稳态是稳定的。对此，只需要证明基本差分方程(4.20)式中的 $k(t+1)$ 关于 $k(t)$ 的一阶导数满足如下条件：

$$\left.\frac{\mathrm{d}k(t+1)}{\mathrm{d}k(t)}\right|_{k(t+1)=k(t)=k^*}<1$$

关于这个条件的具体导出，可以参见 Galor(2007)。这里，我们只用图 4.1 来作一下直观解释。在图 4.1 中可以清楚地看到，当资本水平小于稳态值(比如 $k(0)$)时，资本会增加；反之，当资本水平大于稳态值(比如 $k'(0)$)时，资本会减少。而这完全可以由 $k(t+1)$ 关于 $k(t)$ 的一阶导数小于 1 来保证。

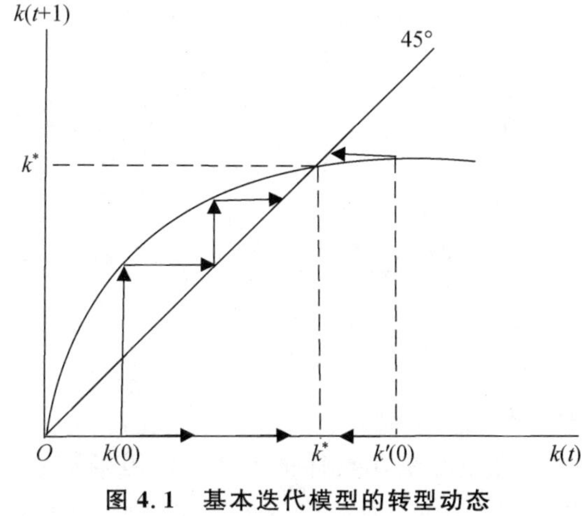

图 4.1　基本迭代模型的转型动态

为了求 $k(t+1)$ 关于 $k(t)$ 的一阶导数，我们将基本差分方程(4.20)式变换成如下形式：

$$\frac{1+n}{1-\alpha}\left[k(t+1)+\beta^{-\frac{1}{\theta}}\alpha^{\frac{\theta-1}{\theta}}k(t+1)^{\frac{1-\alpha+\alpha\theta}{\theta}}\right]=k(t)^{\alpha} \tag{4.22}$$

再对(4.22)式等号两边同时求全微分，得到：

$$\frac{1+n}{1-\alpha}\mathrm{d}k(t+1)\left(1+\beta^{-\frac{1}{\theta}}\alpha^{\frac{\theta-1}{\theta}}\frac{1-\alpha+\alpha\theta}{\theta}k(t+1)^{\frac{1-\alpha+\alpha\theta}{\theta}-1}\right)=\alpha k(t)^{\alpha-1}\mathrm{d}k(t)$$

化简上式，就能够得到 $k(t+1)$ 关于 $k(t)$ 的一阶导数如下：

$$\frac{\mathrm{d}k(t+1)}{\mathrm{d}k(t)}=\left[\frac{k(t)^{1-\alpha}}{\alpha}\frac{1+n}{1-\alpha}\left(1+\beta^{-\frac{1}{\theta}}\alpha^{\frac{\theta-1}{\theta}}\frac{1-\alpha+\alpha\theta}{\theta}k(t+1)^{\frac{1-\alpha+\alpha\theta}{\theta}-1}\right)\right]^{-1}$$

然后，对上式等号右边圆括号里面的多项式，同时先乘以、再除以 $k(t+1)$，并进行适当化简，得到：

$$\frac{\mathrm{d}k(t+1)}{\mathrm{d}k(t)}=\left[\frac{k(t)^{1-\alpha}}{\alpha}\frac{1}{k(t+1)}\right]^{-1}$$
$$\times\left[\frac{1+n}{1-\alpha}\left(k(t+1)+\beta^{-\frac{1}{\theta}}\alpha^{\frac{\theta-1}{\theta}}\frac{1-\alpha+\alpha\theta}{\theta}k(t+1)^{\frac{1-\alpha+\alpha\theta}{\theta}}\right)\right]^{-1} \qquad (4.23)$$

下面，我们分 $\theta\leqslant 1$ 和 $\theta>1$ 两种情形，来讨论稳态时 $k(t+1)$ 关于 $k(t)$ 的一阶导数的大小。当 $\theta\leqslant 1$ 时，不难推出 $\frac{1-\alpha+\alpha\theta}{\theta}\geqslant 1$。这样，当我们用较小的 1 来代替(4.23)式中的较大项 $\frac{1-\alpha+\alpha\theta}{\theta}$ 时，就可以得到：

$$\frac{\mathrm{d}k(t+1)}{\mathrm{d}k(t)}\leqslant\left[\frac{k(t)^{1-\alpha}}{\alpha}\frac{1}{k(t+1)}k(t)^{\alpha}\right]^{-1}$$

导出上式时，利用(4.22)式进行了必要的代换。将 $k(t+1)=k(t)=k^*$ 代入上式，就可以得到：

$$\left.\frac{\mathrm{d}k(t+1)}{\mathrm{d}k(t)}\right|_{k^*}\leqslant\left.\left[\frac{k(t)^{1-\alpha}}{\alpha}\frac{1}{k(t+1)}k(t)^{\alpha}\right]^{-1}\right|_{k^*}=\alpha<1$$

当 $\theta>1$ 时，则有 $\frac{1-\alpha+\alpha\theta}{\theta}\leqslant 1$，进而，有 $\frac{1-\alpha+\alpha\theta}{\theta}k(t+1)\leqslant k(t+1)$。同样，我们还是用较小的 $\frac{1-\alpha+\alpha\theta}{\theta}k(t+1)$ 来代替(4.23)式中的较大项 $k(t+1)$，并利用(4.22)式进行必要的代换、化简，能够得到：

$$\frac{\mathrm{d}k(t+1)}{\mathrm{d}k(t)}\leqslant\left[\frac{k(t)^{1-\alpha}}{\alpha}\frac{1}{k(t+1)}\frac{1-\alpha+\alpha\theta}{\theta}k(t)^{\alpha}\right]^{-1}$$

将 $k(t+1)=k(t)=k^*$ 代入上式，就可以得到：

$$\left.\frac{\mathrm{d}k(t+1)}{\mathrm{d}k(t)}\right|_{k^*}\leqslant\left.\left[\frac{k(t)^{1-\alpha}}{\alpha}\frac{1}{k(t+1)}\frac{1-\alpha+\alpha\theta}{\theta}k(t)^{\alpha}\right]^{-1}\right|_{k^*}$$
$$=\left(\frac{1-\alpha+\alpha\theta}{\theta}\right)^{-1}<1$$

至此，我们就证明了模型的稳态是稳定的。

从上述求导过程可以看到：即使是在具体的 CIES 效用函数和柯布-道格拉斯生产函数下，基本迭代模型还是很复杂的。由此，为了进一步简化模型，迭代模型常常使用更加简单的对数效用函数。这个在对数效用函数下展开的迭代模型叫作“经典(canonical)”迭代模型。① 讨论经典的迭代模型是下一节的主题。

① 不难证明，对数效用函数是 CIES 效用函数在 $\theta=1$ 时的特例。

4.2　经典迭代模型

与基本模型相比，经典模型只是用对数效用函数替换了 CIES 函数，因此，这里关于经典模型我们只集中讨论消费者跨时点最优问题。这是因为效用函数的改变只会对这个问题产生影响。

假设 t 代人的效用函数为：

$$U_t(c_1(t),c_2(t+1)) = \ln c_1(t) + \beta \ln c_2(t+1) \tag{4.24}$$

同基本模型一样，这里的 $\beta \in (0,1)$。在这个效用函数下，模型的欧拉方程变成如下更加简单的形式：

$$\frac{c_2(t+1)}{c_1(t) = \beta(1+r(t+1))}$$

用上述欧拉方程和约束条件，可以求出模型的储蓄函数为：

$$s(t) = \frac{\beta}{1+\beta} w(t) \tag{4.25}$$

显然，与基本模型中的储蓄函数(4.19)式相比，这里的储蓄函数要简单许多。主要表现在，这里的储蓄率是一个不变常数$\frac{\beta}{1+\beta}$。这一点与索洛模型中外生给定的不变储蓄率相同。

将储蓄函数代入基本差分方程(4.16)式，进行必要的代换和化简，就可以得到经典模型的基本差分方程如下：

$$k(t+1) = \frac{s(t)}{1+n} = \frac{\beta w(t)}{(1+n)(1+\beta)} = \frac{\beta(1-\alpha)k(t)^{\alpha}}{(1+n)(1+\beta)} \tag{4.26}$$

(4.26)式就相当于基本模型中的(4.20)式。

将 $k(t+1)=k(t)=k^*$ 代入(4.26)式中，就可以求得模型的人均资本稳态值为：

$$k^* = \left[\frac{\beta(1-\alpha)}{(1+n)(1+\beta)}\right]^{\frac{1}{1-\alpha}} \tag{4.27}$$

与基本模型相比，对经典模型进行比较静态分析要简单一些，这是由于我们能够求出模型的显性解，直接将(4.27)式关于 n、β 等外生变量求一阶导数即可。对(4.27)式两边同时取对数，再求 $\ln k^*$ 关于 $\ln n$ 和 $\ln \beta$ 的一阶导数还要简单一些。不难得到：

$$\frac{\partial \ln k^*}{\partial \ln n} = -\frac{1}{(1-\alpha)(1+n)} < 0, \quad \frac{\partial \ln k^*}{\partial \ln \beta} = \frac{1}{(1-\alpha)\beta(1+\beta)} > 0$$

与基本模型一样，人口增长会导致人均资本稳态值减少；消费者越看重未来消费，人均资本稳态值就越大。

不难证明模型的稳态也是稳定的。利用(4.26)式求得：

$$\frac{\partial k(t+1)}{\partial k(t)} = \frac{\beta(1-\alpha)\alpha}{(1+n)(1+\beta)} k(t)^{\alpha-1}$$

将人均资本稳态值即(4.27)代入上式，可以求得这个一阶导数在稳态时的值为：

$$\left.\frac{\partial k(t+1)}{\partial k(t)}\right|_{k(t+1)=k(t)=k^*} = \alpha < 1$$

为此，模型的稳态是稳定的。

将上述求导过程同上一节基本模型的求导过程相比，能够发现经典模型要比基本模型简单许多。这是因为，在对数效用函数下，利率变化带来的收入效应与替代效应正好相互抵消。

4.3 利他迭代模型

先关于“利他”做两点说明。其一，利他的含义。这里，准确地说，所谓“利他”是“每个人利自己的子女”。其二，利他的方式。这里，利他方式表现为，每个人都会在自己离开这个世界的时候，给自己的子女留下遗产。这就是说，父母会从他们留给自己子女的馈赠中，而不是从子女的效用或者消费中来获取效用。这种馈赠进入效用函数的偏好，在经济学文献中叫作“暖手套偏好”(warm glove preference)。

模型在生产方面的假设都与上述基本模型和经典模型相同，主要是新古典的生产函数。模型假设人口数量不变，并且将其单位化为 1。这样，模型中的变量就没有必要区分为总量和人均量。每一个人都生存两个时期：孩童时期和成人时期。在生命的第二个时期里，每个人都生育后代、工作，然后离开这个世界。为了简单起见，假设每个人在孩童时期都不进行消费，可以将这一假设理解为孩童的消费被包含在父母的消费当中。在成人时期，每一个人都无弹性地供给自己拥有的 1 个单位劳动。

假设 t 期成人 i 的效用函数为：

$$U_i(t) = \ln(c_i(t)) + \beta\ln(b_i(t)) \tag{4.28}$$

式中，$c_i(t)$表示 i 在 t 期的消费，$b_i(t)$表示 i 留给子女的馈赠。

在下一时期即 $t+1$ 期，t 期的子女成长为成人，他拥有父母的馈赠 $b_i(t)$和 1 个单位的劳动。在这个时期里，他会将他从父母那里得到的馈赠和自己的劳动租给厂商，以获得租金和工资；然后，决定总收入当中多少用于自己的消费，多少作为馈赠留给自己的子女，以最大化自己的效用。于是，t 期成人 i 的约束条件为：

$$c_i(t) + b_i(t) = y_i(t) \equiv w(t) + (r(t)+1)b_i(t-1) \tag{4.29}$$

式中，$y_i(t)$表示 t 期的成人 i 的收入，$b_i(t-1)$表示 t 期的成人 i 从其父母那里继承的馈赠；$r(t)+1$ 表示资本租金，同样，由于假设资本会被一次性磨损，所以资本折旧率仍然为 1，$w(t)$表示劳动工资。

同样，由于模型假设消费者会无弹性地供给自己拥有的 1 个单位劳动，因此，投入生产活动的劳动数量就是经济所拥有的全部数量 1。这样一来，劳动需求函数对劳动数量的决定不起作用，而仅仅用来决定工资。这就是说，建模的关键还是要决定投入生产活动的资本数量。

资本和劳动的需求来自厂商的利润最大化决策。模型的生产函数可以写成：

$$y(t) = f(k(t))$$

根据这个生产函数，很容易得到资本需求函数如下：

$$1 + r(t) = f'(k(t)) \tag{4.30}$$

资本市场的均衡条件则是：

$$k(t+1) = \int_0^1 b_i(t)\mathrm{d}i \tag{4.31}$$

这个均衡条件的含义是，某一期的资本存量需求等于上一期父母留给自己子女的全部馈赠流量，至于“存量”等于“流量”，还是因为模型假设每一期的资本都会全部被磨损掉。

资本需求函数已由(4.30)式给出，所以现在的关键是求出资本供给函数，也就是每个消费者给自己子女的馈赠 $b_i(t)$。显然，馈赠 $b_i(t)$是消费者效用最大化问题的结果。这个最大化问题的目标函数是(4.28)式，约束条件是(4.29)式。

由于与经典迭代模型一样，这个模型的效用函数也是线性对数形式，所以可以直接类比(4.28)式，“写出”$b_i(t)$的决定式如下：

$$b_i(t) = \frac{\beta}{1+\beta}y_i(t) = \frac{\beta}{1+\beta}[w(t) + (1+r(t))b_i(t-1)] \tag{4.32}$$

与经典模型相同，每个人都会将固定的比例 $\beta/(1+\beta)$留给自己的子女。

将(4.32)式代入(4.31)式，得到：

$$\begin{aligned} k(t+1) &= \frac{\beta}{1+\beta}\int_0^1 [w(t) + (1+r(t))b_i(t-1)]\mathrm{d}i \\ &= \frac{\beta}{1+\beta}f(k(t)) \end{aligned} \tag{4.33}$$

在导出(4.33)式的过程中，我们使用了(4.31)式即：

$$k(t) = \int_0^1 b_i(t-1)\mathrm{d}i,$$

和欧拉定理即 $f(k(t))=w(t)+(1+r(t))k(t)$进行了必要的代换。这个式子就是模型的基本差分方程。

显然，模型的稳态还是表现为 $k(t+1)=k(t)=k^*$。将这个式子代入(4.33)式中，就可以得到人均资本的稳态值：

$$k^* = \left(\frac{\beta}{1+\beta}\right)^{\frac{1}{1-\alpha}} \tag{4.34}$$

在导出(4.34)式的过程中，我们用具体的柯布-道格拉斯生产函数即 $f(k(t))=k(t)^\alpha$ 进行了相关的代换。为了进行比较静态分析，可以求出：

$$\frac{\partial k^*}{\partial \beta} = \frac{1}{1-\alpha}\frac{\beta}{1+\beta}\left(\frac{\beta}{1+\beta}\right)^{\frac{\alpha}{1-\alpha}} > 0$$

这就是说，模型人均资本稳态值与 β 成正比，这一点与前两个模型也是相同的。

不难证明模型的稳态是稳定的。证明方法与前面两个模型完全相同。先对 $k(t+1)$关于 $k(t)$求一阶导数：

$$\frac{\partial k(t+1)}{\partial k(t)} = \frac{\alpha\beta}{1+\beta}k^{\alpha-1}$$

同样，将人均资本稳态值即(4.34)式代入上式，可以求得这个一阶导数在稳态时的值为：

$$\left.\frac{\partial k(t+1)}{\partial k(t)}\right|_{k(t+1)=k(t)=k^*} = \alpha < 1$$

为此，模型的稳态是稳定的。

4.4　永葆青春模型

前面三个迭代模型有一个共同的特点，那就是假设个人(每一个消费者)准确地知道自己的死亡时间。这个假设显然不大真实。在这一节，我们将放弃这个假设，而假设人们只知道自己的死亡时间这个随机事件服从泊松分布。在这种假设下展开的迭代模型叫作“永葆青春模型”(the perpetual youth model);按照时间形式的不同,它又区分“离散时间”模型和“连续时间”模型。

4.4.1 离散时间模型

用 $v\in(0,1)$来表示消费者在每一个时点的死亡概率,并且假设死亡在每个时点之间相互独立。这样,个人的预期寿命(L^e)可以表示为:

$$\begin{aligned}L^e &= v+2(1-v)v+3(1-v)^2v+\cdots \\ &= [v+(1-v)v+(1-v)^2v+\cdots]+[(1-v)v+(1-v)^2v+\cdots] \\ &\quad +[(1-v)^2v+\cdots]+\cdots \\ &= 1+(1-v)+(1-v)^2+\cdots \\ &= \frac{1}{v}<\infty\end{aligned}$$

这个式子的含义是,个人以概率 v 拥有 1 年寿命,以概率$(1-v)v$ 拥有 2 年寿命,等等。由于这个式子是一个无穷等比数列求和,所以,存活于这个世界的每一个人对未来寿命的预期都是一样的。也就是说,现有年龄不影响人们对将来寿命的预期。“永葆青春”的名字由此而来。

与前面三个迭代模型相比,死亡时间的随机性给永葆青春模型带来了三点不同。

第一,在同一个时期,会出现不同代的消费者进行最优选择。在前面三个迭代模型中,虽然也存在不同代的消费者,并且每一个时期都有两代人同时存在,但是,由于每个消费者都只在自己生存的两个时期中的年轻时期进行最优决策,所以每一个时期都只有一代人进行最优选择。这样,每一代人的决策就是每一个时期的决策。而在这里,由于死亡时间是随机的,消费者生存的时期就不再仅仅是两个时期了,这样一来,同一时期内会同时存在许多不同代的消费者进行最优选择。由此,在这个模型中,某一代消费者的选择,与某一时期(点)的选择就不再相同。由于经济增长模型要决定的是变量关于时间的路径,所以,在永葆青春模型中,我们需要先求出某一时点(期)不同代消费者的最优选择;然后对这些不同代消费者的最优选择结果进行代际间相加,以得到某一时点(期)的消费者的最优选择结果。

第二,消费者在每一个时期的效用都是随机的。由于在每一个时期内消费者都存在死亡的可能,因此,每一个时期内消费者获得的效用就都是随机的。也就是说,在接下来的两个模型中,我们需要求消费者在每一个时期内获得的效用的期望值,即将每一个时期消费者获得的效用(现值)乘以消费者在这个时期能够存活下去的概率。

第三,消费者会在死亡时留下“意外”的遗产。由于消费者不知道自己的确切死亡时间,所以,在他“意外”死亡时,留下正的“意外”遗产就是很正常的事情了。要把这种意外馈赠与利他模型中的“有意”留下的遗产区分开来。

前两点会引起模型中的消费者效用函数发生改变。具体形式为:

$$\sum_{0}^{\infty}((1-v)\beta)^t u(c(t\mid\tau)) \tag{4.35}$$

将上述效用函数与基本模型中的效用函数(4.5)式进行对比,能够发现两式之间有三点差异。

第一,加总时间要从两个时期变成多个时期,这一点差异不是很重要。这是因为,效用函数(4.35)式是相加可分的(additively separable),这种效用函数在离散时间下,多时期最优问题总是可以被“转换成”两时期最优问题来求解。动态规划就是进行这种转换的主要工具(Walde,2011)。

第二,折扣率 β 变换成了有效折扣率 $(1-v)\beta$。对此解释如下:消费者要把自己存活的所有时期里的效用加总,而自己能够存活多少个时期是一个随机事件,因此每一期的效用都是一个随机变量。这样,要把所有存活时期的效用进行加总,就要先求出每一期效用的期望值,即把每一个时期效用的现值 $\beta^t u(c(t))$ 乘以每一个时期存活的概率 $(1-v)^t$。

第三,效用函数中的消费 $c(t)$ 被 $c(t|\tau)$ 所替代。这是因为,与前面三个模型中每一个时期只有一代消费者进行最优选择不同,永葆青春模型中每一个时期同时存在若干不同代消费者进行最优选择。这样的区分就是自然的事情了。

第三点不同即“消费者会留下意外遗产”会导致消费者的预算约束发生改变。这个意外的遗产一定会被转移到还存活在这个世界上的人们。如果用 $z_i(t)$ 来表示个人 i 在 t 期获得的意外遗产的话,那么他的预算约束就可以表示为:

$$a_i(t) = (1+r(t))a_i(t) + w(t) + z_i(t) - c_i(t) \tag{4.36}$$

式中,a 表示人均资产。

接下来,需要讨论如何来决定 $z_i(t)$。为此,需要对社会如何处理人们留下的意外遗产做出假设。这里,我们采用 Yaari 和 Blanchard 的处理方式。他们的做法是引入一个寿命保险或者年金市场,竞争性的保险公司会按照个人的资产总额支付给个人一定的赔付(payment),以在个人死后得到其留下的遗产。预算约束中的 $z_i(t)$ 表示的就是这种年金。

考虑如下具体的保险合同:对于一个拥有 $a(t)$ 资产的个人,保险公司在其存活的每一个时期里,支付给他数量为 $z(a(t))$ 的赔付;个人死后剩余的全部资产归保险公司所有。这样,t 期里,保险公司从这份保险中能够获得的利润为:

$$\pi(a,t) = va - (1-v)z(a)$$

进一步,假设保险市场是完全竞争的。由此,保险公司能够获得的利润是零。令上式等于零,就可以得到:

$$z(a(t)) = \frac{v}{1-v}a(t)$$

将上式代入(4.36)式中,能够得到 τ 代(即 τ 时期出生的个人)个人的预算约束如下:

$$a(t+1 \mid \tau) = \left(1 + r(t) + \frac{v}{1-v}\right)a(t \mid \tau) - c(t \mid \tau) + w(t)$$

求解由效用函数(4.35)式和上述预算约束构成的消费者效用最大化问题,能够得到欧拉方程如下:

$$\begin{aligned} u'(c(t \mid \tau)) &= \beta(1-v)\left[1 + r(t) + \frac{v}{1-v}\right]u'(c(t+1 \mid \tau)) \\ &= \beta[(1+r(t+1))(1-v) + v]u'(c(t+1 \mid \tau)) \end{aligned} \tag{4.37}$$

(4.37)式本质上与(4.12)式是相同的,只是在这里,折扣因子由 β 变成了 $\beta(1-v)$,资本收益率则由 $1+r(t)$ 变换成了 $1+r(t)+v/(1-v)$。当 r 和 v 都比较小时,就有:

$$(1+r)(1-v) + v \approx 1 + r$$

这样,包含 v 的项就都消失了。如果采用连续时间的话,那么上式就是相等而非近似相等了。如此一来,我们就把模型分析留到下一小节中的连续时间永葆青春模型来展开。

4.4.2 连续时间模型

现在讨论连续时间的永葆青春模型。还是假设在每一个时点消费者死亡的概率为 $v \in (0,1)$。假设消费者偏好可以用简单的对数函数来表示，同时假设消费者的时间偏好率为 ρ，这样，某一个 τ 代消费者 i 在 t 时的总效用就可以由下式来表示：

$$\int_0^{\infty} e^{-(\rho+v)t} \ln c_i(t \mid \tau) dt \tag{4.38}$$

同离散时间的永葆青春模型中的效用函数(4.35)式一样，(4.38)式也在三个方面与基本模型的效用函数不同：时间由两时期变成了区间$(0,\infty)$；消费由 t 时的消费变成了 τ 代消费者在 t 时的消费；时间偏好率 ρ 变成了有效时间偏好率 $\rho+v$。为了让标号简单一点，下面一律省去表示单个消费者的下标 i。

净人口增长率等于外生给定的人口出生(增长)率 n 减去人口死亡率 v，这样，在连续时间下，人口增长由下式来规定：

$$\dot{L}(t) = (n-v)L(t)$$

为了保证总效用的有限性，需要假设 $n<\rho+v$。

于是，t 时 $\tau<t$ 代人口总数为：

$$L(t \mid \tau) = n e^{-v(t-\tau)+(n-v)\tau} \tag{4.39}$$

首先，$e^{(n-v)\tau}$ 表示的是 τ 时的人口总数。这是因为，这里，初始总人口被单位化为 1，即有 $L(0) \equiv 1$；同时，人口净增长率为 $n-v$。其次，$ne^{(n-v)\tau}$ 表示的是 τ 时新增人口、也就是 τ 时出生的人口总数，即 τ 代人的初始总数。最后，在这个初始总数基础上乘以 $e^{-v(t-\tau)}$，就可以得到(4.39)式，它表示的是 τ 时出生的人口经过 $t-\tau$ 期之后，也就是在 t 时还存活在世上的人口数量，简言之，就是 t 时 $\tau<t$ 代人口总数。

下面给出消费者的约束条件。同离散时间的永葆青春模型一样，这里，消费者预算约束也会因为死亡时间随机性带来的意外遗产而发生改变。τ 代消费者的预算约束为：

$$\dot{a}(t \mid \tau) = r(t)a(t \mid \tau) - c(t \mid \tau) + w(t) + z(a(t \mid \tau) \mid t,\tau)$$

式中，$z(a(t|\tau)|t,\tau)$ 表示 τ 代消费者得到的意外遗产转移。同样，现在要由保险公司的利润最大化行为来确定 $z(a(t|\tau)|t,\tau)$ 的大小。它还由保险市场自由进出条件即保险公司利润等于零来决定。保险公司从 t 时刻，从与拥有资产 $a(t|\tau)$ 的 τ 代消费者订立保险合同中能够获取的“瞬时”利润为：

$$\pi(a(t \mid \tau) \mid t,\tau) = va(t \mid \tau) - z(a(t \mid \tau) \mid t,\tau)$$

令上式等于零，就可以得到：

$$z(a(t \mid \tau) \mid t,\tau) = va(t \mid \tau)$$

用上式代换掉上述消费者预算约束中的 $z(a(t|\tau)|t,\tau)$，消费者的预算约束条件就变成了如下形式：

$$\dot{a}(t \mid \tau) = (r(t)+v)a(t \mid \tau) - c(t \mid \tau) + w(t) \tag{4.40}$$

就效用函数和约束条件两个方面，把这个模型同拉姆齐模型进行比较是有意义的。效用函数(4.38)式比拉姆齐模型中的(3.11)式少了乘积因子 e^{nt}；约束条件(4.40)式则比拉姆齐模型中的(3.12)式少了一项 $-na(t)$。这都是因为在这个模型中，由于自己的生命是有限的，消费者都不关心后代的福利。另外，约束条件(4.40)式则比拉姆齐模型中的(3.12)式多了一项

$va(t)$，则是因为这个模型消费者要以 v 的概率面临死亡，而不像拉姆齐模型那样是“永生”的。

求解消费者的效用最大化问题——目标函数为(4.38)式，预算约束为(4.40)式——可以得到欧拉方程如下：

$$\frac{\dot{c}(t \mid \tau)}{c(t \mid \tau)} = r(t) - \rho \tag{4.41}$$

式中，$\dot{c}(t|\tau) \equiv \partial c(t|\tau)/\partial t$。值得注意的是，与离散模型的欧拉方程(4.37)式相比，死亡概率 v 并没有在这里出现。原因是，这里的资产收益率 $r(t)+v$，和折扣因子 $\rho+v$ 当中都含有 v，两者相减时，这个死亡概率正好相互抵消了。

横截性条件则为如下形式：

$$\lim_{t\to\infty} e^{-(\bar{r}(t,\tau)+v)(t-\tau)} a(t \mid \tau) = 0 \tag{4.42}$$

式中，$\bar{r}(t,\tau)$是 τ 和 t 之间的平均利率，即：

$$\bar{r}(t,\tau) \equiv \frac{1}{t-\tau}\int_{\tau}^{t} r(s)\mathrm{d}s$$

消费者预算约束(4.40)式、欧拉方程(4.41)式和横截性条件(4.42)式，一起构成了消费者跨时点效用最大化问题的最优条件。由这三个式子，可以求出 τ 代消费者的消费函数如下：

$$c(t \mid \tau) = (\rho + v)[a(t \mid \tau) + \tilde{w}(t)] \tag{4.43}$$

式中，$\tilde{w}(t)$表示 t 时刻消费者拥有的人力资本财富。它由下式给出：

$$\tilde{w}(t) = \int_{t}^{\infty} e^{-(\bar{r}(s,t)+v)(s-t)} w(s)\mathrm{d}s \tag{4.44}$$

式中，$\bar{r}(s,t)$是 t 和 s 之间的平均利率，即：

$$\bar{r}(s,t) \equiv \frac{1}{s-t}\int_{t}^{s} r(\nu)\mathrm{d}\nu$$

由此，(4.44)式的含义是，t 时刻消费者拥有的人力资本财富等于其未来全部工资贴现到 t 时的现值。注意到这个人力资本财富与出生时间 τ 无关，这是因为所有人的预期寿命从而预期工资收入都是相同的。死亡率 v 进入贴现因子当中，则是因为消费者会因为死亡而不能获取工资。

综上所述，消费函数(4.43)式的含义就是，消费者将自己的全部财富——包括物质财富 $a(t|\tau)$和人力资本财富 $\tilde{w}(t)$——用于消费的比例，正好等于有效折扣率 $\rho+v$。

下面给出(4.43)式的推导过程。首先将消费者的流量预算约束(4.40)式转换成跨时预算约束：

$$\int_{t}^{\infty} c(s \mid \tau) e^{-(\bar{r}(s,t)+v)(s-t)} \mathrm{d}s = a(t \mid \tau) + \tilde{w}(t) \tag{4.45}$$

式中的 $\tilde{w}(t)$由(4.44)式给出。上式的导出方法与第三章导出(3.13)式的方法完全相同。这里，说明转换方法的两个主要步骤，具体细节不展开。第一个步骤，把(4.40)式看成是一个在任意的 $T \geqslant t$ 都成立的关于 $a(t|\tau)$的微分方程，并解出这个微分方程。第二个步骤，对第一个步骤得到的结果求 $T\to\infty$ 时的极限，并用横截性条件(4.42)式进行适当的代换，就可以得到(4.45)式。

其次，求解微分方程(4.41)式，得到：

$$c(s \mid \tau) = c(t \mid \tau) e^{(\bar{r}(s,t)-\rho)(s-t)}$$

最后，将上式代入(4.45)式中，得到：

$$\int_t^{\infty} c(t \mid \tau)\mathrm{e}^{-(\rho+v)(s-t)}\mathrm{d}s = a(t \mid \tau) + \widetilde{w}(t)$$

求上式等号左边的定积分，上式就变成如下形式：

$$-\frac{1}{\rho+v}\mathrm{e}^{-(\rho+v)(s-t)}\Big|_t^{\infty} \times c(t \mid \tau) = a(t \mid \tau) + \widetilde{w}(t)$$

将上式中的积分上下限代入计算，就得到了我们要推导的(4.43)式。

到现在为止，我们导出的(4.43)式只是某一个 τ 代消费者 i 在 t 时的最优选择。其实，(4.43)式中的 $c(t|\tau)$准确的写法应该是 $c_i(t|\tau)$，只是为了简化标号，我们在前文约定将下标 i 都省去。我们现在要将“某一个 τ 代消费者 i 在 t 时的最优选择”转换成“所有消费者在 t 时的‘平均’最优选择”。以消费为例，就是要将某一个 τ 代消费者 i 在 t 时的消费 $c_i(t|\tau)$，转换成所有消费者在 t 时的平均消费 $c(t)$。这两个量之间的关系为：

$$c(t) = \frac{\int_{-\infty}^{t} c(t \mid \tau)L(t \mid \tau)\mathrm{d}\tau}{\int_{-\infty}^{t} L(t \mid \tau)\mathrm{d}\tau} = \frac{\int_{-\infty}^{t} c(t \mid \tau)L(t \mid \tau)\mathrm{d}\tau}{L(t)}$$

根据上式，我们将(4.43)式等号两边同时乘以 $L(t|\tau)$，再关于 τ 加总，然后，除以 $L(t)$，就可以得到所有消费者在 t 时的人均消费为：

$$c(t) = (\rho+v)[a(t) + \widetilde{w}(t)] \tag{4.46}$$

式中，$a(t)$表示的是所有消费者在 t 时的平均资产。

接下来，我们将消费者的约束条件也就是整个经济的资源约束条件，也写成 t 时的人均形式：

$$\dot{a}(t) = [r(t) - (n-v)]a(t) + w(t) - c(t) \tag{4.47}$$

(4.47)式与拉姆齐模型中的消费者约束条件(3.12)式在本质上是一样的，只是那里的人口增长率 n 在这里被净人口增长率 $n-v$ 替代了。

我们还要将欧拉方程(4.41)式也转换成人均量形式。对(4.46)式等号两边关于时间 t 求微分，得到：

$$\dot{c}(t) = (\rho+v)[\dot{a}(t) + \dot{\widetilde{w}}(t)] \tag{4.48}$$

式中，$\dot{a}(t)$由(4.47)式给出。因此，现在的关键是要求出 $\dot{\widetilde{w}}(t)$。

将(4.44)式等号两边同时关于时间 t 求导数，就可以得到人力资本财富变化的决定式：

$$(r(t)+v)\widetilde{w}(t) = \dot{\widetilde{w}}(t) + w(t) \tag{4.49}$$

(4.49)式的含义是，人力资本财富收益(等号左边项)，要等于财富本身的变化(等号右边第一项)加上资产的流量收益(等号右边第二项)。(4.49)式的具体导出过程如下：

将$\bar{r}(s,t)$代入(4.44)式中，(4.44)式就可以变换成如下形式：

$$\widetilde{w}(t) = \int_t^{\infty} \mathrm{e}^{-\int_t^s (r(\nu)+v)\mathrm{d}\nu} w(s)\mathrm{d}s$$

对上式等号两边同时关于时间 t 求导数，得到：

$$\begin{aligned}\dot{\widetilde{w}}(t) &= -\mathrm{e}^{-\int_t^s (r(\nu)+v)\mathrm{d}\nu} w(s)\big|_{s=t} + (r(\nu)+v)\big|_{\nu=t}\int_t^{\infty} \mathrm{e}^{-\int_t^s (r(\nu)+v)\mathrm{d}\nu} w(s)\mathrm{d}s \\ &= -w(t) + (r(t)+v)\widetilde{w}(t)\end{aligned}$$

这样，(4.49)式就被导出了。在导出过程中，我们使用了莱布尼茨法则，这是因为在(4.44)式中，s 是积分变量，t 是非积分变量，因此，对(4.44)式关于 t 求导数，就是求定积分关于非积分变量的导数；并且，由于 t 出现在积分下限中，所以，在求解导数的过程中，这两项前面都加上了负号。另外，利用(4.44)式进行了必要的代换。

将(4.47)式和(4.49)式代入(4.48)式中，可以得到：

$$\begin{aligned}\dot{c}(t) &= (\rho+v)\{[r(t)-(n-v)]a(t)+w(t)-c(t)+(r(t)+v)\tilde{w}(t)-w(t)\} \\ &= (\rho+v)\{[r(t)+v][a(t)+\tilde{w}(t)]-na(t)-c(t)\} \\ &= (\rho+v)\left[\frac{r(t)+v}{\rho+v}c(t)-na(t)-c(t)\right] \\ &= [r(t)-\rho]c(t)-(\rho+v)na(t)\end{aligned} \tag{4.50}$$

导出(4.50)式第三行结果时，利用(4.43)式代换掉了 $a(t)+\tilde{w}(t)$。至此，关于消费者的最优选择的讨论可以告一段落了。

下面，我们转入关于厂商最优选择和市场均衡的讨论。关于生产函数等生产方面的相关假设与拉姆齐模型相同。具体来说就是，新古典生产函数 $y=f(k)$，其中，y 和 k 分别表示人均产出和人均资本；资本折旧率为 δ。由此，不难得到厂商利润最大化条件，也就是要素价格决定式如下：

$$r(t)+\delta = f'(k(t)) \tag{4.51}$$

$$w(t) = f(k(t))-f'(k(t))k(t) \tag{4.52}$$

幸运的是，关于厂商最优的讨论涉及的变量直接就是 t 时的人均量，而不必进行在讨论消费者最优时所做的烦琐转换工作。

将(4.51)式和(4.52)式连同资本市场均衡条件 $a(t)=k(t)$ 一起代入消费者预算约束(4.47)式中，经过适当化简就可以得到人均资本的运动方程，即整个经济的资源约束条件：

$$\dot{k}(t) = f(k(t))-(n-v+\delta)k(t)-c(t) \tag{4.53}$$

再把(4.51)式和资本市场均衡条件 $a(t)=k(t)$ 一起代入(4.50)式中，进行适当化简，得到：

$$\frac{\dot{c}(t)}{c(t)} = f'(k(t))-\delta-\rho-(\rho+v)n\frac{k(t)}{c(t)} \tag{4.54}$$

(4.54)式就是欧拉方程，本质上与(3.58)式是一样的。

两者之间也存在两点不同之处，不过都是非本质的。一是拉姆齐模型是在 CIES 效用函数和包含外生技术进步条件下展开的，而这里是在对数效用函数和不包含外生技术进步下展开的。二是(4.54)式比(3.58)式多出了最后一项，这是因为迭代模型考虑了新消费者（家庭）的出现，这一项反映的就是这样一个事实：由于新出生的消费者的人均财富往往要小于已有消费者的平均水平，从而新消费者的到来会导致人均消费增长率变慢。

综合起来，(4.53)式和(4.54)式一起构成了模型的基本微分方程组，当然，还要加上横截性条件，这个横截性条件只需要将(4.42)式中的 $a(t|\tau)$ 替换成 $a(t)$ 即可。

利用稳态的基本性质，不难证明模型处于稳态时，有 $\dot{k}(t)/k(t)=\dot{c}(t)/c(t)=0$。这与拉姆齐模型和索洛模型是一样的。为此，令(4.53)式和(4.54)式等于零，就可以由以下两式来决定人均资本和人均消费的稳态值 k^* 和 c^*：

$$\frac{c^*}{k^*} = \frac{(\rho+v)n}{f'(k^*)-\delta-\rho} \tag{4.55}$$

$$\frac{f(k^*)}{k^*}-(n-v+\delta)-\frac{(\rho+v)n}{f'(k^*)-\delta-\rho}=0 \tag{4.56}$$

不过,我们还是要先证明模型稳态的存在性和唯一性。证明这一结论的关键是要证明(4.56)式可以单独决定 k^*,因为给定了 k^* 之后,再由(4.55)式就可以决定 c^* 是很显然的事情。

不妨令:

$$g(k^*)=\frac{f(k^*)}{k^*}-(n-v+\delta)-\frac{(\rho+v)n}{f'(k^*)-\delta-\rho}$$

由此,我们的任务就是要证明方程 $g(k^*)=0$ 有唯一解。为了证明这个结论,就要将介值定理运用于这个方程。先求函数(k^*)的一阶导数,得到:

$$g'(k^*)=\frac{f'(k^*)k^*-f(k^*)}{(k^*)^2}+\frac{(\rho+v)nf''(k^*)}{(f'(k^*)-\delta-\rho)^2}$$

上式中,等号右边第一项的分子等于$-w$,是负数;等号右边第二项分子中的 $f''(k^*)<0$、而其他变量都是正数,由此这个分子也就是负数。因此就证明了 $g'(k^*)<0$。

再证明函数两个端点的值 $g(0)$和 $g(\infty)$是一正一负。

$$g(0)=\lim_{k^*\to 0}\frac{f'(k^*)}{1}-(n-v+\delta)=\infty>0$$

$$g(\infty)=\lim_{k^*\to\infty}\frac{f'(k^*)}{1}-(n-v+\delta)=-(n-v+\delta)<0$$

在导出上述两式时,用到了洛必达法则和稻田条件。这样,就证明了模型稳态的存在性和唯一性。模型的稳态值由方程(4.55)式和(4.56)式决定。

至于比较静态分析,将(4.56)式两边关于要讨论的外生变量求一阶导数即可。下面,以求解 $\partial k^*/\partial n$ 为例加以说明:

$$\left[\frac{f'(k^*)k^*-f(k^*)}{(k^*)^2}+\frac{(\rho+v)nf''(k^*)}{(f'(k^*)-\delta-\rho)^2}\right]\frac{\partial k^*}{\partial n}=1+\frac{(\rho+v)(f'(k^*)-\delta-\rho)}{(f'(k^*)-\delta-\rho)^2}$$

根据上式可以判断 $\partial k^*/\partial n<0$。上式等号左边方括号内的两个分数都小于零。这两个分数的分子都小于零,而分母都大于零,前一个分数分子等于$-w$,后一个分数分子中的 $f''(k^*)$小于零,而分母大于零则是显然的。同时,上式等号右边两个数都大于零,第一个数以及第二个数的分母和分子中的 $\rho+v$ 显然是大于零的;第二个数分子中的 $f'(k^*)-\delta-\rho>0$ 则是由(4.55)式来保证的,(4.55)式的等号左边和右边分数的分子显然大于零,由此,这个式子成立就要求右边分数的分母即 $f'(k^*)-\delta-\rho$ 要大于零。

最后,对模型进行转型动态分析。先用相位图来对模型进行转型动态分析,为此,令(4.53)式中的 $\dot{k}(t)=0$、(4.54)式中的 $\dot{c}(t)=0$,就可以得到如下两个函数:

$$c(t)=f(k(t))-(n-v+\delta)k(t) \tag{4.57}$$

$$c(t)=\frac{(\rho+v)nk(t)}{f'(k(t))-\delta-\rho} \tag{4.58}$$

不难证明函数(4.57)式是凹函数,而函数(4.58)式是凸函数。在图 4.2 中它们就是曲线 $\dot{k}(t)=0$ 和曲线 $\dot{c}(t)=0$。两条曲线将整个象限划分为四个区域,在这四个区域中,两个变量的变动方向如图 4.2 中的箭头所示。根据这些箭头所表示的运动方向,不难发现,模型存在唯一稳态(k^*,c^*),并且是鞍点稳定的。

也可以用代数方法来对模型进行转型动态分析。为此,先对基本微分方程(4.53)式和

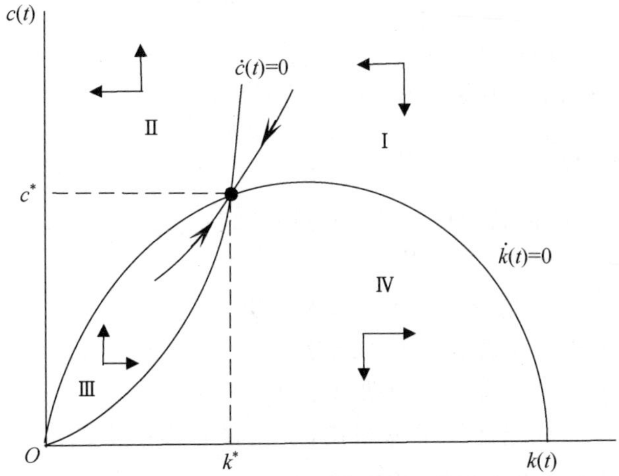

图 4.2　永葆青春模型的稳态和转型动态

(4.54)式分别在各自的稳态值处进行对数线性化，得到：

$$\frac{\mathrm{d}\ln k}{\mathrm{d}t}=[f'(k^*)-(n-v+\delta)](\ln k-\ln k^*)-[f(k^*)/k^*-(n-v+\delta)](\ln c-\ln c^*) \tag{4.59}$$

和

$$\frac{\mathrm{d}\ln c}{\mathrm{d}t}=[f''(k^*)k^*-(f'(k^*)-\delta-\rho)](\ln k-\ln k^*)+[f'(k^*)-\delta-\rho](\ln c-\ln c^*) \tag{4.60}$$

由(4.59)式和(4.60)式构成的微分方程组的系数矩阵为：

$$\begin{bmatrix} f'(k^*)-(n-v+\delta) & -[f(k^*)/k^*-(n-v+\delta)] \\ f''(k^*)k^*-(f'(k^*)-\delta-\rho) & f'(k^*)-\delta-\rho \end{bmatrix}$$

设这个矩阵的两个特征值分别为 λ_1 和 λ_2，同时令 $\phi\equiv n-v+\delta$ 和 $\psi\equiv f'(k^*)-\delta-\rho$，那么就有：

$$\begin{aligned}\lambda_1\lambda_2&=[f'(k^*)-\phi]\times\psi+[f(k^*)/k^*-\phi]\times[f''(k^*)k^*-\psi]\\&=\psi\frac{f'(k^*)k^*-f(k^*)}{k^*}+f''(k^*)[f(k^*)-\phi k^*]\\&<0\end{aligned}$$

上式第二行中的第一项小于零，是因为 $f'(k^*)k^*-f(k^*)=-w<0$；第二项小于零，则是由于 $f''(k^*)<0$ 和 $f(k^*)-\phi k^*>0$，前者来自新古典生产函数的假设条件，后者则要由(4.58)式导出。由上式可知，基本微分方程组系数矩阵的两个特征值一个大于零，一个小于零，因此，模型的稳态是鞍点稳定的。

?习题

1. 简述迭代增长模型与拉姆齐模型的区别和联系。
2. 在什么条件下，迭代模型可以被用作讨论无限生命消费者行为的分析框架？
3. 简述基本迭代模型、利他迭代模型和永葆青春模型之间的区别。
4. 导出基本迭代增长模型中的消费者最优问题的欧拉方程，并解释欧拉方程的经济含义。

5. 导出基本迭代增长模型的基本差分方程。

6. 假设基本迭代模型的效用函数为如下 CIES 形式：

$$U_t(c_1(t),c_2(t+1))=\frac{c_1(t)^{1-\theta}-1}{1-\theta}+\beta\frac{c_2(t+1)^{1-\theta}-1}{1-\theta}$$

式中，$\theta>0$，$\beta\in(0,1)$。生产函数为柯布-道格拉斯形式：

$$y(t)=f(k(t))=k(t)^{\alpha}$$

在上述具体函数条件下，对模型进行稳态和转型动态分析。

7. 对经典迭代模型进行稳态和转型动态分析。

8. 对利他迭代模型进行稳态和转型动态分析。

9. 与基本迭代模型和利他迭代模型相比，永葆青春模型中的消费者的死亡时间是随机的。这一点给永葆青春模型带来了什么不同？

10. 对连续永葆青春模型进行稳态和转型动态分析。

第五章 扩展的拉姆齐模型

在这一章里，我们将从三个方面来扩展拉姆齐模型。一是引入政府的支出和税收；二是引入投资调整成本；三是允许国际间借贷，发展一个开放条件下的拉姆齐模型。

5.1 包含政府的拉姆齐模型

在第三章讨论的基本拉姆齐模型中，只有消费者和厂商两个经济行为人。这里，我们把政府引入拉姆齐模型。对经济增长产生影响的政府经济活动主要是政府购买（支出），当然，有了政府支出，就会有政府税收。自然，消费者和厂商都是政府征税的对象。因此，消费者的预算约束和厂商的目标（利润）函数都会受到政府税收的影响。

5.1.1 建立模型

除了引入政府之外，第三章中的拉姆齐模型中的主要假设在这里都被保留了。这些假设主要包括：新古典生产函数、一部门生产技术、完全竞争市场、新古典效用函数、不变的人口（劳动）增长率 n 外生给定、不变资本折旧率 δ 外生给定、技术进步采取哈罗德中性形式、不变的技术进步率 γ_A 外生给定。

建模过程还是从最终品生产函数出发，根据上述假设，生产函数可以写成如下形式：

$$Y = F(AL, K) \equiv F(\hat{L}, K) \tag{5.1}$$

由于技术进步率被假设为外生给定的，因此，建模的关键是要找到劳动和资本的均衡数量，换言之，就是要找到劳动和资本的供给与需求函数。不过，由于引入了政府，政府的主要经济活动——政府支出和税收——势必会对劳动和资本供求函数的导出产生影响。为此，先要就政府的税收和支出行为做出假设。

我们假设政府对消费者的劳动工资、资本利息和消费分别征收税率为 τ_w、τ_a 和 τ_c 的税；对厂商（需要纳税）收益（firms' earning）征收税率为 τ_f 的税。政府支出则包括政府购买 G 和政府转移支付 V。

政府决定支出要遵守的原则是保证收支平衡。这样，政府的预算约束为：

$$G + V = \tau_w wL + \tau_a rA + \tau_c C + \tau_f M \tag{5.2}$$

式中，w 表示工资，r 表示利率，L 表示总劳动，A 表示消费者拥有的总资产，C 表示总消费，M 表示厂商需要纳税的收益。我们假设所有的税率都外生给定并且保持不变。为了行文方便，我们把上述政府预算约束式等号两边同时除以 L，将其变换成人均量形式：

$$g + v = \tau_w w + \tau_a ra + \tau_c c + \tau_f m \tag{5.3}$$

式中，与(5.2)式中大写字母表示的变量相对应的小写字母，都表示这个大写字母变量的人均量。

要素需求仍然是由厂商利润最大化的最优条件给出的，只是这里的“利润”要变成“税后利润”了。为此，先给出厂商(需要纳税)的收益：

$$M = F(\hat{L}, K) - wL - \delta K \tag{5.4}$$

(5.4)式的含义是，厂商在提取折旧、支付劳动工资之后，就要纳税。这样一来，厂商的税后利润 π 就等于：

$$\pi = (1 - \tau_f)[F(\hat{L}, K) - wL - \delta K] - rK \tag{5.5}$$

厂商利润最大化的一阶条件，也就是资本和劳动的需求函数分别为：

$$f'(\hat{k}) = \frac{r}{1 - \tau_f} + \delta \tag{5.6}$$

$$w = e^{\gamma_A}[f(\hat{k}) - \hat{k}f'(\hat{k})] \tag{5.7}$$

式中，$\hat{k} \equiv K/\hat{L}$，表示有效劳动平均资本。

劳动供给(函数)则还是由外生人口增长率来给出，即：

$$L(t) = L(0)e^{nt} \tag{5.8}$$

至于资本供给，自然还是等于消费者储蓄，储蓄则由下式给出：

$$\dot{a} = (1 - \tau_w)w + (1 - \tau_a)ra - (1 + \tau_c)c - na + v \tag{5.9}$$

(5.9)式也是消费者面临的预算约束条件。同样，要利用上述式子，就要决定消费 c，而这则要由消费者跨时点效用最大化问题来决定。

消费者的效用函数还是采取如下不变替代弹性形式：

$$U = \int_0^{\infty} e^{-(\rho - n)t} u(c) dt = \int_0^{\infty} e^{-(\rho - n)t} \frac{c^{1-\theta} - 1}{1 - \theta} dt \tag{5.10}$$

式中，ρ 还是表示消费者的时间偏好率。

综合起来，消费者跨时点效用最大化的问题就是，在(5.9)式的约束下，最大化(5.10)式。写出这个消费者跨时点效用最大化问题的汉密尔顿函数是很容易的事情：

$$\mathcal{H} = e^{-(\rho - n)t} \frac{c^{1-\theta} - 1}{1 - \theta} + \lambda[(1 - \tau_w)w + (1 - \tau_a)ra - (1 + \tau_c)c - na + v]$$

一阶最优条件为：

$$\frac{\partial \mathcal{H}}{\partial c} = 0 \Rightarrow e^{-(\rho - n)t} c^{-\theta} = \lambda(1 + \tau_c) \tag{5.11}$$

$$\frac{\partial \mathcal{H}}{\partial a} = -\dot{\lambda} \Rightarrow -\dot{\lambda} = \lambda[(1 - \tau_a)r - n] \tag{5.12}$$

把(5.11)式等号两边取自然对数，再关于时间求一阶导数，然后用得到的结果代换掉(5.25)式中的 $\dot{\lambda}/\lambda$，就可以得到欧拉方程：

$$\dot{c}/c = (1/\theta)[(1 - \tau_a)r - \rho] \tag{5.13}$$

与不包含政府的拉姆齐模型的欧拉方程相比，这里只是其中的利率 r 变成了税后利率$(1-\tau_a)r$。要注意的是，另外两个税率都没有出现在上述欧拉方程当中。消费税率 τ_c 没有出现是因为它不随时间变化；工资税率 τ_w 没有出现是因为模型中不存在消费与闲暇之间的选择。

消费者跨时点效用最大化问题的横截性条件为：

$$\lim_{t\to\infty}\left[a(t)e^{-\int_0^{\infty}[(1-\tau_a)r(v)-n]dv}\right]=0 \tag{5.14}$$

最后,加上资本市场均衡条件 $a=k$,模型就封闭起来了。当然,在进行模型化简、运算的过程中,还要用到人均变量与有效劳动平均变量之间的相互转换的关系式 $x=\hat{x}e^{\gamma_A t}$。

5.1.2 分析模型

接下来,自然是要导出模型的基本微分方程组。先用(5.3)式代换掉(5.9)式中的 v,同时用资本市场均衡条件将式中的 a 都变换成 k,得到:

$$\dot{k}=w+rk-nk-c+\tau_f m-g$$

为了将上式中的变量转换成有效劳动平均量形式,对上式等号两边同时除以 $e^{\gamma_A t}$,得到:

$$\dot{k}/e^{\gamma_A t}=w/e^{\gamma_A t}+r\hat{k}-n\hat{k}-\hat{c}+\tau_f\hat{m}-\hat{g} \tag{5.15}$$

将(5.4)式等号两边同时除以 $\hat{L}$,并用(5.7)式代换掉式中的 w,得到:

$$\hat{m}=[f'(\hat{k})-\delta]\hat{k}$$

再由等式 $k=\hat{k}e^{\gamma_A t}$ 能够得到:

$$\dot{k}/e^{\gamma_A t}=\dot{\hat{k}}+\hat{k}\gamma_A$$

将上述两个式子,连同(5.6)式和(5.7)式一起代入(5.15)式中,经过适当化简,得到:

$$\dot{\hat{k}}=f(\hat{k})-\hat{c}-(\gamma_A+n+\delta)\hat{k}-\hat{g} \tag{5.16}$$

(5.16)式就是整个经济的资源约束条件:资本变化量等于全部产出减去消费、资本折旧和政府购买。值得注意的是,税收和转移支付都没有在这个资源"总"约束条件中,因为它们都只是改变总资源的分配结构,而不改变总量。

将(5.6)式和关系式 $\dot{c}/c=\dot{\hat{c}}/\hat{c}+\gamma_A$ 代入(5.13)式中,可以将欧拉方程转换成如下有效劳动平均量形式:

$$\frac{\dot{\hat{c}}}{\hat{c}}=\frac{1}{\theta}\{(1-\tau_a)(1-\tau_f)[f'(\hat{k})-\delta]-\rho-\theta\gamma_A\} \tag{5.17}$$

与不包含政府的拉姆齐模型中的欧拉方程相比,(5.17)式中的资本净边际产出,$f'(\hat{k})-\delta$,乘上了因子 $(1-\tau_a)(1-\tau_f)$。这个小于 1 的乘积因子体现了税收导致资本产出减少的后果。

将资本市场均衡条件和(5.6)式代入(5.14)式中,横截性条件就变换成如下形式:

$$\lim_{t\to\infty}\left\{\hat{k}(t)e^{-\int_0^{\infty}\{(1-\tau_a)(1-\tau_f)[f'(\hat{k}(v))-\delta]-\gamma_A-n\}dv}\right\}=0 \tag{5.18}$$

其含义是,在稳态即 $\hat{k}=\hat{k}^*$ 时,要求资本净边际产出,$f'(\hat{k}^*)-\delta>(\gamma_A+n)/(1-\tau_a)(1-\tau_f)$。综合起来,方程(5.16)、(5.17)和(5.18)一起构成了模型的基本微分方程组。

利用稳态的基本性质,不难证明模型的稳态是,主要变量的有效劳动平均量的增长率都等于零,即 $\gamma_{\hat{k}}=\gamma_{\hat{c}}=\gamma_{\hat{y}}=0$。为了求解稳态值,令(5.16)式中的 $\dot{\hat{k}}$ 和(5.17)式中的 $\dot{\hat{c}}$ 都等于零,得到如下方程组:

$$f(\hat{k})-\hat{c}-(\gamma_A+n+\delta)\hat{k}-\hat{g}=0 \tag{5.19}$$

$$(1-\tau_a)(1-\tau_f)[f'(\hat{k})-\delta]-\rho-\theta\gamma_A=0 \tag{5.20}$$

求解上述方程组就可以得到模型的稳态值。

不过，在此之前，我们还是要关注一下模型稳态的存在性和唯一性问题。证明模型稳态的存在性和唯一性不是很难的事情。因为(5.20)式是一个关于 $\hat{k}$ 的单调函数，所以这个方程可以单独决定 $\hat{k}$ 的唯一稳态值；同时，(5.19)式是一个变量 $\hat{c}$ 关于变量 $\hat{k}$ 的单调函数，所以，给定 $\hat{k}$ 的唯一稳态值后，经由这个函数就可以决定 $\hat{k}$ 的唯一稳态值。

由于没有给定生产函数的具体形式，所以，下面我们还是借助相位图来对模型进行稳态和转型动态分析。从(5.19)式和(5.20)式能够看出，税收和政府购买的引入只是改变了这两条零值运动曲线的截距，而没有改变它们的斜率，因此，这两条零值运动曲线的形状与不包含政府的拉姆齐模型完全相同。为了简化分析过程，我们分如下两种情形来画出相位图：一是只存在税收，不存在政府购买；二是只存在政府购买，不存在税收。

图 5.1 是第一种情形的相位图。在这种情形下，有 $\hat{g}=0$、$\tau_a>0$ 或(和)$\tau_f>0$。根据(5.19)式，当 $\hat{g}=0$ 时，就和不包含政府的拉姆齐模型完全相同，因此，变量 $\hat{k}$ 的零值运动曲线就没有任何改变。至于变量 $\hat{c}$ 的零值运动曲线，根据(5.20)式，在 $\tau_a>0$ 或(和)$\tau_f>0$ 时，它在横轴上的截距变小了，因此，在图形上表现为这条零值运动曲线会沿着横轴向左移动。在图 5.1 中，这条曲线从实线 $\dot{\hat{c}}=0$ 左移到了虚线$(\dot{\hat{c}}=0)'$。

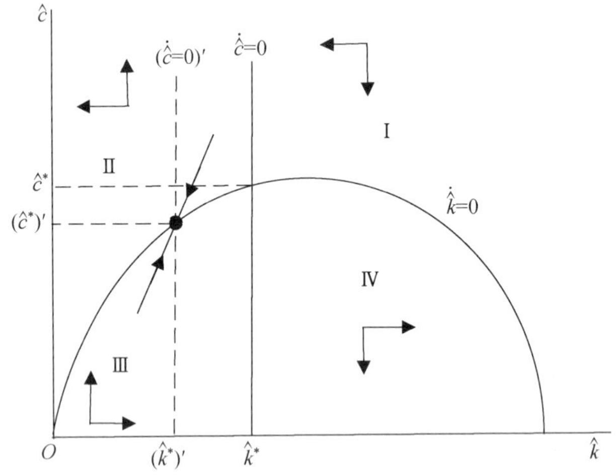

图 5.1　含有税收的拉姆齐模型相位图

由图 5.1 可以清楚地看到，包含政府之后，不论是消费和资本都比不包含政府时的稳态值要小，即有效劳动平均资本从 $\hat{k}^*$ 减小到了$(\hat{k}^*)'$，有效劳动平均消费 $\hat{c}^*$ 减小到了$(\hat{c}^*)'$。造成这种现象的原因是，税收导致人们的储蓄意愿变小，从而投资、产出和消费减少。

模型稳态还是鞍点路径稳定的。图 5.1 中所标出的不同区域点的运动方向箭头，与不包含政府的拉姆齐模型完全相同。这是因为，从(5.16)式和(5.17)式可以看出，政府支出的引入不会改变 $\partial\dot{\hat{k}}/\partial\hat{c}$ 的符号；政府税收的引入也不会改变 $\partial\dot{\hat{c}}/\partial\hat{k}$ 的符号。

在第二种情形下，也就是，当 $\tau_a=0$、$\tau_f=0$ 和 $\hat{g}>0$ 时，变量 $\hat{c}$ 的零值运动曲线就与不包含政府时是一样的，而变量 $\hat{k}$ 的零值运动曲线就会向下移动。在图 5.2 中，实的倒 U 形曲线就下移到了虚的倒 U 形曲线。究其原因是，政府购买的引入导致方程(5.19)在纵轴上的截距变小了。

从图 5.2 可以看出，与不包含政府的拉姆齐模型相比，第二种情形下，有效劳动平均资

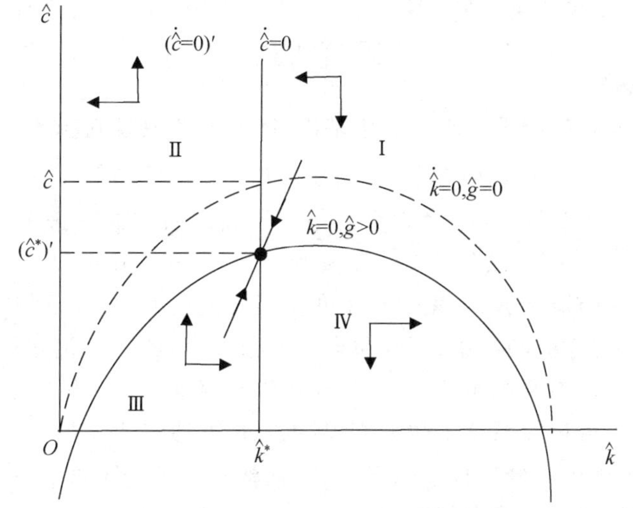

图 5.2　含有政府购买的拉姆齐模型相位图

本的稳态值没有改变，但是有效劳动平均消费的稳态值变小了。这是因为，一方面，在这种情形下，由于 $\tau_a=0$、$\tau_f=0$，也就是说，这时的政府支出都是由工资税和消费税来支撑的，而这两个税种都不会对资本积累激励产生扭曲作用，这一点前文有说明；另一方面，政府支出增加对消费产生了 1∶1 的挤出效应。从图中可以清楚地看出，模型的稳态也是鞍点路径稳定的。

5.2　投资调整成本与经济增长

在此前的模型中，我们都假设消费与投资之间可以毫无成本地进行 1∶1 的转换。换言之，就是投资不存在调整成本。这个假设不太现实，因为机器、厂房设备等资本品的安装需要花费成本是显然的。现在，我们将投资成本引入新古典增长模型之中。我们将看到，由于投资调整成本的引入，厂商的决策就包含跨时点因素，从而变成了一个动态优化问题。

为了简化模型分析，我们将通过假设资本供给函数外生给定，来舍弃掉消费者跨时点效用最大化问题。由此，模型的主要假设条件包括：新古典生产函数、一部门生产技术、完全竞争市场（厂商）、外生给定的不变资本折旧率 δ、不变的人口（劳动）增长率 n 外生给定、不变的（哈罗德中性）技术进步率 γ_A 外生给定、外生给定的资本供给函数。

建模过程还是先给出生产函数，然后决定劳动和资本两种生产要素的均衡数量。由于在这里，劳动和资本供给函数都被外生给定了，所以，关于要素数量决定的重点是要素需求。这就是说，在这里，厂商最优行为将是建模的重点。

5.2.1　厂商最优行为

模型的生产函数采取如下新古典形式：

$$Y = F(\hat{L}, K)$$

式中的 $\hat{L}=Le^{\gamma_A t}$，表示有效劳动。接下来要做的事情就是通过厂商利润最大化行为来决定要素需求函数。不过，我们要先给出投资调整成本函数。

用 C_I 来表示投资调整成本，进而假设投资调整成本函数为如下形式：

$$C_I = \phi(I/K)$$

式中，$\phi(0)=0$，$\phi'>0$，$\phi''\geqslant 0$。

以上述生产函数和投资调整成本函数为基础，厂商的净现金流（net cash flow）为：

$$\Pi = F(\hat{L},K) - wL - I[1+\phi(I/K)]$$

注意这个净现金流不同于利润：这个净现金流等于厂商产品收益减去工资和投资支出 $I[1+\phi(I/K)]$；而利润则等于厂商产品收益减去工资和租金（含利息和折旧）。

把上述厂商的净现金流函数，与索洛模型和拉姆齐模型中的厂商利润函数作一下比较，就能够发现，在这里的净现金流函数中，不仅包含资本存量 K，还同时包含投资流量 I；而在索洛模型和拉姆齐模型中的厂商利润函数中，则只存在资本存量 K。这是由于这一点不同，我们需要引入资本存量和投资流量关系这个微分方程，也就是下述的(5.22)式。由此，在这里的厂商利润最大化问题中，出现了微分方程，从而这个问题就变成了一个动态问题，而不再像索洛模型和拉姆齐模型中那样是一个静态问题。

这个净现金流可以被理解为是厂商支付给股东的红利。这样理解的关键是，现在我们假设资本由厂商自己所有，而不像之前那样假设资本由消费者所有，厂商从消费者那里租用资本。在这里，消费者拥有的是企业的股份。如此一来，如果用 $V(0)$ 来表示从零到无穷大的净现金流现值的话，那么，$V(0)$ 就是这个企业的市场价值。

我们还是用$\bar{r}$来表示 0 和 t 之间的平均利率，即：

$$\bar{r}(t) \equiv \frac{1}{t}\int_0^t r(v)\mathrm{d}v$$

由此，$V(0)$ 就由下式给出：

$$V(0) = \int_0^\infty \mathrm{e}^{-\bar{r}(t)t}\{F(\hat{L},K) - wL - I[1+\phi(I/K)]\}\mathrm{d}t \tag{5.21}$$

这就是厂商跨时最大化问题的目标函数。其约束条件为：

$$\dot{K} = I - \delta K \tag{5.22}$$

综合起来，厂商就是要在(5.22)式的约束下，通过选择 L 和 I 来最大化(5.21)式。

写出厂商跨时点最优问题的汉密尔顿函数：

$$\mathcal{H} = \mathrm{e}^{-\bar{r}(t)t}\{F(\hat{L},K) - wL - I[1+\phi(I/K)]\} + \lambda(I - \delta K)$$

式中，L 和 I 是控制变量，K 是状态变量，λ 则为共状态变量。最优条件为：

$$\frac{\partial \mathcal{H}}{\partial L} = 0 \Longrightarrow [f(\hat{k}) - \hat{k}f'(\hat{k})]\mathrm{e}^{\gamma_A t} = w \tag{5.23}$$

$$\frac{\partial \mathcal{H}}{\partial I} = 0 \Longrightarrow 1 + \phi\left(\frac{\hat{i}}{\hat{k}}\right) + \frac{\hat{i}}{\hat{k}}\phi'\left(\frac{\hat{i}}{\hat{k}}\right) = \mathrm{e}^{\gamma_A t}\lambda \tag{5.24}$$

$$\frac{\partial \mathcal{H}}{\partial K} = -\dot{\lambda} \Longrightarrow f'(\hat{k}) + \left(\frac{\hat{i}}{\hat{k}}\right)^2\phi'\left(\frac{\hat{i}}{\hat{k}}\right) + \mathrm{e}^{\gamma_A t}\lambda\delta = \mathrm{e}^{\gamma_A t}\dot{\lambda} \tag{5.25}$$

按照 Barro and Sala-i-Martin(2004)的做法，我们也定义 $q \equiv \mathrm{e}^{\gamma_A t}\lambda$。这样一来，(5.24)式和(5.25)式，就可以变换成如下形式：

$$q = 1 + \phi\left(\frac{\hat{i}}{\hat{k}}\right) + \frac{\hat{i}}{\hat{k}}\phi'\left(\frac{\hat{i}}{\hat{k}}\right) \tag{5.26}$$

$$\dot{q} = (r+\delta)q - \left[f'(\hat{k}) + \left(\frac{\hat{i}}{\hat{k}}\right)^2 \phi'\left(\frac{\hat{i}}{\hat{k}}\right)\right] \tag{5.27}$$

式中变量都写成了有效劳动平均量形式。

横截性条件为：

$$\lim_{t\to\infty}[q\hat{k}\,\mathrm{e}^{-(\bar{r}-n-\gamma_A)}] = 0$$

这个条件要求，稳态时，稳态利率 r^* 要超过稳态增长率 $n+\gamma_A$。

(5.23)式就是厂商的劳动需求函数，与此前模型中的劳动需求函数都相同，因为这里还是假设不存在劳动调整成本。方程(5.26)和(5.27)一起决定投资 I 也就是资本 K。换言之，厂商的资本需求函数就是由这两个方程给出的。对此，可以按照如下方式来理解：用(5.22)式可以将(5.26)式和(5.27)式中的投资 I 都代换成资本 K；这样，(5.26)式就是资本 K 关于 q 的函数了；用(5.27)式代换掉(5.26)式中的 q，就可以将(5.26)式变换成 K 关于 r 的函数。当然，要在这几个方程之间进行上述所言的直接代换是不可能的，为此，需要一些小技巧。

为了用 K 来代换掉 I，我们从(5.26)式出发。由(5.26)式可知，q 与 $\hat{i}/\hat{k}$ 成正比，因为 $\phi'(\hat{i}/\hat{k})>0$、$\phi''(\hat{i}/\hat{k})\geqslant 0$。因此，我们可以将 $\hat{i}/\hat{k}$ 表示为 q 的函数：

$$\hat{i}/\hat{k} = \psi(q)$$

式中，$\psi'(q)>0$。

进一步，我们给出如下具体的投资成本函数：

$$\phi(\hat{i}/\hat{k}) = (b/2)(\hat{i}/\hat{k}) \tag{5.28}$$

式中，$b>0$，从而，$\phi'(\hat{i}/\hat{k})>0$。将(5.28)式代入(5.26)式中，可以求得：

$$\hat{i}/\hat{k} = \psi(q) = (q-1)/b \tag{5.29}$$

将(5.22)式等号两边同时除以 $\hat{L}$，得到：

$$\dot{\hat{k}} = \hat{i} - (\gamma_A + n + \delta)\hat{k}$$

再用(5.29)式代换掉上式中的 $\hat{i}$，可以得出：

$$\dot{\hat{k}} = [(q-1)/b - (\gamma_A + n + \delta)]\hat{k} \tag{5.30}$$

同样，用(5.29)式代换掉(5.27)式中的 $\hat{i}$，可以导出：

$$\dot{q} = (r+\delta)q - [f'(\hat{k}) + (q-1)^2/2b] \tag{5.31}$$

从理论上说，我们可以用(5.31)式代换掉(5.30)式中的 q，从而找到厂商的资本需求函数。遗憾的是，这样的代换实际无法完成。为此，我们只能让这两个方程一起进入模型分析。

从建模程序来说，我们现在要做的事情是给出消费者的资本供给函数。也就是经由消费者跨时点效用问题找到约束条件和欧拉方程。然后用资本市场均衡条件，将这两个方程与(5.30)式和(5.31)式联立起来，最终构成由四个方程组成的模型基本微分方程组。找到这个基本微分方程组不是难事，只是要分析这个由四个微分方程构成的方程组将是非常复杂的事情，并且没有太多新的结论。

有鉴于此，为了简化模型分析，我们假设消费者的资本供给函数外生给定。假设资本供给函数外生给定有两种做法：一是假设利率不变并且外生给定，也就是假设资本供给函数是无限弹性；二是借用索洛模型的假设，即消费者不变的储蓄率 s 外生给定。简单地说，在利率 r 为纵轴、资本 $\hat{k}$ 为横轴的坐标系中，第一种假设给出的是一条水平的资本供给曲线；第二种假设给出的是一条垂直的资本供给曲线。下面我们分别在这两种假设下来分析模型。

5.2.2 不变利率模型

在不变利率外生给定的假设下，(5.31)式中的利率 r 就是已知量了。这样，就可以由这个式子把 q 表示成 $\hat{k}$ 的函数，从而代换掉(5.30)式中的 q，最终就将(5.30)式表示成了一个变量 $\hat{k}$ 的微分方程。接下来，模型的求解和分析就围绕着这一个方程来展开。可惜的是，这个代换过程实际也是很难完成的。为此，我们就分析由(5.30)式和(5.31)式构成的关于变量 $\hat{k}$ 和 q 的微分方程组。

利用稳态的基本性质，很容易证明模型处于稳态时，有 $\dot{\hat{k}}=0$。由此，根据(5.31)式，就可以知道，稳态时，有 $\dot{q}=0$。下面，我们用相位图来对模型进行稳态和转型动态分析。

在图 5.3 中，水平直线是变量 $\hat{k}$ 的零值运动曲线，即线上的点都满足 $\dot{\hat{k}}=0$。令(5.30)式中的 $\dot{\hat{k}}$ 等于零，可以得到：

$$q=q^{*}=1+b(\gamma_{A}+n+\delta) \tag{5.32}$$

(5.32)式既是变量 $\hat{k}$ 的零值运动曲线的函数式，也是 q 的稳态值。

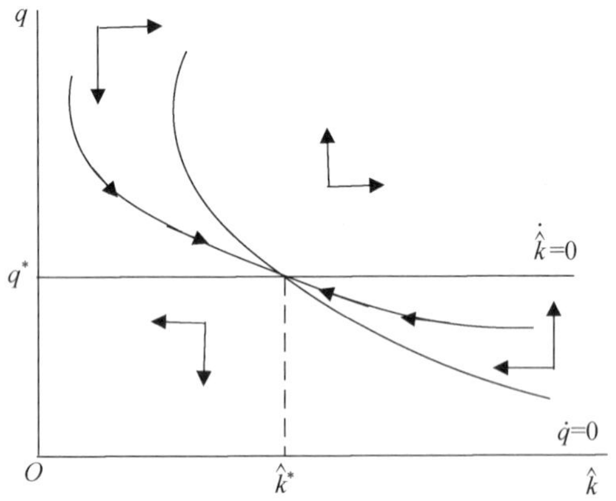

图 5.3 存在投资调整成本的增长模型相位图

为了判断变量 $\hat{k}$ 的零值运动曲线以上的点沿横轴运动的方向，我们固定横坐标 $\hat{k}$，线以上点的纵坐标都大于线上点的纵坐标；而根据(5.30)式，有 $\mathrm{d}\dot{\hat{k}}/\mathrm{d}q>0$，所以线以下的点都将沿横轴向右移动；反之，变量 $\hat{k}$ 的零值运动曲线以上的点就会沿横轴向左移动。

变量 q 的零值运动曲线是图 5.3 中的那条向右下方倾斜的曲线。令(5.31)式中的 $\dot{q}$ 等于零，可以得到：

$$(q-1)^{2}-2b(r+\delta)q+2bf'(\hat{k})=0$$

就上述函数中的 q 关于 $\hat{k}$ 求一阶导数，得到：

$$\frac{\mathrm{d}q}{\mathrm{d}\hat{k}}=\frac{-bf''(\hat{k})}{(q-1)-b(r+\delta)}$$

上式中的分子显然大于零；如果有 $q<1+b(r+\delta)$ 的话，那么分母就小于零。横截性条件要求 $r>\gamma_{A}+n$，这样，根据(5.32)式，就可以证明确有 $q<1+b(r+\delta)$ 成立。综合起来，上述导数就

是小于零的。

为了判断变量 q 的零值运动曲线右边的点沿纵轴运动的方向，我们固定纵坐标，线右边点的横坐标都大于线上点的横坐标；再根据(5.31)式可以知道 $\mathrm{d}\dot{q}/\mathrm{d}\hat{k}>0$，因此，线右边点沿纵轴向上运动；反之，线坐标点将会沿着纵轴向下运动。

两个变量的零值运动曲线的交点对应的是模型的稳态。根据图 5.3 所标出的箭头，很容易知道模型的稳态是鞍形稳定的。

5.2.3 不变储蓄率模型

在不变储蓄率的假设之下，模型就变得简单了许多。这是因为，不变储蓄率使得资本市场的均衡数量就由资本供给(也就是消费者储蓄函数)单独决定了。利用资本市场均衡条件 $I=S$，得到：

$$\hat{i}[1+\phi(\hat{i}/\hat{k})]=sf(\hat{k})$$

将上式等号两边同时除以 $\hat{k}$，然后，用(5.28)式和(5.29)式进行必要的代换，得到：

$$\frac{sf(\hat{k})}{\hat{k}}=\frac{q^2-1}{2b}$$

将具体的柯布-道格拉斯生产函数 $\hat{y}=f(\hat{k})=\hat{k}^{\alpha}$ 代入上式，就可以将 q 表示成 $\hat{k}$ 的函数：

$$q=(2bs\hat{k}^{\alpha-1}+1)^{1/2}$$

用上式代换掉(5.30)式中的 q，就可以得到模型的基本微分方程如下：

$$\dot{\hat{k}}/\hat{k}=(1/b)[(2bs\hat{k}^{\alpha-1}+1)^{1/2}-1]-(\gamma_A+n+\delta) \tag{5.33}$$

不难发现，当 $b=0$ 时，(5.33)式就变成了索洛模型的基本微分方程。

对(5.33)式进行稳态和转型动态分析比较简单，与分析索洛模型是一样的。令(5.33)式中的 $\dot{\hat{k}}=0$，就可以求得有效劳动的平均资本稳态值为：

$$\hat{k}^*=\left\{\frac{[b(\gamma_A+n+\delta)+1]^2-1}{2bs}\right\}^{1/(\alpha-1)}$$

进行转型动态分析，只需要对(5.33)式在其稳态值处进行对数线性化即可。对数线性化的结果如下：

$$\frac{\mathrm{d}\ln\hat{k}}{\mathrm{d}t}=-(1-\alpha)(\gamma_A+n+\delta)\frac{1+(1/2)b(\gamma_A+n+\delta)}{1+b(\gamma_A+n+\delta)}(\ln\hat{k}-\ln\hat{k}^*)$$

从上式可以看出，$\ln\hat{k}$ 的系数小于零，所以，模型的稳态是稳定的。

收敛速度则由这个系数的绝对值给出，即：

$$\beta=(1-\alpha)(\gamma_A+n+\delta)\frac{1+(1/2)b(\gamma_A+n+\delta)}{1+b(\gamma_A+n+\delta)}$$

同样，如果 $b=0$，那么，上述收敛系数就是索洛模型的收敛系数即 $(1-\alpha)(\gamma_A+n+\delta)$。当 $b>0$ 时，上式给出的收敛系数要小于索洛模型的收敛系数，并且与 b 成反比。

5.3 开放条件下的拉姆齐模型

世界上有很多国家。与封闭的拉姆齐模型相比，开放模型允许产品和资本在国际间流动。模型的其他假设则没有变化，这些不变的假设主要包括：新古典生产函数、一部门生产技术、完全竞争市场、不变资本折旧率 δ 外生给定、消费者时间偏好率 ρ 不变且外生给定、消费者具有新古典的效用函数、不变的人口(劳动)增长率 n 外生给定、不变的技术进步率 γ_A 外生给定,等等。

5.3.1 模型的建立

建模过程还是从生产函数开始。假设模型的生产函数还是由(5.1)式给出。由此,劳动和资本均衡数量的决定是建模的关键。当然,要素需求函数还是由厂商利润最大化行为给出:

$$f'(\hat{k}) = r + \delta \tag{5.34}$$

$$[f(\hat{k}) - \hat{k}f'(\hat{k})]e^{\gamma_A t} = w \tag{5.35}$$

由于模型假设外生给定的人口(劳动)增长率 n 不随时间变化,因此,劳动供给函数还是由(5.8)式给出。资本供给函数则与封闭拉姆齐模型有所不同,主要表现在,现在资本供给除了来自本国消费者的储蓄以外,还可以来自从国外的借款。如果我们用 a 表示国内消费者的人均资产,用 d 表示来自国外的人均借款(外债)的话,那么资本供给为 $a+d$,这样,资本市场的均衡条件就要表示成如下形式:

$$k = a + d \tag{5.36}$$

(5.36)式中的 a 由下式决定:

$$\dot{a} = w + (r - n)a - c \tag{5.37}$$

显然,(5.37)式就是消费者的预算约束条件。要使用(5.37)式,同样需要确定消费 c,而这同样要由消费者跨时点效用最大化一阶条件给出。

假设消费者的效用函数还是由(5.10)式给出,如此一来,决定消费 c 的欧拉方程还是我们熟悉的形式:

$$\dot{c}/c = (1/\theta)(r - \rho)$$

如果用有效劳动平均量来重写上式的话,就可以得到:

$$\frac{\dot{\hat{c}}}{\hat{c}} = \frac{1}{\theta}(r - \rho - \theta\gamma_A) \tag{5.38}$$

至于横截性条件与封闭模型时完全一样,由(3.59)式给出。

为了便于分析,我们把(5.36)式和(5.37)式都转换成有效劳动平均量形式。将(5.36)式等号两边同时除以 $e^{\gamma_A t}$,很容易得到如下形式的资本市场均衡条件:

$$\hat{k} = \hat{a} + \hat{d} \tag{5.39}$$

把(5.37)式等号两边同时除以 $e^{\gamma_A t}$,并将(5.34)式、(5.35)式和(5.39)式代入其中,就能够得到:

$$\dot{\hat{a}} = f(\hat{k}) - (r + \delta)\hat{d} - (\gamma_A + n + \delta)\hat{a} - \hat{c} \tag{5.40}$$

要想让模型封闭起来,还需要决定 $\hat{d}$。不难看出,如果已知 $\hat{d}$,那么,经由(5.39)式就可以将 $\hat{a}$ 表示为 $\hat{k}$ 的函数。再用这个新找到的函数代换掉(5.40)式中的 $\hat{a}$,同时用欧拉方程(5.38)式代换掉(5.40)式中的 $\hat{c}$。如此一来,(5.40)式就被变换成了 $\hat{k}$ 关于 r 的函数。这就是资本供给函数。最后,将这个资本供给函数与资本需求函数(5.34)式联立起来就可以找到资本的均衡数量。

不过,通常的建模方式走的不是上述常规程序。而是通过所谓"小国"假设来给定不变的利率,从而经由(5.34)式就可以决定 $\hat{k}$ 的值;同时经由(5.35)式就可以决定 w。这就是说,这两个量的决定都不依赖于消费者在消费和储蓄间所做的选择。知道利率，经由欧拉方程(5.38)式就可以决定消费 $\hat{c}$。至此，利率、消费、资本和工资都已经知晓，在此背景下，经过(5.40)式就可以决定 $\hat{a}$。最后，在 $\hat{k}$ 和 $\hat{a}$ 都求得的情况下，通过(5.39)式就可以求得 $\hat{d}$ 的值。

5.3.2 小国模型

所谓“小国”是指，一个国家的资产和资本规模相对于世界经济来说比较小，而无法对世界利率的大小产生影响。简单地说，就是对这个国家而言，世界利率是给定的。通常，为了简便，进一步假设这个利率不随时间变化。不妨将这个不变的世界利率表示为$\bar{r}$。

在给定了世界利率$\bar{r}$之后，如果我们用 $\hat{k}_o^*$ 来表示开放条件下的有效劳动平均资本的稳态值的话，那么，(5.34)式就可以决定这个值为：

$$f'(\hat{k}_o^*) = \bar{r} + \delta$$

显然，从上式可以看出这个值是一个常数，这就是说，模型中的经济总是处于稳态，而不存在转型动态。换言之，就是模型稳态的收敛速度是无穷的。这一无限的收敛速度由资本的快速流入和流出保证。具体来说，当 $\hat{k}(0) < \hat{k}_o^*$，资本会从世界上其他国家快速流入而使得这个缺口立刻消失；反之，资本就会从本国流出。

进一步，能够证明开放条件下的有效劳动平均资本稳态值不小于封闭下的水平，即有 $\hat{k}_o^* \geqslant \hat{k}^*$ 成立。回忆一下，在封闭条件下，有效劳动平均资本稳态值由下式决定：

$$f'(\hat{k}^*) = \rho + \theta\gamma_A + \delta$$

上式就是(3.61)式。我们能够说明，开放模型要求如下条件成立：

$$\bar{r} \leqslant \rho + \theta\gamma_A \tag{5.41}$$

这是因为，$\rho+\theta\gamma_A$ 就是封闭条件下的稳态利率，如果有$\bar{r} > \rho+\theta\gamma_A$，那么，就可以说明这个国家积累了足够多的资本而违背了模型的“小国”假设。理解这一结论的关键是要注意到函数 $f'(\cdot)$是一个递减函数。

由于 $\hat{k}$ 是不变的，所以 $\hat{y}$ 也是不变的。这就是说，有效劳动平均产出收敛到其稳态值的速度也是无穷大的。显然，有效劳动平均产出 $\hat{y}$ 的增长率等于技术进步率 γ_A。

现在，因为利率被给定为常数$\bar{r}$，所以，欧拉方程(5.38)式就是一个关于 $\hat{c}$ 的一阶常系数微分方程。解这个方程，可以得到：

$$\hat{c}(t) = \frac{1}{\theta}[\rho - \bar{r}(1-\theta) - n\theta]\left[\hat{a}(0) + \frac{\hat{w}_o^*}{\bar{r} - \gamma_A - n}\right]e^{[(\bar{r}-\rho-\theta\gamma_A)/\theta]t} \tag{5.42}$$

能够证明，(5.42)式第一个方括号内的项大于零。这是因为横截性条件要求$\bar{r} > \gamma_A + n$，从而使得：

$$\rho - \bar{r}(1-\theta) - n\theta = \rho + \bar{r}\theta - \bar{r} - n\theta > \rho + (\gamma_A + n)\theta - \bar{r} - n\theta = \rho + \theta\gamma_A - \bar{r}$$

再运用(5.41)式就可以得到我们想要证明的结果。

根据(5.42)式，如果$\bar{r} = \rho + \theta\gamma_A$，则 $\hat{c}(t)$不变。否则，如果$\bar{r} < \rho + \theta\gamma_A$，则 $\hat{c}(t)$会渐近趋向于零。这是除了上述具有无穷收敛速度以外开放拉姆齐模型又一个令人质疑的特征。

为了求解 $\hat{a}(t)$，我们对(5.40)式进行化简。先利用(5.34)式和(5.35)式将(5.40)式变换成如下形式：

$$\dot{\hat{a}} = \hat{w} + (r+\delta)\hat{a} - (\gamma_A + n + \delta)\hat{a} - \hat{c}$$

再用(5.42)式代换掉上式中的 $\hat{c}$,可以把(5.40)式变换成如下形式:

$$\dot{\hat{a}} = \frac{\bar{r}-\rho-\theta\gamma_A}{\theta}\hat{a} + \frac{\bar{r}-\rho-\theta\gamma_A}{\theta(\bar{r}-\gamma_A-n)}\hat{w}$$

上式是关于变量 $\hat{a}$ 的一阶线性微分方程,求解这个方程是很简单的事情。

具体说来,令 $\dot{\hat{a}}=0$,求出其稳态值如下:

$$\hat{a}^* = \frac{\hat{w}_o^*}{\bar{r}-\gamma_A-n}$$

利用上述稳态值,就可以直接写成这个微分方程的解:

$$\hat{a}(t) = \left[\hat{a}(o) + \frac{\hat{w}_o^*}{\bar{r}-\gamma_A-n}\right]e^{[(\bar{r}-\rho-\theta_{\gamma A})/\theta]t} - \frac{\hat{w}_o^*}{\bar{r}-\gamma_A-n} \tag{5.43}$$

(5.43)式最后一项表示的是工资收入现值。

根据(5.43)式,当 $\bar{r}=\rho+\theta\gamma_A$ 时,$\hat{a}(t)$ 不变。当 $\bar{r}<\rho+\theta\gamma_A$ 时,(5.43)式中的指数项 $e^{[(\bar{r}-\rho-\theta\gamma_A)/\theta]t}$ 会趋向于零。如此一来,$\hat{a}(t)$ 会减少到零,从而该国的外债数量就等于 $\hat{k}_o^*$。进一步,$\hat{a}(t)$ 还会变成负数,这个负数就是(5.43)式中的最后一项。其含义是,除了这个国家的全部资产都是靠借债而形成的以外,还把将来的工资作为抵押来借入更多的债务。概括起来,这个国家的外债会趋向于一个正数 $\hat{k}_o^* + [\hat{w}_o^*/(\bar{r}-\gamma_A-n)]$。换言之,一个缺乏耐心的国家会用全部资本和工资收入来作为抵押借入外债。显然,这是开放拉姆齐模型第三个遭到质疑的特点。

这些遭到质疑的开放拉姆齐模型的特征都与模型中利率钉住在不变世界利率有关。在封闭拉姆齐模型中,稳态时,利率会调整到等于 $\rho+\theta\gamma_A$;而开放模型中的利率则无法进行这样的调整,从而使得在 $\bar{r}<\rho+\theta\gamma_A$ 时出现上述与经济现实不符的现象。要想摒弃模型的这些遭到质疑的特征,就需要找到办法让一国的利率能够调整到等于 $\rho+\theta\gamma_A$。要做到这一点,显然有两种方法。一是让一国国内利率偏离世界利率;二是让消费者的时间偏好率 ρ 从而 $\rho+\theta\gamma_A$ 可以变化。这里先讨论第一种情形。可变时间偏好率模型留待第十章讨论。

5.4 有国际信贷约束的开放拉姆齐模型

要让一国国内利率可以偏离世界利率,就要放弃小国假设。这样一来,根据前文的建模过程,要使模型封闭起来,就需要给定该国外债决定函数。有国际信贷约束的开放拉姆齐模型就是通过这个信贷约束来决定一国的外债的。这里的做法是,将一国的资本区分为物质资本和人力资本两种,而能够被用作国际借款抵押的只能是物质资本。这样,一国物质资本数量就决定了该国的外债数量。为此,我们先在封闭条件下建立一个包含物质资本和人力资本的拉姆齐模型;然后把这个模型扩展到开放条件下,从而来讨论有国际信贷约束的拉姆齐模型。

5.4.1 封闭模型

建模过程还是从生产函数开始,假设生产函数采取如下柯布-道格拉斯形式:

$$Y = F(AL, K, H) = (AL)^{1-\alpha-\eta}K^\alpha H^\eta \tag{5.44}$$

式中,Y、L、K、H 和 A 分别表示产出、劳动、物质资本、人力资本和技术水平;α 和 η 分别表示物资资本和人力资本的产出弹性,$0<\alpha<1$、$0<\eta<1$ 和 $0<\alpha+\eta<1$;技术进步率 γ_A 外生给定

并且保持不变。将上述生产函数等号两边同时除以 AL，就可以得到如下有效劳动平均量形式的生产函数：

$$\hat{y}=f(\hat{k},\hat{h})=\hat{k}^{\alpha}\hat{h}^{\eta} \tag{5.45}$$

除了生产函数发生变化以外，基本拉姆齐模型的其他假设都被保留。

由于模型假设所讨论的经济具有一部门生产技术，所以，物质资本和人力资本之间可以进行 1∶1 的转换。这就要求两种资本的报酬（价格）相同，不妨用 $R\equiv r+\delta$ 表示，δ 为两种资本的折旧率。这样，就可以将厂商的利润函数写成如下形式：

$$\pi=Y-wL-(r+\delta)(K+H)$$

式中，w 为劳动的工资。容易写出厂商利润最大化的一阶条件：

$$(1-\alpha-\eta)(AL)^{-\alpha-\eta}AK^{\alpha}H^{\eta}=w \tag{5.46}$$

$$(AL)^{1-\alpha-\eta}\alpha K^{\alpha-1}H^{\eta}=r+\delta \tag{5.47}$$

$$(AL)^{1-\alpha-\eta}K^{\alpha}\eta H^{\eta-1}=r+\delta \tag{5.48}$$

由(5.47)式和(5.48)式可以得到：

$$K/H=\alpha/\eta$$

同时，因为物质资本与人力资本之间可以毫无成本地进行 1∶1 的转换，因此，可以有下式成立：

$$K+H=Z$$

可以将式中的 Z 理解为包含物质资本和人力资本的“广义”资本。这样，由上述两个式子，可以用 Z 来表示 K 和 H：

$$K=\frac{\alpha}{\alpha+\eta}Z \tag{5.49}$$

$$H=\frac{\eta}{\alpha+\eta}Z \tag{5.50}$$

将(5.49)式和(5.50)式回代到生产函数(5.44)式中，可以得到：

$$Y=F(L,K,H)=(AL)^{1-\alpha-\eta}BZ^{\alpha+\eta}$$

式中，$B\equiv(\alpha^{\alpha}\eta^{\eta})/(\alpha+\eta)^{\alpha+\eta}$，是一个常数。将上式等号两边同时除以 AL，就可以得到有效劳动平均量形式的生产函数：

$$\hat{y}=B\hat{z}^{\alpha+\eta} \tag{5.51}$$

式中，$\hat{z}\equiv Z/(AL)$。

与第三章中的基本拉姆齐模型使用的生产函数 $\hat{y}=\hat{k}^{\alpha}$ 相比，(5.51)式有三点不同：一是系数由 1 变成了 B；二是要素变量从有效劳动平均资本 $\hat{k}$ 变成了有效劳动平均广义资本 $\hat{z}$；三是要素变量的指数由 α 变成了 $\alpha+\eta$。

幸运的是，这些变化对于模型的稳态和转型动态来说都是非本质的，即这些改变不会改变模型的稳态和转型动态。具体来说，模型的稳态还是主要变量的有效劳动平均量增长率等于零；模型的稳态是鞍形稳定的；而模型的收敛速度只需要将基本拉姆齐模型的收敛系数(3.81)式中的 α 替换成 $\alpha+\eta$ 即可。不妨，比照(3.81)式，将这个收敛系数 β 写在下面：

$$2\beta=\left\{\xi^{2}+4\left[\frac{\rho+\theta\gamma_{A}+\delta}{\alpha+\eta}-(\gamma_{A}+n+\delta)\right]\left[\frac{\rho+\theta\gamma_{A}+\delta}{\theta}(1-\alpha-\eta)\right]\right\}^{1/2}-\xi \tag{5.52}$$

式中，$\xi\equiv\rho-n-(1-\theta)\gamma_{A}$。

5.4.2 开放模型

现在，我们讨论开放模型。在这个模型中，资本被区分为物质资本和人力资本，由生产函数(5.44)式给出。进一步，假设一国的外债 d 可以是正数，但是其数量不能够超过该国物质资本的数量 k。这就是说，一国的物质资本可以被用作外国贷款的抵押，而人力资本和劳动则不可以。

为了便于模型的建立和分析，我们先把厂商最优条件(5.46)式、(5.47)式和(5.48)式都转换成有效劳动平均量形式：

$$(1-\alpha-\eta)A\hat{k}^{\alpha}\hat{h}^{\eta}=w \tag{5.53}$$

$$\alpha\hat{k}^{\alpha-1}\hat{h}^{\eta}=r+\delta \tag{5.54}$$

$$\eta\hat{k}^{\alpha}\hat{h}^{\eta-1}=r+\delta \tag{5.55}$$

由于区分了物质资本和人力资本，所以，这里的资本市场均衡条件要从(5.39)式变成如下形式：

$$\hat{k}+\hat{h}=\hat{a}+\hat{d} \tag{5.56}$$

(5.56)式中的 $\hat{a}$(也就是 a)还是由(5.37)式给出。要经由(5.37)式决定 $\hat{a}$，同样需要找到消费 $\hat{c}$。自然，消费 $\hat{c}$ 还是由欧拉方程(5.38)式来给出。

同样，我们还是要将(5.37)式变换成有效劳动平均量形式。为此，先将(5.37)式等号两边同时除以 A，再把(5.53)—(5.56)式代入其中，经过化简，可以得到：

$$\dot{\hat{a}}=\hat{k}^{\alpha}\hat{h}^{\eta}-(r+\delta)\hat{d}-(\gamma_A+n+\delta)\hat{a}-\hat{c} \tag{5.57}$$

至此，我们一共得到了资本市场均衡条件(5.56)式、欧拉方程(5.38)式、整个经济的资源约束条件(5.57)式、物质资本需求函数(5.54)式和人力资本需求函数(5.55)式一共五个方程。

遗憾的是，这五个方程构成的方程组一共含有六个未知变量：$\hat{a}$、$\hat{k}$、$\hat{h}$、$\hat{d}$、$\hat{c}$ 和 r。要让模型封闭起来，还需要找到另外一个方程。在这个模型中，该方程是通过国际信贷约束来给出的。

国际信贷约束是否发挥作用，要看一国的初始资产 $\hat{k}+\hat{h}-\hat{d}$ 是大于还是小于稳态时的人力资本数量 $\hat{h}^*$。当 $\hat{k}+\hat{h}-\hat{d}>\hat{h}^*$ 时，信贷约束不发挥作用，经济就会迅速"跳到"稳态，并且会始终处于稳态，这与上一节的开放拉姆齐模型是一样的；反之，当 $\hat{k}+\hat{h}-\hat{d}<\hat{h}^*$ 时，信贷约束就要发挥作用了，这时，要求 $d=k$ 成立。以下在这一种情形下来展开模型。

由 $d=k$ 也就是 $\hat{d}=\hat{k}$ 和(5.56)式，可以推出 $\hat{a}=\hat{h}$。把这两个关系式代入(5.57)式中，就可以将这个式子转换成如下形式：

$$\dot{\hat{h}}=\hat{k}^{\alpha}\hat{h}^{\eta}-(r+\delta)\hat{k}-(\gamma_A+n+\delta)\hat{h}-\hat{c} \tag{5.58}$$

按理说，到这里，模型就应该封闭起来了，因为我们找到了含有六个未知数的六个方程了。确实也是这样，接下来，我们将看到真的不需要引进新的函数了。只是有一个很关键的细节需要做出说明。现在，由于物资资本可以作为国际信贷的抵押，而人力资本则不能，所以这两种资本的收益率会存在差别。也就是说，我们不能直接认定(5.54)式和(5.55)式的利率相等。这样，就又多出了一个"变量"。不过，好在这个变量是已知的，由于物资资本可以在国际间流动，所以可以认定这个利率就由世界利率给出。我们还是假设世界利率不变，并用$\bar{r}$来表示。

现在，把世界利率$\bar{r}$代入(5.54)式中，就可以确定两种资本之间的比例关系：

$$\hat{k}=\left(\frac{\alpha}{\bar{r}+\delta}\hat{h}^{\eta}\right)^{1/(1-\alpha)} \tag{5.59}$$

再把(5.59)式回代到(5.45)式中，生产函数就变成了如下形式：

$$\hat{y}=A\hat{h}^{\varepsilon} \tag{5.60}$$

式中，$A\equiv[\alpha/(\bar{r}+\delta)]^{\alpha/(1-\alpha)}$，$\varepsilon\equiv\eta/(1-\alpha)$。条件 $0<\alpha+\eta<1$ 意味着 $0<\varepsilon<\alpha+\eta<1$。由此，不难发现，生产函数(5.60)式满足条件：一阶导数大于零、二阶导数小于零。这与封闭模型的生产函数的性质是相同的。从生产函数所具有的这一相同性质出发，可以推断，有国际信贷约束的开放拉姆齐模型的收敛性与封闭模型是相同的。

把(5.60)式代入(5.58)式中，得到：

$$\dot{\hat{h}}=(1-\alpha)A\hat{h}^{\varepsilon}-(\gamma_A+n+\delta)\hat{h}-\hat{c} \tag{5.61}$$

要注意的是，(5.58)式中的利率也要用世界利率进行代换，因为它表示的是物质资本的报酬。

在国际信贷约束发生作用时，欧拉方程也要发生变化，因为在这种情况下，两种资本的收益率不再相同了，从而消费者的约束条件也就不同了。不过，幸运的是，如果用计划者经济框架来讨论这个问题的话，(5.61)式就是社会计划者面临的预算约束。由此，不难得到欧拉方程如下：

$$\dot{\hat{c}}/\hat{c}=(1/\theta)[(1-\alpha)A\varepsilon\hat{h}^{\varepsilon-1}-\delta-(\rho+\theta\gamma_A)] \tag{5.62}$$

式中，$(1-\alpha)A\varepsilon\hat{h}^{\varepsilon-1}$是人力资本的边际产出。(5.61)式和(5.62)式就构成了用于分析的模型基本微分方程组。

令(5.61)式中的 $\dot{\hat{h}}=0$、(5.62)式中的 $\dot{\hat{c}}=0$ 即可求得稳态值。封闭模型的稳态值与开放模型的稳态值之间的大小关系，取决于世界利率$\bar{r}$与封闭模型中的稳态利率 $\rho+\theta\gamma_A$ 之间的大小关系。当$\bar{r}=\rho+\theta\gamma_A$ 时，开放模型的稳态值就等于封闭模型的稳态值；当$\bar{r}<\rho+\theta\gamma_A$ 时，开放模型的稳态值就要大于封闭模型的稳态值，这一点从(5.59)式可以清楚地看出。

模型稳态仍然是鞍形稳定的。至于收敛速度，只需要将封闭模型收敛系数(5.52)中的 $\alpha+\eta$ 替换成 $\varepsilon\equiv\eta/(1-\alpha)$即可：

$$2\beta=\left\{\xi^2+4\left[\frac{\rho+\theta\gamma_A+\delta}{\varepsilon}-(\gamma_A+n+\delta)\right]\left[\frac{\rho+\theta\gamma_A+\delta}{\theta}(1-\varepsilon)\right]\right\}^{1/2}-\xi \tag{5.63}$$

式中，$\xi\equiv\rho-n-(1-\theta)\gamma_A$。由于 $\varepsilon<\alpha+\eta$(直接将这两项相减，再利用关系式 $\alpha+\eta<1$，就很容易得到这个不等式)，所以，开放模型的收敛速度要大于封闭模型。

至此，我们能够发现，引入国际信贷约束比较好地克服了开放拉姆齐模型中的几个受到质疑的特点。同时，模型稳态和转型动态都与基本拉姆齐模型类似。

? 习题

1. 在包含政府的拉姆齐模型中，假设政府对消费者的工资、利息和消费分别征税，对厂商收益征税，政府支出包括政府购买和转移支付；其他方面与标准的拉姆齐模型相同。在此条件下，导出消费者跨时效用最大化问题的欧拉方程，并简述与标准拉姆齐模型的消费者跨时效用最大化问题的欧拉方程的区别。

2. 导出包含政府的拉姆齐模型的基本微分方程组。

3. 用相位图对包含政府的拉姆齐模型进行稳态和转型动态分析。

4. 比较包含政府的拉姆齐模型和标准拉姆齐模型在主要结论方面的异同。

5. 说说投资调整成本的引入是如何将厂商利润最大化问题由“静态”问题变成“动态”问题的。

6. 导出存在投资调整成本的厂商利润最大化问题的最优条件。

7. 在存在投资调整成本的拉姆齐模型中，为了舍弃掉消费者跨时效用最大化问题，通常采用哪两种做法？

8. 简述小国开放拉姆齐模型遭到质疑的三个结论。

9. 对有国际信贷约束的开放拉姆齐模型进行稳态和转型动态分析。

第六章 人口、劳动和经济增长

到目前为止，我们讨论的所有模型都假设人口和劳动增长率外生给定。这一章，我们将内生化人口和劳动的增长，以探讨人口和劳动内生增长对经济增长的影响。我们的讨论将从三个不同的方面展开：一是考虑移民因素；二是将生育决策内生化；三是允许消费者在劳动和闲暇之间进行选择。前两个方面是从两个不同的角度将人口和劳动力增长内生化；第三个方面则是内生化了劳动时间的决定。

6.1 移民与经济增长

移民会改变一个经济体的人口和劳动数量，是不言自明的；同时，移民总会带走（来）一定的资本（尤其是人力资本）。伴随移民而来的劳动和资本数量的改变势必要影响到经济增长。这里，我们将分别在索洛模型和拉姆齐模型框架下来讨论移民对经济增长的影响。

6.1.1 包含移民的索洛模型

这一小节里，我们将移民引入一个封闭经济的索洛模型中。"封闭经济"的含义是指，除了劳动力流动（移民）之外，国际之间不存在资本和产品流动。要注意的是，这里说"不存在资本流动"是指不存在那种独立于移民活动的资本流动，与上文说存在移民活动导致的资本流动之间并不矛盾。显然，这个假设不是很合适，因为它假设"人"比"物"更容易在国际间流动。

除了引入移民之外，索洛模型的其他假设一概被保留。主要是新古典生产函数、一部门生产技术、代表性厂商、完全竞争市场、不变的人口增长率 n 和不变的资本折旧率 δ 外生给定、劳动时间外生给定（也就是消费者不进行消费与闲暇之间的选择）、不变的储蓄率 s 外生给定。

建模工作还是从最终品生产函数开始。这里，我们假设生产函数为：

$$Y(t) = F(K(t), L(t)) \tag{6.1}$$

这个生产函数满足新古典生产函数的所有性质：一阶导数大于零，二阶导数小于零；规模报酬不变；稻田条件；生产活动至少需要两种投入。

由于模型是在完全竞争市场背景下展开的，所以两种建模框架都是适用的，我们就选用计划者经济框架来建模。在计划者经济中，生产要素供求总是相等的。因此，建模的关键是要确定要素——劳动和资本——的供给。

用 $L(t)$ 表示国内的人口（劳动）数量，$M(t)$ 表示一国的"净移民"数量，显然，这个 $M(t)$ 可以是正数（净移入国）、也可以是负数（净移出国）。同时，令 $m \equiv M(t)/L(t)$，表示净移民率。这样，国内人口（劳动）的增长率也就是劳动供给函数由下式给出：

$$\dot{L}/L = n + m \tag{6.2}$$

为了简化标号，(6.2)式中的变量都省略了时间 t。

进一步，我们用 κ 表示每一个移民带走（来）的资本数量，那么，这个经济的资本供给就是：

$$sF(K,L) + \kappa M$$

在计划者经济框架下，资本需求总是等于资本供给，即：

$$I = sF(K,L) + \kappa M$$

再利用资本存量与投资流量之间的相互转换关系式，上式就可以变换成该经济的资本变化方程：

$$\dot{K} + \delta K = sF(K,L) + \kappa M \tag{6.3}$$

方程(6.1)、(6.2)和(6.3)就构成了包含移民的索洛模型。

同索洛模型一样，利用稳态的基本性质，不难证明包含移民的索洛模型的稳态也表现为主要变量的人均量增长率等于零，即 $\dot{k} = \dot{y} = \dot{c} = 0$。为此，我们也将模型的基本微分方程变换成人均量形式。将(6.3)式等号两边同时除以 L，并进行适当的代换、化简，就能得到基本微分方程如下：

$$\dot{k} = sf(k) - (n + \delta)k - m(1 - \kappa/k)k \tag{6.4}$$

式中，$k \equiv K/L$、$f(k) \equiv F(K/L)$。

与索洛模型的基本微分方程(2.17)式相比；(6.4)式多出了最后一项 $m(1-\kappa/k)k$，这就是引入移民带来的变化。在没有移民的索洛模型中，$n+\delta$ 是资本的有效折旧率，其中，n 是由人口增长引起的，而 δ 则是由资本磨损导致的；包含移民之后，这个有效折旧率多出了 $m(1-\kappa/k)$ 这一项。

一个比较合理的假设是移民随身携带的资本量不是很大，也就是说，可以假设 $\kappa/k<1$。由此，如果 $m>0$，那么，$m(1-\kappa/k)$ 将会增加模型的资本有效折旧率；反之，如果 $m<0$，那么，$m(1-\kappa/k)$ 将会减少模型的资本有效折旧率。当然，如果移民没有携带资本即 $\kappa=0$，那么，移民率 m 就是简单地加到人口增长率 n 之上来改变资本有效折旧率。这是一个自然的结果。

虽然找到了模型基本微分方程，但是我们现在还无法对模型进行分析，因为在建模时，我们引入了新变量 m。这就是说，还需要先给出移民函数。给出移民函数不是一件容易的事情。这里，遵循 Barro and Sala-i-Martin(2004)的做法，给出如下简单的移民函数：

$$m = m(k), \quad m'(k) > 0 \tag{6.5}$$

这个移民函数背后的逻辑是这样的：移民数量与迁入、迁出国的工资差成正比，迁入国的工资与本国的人均资本成正比，迁入国的人均资本对迁出国工资没有影响；这样一来，迁入国人均资本越多，迁入国工资水平越高，迁出国的工资则由于与迁入国人均资本无关而保持不变，迁入国与迁出国间的工资差就会随着迁入国人均资本的增加而扩大，净迁入移民就会增加。无疑，这个移民函数的假设是很严格的。

移民函数斜率的大小，在其他因素（主要是指迁入、迁出国工资差等）一定的情况下，则要取决于移民成本与移民数量之间的关系。如果移民数量的增加会导致移民成本较快增加的话，那么，人均资本的增长能够导致的移民数量的增加就不会太大，从而移民曲线就比较平缓。移民函数的移动，则要受工资差以外的其他因素的影响，比如，迁入与迁出国之间的政治稳定程度对比、环境状况对比、社会福利对比等，迁入国在这些方面越好，迁入人数就会越多，移民曲线就会向上移动。

现在，可以将(6.5)式代入(6.4)式，就可以得到能够直接进行模型分析的基本微分方程：

$$\dot{k} = sf(k) - (n+\delta)k - m(k)(1-\kappa/k)k \tag{6.6}$$

为了方便分析，我们进一步将(6.6)式变换成如下形式：

$$\dot{k}/k = sf(k)/k - [n+\delta+\xi(k)] \tag{6.7}$$

得到(6.7)式，我们做了两个方面的工作：一是将(6.6)式等号两边同时除以 k；二是令

$$\xi(k) \equiv m(k)(1-\kappa/k) \tag{6.8}$$

只要令(6.7)式中的 $\dot{k}=0$，就可以得到稳态人均资本 k^* 要由下式决定：

$$sf(k^*)/k^* = n+\delta+\xi(k^*) \tag{6.9}$$

由于无法求出 k^* 的显性解，我们还是用几何图形来进行分析说明。

在图 6.1 中，曲线 $sf(k)/k$ 向右下方倾斜，这个曲线的斜率小于零，前文多次导出和使用过这个结果，这里就不再给出详细求解过程。曲线 $n+\delta+\xi(k)$ 则向上倾斜，这是因为我们定义的函数(6.8)式的一阶导数总是大于零。对此解释如下：

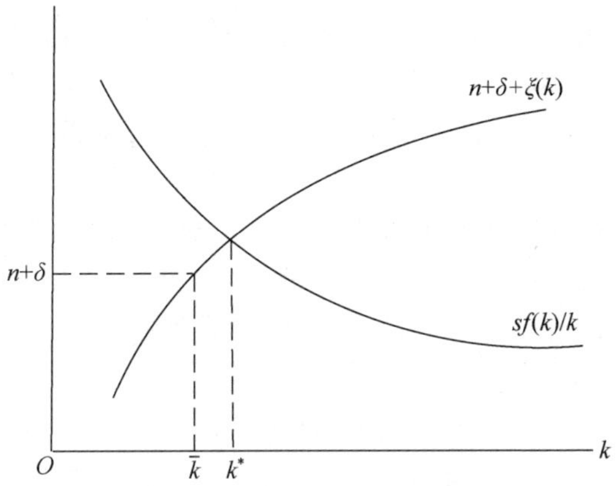

图 6.1　包含移民的索洛模型

当 $m(k)>0$ 时，由于 κ 是外生变量，也就是说，它独立于 k。以此为基础，我们可以求得：

$$\xi'(k) = m'(k)[1-(\kappa/k)] + m(k)\kappa/k^2$$

由于 $m(k)>0$、$m'(k)>0$、$\kappa/k<1$，因此，根据上式可以推出 $\xi'(k)>0$。

如果 $m(k)<0$，则讨论的国家是移民迁出国，κ/k 就可以被看作一个常数，这时，$\xi'(k)=(1-\kappa/k)m'(k)$。据此，由于 $m'(k)>0$ 和 $\kappa/k<1$，也可以得到 $\xi'(k)>0$。综合这两种情况，我们就总是可以假设 $\xi'(k)>0$。

图 6.1 中的两条曲线的交点对应的人均资本就是人均资本的稳态值 k^*。需要说明的是，图 6.1 是移民迁入国的情形。对于迁入国，$m(k)>0$，从而，$n+\delta+\xi(k)$ 要大于没有移民时的 $n+\delta$。这就是说，移民迁入国的人均资本稳态值 k^* 要大于没有移民时的稳态值 $\bar{k}$，原因是移民会带入资本。对于移民迁出国来说，情况则正好相反。

利用几何图形来对模型进行比较静态分析是一件比较容易的事情。比如，储蓄率 s 增加或者技术进步，就会使得曲线 $sf(k)/k$ 上移，从而，增加人均资本的稳态值 k^* 和迁入移民数量稳态值 m^*。之所以会产生更高的 m^*，是因为这一上移会提高劳动工资，从而引起迁入移民

增加。再比如，如果其他国家经济情况变坏、政治不稳定等，就会引起移民曲线 $m(k)$ 上移，从而使得曲线 $n+\delta+\xi(k)$ 上移，这样，迁入国的人均资本稳态值 k^* 就会下降、迁入移民数量稳态值 m^* 则会增加。人均资本稳态值 k^* 则是因为迁入移民带来的资本相对较少，而"稀释"了原来的人均资本。而前述储蓄率或者技术进步导致的迁入移民增加之所以没有导致这种"稀释"人均资本情况发生，是因为储蓄率增加或者技术进步会增加资本并且会超过迁入移民的增加量。

用代数方法对模型进行比较静态分析，只需要对(6.9)式等号两边同时关于引起变化的那个外生变量求导数即可。下面以储蓄率变动对稳态人均资本的影响为例来加以说明。为了简化求导运算，我们先将(6.9)式变换成如下形式：

$$\frac{f(k^*)}{k^*}=\frac{n+\delta+\xi(k^*)}{s}$$

再对上式等号两边同时关于 s 求一阶导数，得到：

$$\left[\frac{\xi'(k^*)}{s}-\frac{f'(k^*)k^*-f(k^*)}{(k^*)^2}\right]\frac{\partial k^*}{\partial s}=\frac{n+\delta+\xi(k^*)}{s^2}$$

不难证明上式等号左边的方括号里的项目大于零，等号右边项中除了 $\xi(k^*)$ 都大于零。对于移民迁入国而言，$\xi(k^*)$ 也大于零，从而，上式等号右边项就大于零。至于移民迁出国，只要有 $n>\xi(k^*)$ 成立，上式等号右边项也大于零，条件 $n>\xi(k^*)$ 不是很严格，只要迁出国的人口增长率大于迁出率就可以了。由此，我们可以认定上式等号右边项总大于零，从而，可以经由上式得出 $\partial k^*/\partial s>0$。

我们也能够用代数方法来分析其他因素，比如，其他国家经济情况变坏或者政治变动不稳定，对移民迁入国人均资本稳态值的影响。不妨用 X 来表示我们要分析的这个因素，并且规定：X 越大，表示其他国家经济情况越差，或者政治越不稳定。只需要将这个 X 引入函数 ξ 中即可，也就是说，现在，函数 ξ 要改变成：

$$\xi(k,X),\quad \xi'_X>0$$

令 $\xi'_X>0$，表示的是其他国家经济情况越不好或者政治越不稳定，迁入模型所讨论的国家的人数就越多。

这样一来，(6.9)式就要变换成如下形式：

$$sf(k^*)/k^*=n+\delta+\xi(k^*,X)$$

将上式等号两边同时关于 X 求一阶导数，得到：

$$\left[s\frac{f'(k^*)k^*-f(k^*)}{(k^*)^2}-\xi'(k^*,X)\right]\frac{\partial k^*}{\partial X}=\xi'_X$$

上式等号左边方括号里的式子小于零，而等号右边项大于零，由此可以得出 $\partial k^*/\partial X<0$。

利用图 6.1 来分析模型的转型动态也不困难。显然，模型的稳态是稳定的。因为当人均资本小于稳态值也就是当 $k<k^*$ 时，$\dot{k}>0$，人均资本就会增加；而当人均资本大于稳态值也就是当 $k>k^*$ 时，$\dot{k}<0$，人均资本就会减少。要对模型的收敛速度进行分析，就需要给定具体的生产函数和移民函数。

具体的生产函数，我们还是用柯布-道格拉斯形式，即 $y=k^\alpha$。移民函数，我们采用 Barro and Sala-i-Martin(2004)中的如下函数：

$$\xi(k)\equiv m(k)(1-\kappa/k)\approx b(\ln k-\ln k_w)\tag{6.10}$$

式中，$b \geqslant 0$，k_w 表示其他经济的平均人均资本，它被假设由外生给定。如果有 $k=k_w$，也就是一国人均资本如果与世界其他国家平均人均资本相等，那么就有 $\xi(k)=0$，移民也就不会发生。

将具体的柯布-道格拉斯生产函数和移民函数(6.10)式一起代入模型基本微分方程(6.7)中，可以得到：

$$\dot{k}/k = sk^{\alpha-1} - [n + \delta + b(\ln k - \ln k_w)]$$

将上式进行对数线性化，得到：

$$\frac{\mathrm{d}\ln k}{\mathrm{d}t} = \{(\alpha - 1)[n + \delta + b(\ln k^* - \ln k_w)] - b\}(\ln k - \ln k^*) \tag{6.11}$$

不难证明(6.11)式中 $\ln k$ 的系数小于零，由此，模型的稳态是稳定的。收敛速度则由这个系数的绝对值给出，不妨还是用 β 来表示收敛系数，则有：

$$\beta = (1-\alpha)[n + \delta + b(\ln k^* - \ln k_w)] + b$$

显然，当 $b=0$ 也就是不存在移民时，(6.11)式就变成了索洛模型的(2.37)式；上述收敛系数也就等于索洛模型中的收敛系数 $(1-\alpha)(n+\delta)$。由此不难发现，引入移民之后，模型的收敛速度提高了。在第二章中的开放条件下的索洛模型中，我们也曾得到过类似的结果：资本流入国收敛速度要大于基本索洛模型的收敛速度。

6.1.2 包含移民的拉姆齐模型

同上述包括移民的索洛模型相比，包含移民的拉姆齐模型唯一的不同之处就是，放弃了储蓄率外生给定的假设。这一点跟基本的拉姆齐模型与基本的索洛模型之间的差别完全相同。换言之，除了“不变的储蓄率外生给定”这一假设之外，包含移民的索洛模型的其他假设在这里被统统保留。

模型假设厂商是完全竞争的，因此，用分散市场经济框架和社会计划者经济框架建模没有区别。尽管如此，由于要特别表现消费者的最优决策，我们还是用分散市场经济框架来建立模型。同样，建模的起点最终品生产函数仍然由(6.1)式给出。从这个生产函数出发，厂商的利润最大化决策将给出如下劳动和资本需求函数：

$$f(k) - f'(k)k = w \tag{6.12}$$

$$f'(k) = r + \delta \tag{6.13}$$

式中，$k \equiv K/L$ 表示人均资本，r 表示利率，δ 表示资本折旧率，w 表示工资。接下来就是要寻找劳动和资本的供给函数。

先看劳动供给。由于假设消费者不进行消费和闲暇之间的选择，所以消费者会无弹性地供给自己拥有的1个单位的劳动，这样一来，劳动供给量就等于这个经济所拥有的劳动力（人口）数量。

无疑，移民会对人口数量产生影响。引入移民之后，总人口就要被区分为“土著”居民和“迁入”居民（即移民）两类。我们用0来表示最早一批移民迁入的时间，这样，$L(0)$ 就表示0时期全部土著居民的数量。要注意的是，当新的移民迁入时，此前的移民就要被计入土著居民了。这是因为相对于新移民来说，这些人都是国内(domestic)居民。如果进一步假设国内人口增长率为 n，0到 t 时的平均移民率为 $\bar{m}(t,0)$，那么，$t>0$ 时的总人口数量 $L(t)$ 为：

$$L(t) = L(0)\mathrm{e}^{(n+\bar{m}(t,0))t} = L(0)\mathrm{e}^{nt}\exp\left[\int_0^t m(s)\mathrm{d}s\right] \tag{6.14}$$

(6.14)式中第二等号是用等式

$$\overline{m}(t,0) \equiv (1/t)\int_0^t m(s)\mathrm{d}s$$

进行代换得到的。为了简化运算，下文令 $L(0)=1$。

再看资本供给。资本供给由消费者跨时效用最大化决策来决定。引入移民之后，消费者就要被区分为移民(及其后代)和土著居民(及其后代)两种类型。在拉姆齐模型中，消费者被假设是具有无限生命的，本没有必要将他们区分为不同的年代。只是移民迁入的时间有先后，因此，还是需要按照迁入的时间先后将他们区分为不同时代的人。至于土著居民就可以被看成同一个时代的人。不妨用 $\tau\geqslant 0$ 表示移民迁入的时代；同时，把土著居民叫作 $\tau=0^-$ 时代的消费者。由此，在某一个时点，会同时存在不同时代的消费者。这一点，与连续时间的永葆青春(迭代)模型相同。因此，先要求解不同时代消费者的最优条件，然后对不同时代加总。接下来分析消费者跨时效用最大化问题的方法，与连续时间永葆青春模型相同。

当然，这里的消费者与连续时间永葆青春模型中的消费者也存在一个很大的不同之处。那就是，在这个模型中，消费者是有无限生命的，而在连续时间永葆青春模型中，消费者的生命是有限的。这样一来，这个模型中的消费者决策单位就变成了"家庭(王朝)"，因为具有无限生命的消费者会考虑自己后代的福利。在这一点上，这个模型与拉姆齐模型是相同的。这就是说，这里的效用函数和预算约束都与拉姆齐模型相同，而不同于连续时间的永葆青春模型。具体来说，就是效用函数中的 e^{nt}、预算约束中的 $-ra(t)$，在(4.38)式和(4.40)式中一度消失的两项，又都回来了。

以此为基础，一个 τ 时代消费者(家庭)在 t 时总效用函数可以表示为：

$$U(t\mid\tau)=\int_0^{\infty}\left[\mathrm{e}^{-(\rho-n)(s-t)}\ln c(s\mid\tau)\right]\mathrm{d}s \tag{6.15}$$

式中，$c(s|\tau)$ 表示 τ 时代消费者在 s 时的人均消费，ρ 为时间偏好率。这里使用对数函数是为了方便下文对不同时代消费者的消费进行加总。

某一个 τ 时代消费者在 t 时的预算约束为：

$$\dot{a}(t\mid\tau)=[r(t)-n]a(t\mid\tau)+w(t)-c(t\mid\tau) \tag{6.16}$$

式中，$a(t|\tau)$ 表示 τ 时代消费者在 t 时的人均资产，$w(t)$ 是工资，τ 没有出现在工资后面的括号当中，是因为"工资与迁入时间无关"是一个合理的假设。

不难求出某个 τ 时代消费者的跨时效用最大化问题的欧拉方程如下：

$$\frac{\dot{c}(t\mid\tau)}{c(t\mid\tau)}=r(t)-\rho \tag{6.17}$$

横截性条件则为如下形式：

$$\lim_{t\to\infty}\mathrm{e}^{-\overline{r}(t,\tau)(t-\tau)}a(t\mid\tau)=0 \tag{6.18}$$

式中，$\overline{r}(t,\tau)$ 是 τ 和 t 之间的平均利率，即：

$$\overline{r}(t,\tau)\equiv\frac{1}{t-\tau}\int_{\tau}^{t}r(s)\mathrm{d}s$$

上述消费者的预算约束(6.16)式、欧拉方程(6.17)式和横截性条件(6.18)式一起构成了消费者跨时效用最大化问题的最优条件。经由这三个式子，可以求出 τ 时代单个消费者 i 的消费函数[①]：

$$c(t\mid\tau)=(\rho-n)[a(t\mid\tau)+\widetilde{w}(t)] \tag{6.19}$$

式中，$\widetilde{w}(t)$表示t时刻消费者拥有的人力资本财富。它由下式给出：

$$\widetilde{w}(t)=\int_t^{\infty}\mathrm{e}^{-\bar{r}(s,t)(s-t)}w(s)\mathrm{d}s \tag{6.20}$$

(6.20)式中，$\bar{r}(s,t)$是t和s之间的平均利率，即：

$$\bar{r}(s,t)\equiv\frac{1}{s-t}\int_t^s r(\nu)\mathrm{d}\nu$$

由此，(6.20)式的含义是，t时刻消费者拥有的人力资本财富等于其未来全部工资贴现到t时的现值。$\widetilde{w}(t)$与消费者所处年代τ无关，原因是：一方面，工资$w(t)$对于所有时代的人都相同；另一方面，所有消费者都具有无限寿命。

与(4.43)式一样，(6.19)式的含义是，消费者将自己全部财富——包括物质财富$a(t|\tau)$和人力资本财富$\widetilde{w}(t)$——的一个不变比例用于消费。只是这个模型的比例要小于永葆青春模型的比例。这是由于在这个模型中，消费者考虑了后代的福利，所以用于自己消费的比例比不考虑后代福利的永葆青春模型要小，表现在被减去了人口增长率n。

需要注意的是，以上我们讨论的只是某一个τ时代消费者的最优消费也就是最优储蓄(资本供给)选择。得到的结果即(6.19)式表示的只是τ时代消费者在t时的平均消费。

不难证明，模型的稳态表现为人均变量增长率等于零。由此，为了分析模型，我们需要将“某一个τ时代消费者的最优选择”转换成“所有消费者在t时的‘平均’最优选择”。具体说来，就是要把(6.19)式表示的“τ时代消费者在t时的平均消费”转换成“所有消费者在t时的平均消费”。

这个转换过程包括三个步骤：首先，将τ时代消费者在t时的平均消费乘以τ时代的总人口，得到τ时代消费者在t时的消费；其次，把每个时代的总消费再进行加总，得到t时所有(不同时代)消费者的总消费；最后，将t时所有消费者的总消费除以t时的总人口，就可以得到所有消费者在t时的平均消费。

生活在t时的总人口包括移民和土著居民，同时移民又要被区分为不同时代，因此，求解t时的总消费就需要将不同时代移民的消费相加，然后，再加上全部土著居民的消费：

$$\begin{aligned}C(t)&=\int_0^t[c(t\mid\tau)m(\tau)L(\tau)\mathrm{e}^{n(t-\tau)}]\mathrm{d}\tau+\mathrm{e}^{nt}c(t\mid 0^-)\\&=\mathrm{e}^{nt}\int_0^t[c(t\mid\tau)m(\tau)\mathrm{e}^{\int_0^\tau m(s)\mathrm{d}s}]\mathrm{d}\tau+\mathrm{e}^{nt}c(t\mid 0^-)\end{aligned} \tag{6.21}$$

式中，$m(\tau)L(\tau)$表示的是τ时代的移民数量，$L(\tau)$由(6.14)式给出，最后一项$\mathrm{e}^{nt}c(t|0^-)$表示土著居民的总消费。

类似地，t时的总资产可以表示为：

$$A(t)=\mathrm{e}^{nt}\int_0^t[a(t\mid\tau)m(\tau)\mathrm{e}^{\int_0^\tau m(s)\mathrm{d}s}]\mathrm{d}\tau+\mathrm{e}^{nt}a(t\mid 0^-) \tag{6.22}$$

同样，(6.22)式中的最后一项$\mathrm{e}^{nt}a(t|0^-)$表示土著居民的总资产。将(6.20)式乘以$L(t)$，就可以得到消费者t时的总工资收入现值如下：

---

① 这个消费函数的求解方法与(4.43)式的导出方法完全相同。

$$\widetilde{W}(t)=L(t)\widetilde{w}(t)=\mathrm{e}^{nt}\,\mathrm{e}^{\int_0^t m(s)\mathrm{d}s}\int_t^{\infty}\mathrm{e}^{-\bar{r}(s,t)(s-t)}w(s)\mathrm{d}s \tag{6.23}$$

利用(6.19)式、(6.21)式、(6.22)式和(6.23)式，不难证明如下等式成立：

$$C(t)=(\rho-n)[A(t)+\widetilde{W}(t)] \tag{6.24}$$

只需要比照(6.19)式，就可以写出如下等式：

$$c(t\mid 0^-)=(\rho-n)[a(t\mid 0^-)+\widetilde{w}(t)]$$

再把上式代入(6.21)式，并利用(6.22)式和(6.23)式进行适当的代换，就可以得到(6.24)式。

接下来，需要做的事情就是把模型的基本微分方程——资源约束条件和欧拉方程——都变换成人均量形式。

为了导出资源约束条件的人均量形式，我们先将(6.22)式关于时间 t 求导数，得到：

$$\begin{aligned}\dot{A}(t)=&\mathrm{e}^{nt}\left\{\int_0^t\left[\dot{a}(t\mid\tau)m(\tau)\mathrm{e}^{\int_0^{\tau}m(s)\mathrm{d}s}\right]\mathrm{d}\tau+a(t\mid t)m(t)\mathrm{e}^{\int_0^t m(s)\mathrm{d}s}\right\}\\&+n\mathrm{e}^{nt}\int_0^t\left[a(t\mid\tau)m(\tau)\mathrm{e}^{\int_0^{\tau}m(s)\mathrm{d}s}\right]\mathrm{d}\tau+\mathrm{e}^{nt}\dot{a}(t\mid 0^-)+n\mathrm{e}^{nt}a(t\mid 0^-)\end{aligned}$$

我们还是用 κ 来表示移民迁入时随身携带的人均资本，这样，就有 $a(t|t)=\kappa(t)$。将这个等式连同(6.14)式和(6.21)式一起代入上式，化简得到：

$$\begin{aligned}\dot{A}(t)=&\mathrm{e}^{nt}\left\{\int_0^t\left[\dot{a}(t\mid\tau)m(\tau)\mathrm{e}^{\int_0^{\tau}m(s)\mathrm{d}s}\right]\mathrm{d}\tau+\dot{a}(t\mid 0^-)\right\}\\&+\kappa(t)m(t)L(t)+nA(t)\end{aligned}$$

用预算约束(6.16)式代换掉上式中的 $\dot{a}(t|\tau)$ 和 $\dot{a}(t|0^-)$，再进行适当的化简和代换，就可以得到如下结果：

$$\begin{aligned}\dot{A}(t)&=\kappa(t)m(t)L(t)+r(t)A(t)-C(t)+w(t)\mathrm{e}^{nt}\left[1+\int_0^t m(\tau)\mathrm{e}^{\int_0^{\tau}m(s)\mathrm{d}s}\mathrm{d}\tau\right]\\&=\kappa(t)m(t)L(t)+r(t)A(t)-C(t)+w(t)\mathrm{e}^{nt}\,\mathrm{e}^{\int_0^t m(s)\mathrm{d}s}\end{aligned} \tag{6.25}$$

将资本市场均衡条件 $A(t)=K(t)$ 连同(6.12)式和(6.13)式一起代入(6.25)式中，再对(6.25)式等号两边同时除以 $L(t)$，就可以得到：

$$\frac{\dot{k}(t)}{k(t)}=\frac{f(k(t))}{k(t)}-\frac{c(t)}{k(t)}-(n+\delta)-m(t)\left[1-\frac{\kappa(t)}{k(t)}\right] \tag{6.26}$$

式中，$k(t)\equiv K(t)/L(t)$。导出(6.26)式时，用到了等式 $\dot{K}/L=\dot{k}+(n+m)k$，在前文推导索洛模型的基本微分方程时，我们用到了与这个等式类似的式子，并给出了详细推导过程。

为了导出欧拉方程的人均量形式，先对(6.24)式等号两边关于 t 求导数，得到：

$$\dot{C}(t)=(\rho-n)[\dot{A}(t)+\dot{\widetilde{W}}(t)] \tag{6.27}$$

再将(6.24)式等号两边同时除以 $L(t)$，得到：

$$c(t)=(\rho-n)[a(t)+\widetilde{w}(t)] \tag{6.28}$$

式中，$c\equiv C/L$，$a\equiv A/L$。最后，对(6.20)式等号两边关于 t 求导数，得到：

$$\dot{\widetilde{W}}(t)=[r(t)+m(t)+n]\widetilde{W}(t)-w(t)L(t) \tag{6.29}$$

将资本市场均衡条件 $A(t)=K(t)$，连同(6.20)式、(6.25)式和(6.29)式一起代入(6.27)式中，得到：

$$\dot{C}(t) = (\rho - n)\{\kappa(t)m(t)L(t) + r(t)K(t) - C(t) + [r(t) + m(t) + n]L(t)\tilde{w}\}$$

将上式等号两边同时除以 $L(t)$，并用(6.13)式和(6.28)式进行必要的代换，得到：

$$\frac{\dot{c}(t)}{c(t)} = f'(k) - (\rho + \delta) - m(t)(\rho - n)\frac{k(t) - \kappa(t)}{c(t)} \tag{6.30}$$

导出(6.30)式时，用到了等式 $\dot{C}/L = \dot{c} + (n+m)c$。方程(6.26)和(6.30)构成了模型的基本微分方程组。

为了进行模型分析，我们还是假定移民函数由(6.10)式给出。将(6.10)式分别代入(6.26)式和(6.30)式，就可以得到用于模型分析的基本微分方程组：

$$\frac{\dot{k}(t)}{k(t)} = \frac{f(k(t))}{k(t)} - \frac{c(t)}{k(t)} - (n+\delta) - b(\ln k - \ln k_w) \tag{6.31}$$

$$\frac{\dot{c}(t)}{c(t)} = f'(k(t)) - (\rho + \delta) - (\rho - n)\frac{b(\ln k - \ln k_w)}{c(t)/k(t)} \tag{6.32}$$

令(6.31)式和(6.32)式中的 $\dot{k}(t)=0$ 和 $\dot{c}(t)=0$，得到：

$$c = f(k) - (n+\delta)k - b(\ln k - \ln k_w)k \tag{6.33}$$

$$f'(k) = (\rho + \delta) + \frac{(\rho - n)b(\ln k - \ln k_w)}{c/k} \tag{6.34}$$

解方程(6.33)和(6.34)构成的方程组，就可以得到模型的人均资本和人均消费稳态值 k_m^* 和 c_m^*。这里，为了把 k^* 和 c^* 留给基本拉姆齐模型，用了新的变量来表示包含移民拉姆齐模型的稳态值。

遗憾的是，要求出上述方程组的显性解不是一件容易的事情。为此，我们还只能借助于相位图，如图 6.2 所示。不难证明，在以 k 为横轴、c 为纵轴的坐标系中，曲线 $\dot{k}(t)=0$ 的形状与基本拉姆齐模型是一样的，即呈现为倒 U 形。因为利用横截性条件能够证明(6.33)式的一阶导数 dc/dk 大于零，二阶导数 d^2c/dk^2 小于零。

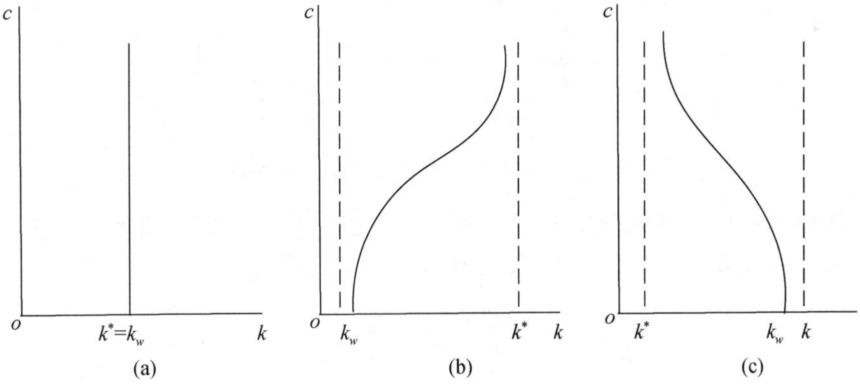

图 6.2　曲线 $\dot{c}=0$ 的形状

而曲线 $\dot{c}(t)=0$ 的形状则要复杂很多，主要是它依赖于 k^* 与 k_w 之间的大小对比。为此，我们分三种情形来讨论曲线 $\dot{c}(t)=0$ 的形状。

第一种情形：$k^*=k_w$，这时就没有移民，由此，这里的曲线 $\dot{c}(t)=0$ 就是基本拉姆齐模型中的曲线 $\dot{c}(t)=0$，即在 k^* 处垂直于横轴，如图 6.2 的子图(a)所示。

第二种情形：$k_w < k^*$，这时的曲线 $\dot{c}(t)=0$，如图 6.2 的子图(b)所示。在这种情形下，随着 k 趋向于 k_w，人均消费 c 会趋向于零；而随着 k 趋向于 k^*，人均消费 c 会趋向于无穷大。

第三种情形：$k_w > k^*$，如图 6.2 的子图(c)所示，这种情形的曲线形状正好与第二种情形时相反。

后两种情形的曲线形状的得出，只需要把(6.34)式中的 c 关于 k 求一阶导数，再分类讨论就行。不妨把这个导数写在下面，而具体的讨论则略去。

$$\frac{\mathrm{d}c}{\mathrm{d}k} = (\rho - n)b\frac{[1 + (\ln k - \ln k_w)][f'(k) - (\rho + \delta)] - f''(k)(\ln k - \ln k_w)}{[f'(k) - (\rho + \delta)]^2}$$

再把曲线 $\dot{k}(t)=0$ 和曲线 $\dot{c}(t)=0$ 放到一个坐标系中，就可以决定模型的稳态值，只是这里要分 $k_w < k^*$ 和 $k_w > k^*$ 两种情形来进行说明。由于这两种情形都是以 $k_w = k^*$ 为基准来进行讨论的，所以，下面我们只在相位图中画出图 6.2 中的子图(a)所表示的曲线 $\dot{c}(t)=0$。

在图 6.3 中，曲线 $\dot{k}(t)=0$ 和曲线 $\dot{c}(t)=0$ 的交点表示的稳态点，在这个稳态点时是不存在移民的，因为有 $k^* = k_w$。当 $k_w < k^*$ 时，曲线 $\dot{k}(t)=0$ 和曲线 $\dot{c}(t)=0$ 相交于 k_w 和 k^* 之间的某一点，即有 $k_w < k_m^* < k^*$；此时，有移民迁入即 $m^* > 0$。反之，当 $k_w > k^*$ 时，曲线 $\dot{k}(t)=0$ 和曲线 $\dot{c}(t)=0$ 相交于 k^* 和 k_w 之间的某一点，即有 $k^* < k_m^* < k_w$；此时，有移民迁出即 $m^* < 0$。

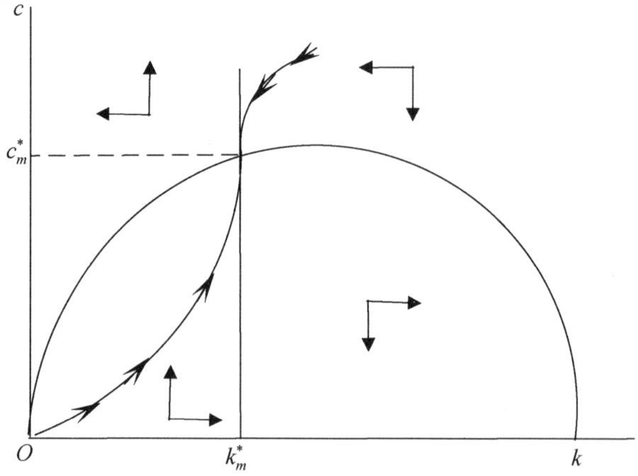

图 6.3　包含移民的拉姆齐模型相位图

能够证明模型的稳态是鞍形稳定的。为了证明这个结论，我们需要把具体的柯布-道格拉斯生产函数 $y = k^\alpha$ 代入基本微分方程(6.31)和(6.32)中，得到：

$$\frac{\dot{k}(t)}{k(t)} = k(t)^{\alpha-1} - \frac{c(t)}{k(t)} - (n+\delta) - b(\ln k - \ln k_w) \tag{6.35}$$

$$\frac{\dot{c}(t)}{c(t)} = \alpha k(t)^{\alpha-1} - (\rho+\delta) - (\rho - n)\frac{b(\ln k - \ln k_w)}{c(t)/k(t)} \tag{6.36}$$

将(6.35)式和(6.36)式在人均资本和人均消费的稳态值处进行对数线性化，得到：

$$\frac{\mathrm{d}\ln k}{\mathrm{d}t} = \left[(\alpha - 1)(k_m^*)^{\alpha-1} + \frac{c_m^*}{k_m^*} - b\right](\ln k - \ln k_m^*) - \frac{c_m^*}{k_m^*}(\ln c - \ln c_m^*) \tag{6.37}$$

$$\frac{\mathrm{d}\ln c}{\mathrm{d}t}=\left\{\alpha(\alpha-1)(k_m^*)^{\alpha-1}-b(\rho-n)\frac{k_m^*}{c_m^*}[1+(\ln k_m^*-\ln k_w)]\right\}$$

$$(\ln k-\ln k_m^*)+b(\rho-n)\frac{k_m^*}{c_m^*}(\ln k_m^*-\ln k_w)(\ln c-\ln c_m^*) \tag{6.38}$$

为了简化方程式的书写，我们令：

$$x\equiv(k_m^*)^{\alpha-1},\quad y\equiv\frac{c_m^*}{k_m^*},\quad z\equiv\ln k_m^*-\ln k_w$$

利用上述定义的变量，可以将由(6.37)式和(6.38)式构成的微分方程组的系数矩阵表示为：

$$\begin{bmatrix}(\alpha-1)x+y-b & -y\\ \alpha(\alpha-1)x-b(\rho-n)\dfrac{1+z}{y} & b(\rho-n)\dfrac{z}{y}\end{bmatrix}$$

还是用 λ_1 和 λ_2 来表示上述系数矩阵的两个特征值，则可以得到：

$$\lambda_1\lambda_2=b(\rho-n)\frac{z}{y}[(\alpha-1)x-b]+\alpha(\alpha-1)xy-b(\rho-n)$$

要证明模型稳态是鞍形稳定的，就要证明上式小于零。上式中等号右边第二、三项显然都小于零。第一项中的 $(\alpha-1)x-b$ 小于零，由此，要使第一项小于零，就要求第一项中的 $b(\rho-n)(z/y)$ 大于零。

而要证明 $b(\rho-n)z/y>0$，需要借助模型的稳态值。令(6.36)式中的 $\dot{c}(t)=0$，可以得到：

$$b(\rho-n)\frac{z}{y}=\alpha x-(\rho+\delta)$$

而横截性条件能够保证上式等号右边项大于零。综上所述，我们就证明了 $\lambda_1\lambda_2<0$，从而模型的稳态是鞍形稳定的。

6.2 生育与经济增长

到目前为止，我们讨论的所有经济增长模型都假设人口增长率是外生给定的。在这一节里，我们将放弃这个假设，发展一个将人口出生率从而人口增长率内生化的拉姆齐模型。除了放弃人口增长率外生给定假设以外，拉姆齐模型的其他主要假设在这里都得以保留，主要包括：新古典生产函数、一部门生产技术、外生给定资本折旧率、完全竞争市场(厂商)、劳动时间外生给定即消费者不进行劳动和闲暇之间的选择，等等。

6.2.1 厂商最优

还是从生产函数出发来开启建模过程。在这里，我们直接给出柯布-道格拉斯生产函数：

$$Y(t)=L(t)^{1-\alpha}K(t)^{\alpha} \tag{6.39}$$

从这个生产函数出发，建模的关键就是要决定劳动和资本的均衡数量。

自然，劳动和资本需求函数还是来自厂商利润最大化。由于前文多次给出导出过程，这里就直接将这个结果写出来：

$$w=(1-\alpha)k^{\alpha} \tag{6.40}$$

$$r+\delta=\alpha k^{\alpha-1} \tag{6.41}$$

式中，r 表示利率，w 表示工资，δ 是外生给定的资本折旧率。另外，在给出上述需求函数时，我们使用了生产函数的集约形式。接下来,建模的主要步骤就是要经由消费者跨时效用最大化选择来找到劳动和资本的供给函数。

6.2.2 消费者最优

在这里,我们用 n 来表示人口出生率,这个人口出生率要由消费者最优行为来决定。在基本拉姆齐模型中,n 用来表示人口增长率,同时它是被外生给定的。这里,我们进一步假设人口死亡率为 d,这个死亡率为外生给定并且保持不变。这样一来,模型中的人口(劳动)增长率就等于 $n-d$。这样一来,劳动供给函数就可以写成如下形式:

$$\dot{L}(t)/L(t)=n-d \tag{6.42}$$

只是在使用这个劳动供给函数之前,还需要经由消费者最优化来确定 n 的大小。

资本供给来自消费者的储蓄,这一点是没有变化的。发生变化的是,在这里,消费者的储蓄表现为全部收入当中没有被用于"消费"和"生育"的部分,而在生育率外生给定的拉姆齐模型中,消费者的储蓄就等于收入减去消费。由此,给出这个资本供给函数的关键是要说明"生育成本"。

生育成本准确地讲,应该是生育和抚养成本。我们假设生育和抚养一个孩子的成本为 η,并且假设这个成本在小孩出生的那一刻全部被支出,当然,现实的情形应该是这个成本的支出时间会分散于从出生到长大的整个时期内。这样假设仅仅是为了简化模型分析。由此,这个社会用于小孩生育的总成本就是 $nL(t)\eta$,人均成本是 $n\eta$。

现在,我们需要做的事情就是要找出生育成本函数。概括地说,生育和抚养小孩的成本主要包括两类:一是产品成本,二是时间成本。生育和抚养小孩需要产品"投入"是显然的事情;同时,生育和抚养小孩需要花费父母(尤其是母亲)的时间。产品成本我们假设外生给定,并用 b_0 来表示。

至于时间成本,则与一国劳动力的生产效率或者说工资水平成正比关系;而一国劳动力的生产效率一般与该国的人均资本水平呈现正相关关系。由此,我们假设时间成本与一国的人均资本水平成正比。

综合起来,我们可以将生育成本函数表示成如下线性形式:

$$\eta=b_0+ba \tag{6.43}$$

式中,$b_0\geqslant 0$、$b>0$,a 表示人均资产。为了进一步简化模型分析,我们假设 $b_0=0$。

至此,我们就可以写出消费者的储蓄函数:

$$\dot{a}=w+(r-n+d)a-c-bna \tag{6.44}$$

(6.44)式的含义是,消费者的储蓄 $\dot{a}$ 等于其全部收入 $w+(r-n+d)a$ 减去消费 c 和生育成本 bna。显然,这个式子也是消费者的预算约束条件。

到这里,虽然我们给出了劳动供给函数(6.42)式和资本供给函数(6.44)式,但是,这两个式子当中的变量 n 和 c 还有待消费者跨时效用最大化条件来决定。为了讨论消费者跨时效用最大化问题,我们接下来就给出消费者的效用函数。

在这里,我们采用 Barro and Sala-i-Martin(2004)中的消费者(家庭)的效用函数:

$$U=\int_0^{\infty}\{L(t)^{1-\varepsilon}u[c(t),n(t)]\}\mathrm{e}^{-\rho t}\mathrm{d}t \tag{6.45}$$

式中,$\varepsilon>0$,是一个用来表示人口对效用流的边际贡献(the marginal contribution of L to the flow of utility)的参数。

将(6.45)式与基本拉姆齐模型中所使用的效用函数(3.11)式进行比较,能够发现它们之间存在两点差别:一是除了消费 c 以外,在(6.45)式中,个人效用函数 u 还包含小孩数量 n;二是总人口 L 的指数由(3.11)式中的 1 变成了(6.45)式中的 $1-\varepsilon$。

关于第二点不同,我们做两点进一步的说明。其一,由于我们将初始人口数量 $L(0)$ 单位化为 1 了,所以,在(3.11)式中,总人口 L 就变成了 e^{nt}。其二,在(6.45)式中,总人口 L 的指数 $1-\varepsilon$ 表达的含义是,时间偏好率还要依赖于小孩的数量,并且与之成反比。也就是说,这个指数起到的作用是,在对个人效用进行加总时,对不同的个人效用进行折算,人口数量越多,个人效用就打折越多。总之,在(6.45)式中,个人效用折扣来自时间和小孩(从而人口)数量两个方面,前者还是用 ρ 表示,后者则用 L 的指数 $1-\varepsilon$ 来体现。

同基本拉姆齐模型一样,我们还是假设个人效用函数关于其变量消费 c 和小孩数量 n 的边际效用弹性不变。这样,这个效用函数就可以写成如下形式:

$$u(c,n)=\frac{(c\times n^{\phi})^{1-\theta}}{1-\theta}$$

这里,$\phi>0,\theta>0$。进一步,我们假设 $\phi(1-\theta)<1$,以保证小孩的边际效用递减。

把上式代入(6.45)式中,可以得到:

$$U=\int_0^{\infty}e^{-\rho t}\frac{[L^{\psi}\times c\times(n-d)^{\phi}]^{1-\theta}-1}{1-\theta}dt \tag{6.46}$$

要注意的是,在进行代换导出(6.45)式的过程中,我们做了三点“改变”。一是令 $\psi\equiv(1-\varepsilon)/(1-\theta)$,并利用这个等式进行了必要的变换。这里,假设 $\psi>0$,以保证人口对效用的边际贡献大于零;同时,由于前文假设 $\varepsilon>0$,所以,经由这个式子,可以知道 $\psi(1-\theta)<1$。二是用“净”人口增长率 $n-d$ 替换了“毛”人口出生率,这样更准确一些。三是在个人效用函数 u 的分子添加了 -1。这只是为了计算的方便,并且对效用函数的性质没有任何影响。一个特别方便之处是,当 θ 趋向于 1 时,个人效用函数就变成了更简单一些的对数函数。具体到(6.46)式,当 θ 趋向于 1 时,它就变成了如下对数函数:

$$U=\int_0^{\infty}e^{-\rho t}[\psi\ln L+\ln c+\phi\ln(n-d)]dt \tag{6.47}$$

由于求解效用函数(6.46)式下的消费者跨时效用最大化问题是非常困难的事情,因此,以下我们直接使用对数效用函数(6.47)式。

消费者跨时效用最大化问题的汉密尔顿函数为:

$$\begin{aligned}\mathcal{H}=&e^{-\rho t}[\psi\ln L+\ln c+\phi\ln(n-d)\\&+\nu[w+(r-n+d)a-c-bna]+\mu(n-d)L\end{aligned}$$

式中,ν 和 μ 分别是两个状态变量 a 和 L 的共状态变量(即影子价格)。不难求出消费者跨时效用最大化问题的最优条件如下:

$$\frac{\partial\mathcal{H}}{\partial c}=0\Rightarrow e^{-\rho t}\frac{1}{c}=\nu \tag{6.48}$$

$$\frac{\partial\mathcal{H}}{\partial a}=-\dot{\nu}\Rightarrow\nu[r+d-(1+b)n]=-\dot{\nu} \tag{6.49}$$

$$\frac{\partial\mathcal{H}}{\partial n}=0\Rightarrow e^{-\rho t}\frac{\phi}{n-d}-\nu(1+b)a+\mu L=0 \tag{6.50}$$

$$\frac{\partial \mathcal{H}}{\partial L}=-\dot{\mu}\Rightarrow \mathrm{e}^{-\rho t}\psi\frac{1}{L}+\mu(n-d)=-\dot{\mu} \tag{6.51}$$

将(6.48)式等号两边同时取自然对数，再关于时间求一阶导数，就可以得到：

$$\frac{\dot{c}}{c}=-\frac{\dot{\nu}}{\nu}-\rho$$

然后，用(6.49)式代换掉上式中的$-\dot{\nu}/\nu$，就可以得到欧拉方程如下：

$$\frac{\dot{c}}{c}=r-\rho-(n-d)-bn \tag{6.52}$$

与基本拉姆齐模型的欧拉方程相比，(6.52)式多出了最右边两项。多出$-(n-d)$，是因为模型假设时间偏好率要依赖于小孩数量，从而使得时间偏好率从ρ增加到$\rho+(n-d)$，也就是要在原来的时间偏好率基础之上加上人口增长率。多出$-bn$，则是由于更高的人均资本将生育成本提高了bna，从而降低了消费增长率。

人口出生率n由(6.50)式决定。只是这个式子包含两个未知的共状态变量，它们则分别由(6.48)式和(6.51)式给出。为此，我们先用(6.48)式代换掉(6.50)式中的ν，得到：

$$\mu=\mathrm{e}^{-\rho t}L^{-1}\left[\frac{(1+b)a}{c}-\frac{\phi}{n-d}\right] \tag{6.53}$$

从理论上说，由(6.51)式可以求解出μ，从而，代换掉(6.53)式中的μ，就可以确定n了。遗憾的是，通过(6.51)式来求解μ是很困难的事情。我们只能另寻“捷径”。这个捷径的思路就“隐藏”在我们一再使用的推导欧拉方程“自然对数方法”当中。

回忆一下，不难发现，使用自然对数方法有一个条件，那就是被取自然对数的方程式两边都是“单项式”，比如(6.48)式。再看看(6.53)式，很不幸，其等号右边是一个多项式。不过，只要我们用一个变量来表示等号右边方括号里的式子，就可以将这个多项式变换成单项式。这就是我们将要采用的捷径：先求出这个新定义的变量，然后，经由这个变量来求解n。

由此，我们定义：

$$\Omega\equiv\frac{(1+b)a}{c}-\frac{\phi}{n-d} \tag{6.54}$$

这样，(6.53)式就变成：

$$\mu=\mathrm{e}^{-\rho t}L^{-1}\Omega \tag{6.55}$$

对(6.55)式等号两边同时取对数，并关于时间求一阶导数，得到：

$$\frac{\dot{\mu}}{\mu}=-\rho-(n-d)+\frac{\dot{\Omega}}{\Omega} \tag{6.56}$$

导出(6.56)式的过程中，用(6.42)式进行了必要的代换。

将(6.51)式等号两边同时除以μ，得到：

$$-\frac{\psi}{\Omega}-(n-d)=\frac{\dot{\mu}}{\mu}$$

导出上式时，使用(6.55)式进行了相关替换。再将上式代入(6.56)式中，就可以得到：

$$\dot{\Omega}=-\psi+\rho\Omega \tag{6.57}$$

这是一个关于Ω的微分方程，由它可以求出Ω。这个微分方程的解为：

$$\Omega(t)=\psi/\rho+[\Omega(0)-\psi/\rho]\mathrm{e}^{\rho t} \tag{6.58}$$

进一步，我们利用横截性条件来确定$\Omega(t)$的具体解。模型关于L的横截性条件为：

$$\lim_{t\to\infty}\mu L = e^{-\rho t}\Omega = 0$$

两个等号之间的式子是用(6.55)式替换 μ 得到的。再将(6.58)式代入上式中,得到:

$$\lim_{t\to\infty}\mu L = e^{-\rho t}(\psi/\rho) + \Omega(0) - \psi/\rho = 0$$

显然,要使上式成立,必有 $\Omega(0)=\psi/\rho$。将这一结果代入(6.64)式中,就可以得到:

$$\Omega(t) = \Omega = \psi/\rho \tag{6.59}$$

这就是说,在每一个时点上,Ω 都等于 ψ/ρ。

将(6.59)式代入(6.54)式,就可以确定 n 值为:

$$n = d + \frac{\phi\rho(c/a)}{\rho(1+b) - \psi(c/a)} \tag{6.60}$$

(6.60)式表明,在参数 ϕ、ψ、b 和 ρ 以及变量 c/a 给定的情况下,人口出生率 n 随人口死亡率 d 1∶1 地变化。n 与参数 ϕ 和 ψ 成正比,这是因为当这两个参数变大时,能够分别提高与 n 和 L 相关的边际效用,从而提高了消费者所选择的 n 值。n 与参数 b 成反比,这是因为一个更大的 b 值表示生育成本提高,自然就会降低 n 值。n 与参数 ρ 也是成反比的,将(6.60)式关于 ρ 求一阶导数,就可以发现这个导数是负的。其原因则是,一个更大的 ρ 值表示消费者更加没有耐心,一个更加没有耐心的消费者势必会减少投资(包括生育小孩),从而会导致一个更小的 n 值。

显然,n 与变量 c/a 成正比。理解个中缘由的关键点在于正确解读变量 c/a 的含义。这里,变量 c/a 可以被理解为生育(抚养)小孩的收益-成本比,也就是单位生育成本带来的收益。c 表示的是小孩需求的收入效应(income effect),而 a 表示的则是生育成本,这一点可以从(6.43)式看出。由此,单位生育成本带来的收益变得更大,自然会导致 n 值增加。

至此,只需要加上资本市场的均衡条件:

$$a = k \tag{6.61}$$

模型就封闭起来了。建模工作也就随之结束,下面我们转入模型分析工作。

6.2.3 模型分析

进行模型分析之前要做的事情自然还是要找到模型的基本微分方程组。将资本市场均衡条件(6.61)式连同(6.41)式和(6.40)式一起,分别代入消费者预算约束(6.44)式、欧拉方程(6.52)式和生育率决定式(6.60)式中,可以得到:

$$\frac{\dot{k}}{k} = k^{\alpha-1} - [(1+b)n + \delta - d] - \frac{c}{k} \tag{6.62}$$

$$\frac{\dot{c}}{c} = \alpha k^{\alpha-1} - \rho - [(1+b)n + \delta - d] \tag{6.63}$$

$$n = d + \frac{\phi\rho(c/k)}{\rho(1+b) - \psi(c/k)} \tag{6.64}$$

三个方程构成了模型的基本微分方程组。

根据稳态的基本性质,不难证明模型的稳态是主要人均变量的增长率等于零。由此,利用上述三个方程中任意一个都可以证明,稳态时 n 也是不变的。据此,我们可以定义两个新变量,以简化模型分析。这两个新变量是:

$$\chi \equiv c/k, \quad z \equiv k^{\alpha-1}$$

显然，稳态时，这两个新变量的增长率都等于零。

用(6.63)式减去(6.62)式，可以得到：

$$\frac{\dot{\chi}}{\chi}=-\rho-(1-\alpha)z+\chi \tag{6.65}$$

再用(6.64)式代换掉(6.62)式中的 n，经过适当的化简，就可以得到：

$$\frac{\dot{z}}{z}=-(1-\alpha)\left[z-\delta-bd-\chi-\frac{\phi\rho(1+b)\chi}{\rho(1+b)-\psi\chi}\right] \tag{6.66}$$

方程(6.65)和(6.66)就构成了用新定义的变量表示的基本微分方程组。

遗憾的是，直接利用上述两个方程来对模型进行稳态和转型动态分析是很困难的事情。这是因为(6.66)式是一个二次方程，同时包含太多参数，使得求解模型的稳态值以及对数线性化这个方程都是很难的事情。其实，就是用相位图来进行模型分析都不容易，因为要确定(6.66)式所代表的零值运动曲线的形状都很困难。

为了克服这一困难，我们借鉴 Barro and Sala-i-Martin(2004)的做法，给模型参数赋予如下具体数值：

$$\alpha=0.75,\quad \delta=0.05,\quad \rho=0.02$$
$$d=0.01,\quad b=1,\quad \psi=0.2,\quad \phi=0.2$$

这样，(6.65)式和(6.66)式就简化成了如下形式：

$$\frac{\dot{\chi}}{\chi}=-0.02-0.25z+\chi \tag{6.67}$$

$$\frac{\dot{z}}{z}=-0.25\left(z-0.06-\chi-\frac{\chi}{5-25\chi}\right) \tag{6.68}$$

下面，我们用相位图来表示模型的稳态和转型动态，如图 6.4 所示。

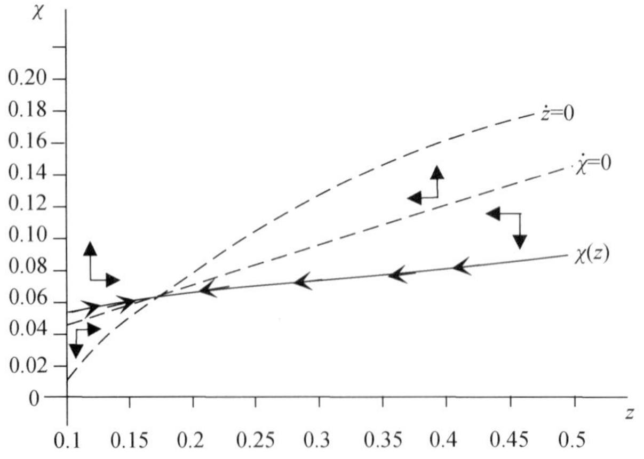

图 6.4　包含生育增长模型相位图

在图 6.4 中，虚直线是变量 χ 的零值运动线，虚曲线是变量 z 的零值运动线。同样，这两条线也是分别令(6.67)式中的 $\dot{\chi}=0$ 和(6.68)式中的 $\dot{z}=0$ 而得到的。χ 的零值运动线是很容易可以画出的，而 z 的零值运动线则需要通过给定若干个具体的 z 值，先画出几个点，再连接这些点而画出。其实，令(6.67)式中的 $\dot{z}=0$ 而得到的方程是一个二元二次方程，就算是将

具体的 z 值代入之后，它也是一个关于 χ 的一元二次方程。不过，能够发现这个一元二次方程有两个正实根，图 6.4 中画出的那条线是两个实根中较小的那个对应的那条线。排除较大实根对应的那条曲线的原因是，它处在 χ 的零值运动线的上方，而与之没有交点。

自然，两个变量零值运动线的交点就是模型的稳态。一旦变量 χ 和 z 的稳态值 χ^* 与 z^* 被确定，经由(6.50)式就可以决定出生率的稳态值 n^*。稳态时的利率也可以经由(6.41)式来决定。

根据相位图中四个区域的点的运动方向箭头，就可以判定模型的稳态是鞍形稳定的。由(6.50)式可知，出生率 n 与 χ 成正比，因此，当变量 χ 收敛于自己的稳态值时，出生率也会收敛于自己的稳态值。进一步，从图 6.4 中的曲线 $\chi(z)$ 可以看出变量 χ 与变量 z 之间存在正比关系。这样一来，当 z 变小时，变量 χ 从而变量 n 都变小。注意到 z 是关于人均资本 k 的减函数，我们就可以得出，随着经济发展——表现为人均资本的增加，z 值变小，人口出生率 n 也会变小。这一结论与人口转型理论比较吻合。

6.3 劳动-闲暇选择与经济增长

在此前的模型中，我们一直假设消费者用于劳动从而用于闲暇的时间是固定不变的。由此，舍弃了消费者在劳动和闲暇之间的选择问题。这一节，我们将放弃这个假设，将消费者在劳动和闲暇之间的选择问题引入拉姆齐模型之中。这就是说，与基本拉姆齐模型相比，除了放弃劳动时间外生给定假设之外，其他假设都予以保留。

不过，我们还是假设劳动参与率不变，因此，在这个模型中，我们仍然可以简单假设人口与劳动力相等。不妨用 $N(t)$ 表示之，进一步，假设其增长率 n 外生给定，并且保持不变。但是，因为现在消费者可以在劳动和闲暇之间做选择，所以在这个模型里，人口(劳动力)和劳动之间存在差别。如果我们用 $L(t)$ 来表示劳动，用 $l(t)$ 来表示劳动力花在劳动上的时间比例，那么，就存在如下关系式：

$$L(t) = l(t)N(t) \tag{6.69}$$

(6.69)式就是消费者的劳动供给曲线。只是在这个供给函数中，我们引入了一个新的变量 $l(t)$。

由于引入了消费者在劳动和闲暇之间的选择，在这个模型里，劳动和人口不再相等，所以要注意区分变量的“人均”和“劳均”水平。简单来说，对于一个变量 X，如果我们分别用 x 和 $\hat{x}$ 来表示这个变量的人均和劳均量的话，则有：

$$x \equiv \frac{X}{N}, \quad \hat{x} \equiv \frac{X}{L} = \frac{X}{lN}$$

6.3.1 建立模型

建模工作还是从最终品生产函数出发。最终品生产函数还是由(6.39)式给出，不过要注意的是，这里的 $L(t)$ 要由(6.69)式给出。由此，生产函数的集约形式要写成如下形式：

$$\hat{y} = f(\hat{k}) = \hat{k}^{\alpha} \tag{6.70}$$

由这个生产函数出发，利用稳态基本性质，不难证明这个模型的稳态是，稳态时，主要变量的劳均增长率等于零，即 $\gamma_{\hat{k}} = \gamma_{\hat{c}} = \gamma_{\hat{y}} = 0$。由这个生产函数，很容易求出厂商最优问题的最优条件，也就是厂商对劳动和资本的需求函数：

$$w=(1-\alpha)\hat{k}^{\alpha} \tag{6.71}$$

$$r+\delta=\alpha\hat{k}^{\alpha-1} \tag{6.72}$$

式中，r 表示利率，w 表示工资，δ 是外生给定的资本折旧率。接下来，建模的重点将是消费者的劳动和资本供给函数。

由于引入了劳动和闲暇之间的选择，消费者的储蓄函数也就是预算约束条件也要发生些许改变，将由如下式子给出：

$$\dot{a}(t)=wl(t)+(r-n)a(t)-c(t) \tag{6.73}$$

式中，$a(t)$和 $c(t)$表示消费者拥有的人均资产和人均消费(注意不是“劳均”量)。与基本拉姆齐模型中的消费者预算约束条件相比，那里不变的劳动时间 1，在这里被换成了可变的$l(t)$。显然，要使用上述两个供给函数，需要先决定 $l(t)$和 $c(t)$的值。而这两个变量都将由消费者跨时效用最大化问题的最优条件来决定。为此，我们需要给出消费者的效用函数。

基本拉姆齐模型中的效用函数(3.11)式，要改变成如下形式：

$$U=\int_0^{\infty}u[c(t),l(t)]\times \mathrm{e}^{nt}\times \mathrm{e}^{-\rho t}\mathrm{d}t \tag{6.74}$$

与(3.11)式相比，唯一的不同之处就是，个人瞬时效用函数 u 中加入了变量 $l(t)$，或者也可以认为是将那里不变的 1 换成了这里可变的 $l(t)$。同时，我们假设个人瞬时效用函数满足：$u_c>0$，$u_{cc}<0$；$u_l<0$，$u_{ll}\leqslant 0$。这里，u_c 表示 u 关于 c 的一阶导数，u_{cc}表示 u 关于 c 的二阶导数，其他变量类推。

现在，可以写出消费者跨时效用最大化问题的汉密尔顿函数如下：

$$\mathcal{H}=u(c,l)\times \mathrm{e}^{-(\rho-n)t}+\lambda[wl+(r-n)a-c]$$

与基本拉姆齐模型相比，这个模型多出了一个控制变量 l，所以，要多出一个最优条件即 $\partial\mathcal{H}/\partial l=0$。

消费者跨时效用最大化问题的一阶条件为：

$$\partial\mathcal{H}/\partial c=0\Rightarrow u_c\mathrm{e}^{-(\rho-n)t}=\lambda \tag{6.75}$$

$$\partial\mathcal{H}/\partial l=0\Rightarrow u_l\mathrm{e}^{-(\rho-n)t}=-\lambda w \tag{6.76}$$

$$\partial\mathcal{H}/\partial a=-\dot{\lambda}\Rightarrow\lambda(r-n)=-\dot{\lambda} \tag{6.77}$$

同样，由(6.75)式和(6.77)式，可以导出如下欧拉方程：

$$r=\rho-\frac{u_{cc}c}{u_c}\times\frac{\dot{c}}{c}-\frac{u_{cl}l}{u_c}\times\frac{\dot{l}}{l} \tag{6.78}$$

导出(6.78)式的过程中，要注意 l 是函数 u_c 的变量。

与基本拉姆齐模型的欧拉方程(3.51)式相比，(6.78)式多出了最右边那一项。显然，如果 $u_{cl}=0$，那么这两个式子就完全相同了。这就是说，多出这一项的原因就是，在这里，u_c 要依赖于变量 l。当 $u_{cl}>0$ 时，一个更高的 $\dot{l}/l$，会让时间偏好率 ρ 被减去的项不再等于零，而是大于零。这表明，人们更加偏好未来消费，从而供给更多劳动，享受更少闲暇。当 $u_{cl}<0$ 时，这个效应就都会反过来。

由(6.75)式和(6.76)式，能够很容易得到含有劳动-闲暇选择的消费者跨时效用最大化问题多出的那个一阶条件：

$$-u_l/u_c = w \tag{6.79}$$

(6.79)式可以决定变量 l 的大小。当然，模型的最优条件还要包括消费者约束条件和横截性条件。

要对模型作进一步的分析，需要我们给定具体的效用函数。这里，我们采用 Barro and Sala-i-Martin(2004)中的如下具体效用函数：

$$u(c,l) = \ln c + \omega(l) \tag{6.80}$$

式中，$\omega(l)$表示劳动负效用(disutility of work)。进一步，我们假设这个劳动函数负效用函数采取如下不变弹性形式：

$$\omega(l) = -\xi l^{1+\sigma} \tag{6.81}$$

式中，$\xi>0$，$\sigma\geqslant 0$。

显然，按照这个对数效用函数即(6.80)式，c 和 l 之间是可分的，即 $u_{cl}=0$。如此一来，欧拉方程就与基本拉姆齐模型相同了：

$$\dot{c}/c = r - \rho \tag{6.82}$$

在具体对数效用函数即(6.80)式下，(6.79)式就变成了如下形式：

$$-\omega'(l)c = w$$

再利用(6.81)式求得 $\omega'(l)$，连同(6.71)式一起代入上式中，得到：

$$\xi(1+\sigma)l^{1+\sigma}\hat{c} = (1-\alpha)\hat{k}^{\alpha} \tag{6.83}$$

在得到(6.83)式的过程中，使用等式 $c=l\hat{c}$ 进行了必要的代换。最后，加上资本市场均衡条件 $a=k$，模型就封闭起来了。

综合起来，这个模型一共包括以下这些方程：(6.71)—(6.73)式、(6.82)式、(6.83)式以及资本市场均衡条件。当然，进行模型化简时，还需要用到关系式 $x=l\hat{x}$，对人均量与劳均量进行必要的相互转换。

6.3.2 分析模型

把(6.71)式和(6.72)式，连同资本市场均衡条件一起代入消费者预算约束条件(6.73)式中，整理、化简得到：

$$\frac{\dot{\hat{k}}}{\hat{k}} = \hat{k}^{\alpha-1} - (\delta+n) - \frac{\hat{c}}{\hat{k}} - \frac{\dot{l}}{l} \tag{6.84}$$

将(6.72)式代入(6.82)式中，化简得到：

$$\frac{\dot{\hat{c}}}{\hat{c}} = \alpha\hat{k}^{\alpha-1} - (\delta+\rho) - \frac{\dot{l}}{l} \tag{6.85}$$

(6.84)式和(6.85)式，连同决定 l 大小的(6.83)式一起构成了模型的基本微分方程组。

这个基本微分方程有三个内生变量和三个方程。为了便于分析，我们还是先要把它化简为两个内生变量和两个方程的方程组。一个自然的选择是，用(6.83)式将其他两个方程中的 $\dot{l}/l$ 给代换掉。

为此，对(6.83)式等号两边同时取自然对数，并关于时间求导数，得到：

$$\frac{\dot{l}}{l} = \frac{\alpha}{1+\sigma}\times\frac{\dot{\hat{k}}}{\hat{k}} - \frac{1}{1+\sigma}\times\frac{\dot{\hat{c}}}{\hat{c}} \tag{6.86}$$

把(6.86)式代入(6.84)式中，得到：

$$\frac{\dot{\hat{k}}}{\hat{k}}=\hat{k}^{\alpha-1}-(\delta+n)-\frac{\hat{c}}{\hat{k}}-\frac{\alpha}{1+\sigma}\times\frac{\dot{\hat{k}}}{\hat{k}}+\frac{1}{1+\sigma}\times\frac{\dot{\hat{c}}}{\hat{c}}$$

再用(6.85)式减去(6.84)式得到的结果代换掉上式中的 $\dot{\hat{c}}/\hat{c}$，经过适当化简，可以得到：

$$\frac{\dot{\hat{k}}}{\hat{k}}=\hat{k}^{\alpha-1}-\frac{1}{\alpha+\sigma}\left[\sigma\frac{\hat{c}}{\hat{k}}+(1+\sigma)\delta+\rho+n\sigma\right] \tag{6.87}$$

类似地，可以将欧拉方程(6.85)式变换成如下形式：

$$\frac{\dot{\hat{c}}}{\hat{c}}=\alpha\hat{k}^{\alpha-1}+\frac{1}{\alpha+\sigma}\left[\alpha\frac{\hat{c}}{\hat{k}}-(1+\sigma)\delta-(1+\alpha+\sigma)\rho+\alpha n\right] \tag{6.88}$$

方程(6.87)和(6.88)可以直接被用于模型分析了。

为了对模型进行稳态分析，令(6.87)式和(6.88)式等于零，得到：

$$\hat{k}^{\alpha-1}=\frac{1}{\alpha+\sigma}\left[\sigma\frac{\hat{c}}{\hat{k}}+(1+\sigma)\delta+\rho+n\sigma\right] \tag{6.89}$$

$$\alpha\hat{k}^{\alpha-1}=-\frac{1}{\alpha+\sigma}\left[\alpha\frac{\hat{c}}{\hat{k}}-(1+\sigma)\delta-(1+\alpha+\sigma)\rho+\alpha n\right] \tag{6.90}$$

证明模型稳态的存在性和唯一性不是很难的事情。用消元法删去上述两个方程组中的 $\hat{c}/\hat{k}$，可以将这两个方程变换成如下方程：

$$g(\hat{k})\equiv\alpha\hat{k}^{\alpha-1}-\delta-\rho=0$$

将中值定理用于上述函数 $g(\hat{k})=0$ 就可以证明模型稳态的存在性和唯一性。证明过程不难，因此这里不予展开。

求解(6.89)式和(6.90)式构成的方程组，可以得出模型的稳态值为：

$$r^{*}=\alpha(\hat{k}^{*})^{\alpha-1}-\delta=\rho$$

$$\frac{\hat{c}^{*}}{\hat{k}^{*}}=\frac{\rho+\delta}{\alpha}-(n+\delta)$$

将上述两式代入(6.83)式中，可以确定稳态时的 l 值：

$$l^{*}=\left\{\left[\frac{1-\alpha}{\xi(1+\sigma)}\right]\times\left[\frac{\rho+\delta}{\rho+\delta-\alpha(n+\delta)}\right]\right\}^{1/(1+\sigma)}$$

对模型进行转型动态分析，还是先对模型的基本微分方程组即(6.87)式和(6.88)式进行对数线性化：

$$\frac{\mathrm{d}\ln k}{\mathrm{d}t}=\left[(\alpha-1)(k^{*})^{\alpha-1}+\frac{\sigma}{\alpha+\sigma}\frac{\hat{c}^{*}}{\hat{k}^{*}}\right](\ln k-\ln k^{*})$$
$$-\frac{\sigma}{\alpha+\sigma}\frac{\hat{c}^{*}}{\hat{k}^{*}}(\ln c-\ln c^{*})$$

$$\frac{\mathrm{d}\ln c}{\mathrm{d}t}=\left[\alpha(\alpha-1)(k^{*})^{\alpha-1}-\frac{\alpha}{\alpha+\sigma}\frac{\hat{c}^{*}}{\hat{k}^{*}}\right](\ln k-\ln k^{*})$$
$$+\frac{\alpha}{\alpha+\sigma}\frac{\hat{c}^{*}}{\hat{k}^{*}}(\ln c-\ln c^{*})$$

为了简化方程式的书写，我们令：

$$x\equiv(\hat{k}^{*})^{\alpha-1}=\frac{\delta+\rho}{\alpha},\quad y\equiv\frac{\hat{c}^{*}}{\hat{k}^{*}}=\frac{\rho+\delta}{\alpha}-(n+\delta),$$

于是，由上述两个微分方程构成的微分方程组的系数矩阵为：

$$\begin{bmatrix} (\alpha-1)x+\dfrac{\sigma}{\alpha+\sigma}y & -\dfrac{\sigma}{\alpha+\sigma}y \\ \alpha(\alpha-1)x-\dfrac{\alpha}{\alpha+\sigma}y & \dfrac{\alpha}{\alpha+\sigma}y \end{bmatrix}$$

还是用 λ_1 和 λ_2 来表示上述系数矩阵的两个特征值，则可以得到：

$$\lambda_1\lambda_2=\frac{\alpha(\alpha-1)x(1+\sigma)y}{\alpha+\sigma}$$

由于 x 和 y 都大于零，再根据其他系数的符号，很容易判断上式是小于零的，从而就可以推出如下结论：模型的稳态是鞍形稳定的。

至于模型稳态的收敛速度，使用第三章曾使用的方法可以证明：它就是上述两个特征值中较小一个的绝对值。如果用 β 来表示这个收敛系数的话，那么，它的值就由下式决定：

$$2\beta=\rho-n-\left\{(\rho-n)^2+\left[\frac{4(1-\alpha)(1+\sigma)}{\alpha+\sigma}\right](\rho+\delta)\left[\frac{\rho+\delta}{\alpha}-(n+\delta)\right]\right\}^{1/2}$$

同样，我们也可以利用相位图来对模型进行稳态和转型动态分析。在图 6.5 中，倒 U 形曲线是变量 $\hat{k}$ 的零值运动曲线，即函数(6.89)的图像；向右上方倾斜的曲线是变量 $\hat{c}$ 的零值运动曲线，也就是函数(6.90)的图像。

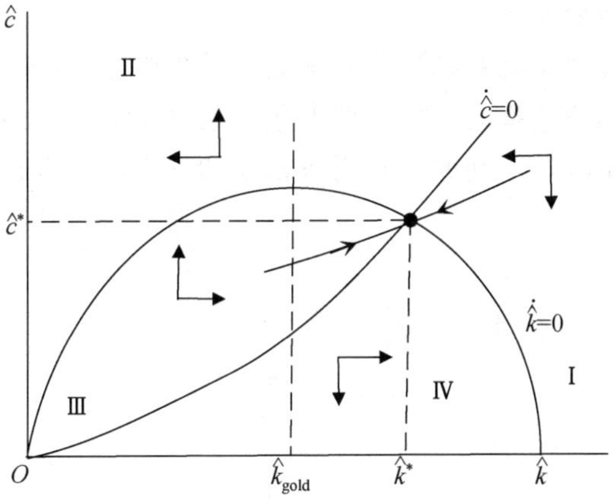

图 6.5　含有劳动和闲暇选择的拉姆齐模型相位图

对(6.89)式中的 $\hat{c}$ 关于 $\hat{k}$ 求二阶导数，很容易证明这个导数是小于零的，所以，它同基本拉姆齐模型中的 $\hat{k}$ 的零值运动曲线有一样的形状。而变量 $\hat{c}$ 的零值运动曲线向右上方倾斜，则是因为函数(6.90)中的 $\hat{c}$ 关于 $\hat{k}$ 一阶、二阶导数都大于零。为了求解这个一阶、二阶导数，我们先将(6.90)式变换成如下形式：

$$\hat{c}=-(\alpha+\sigma)\hat{k}^{\alpha}+\frac{(1+\sigma)\delta+(1+\alpha+\sigma)\rho-\alpha n}{\alpha}\hat{k}$$

由此，不难求得：

$$\frac{\mathrm{d}\hat{c}}{\mathrm{d}\hat{k}}=-(\alpha+\sigma)\alpha\hat{k}^{\alpha-1}+\frac{(1+\sigma)\delta+(1+\alpha+\sigma)\rho-\alpha n}{\alpha}\qquad(6.91)$$

再用(6.90)式代换掉(6.91)式中的 $\alpha\hat{k}^{\alpha-1}$，可以得到：

$$\frac{\mathrm{d}\hat{c}}{\mathrm{d}\hat{k}}=\alpha\frac{\hat{c}}{\hat{k}}+\frac{1-\alpha}{\alpha}[(1+\sigma)\delta+(1+\alpha+\sigma)\rho-\alpha n]$$

不难证明上述一阶导数大于零。对(6.91)式再求导数，得到：

$$\frac{\mathrm{d}^2\hat{c}}{\mathrm{d}\hat{k}^2}=-(\alpha+\sigma)\alpha(\alpha-1)\hat{k}^{\alpha-2}$$

显然，上述二阶导数是大于零的。

自然，在图 6.5 中，两条零值运动曲线的交点对应的劳均资本 $\hat{k}^*$ 和消费 $\hat{c}^*$ 就是模型的稳态值。从图 6.5 中所标出的箭头可以清楚地看出，模型的稳态是鞍形稳定的。当固定横坐标为 $\hat{k}$ 时，由(6.87)式可以得到 $\mathrm{d}(\dot{\hat{k}}/\hat{k})/\mathrm{d}\hat{c}<0$，因此，在变量 $\hat{k}$ 的零值运动曲线以下的点的横坐标 $\hat{k}$ 变大，而线以上的点的横坐标 $\hat{k}$ 则变小。类似地，当固定横坐标 $\hat{k}$ 时，由(6.88)式可以得到 $\mathrm{d}(\dot{\hat{c}}/\hat{c})/\mathrm{d}\hat{c}>0$，因此，在变量 $\hat{c}$ 的零值运动曲线以下的点的纵坐标 $\hat{c}$ 变小，而线以上的点的横坐标 $\hat{c}$ 则变大。

?习题

1. 导出包含移民的索洛模型的基本微分方程。
2. 对包含移民的索洛模型进行稳态和转型动态分析。
3. 简述包含移民的拉姆齐模型与迭代模型之间的相同之处。
4. 分析包含移民的拉姆齐模型。
5. 导出包含生育决策的拉姆齐模型的基本微分方程组。
6. 导出包含劳动和闲暇选择问题的消费者效用最大化问题的最优条件。
7. 导出包含劳动和闲暇选择问题的拉姆齐模型的基本微分方程组。

第七章 AK 模型

到目前为止，我们所介绍的所有经济增长模型有一个共同之处，那就是它们使用的都是新古典生产函数。新古典生产函数的一个主要性质是，生产函数中的可累积要素的边际报酬递减。正是因为这一性质，这些模型的人均产出增长率都等于外生的技术进步率。将经济增长的原因归于外生的技术进步，对于以解释经济增长原因为“己任”的经济增长理论来说，可以算得上是一个不小的讽刺。

为了摆脱这种困境，经济增长理论开始放弃可累积要素的边际报酬递减这一性质，从而开启了经济增长理论“内生化”的进程。根据边际报酬递减规律可知，可累积要素边际报酬递减发生有两个前提条件：其他要素保持不变和技术水平不变①。内生增长模型就是在放弃这两个条件的基础上而发展起来的。

放弃“其他要素保持不变”而建立的内生增长模型可以被笼统叫作“AK 模型”；引入内生技术进步的增长模型就是“内生技术进步增长模型”。前者是本章的主题，后者将在第八章和第九章中加以介绍。

AK 模型放弃“其他要素保持不变”假设的方式有两种。第一种方式是假设不存在其他的要素。这种方式的具体做法是，假设只需要一种可累积要素就可以进行生产活动。对这一做法的理解通常也有两种方式：其一，可累积要素对其他要素具有完全替代性；其二，对可累积要素进行宽泛理解，比如，认为资本是包含物质资本和人力资本的广义概念。

第二种方式假设其他要素会随着可累积要素的增加而增加。这种方式的基本逻辑是，虽然存在其他要素，但是，可累积要素的增加会引起可累积要素和其他要素以外的某个“第三要素”②增加；而这个第三要素的增加则可以导致“其他要素”的增加。在内生增长文献中，“干中学”、政府服务和人力资本是这类“第三要素”的三个主要代表。

当生产函数中只有一种要素时，这种要素的边际产出显然是不变的，并且始终等于平均产出。如果用“K”来表示可累积要素，用“A”来表示可累积要素的边际产出的话，那么，这类生产函数的形式就是“AK”。这也是 AK 模型名称的由来。由此，我们将按照第一种方式发展起来的 AK 模型叫作“基本(AK)模型”。

第二种方式就是通过第三变量的增加来增加其他要素，从而使得可累积要素的边际产出也等于不变的“A”。因此，我们将按照第二种方式发展起来的 AK 模型叫作“扩展(AK)模

① 通常来说，资本是可累积要素的代表，而劳动则是其他不变要素的代表。所以下文也会直接用资本和劳动来替代可累积要素和其他要素。

② 即可累积要素和其他要素之外的因素。

型”,进一步,根据第三变量的不同,可以将扩展模型区分为干中学模型、政府服务模型和人力资本模型。本章将依次介绍基本模型,干中学和知识外溢模型,政府服务模型和人力资本模型。

7.1 基本模型

7.1.1 假设条件

同索洛模型和拉姆齐模型一样,AK 模型中只有消费者和厂商两种经济行为人,并且仍然遵循代表性厂商和代表性消费者假设。AK 模型仍然是一部门生产技术,只是生产函数采取如下形式:

$$Y = F(K) = AK$$

式中,$A>0$,表示技术水平;K 表示资本。显然,其集约形式为:

$$y = f(k) = Ak \tag{7.1}$$

同样用 L 来表示劳动,则式中的 $k \equiv K/L$ 还是表示人均资本。

这个生产函数与新古典生产函数最大的不同是,资本的边际产出不再是递减的,而是不变的,因为 $f''=0$。同时稻田条件不再成立,其实这一特点是所有内生增长模型的生产函数所共同拥有的。很清楚,这个生产函数是规模报酬不变的,因此,AK 模型中的厂商(市场)也是完全竞争的。

在 AK 模型中,消费者不拥有劳动,只拥有资本,这是与拉姆齐模型唯一的区别。其他方面与拉姆齐模型是一样的,比如消费者的效用函数,消费者的时间偏好率为 ρ,人口增长率为 n,资本折旧率为 δ,等等。

7.1.2 建立模型

根据本书的习惯,建模还是从生产函数(7.1)式出发。由于这个生产函数只有一种投入资本,所以只需要经由资本市场均衡就可以将模型封闭起来。资本供给是消费者跨时点效用最大化选择的结果。

根据上述假设,消费者效用最大化问题的目标函数为:

$$U = \int_0^{\infty} e^{-(\rho-n)t} \times \left[\frac{c^{(1-\theta)} - 1}{(1-\theta)}\right] dt \tag{7.2}$$

式中,c 为人均消费。约束条件为:

$$\dot{a} = (r-n) \times a - c \tag{7.3}$$

式中,a 为人均资产,r 为利率。

根据上述效用函数和约束条件,不难求出消费者跨时效用最大化问题的欧拉方程:

$$\dot{c}/c = (1/\theta)(r-\rho) \tag{7.4}$$

横截性条件为:

$$\lim_{t\to\infty}\left\{a(t) \times \exp\left[-\int_0^t [r(v)-n] dv\right]\right\} = 0 \tag{7.5}$$

资本需求函数由厂商利润最大化问题给出。这个条件就是资本的边际报酬等于资本使用租金,即:

$$r+\delta=A \tag{7.6}$$

式中,A 为资本的边际报酬。

最后,加上资本市场的均衡条件 $a=k$,模型就建立起来了。除了这个均衡条件以外,模型还包含生产函数(7.1)式、欧拉方程(7.4)式、消费者约束条件(7.3)式、横截性条件(7.5)式和资本需求函数(7.6)式。

7.1.3 模型分析

进行模型分析的第一步还是要找到模型的基本微分方程组。思路还是要利用消费者的约束条件和欧拉方程。也就是,将资本市场均衡条件和资本需求函数(7.6)式代入消费者约束条件(7.3)式、欧拉方程(7.4)式和横截性条件(7.5)式中,再经过适当化简,就可以得到模型的基本微分方程组如下:

$$\dot{k}=(A-\delta-n)k-c \tag{7.7}$$

$$\dot{c}/c=(1/\theta)(A-\delta-\rho) \tag{7.8}$$

$$\lim_{t\to\infty}\{k(t)\mathrm{e}^{-(A-\delta-n)t}\}=0 \tag{7.9}$$

通过上述方程组中的(7.8)式可以直接求解出 $c(t)$,或者说(7.8)式就可以直接决定消费 c 的增长率。正是这一特点,我们就不需要将基本微分方程化成所谓零变量的函数了,因为进行转换的目的就是简化模型的求解或者分析,而由于这个特点,这个方程组的求解已经很简单了。(7.8)式是非常简单的关于 c 的微分方程,它的解为:

$$c(t)=c(0)\times\mathrm{e}^{(1/\theta)(A-\delta-\rho)t} \tag{7.10}$$

式中,$c(0)$是消费的初始值。

关于 AK 模型,需要作出如下假设:

$$A>\rho+\delta>(A-\delta)(1-\theta)+\theta n+\delta \tag{7.11}$$

(7.11)式的第一部分保证 $\dot{c}/c>0$;第二部分保证消费者从消费中获得的总效用有界。第一部分只需要令(7.8)式大于零就可以得到。

第二部分需要作一点推导。将(7.10)式代入(7.2)式中,可以得到:

$$U=[1/(1-\theta)]\int_0^{\infty}\mathrm{e}^{-(\rho-n)t}\times[c(0)^{1-\theta}\times\mathrm{e}^{[(1-\theta)/\theta]\times(A-\delta-\rho)\times t}-1]$$

要保证总效用 U 有界,需要上式中 e 的指数满足条件:

$$\rho-n>[(1-\theta)/\theta]\times(A-\delta-\rho)$$

将上式等号两边加上 δ,再稍加化简,就可以得到(7.11)式的第二部分。

将(7.10)式代入(7.7)式,并利用横截性条件(7.5)式就可以求得 $k(t)$。把(7.10)式代入(7.7)式,得到:

$$\dot{k}=(A-\delta-n)k-c(0)\times\mathrm{e}^{(1/\theta)(A-\delta-\rho)t}$$

上式是一个关于 k 的一阶线性微分方程。

求解这个微分方程,先将上式等号右边第一项移到等号左边,再在方程两边同时乘以积分因子 $\mathrm{e}^{-(A-\delta-n)t}$,最后对方程两边同时积分即可。这个方程的解为:

$$k(t)=\upsilon\times\mathrm{e}^{(A-\delta-n)t}+[c(0)/\varphi]\times\mathrm{e}^{(1/\theta)(A-\delta-\rho)t} \tag{7.12}$$

式中,υ 表示积分常数,

$$\varphi \equiv (A-\delta)\times(\theta-1)/\theta+\rho/\theta-n$$

重新组合一下，可以将 φ 表示为 $\varphi \equiv (A-\delta-n)-\gamma_c$，这里，$\gamma_c$ 是消费增长率，由(7.8)式给出。根据(7.8)式可知，消费增长率是一个常数，所以 φ 也是一个常数；进一步，由(7.11)式的第二部分可以推出 $\varphi>0$。

人均资本 $k(t)$ 还需要满足横截性条件，因此，将(7.12)式代入(7.7)式中，得到：

$$\lim_{t\to\infty}\{\upsilon+[c(0)/\varphi]\times \mathrm{e}^{-\varphi t}\}=0$$

由于 $c(0)$ 是有限数，同时 $\varphi>0$，所以，有 $\lim_{t\to\infty}[c(0)/\varphi]\times \mathrm{e}^{-\varphi t}=0$。这样，要使上式成立，就必须有：积分常数 $\upsilon=0$。把 $\upsilon=0$ 代入(7.12)式，得到：

$$k(t)=[c(0)/\varphi]\times \mathrm{e}^{(1/\theta)(A-\delta-\rho)t} \tag{7.13}$$

用(7.10)式代换掉(7.13)式中的 $c(0)$，可以得到人均消费与人均资本之间的如下关系：

$$c(t)=\varphi\times k(t) \tag{7.14}$$

由于(7.14)式中的 φ 是常数，所以，人均资本增长率就等于人均消费增长率，即有：

$$\dot{k}/k=\dot{c}/c=(1/\theta)(A-\delta-\rho)$$

同时，由生产函数(7.1)式可知：

$$\dot{y}/y=\dot{k}/k$$

综合上述两式，可以知道，在 AK 模型中，有：

$$\dot{y}/y=\dot{k}/k=\dot{c}/c=(1/\theta)(A-\delta-\rho) \tag{7.15}$$

到这里，能够发现，我们直接将模型中的主要变量人均产出、人均资本和人均消费的增长率都求出来了，并且三者相等，都等于一个不变的常数。这就是说，AK 模型总是处于稳态，换言之，就是模型不存在转型动态。

关于 AK 模型的比较静态分析，基本结论是，有些外生变量（或者说模型参数）的变化，能够影响主要变量的水平值，也能够影响它们的增长率。这一点，从(7.13)式和(7.15)式可以看出。比如，A、ρ 和 θ 的变化可以改变人均消费和人均资本的水平与增长率。当然，也有外生变量变化只能影响内生变量的水平值或者增长率。比如，折旧率的变化只能改变增长率，人口增长率的变化则只能改变水平值。至于变化的方向和大小，只需要将变量的水平和增长率关于某一个外生变量求一阶导数即可。

7.1.4 与拉姆齐模型的比较

与拉姆齐模型相比，AK 模型的特别之处主要在于其关于人均增长率决定因素的认定方面。根据(7.15)式，在 AK 模型中，长期和短期人均增长率取决于消费者储蓄参数 ρ 和 θ，以及生产技术参数 A。具体来说，ρ 和 θ 越低，说明消费者的储蓄意愿越高，从而人均增长率就越高。技术水平越高，即 A 越大，人均增长率就越高。与之不同，在拉姆齐模型中，人均产出的长期增长率不受消费者储蓄意愿的影响，而是由外生给定的技术进步率来决定。储蓄意愿参数和技术水平参数只能够影响有效劳动平均产出和有效劳动平均资本等变量的稳态水平值。

存在于两个模型之间的第二个差异是，拉姆齐模型存在转型动态，而 AK 模型不存在转型动态。当然，如果拉姆齐模型收敛速度很快，那么这个差异就不是太大，因为按照拉姆齐模型，虽然经济不像 AK 模型总是处于稳态，但是，大部分时间是处于稳态的，因为当经济离开稳态时，很快的收敛速度说明经济会很快回到稳态。反之，如果拉姆齐收敛速度比较慢的话，这种差异就比较大了。

产生这种差异的原因是两个模型所使用的生产函数不同。更具体地说，在拉姆齐模型使用的新古典生产函数中，资本的边际报酬是递减的；而这一性质在 AK 模型使用的生产函数中则不存在。

两个模型的相同之处表现为，它们的均衡结果都是帕累托最优的，也就是有效率的。这是因为在两个模型中，市场都是完全竞争的。在 AK 模型中，虽然资本边际报酬不再递减，但是，由于生产函数中不存在资本以外的其他要素，因此新古典函数的规模报酬不变性质得以保留。正是这一性质保证了完全竞争市场的存在，因为规模报酬不变使得没有一个厂商能够通过扩大生产规模来取得竞争优势，从而形成垄断。同样，可以将模型在市场经济框架下的结果与计划者经济框架下的结果进行比较来加以证明。

7.2 干中学和知识外溢模型

所谓"干中学"，要表达的含义是，知识是投资的副产品。其逻辑是，一个厂商在增加物质资本投资的同时，会学习更有效的生产方法，由此，也可以叫作"边投资边学习"。这就是说，一个厂商的物质资本的增加会导致该厂商的技术水平提升。

知识外溢性说的是，每一个厂商所发现（发明）从而拥有的技术知识，对于所有其他厂商来说都是公共产品。换句话说，就是任意一家厂商所拥有的技术，都可以被其他厂商零成本获取。这就是说，某一个厂商所发现（发明）的技术知识，瞬间就会溢出到整个经济中。

7.2.1 假设条件

干中学和知识外溢模型（以下简称为"干中学模型"），仍然假设存在消费者和厂商两种经济行为人。与此前模型的不同之处是，这里，为了表达知识外溢，需要放弃代表性厂商假设。这是因为，在这个模型中，通过知识外溢性，厂商之间发生了相互影响。不过，模型仍然假设一部门生产技术，也就是说没有独立的中间品生产部门存在。消费者则还是以代表性消费者形式出现在模型中，消费者决策的目标函数与约束条件都与拉姆齐模型相同。

既然放弃了代表性厂商假设，那么，总生产函数就要被单个厂商的生产函数取代。单个厂商 i 的生产函数可以表示如下：

$$Y_i = F(K_i, A_i L_i)$$

式中，所有变量的含义都与此前的总生产函数变量的含义相同，只是都加上了下标 i 来表示这些变量是单个厂商的变量，而与整个经济的总量加以区别。生产函数满足新古典生产函数的如下主要性质：正的、递减要素边际产出、规模报酬不变和稻田条件。与新古典生产函数的不同之处是，这里不再假设技术 A_i 的增长率外生给定，而认为技术进步来自干中学和知识外溢性。

根据前文给出的干中学和知识外溢的含义，可以得到：厂商的技术进步 $\dot{A}_i$ 与整个经济的资本总量的增量 $\dot{K}$ 成正比关系。据此，这一关系可以用一个具体而简单的式子 $A_i = K$ 来加以表示。这样，厂商 i 的生产函数可以表示为：

$$Y_i = F(K_i, KL_i) \tag{7.16}$$

在上述生产函数中，如果 K 和 L_i 不变，那么，单个厂商的资本 K_i 的边际报酬是递减的，这就与新古典生产函数一样了。关键是，这里的“如果”是不成立的，因为当 K_i 增加时，K 不可能保持不变。这样一来，即使 L_i 保持不变，单个厂商的资本 K_i 的边际报酬也不会递减，而是保持不变，下文有详细推导。

虽然技术进步不再是外生给定的，但是，干中学模型中的厂商仍然是价格接受者。[①] 由于技术进步来自知识的外溢性，所以，厂商能够像技术进步外生给定时一样无偿使用技术。这样一来，厂商的生产函数仍然是规模报酬不变的。由此，厂商也就无法获得市场支配力。

模型假设劳动（人口）增长率等于零。在下文将看到，由于模型存在所谓“规模效应”问题，如果不给出这个假设，那么，社会总效用有界的假设就要被违背。其他的假设与拉姆齐模型一样，主要是资本折旧率和时间偏好率外生给定并且保持不变，分别表示为 δ 和 ρ。

7.2.2 建立模型

还是从生产函数出发。虽然生产函数(7.16)式中有劳动和资本两种生产要素，但是，这里也只需要资本市场供求相等就可以将模型封闭起来。这是因为模型假设劳动的增长率为零，同时模型还舍弃了消费者在劳动和闲暇之间的选择，所以，模型经济中投入生产的劳动总量就总是等于经济所拥有的总劳动量（不妨用 L 表示）。这就是说，劳动数量不需要劳动市场均衡就被决定了。

消费者跨时点最优决定资本供给。消费者最优问题的目标函数为：

$$U = \int_0^{\infty} \mathrm{e}^{-\rho t} \times \left[\frac{c^{(1-\theta)} - 1}{(1-\theta)}\right] \mathrm{d}t \tag{7.17}$$

约束条件为：

$$\dot{a} = r \times a + w - c \tag{7.18}$$

由于模型假设人口增长率等于零，所以，在这里，目标函数和约束条件中就都没有了出现在拉姆齐模型中的 n。虽然如此，由于人口增长率 n 并没有出现在欧拉方程(7.4)式中，所以这里的欧拉方程还是由(7.4)式给出。

至于横截性条件确实要发生改变，不过，只要将 $n=0$ 代入(7.5)式中，就得到了本模型的横截性条件：

$$\lim_{t\to\infty}\left\{a(t) \times \exp\left[-\int_0^t [r(v)]\mathrm{d}v\right]\right\} = 0 \tag{7.19}$$

总之，消费者跨时点最优问题的均衡条件由欧拉方程(7.4)式、约束条件(7.18)式和横截性条件(7.19)式构成。

资本需求由厂商利润最大化行为决定。厂商 i 的利润可以写成：

$$\pi_i \equiv L_i[F(k_i, K) - (r+\delta)k_i - w]$$

式中，$k_i \equiv K_i/L_i$，r 为利率，w 为工资。厂商均衡的一阶条件为：

$$\partial y_i/\partial k_i = F_1(k_i, K) = r + \delta \tag{7.20}$$

$$\partial Y_i/\partial L_i = F(k_i, K) - k_i F_1(k_i, K) = w \tag{7.21}$$

与(2.18)式一样，这里，

$$\partial y_i/\partial k_i = F_1(k_i, K) = \partial Y_i/\partial K_i,$$

① 由于存在外部性，所以，此时厂商和市场不再是完全竞争的了，但是，厂商还是价格接受者。关于两种的区别，第二章有详细说明。

表示私人资本 K_i 的边际报酬。要注意的是，在求解这个一阶导数时，假设 k_i 的变化不影响 K，也就是说，在求解私人资本边际报酬时，K 是作为不变的系数存在的。这是因为相对于整个经济的总资本而言，单个私人资本的变化量总是显得很小。

最后，为了将模型封闭起来，自然是要加上资本市场均衡条件：

$$a = k \tag{7.22}$$

式中，$k \equiv K/L$，表示的是整个经济的人均资本。至此，建模工作应该可以结束了。

遗憾的是，就目前这个模型而言，建模工作还没有完成。原因是，出现在厂商的要素需求函数即(7.20)式和(7.21)式中的变量(k_i)，不同于出现在资本市场均衡条件中的变量(k)。为此，我们需要将 $k_i \equiv K_i/L_i$ 转换成 $k \equiv K/L$。

由(7.20)式和(7.21)式可知，均衡时，所有厂商的人均资本即 k_i 都相等，因为利率和工资对于所有厂商都是一样的，不妨令 $k_i = K_i/L_i \equiv x$。现在要做的就是找到 x 与 k 之间的关系。不难证明，这两个变量是相等的，即有：

$$x = k \tag{7.23}$$

推导(7.23)式的过程如下：

$$x \equiv k_i = \frac{K_i}{L_i} \Rightarrow K_i = xL_i \Rightarrow \sum_i K_i = x\sum_i L_i \Rightarrow x = \frac{K}{L} \equiv k$$

利用(7.23)式，可以求出：

$$F_1(k_i, K) = \frac{\mathrm{d}[f(L)k]}{\mathrm{d}k} = f(L) + kf'(L)\,\frac{K'k - K}{k^2} = f(L) - Lf'(L)$$

导出上式时，用到了 $K'=0$，这是因为相对于整个经济的总资本而言，人均资本变化量总是比较小的。由上式不难发现，私人资本 k_i 的边际产出都是与 k_i 无关的常数(因为 L 不变)。这就是说，资本边际报酬不再递减，而是不变的，这一点与 AK 模型完全一样。当然，导致这一结果的原因在这里是知识外溢性。显然，利用上式可以将厂商的资本需求函数(7.20)式和劳动需求函数(7.21)式变换成：

$$f(L) - Lf'(L) = r + \delta \tag{7.24}$$

$$Lkf'(L) = w \tag{7.25}$$

最后，加上类似于 AK 模型中的条件(7.11)式以保证模型有正的人均经济增长率，又不至于产生无限的总效用：

$$f(L) - Lf'(L) > \rho + \delta > (1-\theta)[f(L) - Lf'(L) - \delta - \rho]/\theta + \delta$$

综合起来，模型由欧拉方程(7.4)式、消费者约束条件(7.18)式、横截性条件(7.19)式、资本需求函数(7.20)式(或者(7.24)式)、劳动需求函数(7.21)式、变量 k_i 与 k 之间的转换关系(7.23)式、生产函数(7.16)式，与保证总效用有界的上式以及资本市场均衡条件(7.22)式构成。

7.2.3 模型分析

先找模型的基本微分方程组，思路还是从消费者约束条件和欧拉方程出发。将(7.24)式代入欧拉方程(7.4)式中，得到：

$$\dot{c}/c = (1/\theta)[f(L) - Lf'(L) - \delta - \rho] \tag{7.26}$$

将(7.22)式、(7.24)式和(7.25)式代入(7.18)式中，得到：

$$\dot{k} = f(L)k - c - \delta k \tag{7.27}$$

把(7.22)式和(7.24)式代入(7.19)式中，可以将横截性条件变换成：

$$\lim_{t\to\infty} k(t)\mathrm{e}^{-[f(L)-Lf'(L)-\delta]} = 0 \tag{7.28}$$

方程(7.26)、(7.27)和(7.28)便是干中学模型的基本微分方程组。

与 AK 模型相同，干中学模型也不存在转型动态，经济中的主要变量人均产出、人均资本和人均消费总是以稳态增长率增长，这个稳态增长率由(7.26)式给出。证明方法与 AK 模型相同：求解微分方程(7.26)式，可以得到 $c(t)$；将求得的 $c(t)$ 代入(7.27)式中，就可以将这个式子变换成一个关于 $k(t)$ 的常系数的微分方程，求解它就可以得到 $k(t)$；最后，利用横截性条件，就可以证明人均资本和人均消费总是有相同的不变增长率。

由于存在厂商之间的知识外溢，所以，干中学模型的均衡结果不是帕累托最优的。如前文所述，证明这一结果的方法是，将市场经济框架的结果与计划者经济框架的结果进行比较。

社会计划者的最优化问题的目标函数是(7.17)式；根据前文所述，基本微分方程就是整个的资源约束条件，因此，社会计划者的约束条件则是(7.27)式。为了求解社会计划者关于 c 和 k 的最优选择，写出汉密尔顿函数如下：

$$\mathcal{H} = \mathrm{e}^{-\rho t}(c^{1-\theta} - 1)/(1-\theta) + \lambda[f(L)k - c - \delta k]$$

求解并化简一阶条件，得到社会计划者的欧拉方程如下：

$$(\dot{c}/c)_P = (1/\theta)[f(L) - \delta - \rho] \tag{7.29}$$

对比(7.29)式和(7.26)式，社会计划者问题的消费增长率要大于市场经济的增长率，差别来自私人资本的边际报酬 $f(L)-Lf'(L)$ 要小于社会计划者资本的边际(平均)报酬 $f(L)$。

干中学模型产生了“规模效应”问题。所谓规模效应是指很多内生模型共有的如下预期：人均经济增长跟经济规模成正比关系，经济规模一般以某一个经济变量来表示，这里是人口(劳动)数量。这一点，从经济增长率决定公式(7.26)式和(7.29)式中可以清楚地看出。规模效应与经济增长经验不是很相符，这是内生增长模型遭到非议的一个主要原因。

7.3 政府服务与经济增长

除了上一节讨论的知识外溢性以外，政府服务也常常被增长理论作为一种要素直接引入生产函数，以“终止”可累积要素边际报酬递减。为此，需要先说明若干相关问题。其一，政府服务的含义。这里，将政府服务等同于政府购买。这就是说，政府不直接从事生产活动，而总是从私人生产者那里购买产品。其二，政府提供的服务(或者说产品)的性质。一般地，政府提供的服务可以区分为三种类型：(1) 私人物品，具有排他性和竞争性，比如政府给学生提供的“免费午餐”就是一例；(2) 公共物品，既具有非排他性，也具有非竞争性，比如国防、灯塔等就是这样的例子；(3) 公共资源，不具有排他性，但具有竞争性，比如政府提供的公路等。其三，政府的税收制度。通常，税收制度包含比例税和定量税两种。

由于是由政府提供的，不管政府服务以上述三种性质中的哪一种出现，厂商都可以免费使用它们。这一点保证了模型中的厂商都是完全竞争的，更准确地说，模型中的厂商都是价格接受者。

三种不同性质政府服务之间的差别在于，厂商在使用公共资源时会因为“拥挤”而导致相互之间产生外部性，而其他两种性质的政府服务则不会产生这种外部性。这是因为，一方面，公共物品具有非竞争性，因此，即使使用公共物品的厂商数目增加，也不会引起拥挤；另一方面，私人物品虽然具有竞争性，但是同时具有排他性，排他性限制了使用者（厂商）数量的增加，从而也不会出现拥挤现象。

在建模时，需要将不存在拥挤和存在拥挤的情形区别开来。因此，我们只讨论公共物品模型和公共资源模型。① 不同的税收制度对经济增长会有不同的影响，所以，在讨论这两个模型时，我们会分别在定量税和比例税两种税收制度下展开。

7.3.1 公共物品模型

1. 假设条件。由于要考虑政府提供的服务，所以，政府服务模型中，有消费者、厂商和政府三个经济行为人。不过，政府的行为比较简单，具体来说就是收取税收 T、提供公共服务 G。

先考虑比例税情形。假设税率为外生给定并且保持不变，用 τ 来表示，则政府的行为就体现在如下约束条件中：

$$G = T = \tau Y \tag{7.30}$$

式中，Y 为总收入（产出）。

虽然政府服务直接进入生产函数，但是，由于所有的厂商都可以无偿使用，另外，厂商之间也不存在外部性，所以，可以采用代表性厂商假设。为了简单起见，将生产函数用柯布-道格拉斯函数表示如下：

$$Y = (GL)^{1-\alpha}K^{\alpha} \tag{7.31}$$

式中，$0<\alpha<1$，表示资本产出弹性。同前面两个 AK 模型一样，这里也假设劳动 L 不增长。这样，当 G 保持不变时，可累积要素资本 K 的边际报酬是递减的。不过，根据生产函数(7.31)式，资本增加，产出就会增加；产出增加，经由(7.30)式，政府服务 G 就会增加。当 G 增加时，可累积要素 GK 的边际报酬就不会递减。模型的其他假设，比如消费者效用函数、消费者的时间偏好率、资本折旧率等都与拉姆齐模型相同。

2. 建立模型。生产函数(7.31)式有三种要素投入。政府服务由(7.30)式给出。劳动则等于整个经济的全部拥有量 L，直接将其代入则可。资本供给由消费者跨时点最优行为决定。消费者跨时点最优的结果与干中学模型完全一样。欧拉方程、消费者约束条件和横截性条件分别由(7.4)式、(7.18)式和(7.19)式给出。这里不再重复推导过程。

资本需求则由厂商利润最大化行为来决定。在比例税制度下，厂商用来决策的生产函数应该是如下形式：

$$(1-\tau)Y = (1-\tau)(GL)^{1-\alpha}K^{\alpha} \tag{7.32}$$

这种改变的理由很简单，虽然对于整个社会来说，产出是由(7.31)式给出的，但是，在比例税制度下，厂商能够得到的产出（收入）则是由(7.32)式给出的。显然，厂商会根据自己真实得到的报酬来进行相关决策。正是这一点体现出了税收对经济增长的影响。

对于厂商而言，G 是给定的，所以，求解资本边际报酬时，就把它当成参数。如果还是用 $r+\delta$ 表示资本租金，用 w 表示工资，那么，资本劳动需求函数分别为：

$$(1-\tau)\alpha(GL)^{1-\alpha}K^{\alpha-1} = r+\delta \tag{7.33}$$

---

① 私人物品模型可以参见 Barro(1990)，就主要结论而言，私人模型与公共物品模型是一样的。

$$(1-\tau)(1-\alpha)G^{1-\alpha}L^{-\alpha}K^{\alpha}=w \tag{7.34}$$

同样,也需要加上一个保证人均消费增长率大于零,同时,总效用有界的条件:

$$(1-\tau)\alpha(\tau L)^{(1-\alpha)/\alpha}>\rho+\delta>(1-\theta)[(1-\tau)\alpha\ (\tau L)^{(1-\alpha)/\alpha}-\delta-\rho]/\theta+\delta$$

最后,加上资本市场均衡条件(7.22)式即 $a=k$,模型就建立起来了。

3. 模型分析。由于模型分析与前两节的模型相同,所以只是作一些步骤说明,而不再给出详细的过程。为了导出模型的基本微分方程组,我们还是要把资本市场均衡条件、厂商资本需求函数和劳动需求函数代入消费者的约束条件,同时将厂商资本需求函数代入欧拉方程。只是在这里,厂商资本需求函数(7.33)式和劳动需求函数(7.34)式中包括政府支出 G,所以,我们需要先"求出"G——准确地说,是用 L 和 K 来表示 G。为此,将(7.31)式代入(7.30)式,得到:

$$G=(\tau L^{1-\alpha}K^{\alpha})^{1/\alpha} \tag{7.35}$$

然后,将(7.35)式代入(7.33)式中,得到:

$$r=(1-\tau)\alpha\ (\tau L)^{(1-\alpha)/\alpha}-\delta \tag{7.36}$$

把(7.36)式代入(7.4)式中,得到:

$$\dot{c}/c=(1/\theta)[(1-\tau)\alpha\ (\tau L)^{(1-\alpha)/\alpha}-\delta-\rho] \tag{7.37}$$

把(7.22)式、(7.33)式、(7.34)式和(7.35)式代入(7.18)式中,经过适当化简,能够得到:

$$\dot{k}=[(1-\tau)(\tau L)^{(1-\alpha)/\alpha}-\delta]k-c \tag{7.38}$$

将(7.36)式和(7.22)式代入(7.19)式中,得到:

$$\lim_{t\to\infty}k(t)\mathrm{e}^{[(1-\tau)\alpha\ (\tau L)^{(1-\alpha)/\alpha}-\delta]}=0 \tag{7.39}$$

方程(7.37)、(7.38)和(7.39)构成了模型的基本微分方程组。利用横截性条件可以证明模型不存在转型动态,并且人均产出和人均资本增长率都等于人均消费增长率。显然,模型也存在规模效应问题。

模型的均衡结果不是帕累托最优的。还是用一个虚构的社会计划者的均衡结果与之进行比较来呈现这一结论。两者之间的差别主要表现在,厂商在求解资本(私人)边际报酬时,将政府服务 G 当成是不变参数,而当社会计划者代表所有厂商求解资本(社会)边际报酬时,政府服务就不再是不变的参数了。这是因为,相对于总的政府服务来说,(单个)厂商增加资本经由产出增加引起的政府服务增加是很小的;而所有厂商增加资本引起政府服务的增加量就不再是可以忽略不计的小数目了。具体来说,在本模型中,厂商求解资本私人边际报酬时,是在把 G 当成参数的条件下,先对生产函数(7.32)式关于 K 求一阶导数,再用(7.35)式代换掉资本边际报酬中的 G;社会计划者求解资本社会边际报酬时,则是先用(7.35)式代换掉生产函数(7.32)式中的 G,之后再对被代换后的生产函数关于 K 求一阶导数。

在这个模型中,私人资本的边际报酬等于 $(1-\tau)\alpha\ (\tau L)^{(1-\alpha)/\alpha}$,而社会资本边际报酬为 $(1-\tau)(\tau L)^{(1-\alpha)/\alpha}$;两者之间的差别是社会资本边际报酬比私人资本边际报酬少了一个 α。由于 $\alpha<1$,所以,社会资本边际报酬要大于私人资本边际报酬。我们也可以像上一节干中学模型一样,写出社会计划者最优问题的汉密尔顿函数,然后求得社会计划者的经济增长率。不过,由上一节的结果可知,得到社会计划者经济增长率,只需要将(7.37)式中的私人资本边际报酬用社会资本边际报酬替换即可。据此,有:

$$(\dot{c}/c)_P=(1/\theta)[\ (1-\tau)(\tau L)^{(1-\alpha)/\alpha}-\delta-\rho]$$

将上式与(7.37)式进行比较，就能够发现，虚构的社会计划者经济增长率要大于模型的真实经济增长率。

为了考查税率变化对经济增长率的影响，我们将(7.37)式的人均消费增长率关于税率 τ 求一阶导数，得到：

$$\frac{\mathrm{d}(\dot{c}/c)}{\mathrm{d}\tau} = \frac{1}{\theta}(\tau L)^{(1-\alpha)/\alpha}\left(\frac{1-\tau}{\tau}\times\frac{1-\alpha}{\alpha}-1\right)$$

由上式可知，当$\frac{1-\tau}{\tau}\times\frac{1-\alpha}{\alpha}-1=0$，即 $\tau=1-\alpha$ 时，人均消费增长率达到最大；当 $\tau<1-\alpha$ 时，人均消费增长率与税率成正比；反之，当 $\tau>1-\alpha$ 时，人均消费增长率与税率成反比。

4. 定量税模型。下面，把模型中的税收制度由比例税改成定量税，其他假设都不变。在定量税制度下，税收总量直接由政府确定，而不像比例税时，政府只确定税率，税收总量则随着产出水平而变化。当然，政府会有一个确定税收原则。在增长模型中，为了保证稳态增长的存在，一般把政府确定税收量的原则定为“税收总量占总产出的比重不变，或者说税收增长率等于产出增长率”。这一点，利用稳态的基本性质不难证明。同时，模型假设政府总是遵守预算约束 $G=T$。这样，就有政府购买占产出比重即 G/Y 不变。

定量税是从全部产出中直接“减去”G，而比例税则是对产出乘以一个税率的积等于 G。这点不同对模型所带来的影响表现在：在比例税下，厂商决策使用的生产函数由(7.31)式变成了(7.32)式；而在定量税下，厂商决策时使用的生产函数是(7.31)式。本来，定量税下，厂商决策使用的生产函数应该是在(7.31)式的基础上减去一个给定的常数，而这个常数对要素的边际报酬不产生影响。这就是说，如果比例税时的税率等于 τ 的话，那么，比例税下资本的边际报酬——无论是私人报酬还是社会报酬——都等于定量税下的边际报酬乘以 $1-\tau$。在下文中，我们将看到两种税制下模型均衡结果的不同，主要是由这一点不同造成的。

与比例税模型相比，定量税下的消费者跨时效用最大化问题中的约束条件发生了变化。具体来说，由(7.18)式变换成如下形式：

$$\dot{a} = ra + w - c - G/L \tag{7.40}$$

但是，这一变化对消费者跨时最优问题的欧拉方程和横截性条件没有什么影响，还是由(7.4)式和(7.19)式给出。

厂商最优选择决定资本和劳动需求。还是用 $r+\delta$ 表示资本租金，用 w 表示工资，那么，资本劳动和需求函数分别为：

$$\alpha(GL)^{1-\alpha}K^{\alpha-1} = r+\delta \tag{7.41}$$

$$(1-\alpha)G^{1-\alpha}L^{-\alpha}K^{\alpha} = w \tag{7.42}$$

与(7.33)式和(7.34)式相比，两个等式的左边项都少了相乘因子 $1-\tau$。

由于稳态时 G/Y 不变，所以，设法将(7.41)式变换成关于 G/Y 的函数。为此，我们先把生产函数(7.31)式变换成如下形式：

$$G = (G/Y)^{1/\alpha}L^{(1-\alpha)/\alpha}K$$

用上式代换掉(7.41)式中的变量 G，得到：

$$r = \alpha(G/Y)^{(1-\alpha)/\alpha}L^{(1-\alpha)/\alpha} - \delta$$

最后，加上资本市场均衡条件(7.22)式即 $a=k$，模型就得以建立起来。

模型分析方法与比例税情形完全相同。这里，只给出主要结果——人均消费增长率：

$$\dot{c}/c = (1/\theta)[\alpha(G/Y)^{(1-\alpha)/\alpha}L^{(1-\alpha)/\alpha} - \delta - \rho] \tag{7.43}$$

至于均衡时的消费者约束条件和横截性条件就不再给出。同样可以利用横截性条件来证明模型不存在转型动态，并且人均产出和人均资本增长率都等于人均消费增长率。

对比两种税制下的经济增长率即(7.37)式和(7.43)式，能够发现两者之间主要有两点不同：一是(7.37)式中方括号中的第一项比(7.43)式多了一个相乘因子 $1-\tau$。这是由于(7.43)式中少了相乘因子 $1-\tau$，导致了如下结论：人均消费增长率总是与 G/Y 成正比，即政府支出会推动经济增长。二是(7.37)式中的 τ 在(7.43)式中被 G/Y 取代。如果政府选择的定量税总量使得 G/Y 正好等于比例税时的税率 τ 的话，那么可以得到如下结论：虽然总税额相同，但是，定量税时经济增长率要比比例税时高。造成这两点不同的原因是，定量税是一种非扭曲税(a nondistorting tax)，它不会像比例税那样降低资本的边际报酬。

最后，我们来讨论一下虚构的社会计划者的最优化问题。社会计划者的目标函数还是(7.17)式，约束条件则表现为：

$$\dot{k} = k^{\alpha}G^{1-\alpha} - c - \delta k - G/L$$

上式是将(7.36)式、(7.42)式和(7.22)式代入(7.40)式而得到的。这就是前文反复说到的推导社会计划者约束条件的做法：将资本市场均衡条件和厂商最优条件一起代入消费者约束条件中。

不难写出社会计划者最优问题的汉密尔顿函数如下：

$$\mathcal{H} = \mathrm{e}^{-\rho t}(c^{1-\theta} - 1)/(1-\theta) + \lambda[k^{\alpha}G^{1-\alpha} - c - \delta k - G/L]$$

需要注意的是，在定量税下，社会计划者除了要选择 c 和 k 以外，还要选择 G。

社会计划者问题的最优条件是：

$$\mathrm{e}^{-\rho t}c^{-\theta} = \lambda \tag{7.44}$$

$$(1-\alpha)k^{\alpha}G^{-\alpha} = 1/L \tag{7.45}$$

$$-\dot{\lambda} = \lambda(\alpha k^{\alpha-1}G^{1-\alpha} - \delta) \tag{7.46}$$

整理(7.45)式，得到：

$$(1-\alpha)L^{1-\alpha}K^{\alpha}G^{-\alpha} = 1$$

上式等号左边项是 $\partial Y/\partial G$。这就是说，社会计划者确定定量税数量的原则是 $\partial Y/\partial G=1$。将上式等号两边同时乘以 G，再利用本模型的生产函数(7.31)式进行适当整理，就可以得到：

$$G/Y = 1-\alpha \tag{7.47}$$

(7.47)式的含义是，社会计划者最优征税原则是让 G 占到 Y 的比例等于常数 $1-\alpha$。

最后，利用最优条件(7.44)式、(7.46)式和(7.47)式，可以得到社会计划者的人均消费增长率为：

$$(\dot{c}/c)_P = (1/\theta)[\alpha \times (1-\alpha)^{(1-\alpha)/\alpha}L^{(1-\alpha)/\alpha} - \delta - \rho]$$

与市场经济下的人均消费增长率即(7.43)式相比，社会计划者人均消费增长率决定式的唯一不同之处，就是用 $1-\alpha$ 代替了 G/Y。这就是说，如果政府可以将定量税总额确定在占产出的比例为 $1-\alpha$ 的话，市场经济的均衡结果就是帕累托最优的。

7.3.2 公共资源模型

有很多政府服务都是具有竞争性的，即对于给定的 G 而言，使用政府服务的人越多，每个人能够使用的份额会越少。这一现象叫作“政府服务具有拥挤性”。在政府服务直接作为生产要素进入生产函数的背景下，引入政府服务的“拥挤性”会对上一小节的公共品模型产生哪些影响？我们用这一小节来加以讨论。

遵循 Barro and Sala-i-Martin(2004)的做法，本小节模型中单个厂商的生产函数采取如下形式：

$$Y_i = AK_i f(G/Y)$$

这里，$f'>0$，$f''<0$。使用单个厂商的生产函数是因为政府服务的拥挤性使得厂商之间的行为存在外部性。单位产出占有的政府服务减少即 G/Y 变小就表示拥挤发生。根据函数 f 的性质可知，拥挤发生的结果是，对于单个厂商而言，同样的投入 K_i，产出 Y_i 会减少。但是，对于既定的 G 和 Y，单个厂商的可累积要素 K_i 的边际报酬是不变的。这就是说，如果 G 和 Y 的增长率相同，从而 G/Y 保持不变，那么，可累积要素 K_i 的边际报酬是不变的。这一性质与 AK 模型是相同的，也正是这一性质导致内生增长的产生。

模型的其他主要假设条件与公共品模型相同。这些假设主要包括：人口(劳动)L 不变、消费者的效用函数、资本折旧率、消费者的时间偏好率等。另外，这里，我们只讨论定量税情形。

由于资本租金对于所有的厂商都相同，所以这个模型也是对称的。在此条件下，我们可以直接用人均变量来取代单个厂商变量，即用 $k\equiv K/L$ 代替 K_i，用 $y\equiv Y/L$ 代替 Y_i。由此，单个厂商的生产函数就可以写成：

$$y = Akf(G/Y) \tag{7.48}$$

在上述生产函数下，厂商最优条件也就是厂商的资本需求函数为：

$$r+\delta = Af(G/Y) \tag{7.49}$$

式中，r 还是表示利率。

消费者跨时效用最大化问题与公共品模型定量税情形时完全一样，约束条件由(7.40)式给出。同样，欧拉方程和横截性条件还是分别由(7.4)式和(7.19)式给出。把(7.49)式代入欧拉方程(7.4)式，就可以得到人均消费增长率为：

$$\dot{c}/c = (1/\theta)[Af(G/Y)-\delta-\rho] \tag{7.50}$$

同样，利用横截性条件，可以证明模型不存在转型动态，并且人均产出和人均资本的增长率都与人均消费增长率相等。也就是说，模型的主要变量的人均增长率都是由(7.50)式来决定的，并且总是处于稳态。这个增长率与 G/Y 成正比，但是与劳动 L 无关，这说明这个模型不存在规模效应问题。

同样，我们还是通过求解社会计划者最优问题来看看模型的均衡结果是不是帕累托最优的。社会计划者最优问题的目标函数仍然是(7.17)式，约束条件是：

$$\dot{k} = Akf(G/Y)-c-\delta k-G/L$$

据此，社会计划者的汉密尔顿函数就是如下形式：

$$\mathcal{H}= \mathrm{e}^{-\rho t}(c^{1-\theta}-1)/(1-\theta)+\lambda[Akf(G/Y)-c-\delta k-G/L]$$

同样，社会计划者除了选择 c 和 k 之外，还要选择 G。另外，根据生产函数(7.48)式，产出 y 关于 k 和 G 求导时，要注意的是生产函数中又包含总产出 Y。不妨先将这两个导数求解出来。先将生产函数关于 k 求一阶导数，得到：

$$\frac{\partial y}{\partial k} = Akf\left(\frac{G}{Y}\right)+Akf'\left(\frac{G}{Y}\right)\left(\frac{-G/L}{y^2}\right)\frac{\partial y}{\partial k}$$

上式是关于 $\partial y/\partial k$ 的方程，求解可以得到：

$$\frac{\partial y}{\partial k}=\frac{Af(G/Y)}{1+(G/Y)\xi} \tag{7.51}$$

式中，$\xi\equiv\frac{f'(G/Y)}{f(G/Y)}$。类似地，将生产函数关于 G 求一阶导数，有：

$$\frac{\partial y}{\partial G}=Akf'\left(\frac{G}{Y}\right)\frac{Ly-GL\frac{\partial y}{\partial G}}{(Ly)^2}$$

同样，求解这个关于$(\partial y/\partial G)$的方程，可以得到：

$$\frac{\partial y}{\partial G}=L\frac{\xi}{1+(G/Y)\xi} \tag{7.52}$$

现在，我们给出社会计划者的最优条件了。关于 G 的一阶条件为：

$$\frac{\partial y}{\partial G}=\frac{1}{L}$$

将上式稍作整理，就可以得到 $\partial Y/\partial G=1$。将这一式子代入(7.52)式，可以求得：

$$\xi\equiv\frac{f'(G/Y)}{f(G/Y)}=\frac{1}{1-(G/Y)} \tag{7.53}$$

用$(G/Y)^*$表示满足(7.53)式的政府支出在产出中的占比。

合并关于 c 和 k 的一阶条件，得到：

$$(\dot{c}/c)_P=(1/\theta)[(\partial y/\partial k)-\delta-\rho]$$

再将(7.51)式和(7.53)式代入上式中，就可以得到社会计划者人均消费增长率：

$$(\dot{c}/c)_P=(1/\theta)\{[1-(G/Y)^*]\times Af[(G/Y)^*]-\delta-\rho\} \tag{7.54}$$

对比(7.50)式和(7.54)式，能够发现：即使在 $G/Y=(G/Y)^*$ 时，市场经济下的增长率也要大于社会计划者增长率。造成这一结果的原因是定量税制度，定量税制度刺激厂商增加产出，而不顾及增加产出对政府服务使用上带来的拥挤程度的增加。而社会计划者不是从单个厂商的利益出发的，因此，要将厂商增加产出带来的负外部性加以内化。具体做法，就是拿出产出的$(G/Y)^*$部分用于增加政府服务。这就是(7.54)式中资本边际产出前面的相乘因子 $1-(G/Y)^*$ 的来历。

7.4 人力资本与经济增长

如何用可累积要素(通常指物质资本)的增加来解释持续的经济增长是增长理论面临的一个难题。在经济增长理论中，人口和劳动的增长率常常被假设是相同的，这就是说，人均劳动是不变的。在此条件下，再加上技术水平不变，即使人均资本能不断增加，人均产出也无法持续增加，因为资本边际报酬递减规律要发生作用。如果人均劳动能增加，那么，物资资本的边际报酬就可以不递减，从而能够解释经济增长的持续性。

一个让人均劳动增长的办法是，重新解释劳动的含义。这种新的解释先将劳动的“数量”和“质量”区分开来，进而，认为劳动的总量①等于劳动数量乘以劳动质量。这样一来，就算可累积要素增加，不能导致劳动数量增长，也可以引起劳动质量的提升，从而导致人均劳动增加。

① Lucas(1988)把这个总劳动量叫作“有效劳动”。

这个劳动质量因素就是“人力资本”。包含人力资本的经济增长模型，我们分一部门模型和两部门模型来展开。

7.4.1 一部门模型

与拉姆齐模型相比，包含人力资本的一部门增长模型主要是在生产函数方面存在差别。具体来说，就是拉姆齐模型中的劳动 L 被有效劳动 $H\equiv hL$ 取代，这里，h 表示人力资本。由此，这个模型唯一的生产函数可以写成：

$$Y = H^{1-\alpha}K^{\alpha} = (hL)^{1-\alpha}K^{\alpha} \tag{7.55}$$

由(7.55)式可以清楚地看到，即使 L 不变，如果资本 K 增加的同时，能够引起 h 按照相同的速度增加，那么资本的边际产出就不会下降。

纯粹为了计算简单，我们遵循 Barro and Sala-i-Martin(2004)的做法，假设劳动(人口)L 不变，这就是说，在此条件下，H 的增长完全来自 h 的增长，由此，以下就直接称 H 为人力资本。同时，模型中所有变量的总量和人均量相等，为此，模型就没有必要区分总量和人均量了，一律用大写字母表示各种变量。

由于模型是在完全竞争条件下展开的，所以我们直接采用计划者分析框架。还是从生产函数出发，由于生产函数有物质资本和人力资本两种投入，所以，模型主要是要讨论社会计划者如何决定这两种投入的最优数量，以最大化自己的跨时点效用。

因为是一部门模型，该经济的产出就有三种用途：消费、物质资本投资和人力资本投资，并且产出与三种用途之间都是按照 1∶1 毫无成本地相互转换。这样，社会计划者(或者说整个经济)面临的资源约束就是：

$$Y = H^{1-\alpha}K^{\alpha} = C + I_K + I_H \tag{7.56}$$

式中，C、I_K 和 I_H 分别表示消费、物质资本投资和人力资本投资，都是以最终产品来衡量的。

同样，需要将资本存量和投资流量联系起来的关系式，当然这里有两个：

$$\dot{K} = I_K - \delta K \tag{7.57}$$

$$\dot{H} = I_H - \delta H \tag{7.58}$$

式中，δ 表示资本折旧率，我们假设两种资本的折旧率相等，这样，计算量要小很多，并且还能够求出一个显性解，而对模型的结论没有本质的影响。

社会计划者的跨时点效用最大化问题就是，在(7.56)式、(7.57)式和(7.58)式的约束下，通过选择消费 C、物质资本投资 I_K 和人力资本投资 I_H 来最大化如下效用：

$$U = \int_0^{\infty}\left[\frac{C^{1-\theta}-1}{1-\theta}\right]e^{-\rho t}\,dt \tag{7.59}$$

由于模型假设人口增长率等于零，所以，这里的贴现指数中就少了常常出现在前面模型中的 n。

社会计划者最优问题的汉密尔顿函数为：

$$\begin{aligned}\mathcal{H}=&\left[\frac{C^{1-\theta}-1}{1-\theta}\right]e^{-\rho t}+\nu(I_K-\delta K)+\mu(I_H-\delta H)\\&+\omega(H^{1-\alpha}K^{\alpha}-C-I_K-I_H)\end{aligned}$$

式中，ν 和 μ 分别为物质资本和人力资本的影子价格，ω 为约束条件(7.56)式的拉格朗日乘数。社会计划者效用最大化问题的最优条件为：

$$\frac{\partial \mathcal{H}}{\partial C}=0 \Rightarrow C^{-\theta}e^{-\rho t}=\omega \tag{7.60}$$

$$\frac{\partial \mathcal{H}}{\partial I_K}=0 \Rightarrow \nu=\omega \tag{7.61}$$

$$\frac{\partial \mathcal{H}}{\partial I_H}=0 \Rightarrow \mu=\omega \tag{7.62}$$

$$\frac{\partial \mathcal{H}}{\partial K}=-\dot{\nu} \Rightarrow \omega\alpha H^{1-\alpha}K^{\alpha-1}-\nu\delta=-\dot{\nu} \tag{7.63}$$

$$\frac{\partial \mathcal{H}}{\partial H}=-\dot{\mu} \Rightarrow \omega(1-\alpha)H^{-\alpha}K^{\alpha}-\mu\delta=-\dot{\mu} \tag{7.64}$$

当然，最优条件还应该加上三个约束条件(7.56)式、(7.57)式、(7.58)式以及分别与物质资本和人力资本相对应的横截性条件，这里都略去。

由(7.60)式、(7.61)式和(7.62)式，可以得到：

$$\gamma_C \equiv \dot{C}/C=(1/\theta)[\alpha(K/H)^{-(1-\alpha)}-\delta-\rho] \tag{7.65}$$

这里，$\alpha(K/H)^{-(1-\alpha)}-\delta$ 是物资资本的净边际报酬，(7.65)式是我们熟悉的消费增长率决定式。

由(7.61)式、(7.62)式、(7.63)式和(7.64)式，可以得到：

$$\alpha(K/H)^{-(1-\alpha)}-\delta=(1-\alpha)(K/H)^{\alpha}-\delta$$

上式的含义是，均衡时，两种资本的边际报酬要相等。根据这个式子，可以得到[①]：

$$K/H=\alpha/(1-\alpha) \tag{7.66}$$

将(7.66)式回代到(7.65)式中，得到：

$$\gamma_C=(1/\theta)[\alpha^{\alpha}(1-\alpha)^{1-\alpha}-\delta-\rho] \tag{7.67}$$

同样，利用横截性条件，也可以证明模型不存在转型动态，主要变量消费、产出、物质资本和人力资本都以(7.67)式给出的不变增长率变动。这一点与 AK 模型完全一样。其实，将(7.66)式代入生产函数(7.55)式中，有：

$$Y=H^{1-\alpha}K^{\alpha}=\frac{H^{1-\alpha}K^{\alpha}\times K^{1-\alpha}}{K^{1-\alpha}}=\left(\frac{1-\alpha}{\alpha}\right)^{1-\alpha}\times K$$

显然，上式中的$[(1-\alpha)/\alpha]^{(1-\alpha)}$就是 AK 生产函数中的 A。

7.4.2 一般两部门模型

一部门模型有一个缺陷：忽视了人力资本生产不同于物质资本生产的一个重要特征——人力资本生产需要更多的人力资本。为了克服这一不足，我们现在将上一节介绍的一部门模型扩展为两部门模型，这两个部门是独立的人力资本生产部门和最终品(同时也是物质资本)生产部门。先简要介绍一下一般模型，然后，重点讨论卢卡斯(Lucas,1988)模型。这样安排的原因是，一般模型运算量太大，几乎得不出很清晰的分析结果，而作为一般模型的特殊情形，卢卡斯模型非常经典，也简单一些。

先给出两个部门的生产函数，为了分析简单起见，都采用柯布-道格拉斯函数形式。最终

① 在两种资本的折旧率不相等的条件下，从理论上说，也是可以通过这个式子解出一个不变的 K/H 的值，但是，实际上这个值很难求解出来。

品生产函数为：

$$Y=(vK)^{\alpha}(uH)^{1-\alpha} \tag{7.68}$$

式中，v 和 u 分别表示投入最终品生产的物质资本和人力资本的比例。

人力资本的生产函数为：

$$\dot{H}+\delta H=I_H=[(1-v)K]^{\beta}[(1-u)H]^{1-\beta} \tag{7.69}$$

式中，$1-v$ 和 $1-u$ 则分别表示投入人力资本生产的物质资本和人力资本的比例。由于被生产出来的人力资本只能用于人力资本投资，所以，(7.69)式直接用 I_H 来表示人力资本生产部门的产出。因此，这个式子就是人力资本市场的均衡条件。

最终品可以用于消费和物资资本投资，所以，最终品市场的均衡条件就是：

$$Y=C+I_K=C+\dot{K}+\delta K \tag{7.70}$$

(7.69)式和(7.70)式中的 δ 表示两种资本的折旧率，仍然假设两种资本的折旧率相等。另外，两式中都加入了投资流量与资本存量之间的联系式。

我们还是用计划者经济框架来构建模型，因此，(7.69)式和(7.70)式是社会计划者面临的约束条件。社会计划者的目标函数还是由(7.59)式给出。这样，社会计划者最优问题的汉密尔顿函数为：

$$\begin{aligned}\mathcal{H}=&\left[\frac{C^{1-\theta}-1}{1-\theta}\right]\mathrm{e}^{-\rho t}+\nu[(vK)^{\alpha}(uH)^{1-\alpha}-\delta K-C]\\&+\mu\{[(1-v)K]^{\beta}[(1-u)H]^{1-\beta}-\delta H\}\end{aligned}$$

这里，仍然假设人口(劳动)的增长率为零。上式中，ν 和 μ 分别为物质资本和人力资本的影子价格。在这个社会计划者最优问题中，C、v 和 u 是控制变量，K 和 H 是状态变量。

最优条件为：

$$\frac{\partial\mathcal{H}}{\partial C}=0\Rightarrow C^{-\theta}\mathrm{e}^{-\rho t}=\nu \tag{7.71}$$

$$\begin{aligned}\frac{\partial\mathcal{H}}{\partial v}=0\Rightarrow&\nu\alpha(vK)^{\alpha-1}K(uH)^{1-\alpha}\\&-\mu\{\beta[(1-v)K]^{\beta-1}K[(1-u)H]^{1-\beta}\}=0\end{aligned} \tag{7.72}$$

$$\begin{aligned}\frac{\partial\mathcal{H}}{\partial u}=0\Rightarrow&\nu(vK)^{\alpha}(1-\alpha)(uH)^{-\alpha}H\\&-\mu\{[(1-v)K]^{\beta}(1-\beta)[(1-u)H]^{-\beta}H\}=0\end{aligned} \tag{7.73}$$

$$\begin{aligned}\frac{\partial\mathcal{H}}{\partial K}=-\dot{\nu}\Rightarrow&\nu[\alpha(vK)^{\alpha-1}v(uH)^{1-\alpha}-\delta]\\&+\mu\{\beta[(1-v)K]^{\beta-1}(1-v)[(1-u)H]^{1-\beta}\}=-\dot{\nu}\end{aligned} \tag{7.74}$$

$$\begin{aligned}\frac{\partial\mathcal{H}}{\partial H}=-\dot{\mu}\Rightarrow&\nu(vK)^{\alpha}(1-\alpha)(uH)^{-\alpha}u\\&+\mu\{[(1-v)K]^{\beta}(1-\beta)[(1-u)H]^{-\beta}(1-u)-\delta\}=-\dot{\mu}\end{aligned} \tag{7.75}$$

同样，最优条件还要包括约束条件(7.69)式和(7.70)式以及横截性条件。至此，模型就建立起来了。

下面要做的事情就是要整理、化简这些最优条件，以推导模型的基本微分方程(组)。遗憾的是，这个工作十分复杂，更别说分析或者求解这个微分方程组了，所以，这里我们只是给出化简、分析的思路。具体的工作，要留待更简单一些的卢卡斯模型来做。

这个模型有三个控制变量、两个状态变量与两个共状态变量。两个状态变量由它们各自的运动方程、即社会计划者的约束条件(7.69)式和(7.70)式来决定。三个控制变量则分别由(7.71)式、(7.72)式和(7.73)式决定。控制变量的决定又与共状态变量有关，两个共状态变量则由(7.74)式和(7.75)式决定。

现在，我们来整理、化简模型的均衡条件。由(7.72)式，得到：

$$\frac{\mu}{\nu}=\frac{\alpha(vK)^{\alpha-1}(uH)^{1-\alpha}}{\beta[(1-v)K]^{\beta-1}[(1-u)H]^{1-\beta}} \tag{7.76}$$

先将(7.74)式等号两边同时除以 ν，再将(7.76)式代入，化简得到：

$$-(\dot{\nu}/\nu)=\alpha(vK/uH)^{\alpha-1}-\delta$$

再由上式和(7.71)式就可以得到消费增长率。具体化简代换方法还是第三章中所给出的“两次代入法”或者“自然对数求导法”。消费增长率关系式还是我们通常所见到的那个形式：

$$\dot{C}/C=(1/\theta)[\alpha(vK/uH)^{\alpha-1}-\delta-\rho] \tag{7.77}$$

式中的 $\alpha(vK/uH)^{\alpha-1}$ 是物质资本的边际报酬。

消费增长率决定式(7.77)式中有 v、u、K 和 H 四个变量有待确定。H 和 K 则由(7.69)式和(7.70)式决定，不过也与 v 和 u 有关。因此，问题的关键是要找到 v 和 u 的决定式。v 和 u 则要由(7.73)式与(7.74)式来决定。

与(7.76)式类似，由(7.74)式，可以得到：

$$\frac{\mu}{\nu}=\frac{(vK)^{\alpha}(1-\alpha)(uH)^{-\alpha}}{[(1-v)K]^{\beta}(1-\beta)[(1-u)H]^{-\beta}} \tag{7.78}$$

让(7.78)式和(7.76)式相等，再进行适当化简，我们可以得到 v 和 u 之间的关系式如下：

$$\frac{1-v}{v}\times\frac{u}{1-u}=\frac{1-\alpha}{\alpha}\times\frac{\beta}{1-\beta}$$

除了上式这个存在于 v 和 u 之间的关系式以外，我们无法从(7.72)式和(7.73)式(也就是(7.76)式和(7.78)式)直接找到 v 和 u 的具体决定式，因为这两个式子中含有 ν 和 μ。所以，要求解 v 和 u 的值，还得借助于(7.74)式和(7.75)式。

Barro and Sala-i-Martin(2004)的做法是，让(7.72)式和(7.73)式决定的 ν/μ 的增长率与(7.74)式和(7.75)式决定的 ν/μ 的增长率相等。不过，仅是计算由(7.74)式和(7.75)式决定的 ν/μ 的增长率，都是一件很难的事情，更别说计算 v 和 u 的具体决定式。因此，想借此对模型进行分析几乎不可能。

不难看出，一般模型难就难在 v 和 u 值的确定。自然，简化模型的一个做法是让这两个量中某一个外生给定，卢卡斯模型就是这样做的，它假设人力资本生产不需要物质资本。

7.4.3 卢卡斯模型

1. 建立模型。 我们现在介绍卢卡斯模型(Lucas,1988)。与一般两部门模型最大的不同，卢卡斯模型假设人力资本生产不需要物质资本，即人力资本生产函数中的 $\beta=0$；换言之，就是全部物质资本都投入最终品部门即 $v=1$。这样，最终品和人力资本生产函数分别由(7.68)式和(7.69)式变成如下形式：

$$Y=AK^{\alpha}(uH)^{1-\alpha} \tag{7.79}$$

$$I_H = B(1-u)H \tag{7.80}$$

为了让生产函数更具有一般性，其中我们分别加上了效率参数 A 和 B。

当然，社会计划者面临的约束条件也要随之发生改变：

$$AK^{\alpha}(uH)^{1-\alpha} = C + \dot{K} + \delta K \tag{7.81}$$

$$B(1-u)H = \dot{H} + \delta H \tag{7.82}$$

上述式中的所有变量的含义都与一般模型相同。社会计划者的目标函数还是(7.59)式。

这样，社会计划者跨时点效用最大化问题的汉密尔顿函数就是：

$$\mathcal{H} = \left(\frac{C^{1-\theta}-1}{1-\theta}\right)e^{-\rho t} + \nu[AK^{\alpha}(uH)^{1-\alpha} - \delta K - C] + \mu[B(1-u)H - \delta H]$$

式中，ν 和 μ 分别为物质资本和人力资本的影子价格。在这个社会计划者最优问题中，C 和 u 是控制变量，K 和 H 是状态变量。

最优问题的一阶条件为：

$$\frac{\partial \mathcal{H}}{\partial C} = 0 \Rightarrow C^{-\theta}e^{-\rho t} = \nu \tag{7.83}$$

$$\frac{\partial \mathcal{H}}{\partial u} = 0 \Rightarrow \nu AK^{\alpha}(1-\alpha)(uH)^{-\alpha}H - \mu BH = 0 \tag{7.84}$$

$$\frac{\partial \mathcal{H}}{\partial K} = -\dot{\nu} \Rightarrow \nu[\alpha AK^{\alpha-1}(uH)^{1-\alpha} - \delta] = -\dot{\nu} \tag{7.85}$$

$$\frac{\partial \mathcal{H}}{\partial H} = -\dot{\mu} \Rightarrow \nu AK^{\alpha}(1-\alpha)(uH)^{-\alpha}u + \mu[B(1-u) - \delta] = -\dot{\mu} \tag{7.86}$$

同样，最优条件还要包括约束条件(7.81)式和(7.82)式，以及横截性条件。

2. 基本微分方程组。接下来就是整理、化简最优条件，从而导出模型的基本微分方程组。不过，先证明模型具有如下稳态：稳态时，u 不变，产出、消费、物质资本和人力资本的增长率都相等。这个结论的证明不复杂，这里不给出具体过程，只说明一下思路。将(7.82)式等号两边同时除以 H，再加上稳态时要求 $\dot{H}/H$ 不变，以及 δ 本来就是常数，就能够证明稳态时 u 不变。根据稳态的基本性质，产出、消费和物质资本的稳态增长率相等。有了这两个结论，再将生产函数(7.79)式等号两边同时取对数，并对时间求导数，就能够证明产出、物质资本和人力资本稳态增长率相等。

为了便于模型分析，我们定义两个“零值变量”：$\omega \equiv K/H$ 和 $\chi \equiv C/K$。这样一来，模型中有 u、ω 和 χ 三个变量的稳态增长率等于零。由此，我们将试图把模型的基本微分方程(组)中的变量都变换成这三个变量。

将(7.83)式等号两边同时取自然对数，然后关于时间求导数，得到：

$$\dot{C}/C = (1/\theta)[-(\dot{\nu}/\nu) - \rho]$$

而将(7.85)式等号两边同时除以 ν，就可以得到：

$$-\frac{\dot{\nu}}{\nu} = \alpha AK^{\alpha-1}(uH)^{1-\alpha} - \delta = \alpha Au^{1-\alpha}\omega^{\alpha-1} - \delta \tag{7.87}$$

由上述两式就可以得到：

$$\frac{\dot{C}}{C} = \frac{1}{\theta}(\alpha Au^{1-\alpha}\omega^{\alpha-1} - \delta - \rho) \tag{7.88}$$

(7.88)式中,除了 u 和 ω 之外,其他变量都是已知的,而这两个量,我们本来就是要把它们当作未知量来对待的,所以,(7.88)式不需要进一步化简了。

把(7.81)式等号两边同时除以 K,稍作整理,就能得到:

$$\frac{\dot{K}}{K}=\frac{AK^{\alpha}u^{1-\alpha}H^{1-\alpha}}{K}-\frac{C}{K}-\delta=Au^{1-\alpha}\omega^{\alpha-1}-\chi-\delta \tag{7.89}$$

将(7.89)式减去(7.88)式,能够得到:

$$\frac{\dot{\chi}}{\chi}=\frac{\dot{C}}{C}-\frac{\dot{K}}{K}=\left(\frac{\alpha-\theta}{\theta}\right)Au^{1-\alpha}\omega^{\alpha-1}+\chi-\frac{1}{\theta}[\delta(1-\theta)+\rho] \tag{7.90}$$

将(7.82)式等号两边同时除以 H,可以得到:

$$\frac{\dot{H}}{H}=B(1-u)-\delta \tag{7.91}$$

将(7.89)式减去(7.91)式,得到:

$$\frac{\dot{\omega}}{\omega}=\frac{\dot{K}}{K}-\frac{\dot{H}}{H}=Au^{1-\alpha}\omega^{\alpha-1}-\chi-B(1-u) \tag{7.92}$$

最后,我们来找 u 的增长率决定式。由于 u 是由一阶最优条件中的(7.84)式来决定的,所以我们就从这个式子出发。将这个式子等号两边同时取自然对数,再关于时间求导数,得到:

$$\frac{\dot{u}}{u}=\frac{1}{\alpha}\left(\frac{\dot{\nu}}{\nu}-\frac{\dot{\mu}}{\mu}\right)+\frac{\dot{K}}{K}-\frac{\dot{H}}{H} \tag{7.93}$$

(7.93)式中的 $\dot{\nu}/\nu$、$\dot{K}/K$ 和 $\dot{H}/H$ 均已被求出,所以,关键是要求 $\dot{\mu}/\mu$。

由于 μ 是由(7.86)式决定的,因此,我们直接将该式等号两边同时除以 μ 就可以得到:

$$-\frac{\dot{\mu}}{\mu}=\frac{\nu}{\mu}(1-\alpha)AK^{\alpha}(uH)^{-\alpha}u+B(1-u)-\delta \tag{7.94}$$

遗憾的是,(7.94)式又多了 ν/μ 这一项需要去求解。

幸运的是,这一项可以从(7.84)式直接得到:

$$\frac{\nu}{\mu}=\frac{B}{(1-\alpha)AK^{\alpha}(uH)^{-\alpha}}$$

将上式代入(7.94)式,得到:

$$-\frac{\dot{\mu}}{\mu}=B-\delta \tag{7.95}$$

把(7.87)式、(7.89)式、(7.91)式和(7.95)式都代入(7.93)式中,得到:

$$\frac{\dot{u}}{u}=B\,\frac{1-\alpha}{\alpha}+Bu-\chi \tag{7.96}$$

综上所述,(7.90)式、(7.92)式和(7.96)式三式就是模型的基本微分方程组。

3. 稳态分析。求解模型的稳态,只需要令上述三式中 $\dot{\chi}=\dot{\omega}=\dot{u}=0$,然后解这个方程组即可。为了行文方便,我们令(7.90)式中的最后参数项为 φ,即 $\varphi\equiv[\delta(1-\theta)+\rho]/\theta$,由此,模型中三个变量的稳态值分别为:

$$\omega^{*}=(\alpha A/B)^{\frac{1}{1-\alpha}}\left[\varphi+\frac{\theta-1}{\theta}\right]$$

$$\chi^{*}=B\left(\varphi+\frac{1}{\alpha}-\frac{1}{\theta}\right) \tag{7.97}$$

$$u^* = \varphi + \frac{\theta - 1}{\theta}$$

稳态时的利率和产出、消费、物质资本和人力资本的稳态增长率则分别为：

$$r^* = B - \delta$$

$$\gamma^* = (1/\theta)(B - \delta - \rho)$$

有了上述结果，横截性条件可以表示为 $r^* > \gamma^*$，这种表示方法的来历，在第三章第一次接触横截性条件就有说明。这一横截性条件能够保证(7.97)式中的三个变量的稳态值都大于零。同时，只要 $\gamma^* > 0$，就能保证 $u^* < 1$ 成立。显然，这个稳态增长率类似于一般 AK 模型的稳态增长率，只是一般模型中的最终品部门的技术参数 A，在这里被人力资本部门的技术参数 B 所取代。

4. 转型动态分析。与索洛模型和拉姆齐模型相比，卢卡斯人力资本模型的转型动态要复杂很多。主要原因是模型基本微分方程组共有三个变量，要去求解这个微分方程组是非常难的事情。所以，要进行定量分析几乎是不可能的。在这里，我们主要关注物质资本与人力资本之间的不平衡对主要变量(包括消费、物质资本、人力资本和产出)增长率的(定性)影响。

所谓"物质资本与人力资本之间的不平衡"是指，两者之比不等于这个比例稳态值的情形，即 $\omega \neq \omega^*$。由此，更准确地说，在这里，我们就是要讨论：当 $\omega < \omega^*$ ($\omega > \omega^*$)时，随着 ω 收敛于其稳态值 ω^*，也就是随着 ω 的增加(减少)，模型主要变量的增长率是上升还是下降。由于 ω 的增加(减少)意味着 $\dot{\omega} > 0$($\dot{\omega} < 0$)[①]，所以这个问题也可以被表述为：当 $\dot{\omega} > 0$($\dot{\omega} < 0$)时，模型主要变量的增长率是上升还是下降。

先讨论消费增长率在转型动态过程中的变化。消费增长率由(7.88)式决定。由这个式子可以看出，ω 变化会引起 u 从而 $Au^{1-\alpha}\omega^{\alpha-1}$ 的变化，进而最终引起消费增长率的变化。因此，这里的讨论可以分为两步：先讨论 ω 变化导致 $Au^{1-\alpha}\omega^{\alpha-1}$ 如何发生变化，再分析 $Au^{1-\alpha}\omega^{\alpha-1}$ 将导致消费增长率如何变化。据此，为了行文方便，我们遵循 Barro and Sala-i-Martin(2004)的做法，令：

$$z \equiv Au^{1-\alpha}\omega^{\alpha-1} \tag{7.98}$$

有了 z 的定义，利用(7.97)式，可以求得 z 的稳态值为 $z^* = B/\alpha$。

利用 z 的定义即(7.98)式，我们将基本微分方程组(7.90)式、(7.92)式和(7.96)式重新写成如下形式，以备下文使用：

$$\frac{\dot{\chi}}{\chi} = \left(\frac{\alpha - \theta}{\theta}\right)(z - z^*) + (\chi - \chi^*) \tag{7.99}$$

$$\frac{\dot{\omega}}{\omega} = (z - z^*) - (\chi - \chi^*) + B(u - u^*) \tag{7.100}$$

$$\frac{\dot{u}}{u} = B(u - u^*) - (\chi - \chi^*) \tag{7.101}$$

进一步，根据(7.98)式，有下式成立：

$$\frac{\dot{z}}{z} = (1 - \alpha)\left(\frac{\dot{u}}{u} - \frac{\dot{\omega}}{\omega}\right) = -(1 - \alpha)(z - z^*) \tag{7.102}$$

---

① 注意到如下两种表述之间的等价关系是有益的：$\omega < \omega^*$ ($\omega > \omega^*$)与 $\dot{\omega} > 0$ ($\dot{\omega} < 0$)是等价的，其他变量也是如此。

导出(7.102)式时，代入了(7.100)式和(7.101)两式。

令 $x \equiv \frac{z-z^*}{z}$，就可以将微分方程(7.102)式变换成如下形式：

$$\dot{x} = -(1-\alpha)z^* x$$

这是一个很简单的关于 x 的常系数微分方程。解这个微分方程，并且将 x 代换掉，就可以得到：

$$\frac{z-z^*}{z} = \left(\frac{z(0)-z^*}{z(0)}\right)\mathrm{e}^{-(1-\alpha)z^* t}$$

这里，$z(0)$是 z 的初始值。把上式看成是一个关于 z 的方程，求解这个方程，可以得到：

$$z = \frac{z^* z(0)}{z^* \mathrm{e}^{-(1-\alpha)z^* t} + z(0)[1-\mathrm{e}^{-(1-\alpha)z^* t}]}$$

显然，上式意味着，随着 $t \to \infty, z \to z^*$。这就是说，当 $z(0) > z^*$ 时，有 $\dot{z} < 0$；反之，当 $z(0) < z^*$ 时，有 $\dot{z} > 0$。

把(7.98)式代入(7.88)式中，可以将消费增长率决定式改写为如下形式：

$$\dot{C}/C = (1/\theta)(\alpha z - \delta - \rho)$$

从上式可以清楚地看到，消费增长率的大小与 z 的大小成正比。换言之，当 $\dot{z}$ 大(小)于零即 z 增加(减少)时，消费增长率也随之增加(减少)。现在的任务就是要建立 Ω 变动与 z 变动之间的关系，即当 $\dot{\omega}$ 大(小)于零时，$\dot{z}$ 是大于零还是小于零？

关于这个问题，我们能够证明如下命题：$\dot{\omega} > 0$($\dot{\omega} < 0$)与 $\dot{z} < 0$($\dot{z} > 0$)相对应；也就是，$\omega < \omega^*$($\omega > \omega^*$)与 $z > z^*$($z < z^*$)相对应。下面，我们以“$z > z^*$($\dot{z} < 0$) $\Rightarrow \omega < \omega^*$($\dot{\omega} > 0$)”为例，来证明这个命题。

显然，要判断 $\dot{\omega}$ 的符号，就要利用(7.99)式、(7.100)式和(7.101)三个式子。用(7.99)式代换掉(7.100)式中的 $\chi - \chi^*$，得到：

$$\frac{\dot{\omega}}{\omega} = \frac{\alpha}{\theta}(z-z^*) - \frac{\dot{\chi}}{\chi} + B(u-u^*) \tag{7.103}$$

把(7.101)式代入(7.100)式，得到：

$$\frac{\dot{\omega}}{\omega} = (z-z^*) + \frac{\dot{u}}{u} \tag{7.104}$$

我们现在需要做的事情是，从已知条件 $z > z^*$ 出发，利用(7.103)式和(7.104)式这两个式子来判定 $\dot{\omega} > 0$。

要完成这项任务，根据(7.103)式，就需要由已知条件 $z > z^*$ 推导出“$\dot{\chi}/\chi < 0$，同时，$u - u^* > 0$”；或者，根据(7.104)式，就需要由已知条件 $z > z^*$ 推导出 $\dot{u}/u > 0$。而要完成这两个任务则需要利用(7.99)式、(7.100)式和(7.101)式。

(1) 在 $\alpha < \theta$ 的条件下，由 χ 的收敛性能够导出：$z > z^* \Rightarrow \dot{\chi}/\chi < 0$。很清楚，要证明这个结论，需要利用(7.99)式。根据这个式子，要区分 $\alpha < \theta$ 和 $\alpha > \theta$ 两种情形来讨论。当 $\alpha < \theta$、$z > z^*$ 时，(7.99)式中的$(\alpha - \theta)/\theta$ 就小于零。如果同时有 $\chi \leqslant \chi^*$，那么，由(7.99)式可以得到 $\dot{\chi} < 0$。这就是说，χ 会递减，可是本来就有 $\chi \leqslant \chi^*$，这样，χ 在不断变小的同时，离其稳态值 χ^* 越来越远，直至 $\chi = 0$。其含义是，χ 是发散的而非收敛的。由此，要使 χ 收敛，就需要 $\chi > \chi^*$。

在 $\alpha<\theta$、$z>z^*$ 和 $\chi>\chi^*$ 时，如果

$$|\chi-\chi^*|>|[(\alpha-\theta)/\theta](z-z^*)|,$$

那么，$\dot{\chi}>0$，即 χ 会增加。可是，本来就有 $\chi>\chi^*$，这就是说，χ 在不断变大从而离其稳态值 χ^* 越来越远，即 χ 是发散的而非收敛的。这启示我们，在 $\alpha<\theta$、$z>z^*$ 和 $\chi>\chi^*$ 时，要使 χ 收敛，就需要

$$|\chi-\chi^*|<|[(\alpha-\theta)/\theta](z-z^*)|$$

只有这样，$\dot{\chi}$ 才能小于零，在 $\chi>\chi^*$ 时，能够保证 χ 收敛。综合起来，在 $\alpha<\theta$ 的条件下，只要 χ 是收敛的[①]，我们就能证明如下命题：$z>z^* \Longrightarrow \dot{\chi}/\chi<0$。

(2) 在 $\alpha<\theta$ 的条件下，由 χ 和 u 的收敛性能够导出：$z>z^* \Longrightarrow u-u^*>0$。由上文可知，在 $\alpha<\theta$ 的条件下，χ 的收敛性要求 $\chi-\chi^*>0$。在此背景下，如果 $u-u^*<0$，那么，根据(7.101)式，就有 $\dot{u}<0$。这样，u 就会越来越小，离其稳态值 u^* 就会越来越远，也就是说，u 是发散而非收敛的。如此一来，在 $\alpha<\theta$ 和 χ 收敛的条件下，u 的收敛性就要求 $u-u^*>0$。[②]

(3) 在 $\alpha>\theta$ 的条件下，由 χ 和 u 的收敛性能够导出：$z>z^* \Longrightarrow \dot{u}>0$。显然，当 $\alpha>\theta$ 时，我们是无法得到(1)中那样的结论 $z>z^* \Longrightarrow \dot{\chi}/\chi<0$。当 $\alpha>\theta$ 时，由 χ 的收敛性和 $z>z^*$ 能够得到的结论是 $\chi-\chi^*<0$ 和 $\dot{\chi}>0$。虽然这个结论不能让我们直接使用(7.103)式来判断 $\dot{\omega}$ 的符号，但是它可以在 u 的收敛性的帮助下推出如下命题：$z>z^* \Longrightarrow \dot{u}>0$。有了这个命题，我们就可以用(7.104)式来判断 $\dot{\omega}$ 的符号了。

证明过程与上文完全相同，简要说明一下。当 $\alpha>\theta$ 时，由 χ 的收敛性和 $z>z^*$ 能够得到的结论是：$\chi-\chi^*<0$ 和 $\dot{\chi}>0$。在 $\chi-\chi^*<0$ 的条件下，根据(7.101)式，如果有 $u-u^*>0$，那么就有 $\dot{u}>0$。这就是说，u 是发散的。由此，u 的收敛性要求 $u-u^*<0$，同时，$|B(u-u^*)|<|\chi-\chi^*|$，这样，就有 $\dot{u}>0$。

综上所述，我们证明了命题：$z>z^*(\dot{z}<0) \Rightarrow \omega<\omega^*(\dot{\omega}>0)$。上述(1)和(2)经由(7.103)式，在 $\alpha<\theta$ 的条件下证明了这个命题；而(3)则是经由(7.104)式，在 $\alpha>\theta$ 条件下证明了这个命题。

至此，可以回到我们想要解决的如下问题上来了：当 $\omega<\omega^*(\omega>\omega^*)$、也就是 $\dot{\omega}>0(\dot{\omega}<0)$ 时，消费增长率是上升还是下降？我们的回答是：在 $\omega<\omega^*$ 的条件下，在 ω 向其稳态值收敛的过程中，消费增长率下降；反之，当 $\omega>\omega^*$ 时，消费增长率则上升。这是因为，根据上文的讨论，ω 上升(下降)会导致 z 下降(上升)；而下降(上升)会导致消费增长率下降(上升)。

类似地，可以分析在向其稳态收敛的过程中，ω 变动对其他主要变量——包括物质资本、人力资本和产出——的增长率的影响。具体的分析过程都不是很简单，不同变量之间也存在些许差别，但是基本思路与上文给出的分析是相同的。因此，这里不再一一讨论。

?习题

1. AK 模型是在放弃新古典生产函数哪个假设的基础上发展起来的？AK 模型放弃这个

① χ 的收敛性由条件 $\chi>\chi^*$ 和 $|\chi-\chi^*|<|[(\alpha-\theta)/\theta](z-z^*)|$ 来保证。

② 与上文类似，在 $u-u^*>0$ 时，(7.101)式要求 $|B(u-u^*)|<|\chi-\chi^*|$，以保证 $\dot{u}<0$ 而保证 u 的收敛性。

假设的两种做法是什么?

2. 对基本 AK 模型进行稳态分析。

3. 与拉姆齐模型相比,AK 模型有什么不同之处?

4. 导出干中学模型的基本微分方程组。

5. 什么是内生增长模型出现的"规模效应"问题?

6. 干中学模型为什么不存在转型动态?

7. 在政府服务进入生产函数的条件下,为什么建立经济增长模型需要区分公共产品和公共资源两种情形?

8. 在比例税和定量税下,分别分析公共产品增长模型。

9. 比较比例税和定量税下公共产品增长模型均衡结果的差异。

10. 分析公共资源增长模型。

11. 简述卢卡斯人力资本经济增长模型的主要假设条件。

12. 导出卢卡斯人力资本经济增长模型的基本微分方程组。

13. 对卢卡斯人力资本经济增长模型进行稳态和转型动态分析。

第八章　水平创新内生增长模型

与新古典增长模型相比，AK 模型的进步是能够解释经济增长的持续性了。但是它也存在明显的不足。那就是在 AK 模型中难觅技术进步的踪影，而要素之间的无限替代性、知识外溢性和人力资本等都被认为是经济增长的终极源泉。尽管这些因素是经济增长的源泉，但是，完全忽视技术进步总是无法令人信服的。

与之相对应，新古典增长模型倒是认为技术进步是经济增长的源泉，但是它认为技术进步是外生给定的。把外生技术进步作为经济增长的源泉是不能令人满意的。一是这样处理终归还是没有解释经济增长的原因。看上去是认为技术进步是经济增长的原因，可是，技术进步又来自哪里？对这个问题，新古典模型只是说来自外部。二是与经济现实不是很吻合。在外生技术进步论看来，技术进步是由非经济因素决定的。可是，事实表明，技术进步大量来自厂商的经济决策。这是因为，厂商投资技术创新的根本动力就是利润最大化。也就是说，厂商利润最大化决策是决定技术进步的主要因素。对此，新古典模型却采取了"视而不见"的态度。

接下来的两章试图弥补上述两类模型存在的不足：一方面，用技术进步来解释经济增长的持续性和差异性；另一方面，将技术进步"内生化"，即假设技术进步来自厂商的利润最大化决策。

在经济增长理论中，技术进步通常被区分为"水平创新"(horizontal innovation)和"垂直创新"(vertical innovation)两类。水平创新(技术进步)表现为产品种类数增加，新产品并不取代旧产品。这就是说，水平创新会带来新产业的出现。而垂直创新(技术进步)则是指既有产品质量提升，新的质量更高的产品会替代旧的质量低的产品。这种新旧产品替代的现象就是熊彼特所指的"创造性破坏"(creative destruction)。由此，水平创新也叫作"产品多样性"；垂直创新则叫作"产品升级"。第八章我们先讨论水平创新增长模型；第九章再讨论垂直创新增长模型。

虽然 Romer(1990)模型开启了水平创新增长理论，但是我们还是先介绍所谓"实验设备模型"。因为后者要稍微简单一点，甚至要更加"漂亮"一点。这两个模型讨论的都是"中间"产品多样性。当然，产品多样性中的产品也可以是"最终"产品。接下来，我们将在第三节讨论"最终"产品也就是消费品多样性模型。就主要结论而言，中间品多样性和最终品多样性内生增长模型没有什么差异，在建模技巧上稍有区别，但也不是本质上的差别。

8.1　实验设备模型

实验设备模型有四个经济行为人：消费者、最终品厂商、中间品研发厂商和中间品生产厂商。消费者在全部收入当中选择消费与储蓄(投资)份额,以最大化自己的跨时点效用;他们的收入来自他们所拥有的劳动和资本的报酬。最终品厂商使用劳动和中间品来生产最终品,他们通过选择劳动和中间品的最优雇佣数量来最大化自己的利润。中间品研发厂商使用最终品来发明中间品的新生产方法,他们通过出售新生产方法(技术)来最大化自己的利润。中间品生产厂商从研发厂商那里购买新技术,从而拥有对该技术的垄断权,然后投入最终品来生产中间品,他们则通过出售中间品来最大化自己的利润。

这里,最终品厂商和中间品研发厂商被假设是完全竞争的,所以可以直接采用代表性厂商假设;虽然中间品生产厂商被假设是垄断竞争的,但是我们仍然认为可以采用代表性厂商假设,这是因为,在下文可以看到,由于这些厂商面临的需求曲线具有相同的价格弹性,从而,虽然他们可以自己给产品定价,但是他们所定的价格都一定相等。这就类似于他们是价格的接受者了。我们还是从最终品生产函数出发来建模,所以我们先给出最终品生产函数。

8.1.1 最终品生产函数

最终品部门使用劳动和中间品(机器)来生产最终品。在水平创新增长模型中,最终品部门的生产函数通常为如下形式:

$$Y = L^{1-\alpha} \times \sum_{i=1}^{N} X_i^{\alpha} \tag{8.1}$$

式中,L 是整个经济的全部劳动,因为中间品部门的生产活动不需要劳动、只需要消耗最终品;N 为经济中中间品的种类总数;X_i 是第 i 种中间品的数量。为了简化模型,这里假设中间品 X_i 是非耐用品,换言之,就是中间品在被使用后会完全折旧掉。这样,在最终品厂商生产活动中就不存在资本。模型就会少一个状态变量,从而整个模型就只存在中间品种类数 N 一个状态变量。

在这里,强调一下生产函数(8.1)式的三个性质。

第一,它是新古典生产函数。关于要素 L 和 X_i 呈现边际报酬递减、规模报酬不变以及要素的边际报酬满足稻田条件。这一性质会使得现存的所有 N 种机器都投入生产过程当中,这是因为一定数量的资本分散到更多种类的机器当中,每一种机器的数量就会少一些,从而在边际报酬递减规律的作用下,全部机器的边际产出就会大一些。

第二,不同中间品在生产过程中各自独立发挥作用。这一特点体现在,不同种类的中间品以相加的方式进入生产函数。其含义是,这些中间品之间既不存在替代关系,也不存在互补关系。这一假设意味着,新产品的出现(创新)不会淘汰旧产品。第九章将要讨论的垂直创新,则体现着新旧产品之间的替代关系,新产品会因为其质量更高而取代旧产品。

第三,技术进步表现为产品种类数量 N 的增加。为了看清楚这一点,我们假设所有中间品被使用的数量相等即 $X_i = \bar{X}$(下文将看到在模型均衡时,这一条件是成立的)。将这一条件代入生产函数(8.1)式中,得到:

$$Y = L^{1-\alpha} N \bar{X}^{\alpha} = L^{1-\alpha} (N\bar{X})^{\alpha} N^{1-\alpha} = L^{1-\alpha} X^{\alpha} N^{1-\alpha} \tag{8.2}$$

式中,$X = N\bar{X}$,表示中间品的"总"数量。

生产函数(8.2)式关于劳动 L 和中间品总量 $N\bar{X}$ 呈现规模报酬不变。但是,对于既定的劳动 L 和总的中间品 $N\bar{X}$ 来说,产出会随着 N 的增加而递增,这一点由(8.2)式中的 $N^{1-\alpha}$ 项来体现。在 N 增加的同时,要保持中间品总量即 $N\bar{X}$ 不变,就只能要求 $\bar{X}$ 减少。其含义是,将既定的中间品总量分散到更多的种类上去，每一种中间品的数量就要减少。这样，在边际报酬递减规律作用下，每一种递减的中间品的边际报酬将“递增”。只不过在这里是“倒着”使用边际报酬递减规律的。

生产函数(8.2)式关于 $\overline{X}$ 的边际产出是递减的，而关于 N 的边际产出则是不变的。显然，$\overline{X}$ 或者 N 的增加都会引起中间品总量 $N\overline{X}$ 的增加。这样一来，由 $\overline{X}$ 增加引起的中间品增加会遭受边际报酬递减；而由 N 增加引起的中间品增加则不会遭受边际报酬递减。原因是 N 增加所代表的技术进步避免了中间品的边际报酬递减。生产函数所具有的这一性质为内生增长提供了基础。

在进一步展开模型之前，我们专门来讨论一下不变替代弹性(CES)函数。这个函数形如以下形式：

$$X = \left(\sum_{i=1}^{N} X_i^{\sigma}\right)^{1/\sigma} \tag{8.3}$$

式中，$0<\sigma<1$。讨论这个函数的原因是，生产函数(8.1)式中的 $\sum_{i=1}^{N} X_i^{\alpha}$ 包含一个特殊情形下的不变替代弹性函数，从而 CES 函数对生产函数(8.1)式乃至整个模型都发生了重要的影响；其实，更准确地说，正是因为不同中间品 X_i 以 CES 函数形式进入生产函数(8.1)式中，这个模型才得以建立起来。这一点，随着下文的展开，会慢慢清晰起来。

通过下面这个式子，我们就能够看出 $\sum_{i=1}^{N} X_i^{\alpha}$ 包含一个特殊情形下的不变替代弹性函数：

$$\left[\left(\sum_{i=1}^{N} X_1^{\sigma}\right)^{\frac{1}{\sigma}}\right]^{\alpha}$$

不难看出，当 $\sigma=\alpha$ 时，上式就是 $\sum_{i=1}^{N} X_i^{\alpha}$。这就是说，在 $\sigma=\alpha$ 时，$\sum_{i=1}^{N} X_i^{\alpha}$ 包含 CES 函数(8.3)式。如此一来，也容易看出生产函数(8.1)式是一个柯布-道格拉斯函数。

在经济学文献中，CES 函数通常被用作效用函数和生产函数。被用作效用(生产)函数时，不变替代弹性指的是，任意两种消费品(要素)比如 $i=j,k$，之间的替代弹性不变。求出(8.3)式的替代弹性不是很难的事情，我们把(8.3)式当成是效用函数来求出这个弹性。任何两种消费品 j 和 k 之间的替代弹性 $e_{j,k}$ 的定义是：

$$e_{j,k} = \frac{\mathrm{d}\ln\left(\frac{X_j}{X_k}\right)}{\mathrm{d}\ln(\mathrm{MRS}_{j,k})} = \frac{\mathrm{d}\ln\left(\frac{X_j}{X_k}\right)}{\mathrm{d}\ln\left(\frac{MU_j}{MU_k}\right)} \tag{8.4}$$

顺便说一句：注意(8.4)式中的变量下标次序，对理解、记忆和使用这个替代弹性公式是有益的。为此，对(8.4)式中的变量下标次序详细说明如下：(8.4)式中替代弹性 e 的下标中，在前的下标表示的是“替代”商品，在后的下标表示的则是“被替代”的商品。具体到(8.4)式中，就是用商品 j 来替代商品 k，即商品 j 增加而商品 k 减少。

自然，导致商品之间替代发生的原因是它们的相对价格发生了变化。就(8.4)式而言，应该是相对于商品 k 的价格来说，商品 j 的价格下降了，即 P_j/P_k 的值变小。这样，商品 j 对商品 k 的替代弹性应该被定义为：

$$e_{j,k} = \frac{\mathrm{d}\ln\left(\frac{X_j}{X_k}\right)}{\mathrm{d}\ln\left(\frac{P_j}{P_k}\right)} \tag{8.5}$$

由消费者行为理论可知，消费者均衡条件为：

$$\frac{MU_j}{P_j} = \frac{MU_k}{P_k}$$

式中，MU 表示商品的边际效用。利用这个消费者均衡条件，就把(8.5)式"变换"成了(8.4)式。进行这样变换的原因是，使用(8.4)式时，我们只需要知道效用函数，而不需要知道商品价格，就可以求出替代弹性；而使用(8.5)式则需要知道商品价格。

通常，两种商品的相对(需求)数量与它们的相对价格是呈现反向变动的。因此，替代弹性往往是"负"值。当然，很多文献有意将定义(8.4)式中的分子或者分母中的某一个相对量"颠倒"，从而得到一个"正"值的替代弹性。这是需要特别小心的，也是这里特别提醒注意变量下标顺序的原因。本书中，替代弹性是负值。

有了上述这些准备，求解(8.3)式中不同商品之间的替代弹性就比较容易了。先求得效用函数(8.3)式中的商品 j 和 k 的边际效用分别为：

$$MU_j = \frac{1}{\sigma}\left(\sum_{i=1}^{N} X_i^{\sigma}\right)^{\frac{1}{\sigma}-1} \times \sigma \times X_j^{\sigma-1}$$

$$MU_k = \frac{1}{\sigma}\left(\sum_{i=1}^{N} X_i^{\sigma}\right)^{\frac{1}{\sigma}-1} \times \sigma \times X_k^{\sigma-1}$$

然后将上述两种商品的边际效用同时代入定义式(8.4)式中，可以得到：

$$e_{j,k} = \frac{\mathrm{d}\ln\left(\frac{X_j}{X_k}\right)}{\mathrm{d}\ln\left(\frac{MU_j}{MU_k}\right)} = \frac{\mathrm{d}\ln\left(\frac{X_j}{X_k}\right)}{\mathrm{d}\ln\left(\frac{X_j}{X_k}\right)^{\sigma-1}} = -\frac{1}{1-\sigma} \tag{8.6}$$

如果把(8.3)式用作生产函数，两种要素间的替代弹性也是$-\frac{1}{1-\sigma}$，只需要在定义和求解过程中，将商品间的边际替代率换成要素间的边际技术替代率即可。替代弹性的不变性显而易见。另外，很多文献为了得到仅用一个变量(比如$-\varepsilon$)表示的不变弹性，就把函数(8.3)式中的参数 σ 用$\frac{\varepsilon-1}{\varepsilon}$来替代。这一点，只需要令$\frac{1}{1-\sigma}=\varepsilon$，然后，求解这个简单的方程即可得到。

从本质上讲，CES 函数是一个加总算子(aggregator)，Acemoglu(2009)把它叫作 Dixit-Stigliz 加总算子或者 CES 加总算子。用在这里就是要把不同种类的中间品"加总(转换)"成"总"的中间品，从而进入生产函数当中。

当 $\sigma=1$ 时，(8.3)式变为：

$$X = \sum_{i=1}^{N} X_i$$

由上式可以看出，当 $\sigma=1$ 时，不同种类的中间品之间具有完全替代性，用(8.6)式很容易就可以计算出此时的替代弹性是$-\infty$，从而在求所有中间品的总量时，就可以直接将它们累加起来。

当 $\sigma=0$ 时，函数(8.3)式就变身为柯布-道格拉斯形式：

$$X=\prod_{i=1}^{N}X_i \tag{8.7}$$

此时的替代弹性为 -1，这个结果利用(8.6)式也很容易得到。

当 $\sigma\to-\infty$ 时，函数(8.3)式变成：

$$X=\min(X_1,X_2,\cdots,X_N) \tag{8.8}$$

这种情形下，用(8.6)式能够计算出替代弹性是零，表示商品之间是互补关系。

下面说明(8.7)式和(8.8)式是如何从(8.3)式导出来的。当 $\sigma=0$ 时，显然是不能够直接将这个条件代入(8.3)式中的。将(8.3)式看成是关于 σ 的函数。先对(8.3)式进行单调变换，即将式子等号两边同时取自然对数，再对变换后的式子求 $\sigma\to0$ 的极限。得到：

$$\lim_{\sigma\to0}\ln X(\sigma)=\lim_{\sigma\to0}\left[\frac{1}{\sigma}\ln\left(\sum_{i=1}^{N}X_i^{\sigma}\right)\right]=\lim_{\sigma\to0}\frac{\sum_{i=1}^{N}(X_i^{\sigma}\ln X_i)}{\sum_{i=1}^{N}X_i^{\sigma}}$$

在得到上式第二个等号后的式子时，使用了洛必达法则。将 $\sigma=0$ 代入上式中，得到：

$$\ln X(0)=\frac{N\sum_{i=1}^{N}\ln X_i}{N}=\sum_{i=1}^{N}\ln X_i=\ln\sum_{i=1}^{N}X_i$$

将上式作一个恒等变换，就能够得到我们要证明的结果：

$$X(0)=e^{\ln X(0)}=\prod_{i=1}^{N}X_i$$

为了导出(8.8)式，需要找出 $X_1,X_2,\cdots,X_N$ 中最小的那个数。为不失一般性，我们假设 X_1 是那个最小数。先将(8.3)式变换成如下形式：

$$\begin{aligned}X(\sigma)&=X_1\left[1+\left(\frac{X_2}{X_1}\right)^{\sigma}+\cdots+\left(\frac{X_N}{X_1}\right)^{\sigma}\right]^{1/\sigma}\\&=X_1\left[1+\left(\frac{X_1}{X_2}\right)^{-\sigma}+\cdots+\left(\frac{X_1}{X_N}\right)^{-\sigma}\right]^{1/\sigma}\end{aligned}$$

由于 X_1 是最小的数，所以，$(X_1/X_2),\cdots,(X_1/X_N)$ 都小于1。当 $\sigma\to-\infty$ 时，有 $-\sigma\to+\infty$，从而有 $(X_1/X_i)^{-\sigma}\to0$。由此，对 $X(\sigma)$ 求 $\sigma\to-\infty$ 的极限，可以得到我们要推导的结果：

$$X(-\infty)=X_1=\min(X_1,X_2,\cdots,X_N)$$

不变替代弹性函数还有一个很有用的性质：作为效用（生产）函数，由它导出的不同商品（要素）的需求函数具有相同的需求-价格弹性，并且这个需求-价格弹性就等于那个效用（生产）函数中的不变替代弹性。随着模型的展开，我们就会看到，由最终品部门生产函数(8.1)式导出的最终品厂商对不同中间品的需求函数的价格弹性是相等的常数，并且等于生产函数中不同中间品之间的替代弹性。关于不变替代弹性效用函数导出具有相同价格弹性这一性质，Dixit and Stigliz(1977)有经典的解释。这里，我们用一个简单一些的例子，来试着对这个经典解释作一个直观一点的说明。

有 N 种商品 $X_1,X_2,\cdots,X_N$，按照 CES 加总算子的形式"组合成""复合商品 X"，即有(8.3)式成立。然后，复合商品进入效用函数，并且，效用函数关于复合商品的一阶导数大于0。在此条件下，消费者要通过 X 来最大化自己的效用就是要最大化 X 本身。另外，消费者要

在 N 种商品上花费的收入为 M，也就是说，消费者面临的预算约束为：

$$\sum_{i=1}^{N} P_i X_i = M \tag{8.9}$$

这样，消费者最大化效用问题就变成了：在(8.9)式的约束之下，通过选择序列 $\{X_i\}$ 来最大化(8.3)式。

这个最大化问题的拉格朗日函数为：

$$L = X - \lambda\left(M - \sum_{i=1}^{N} P_i X_i\right)$$

一阶最优条件为：

$$\frac{\partial L}{\partial X_i} = 0 \Longrightarrow \frac{\partial X}{\partial X_i} - \lambda P_i = 0 \Longrightarrow X^{1-\sigma} X_i^{-(1-\sigma)} = \lambda P_i$$

由上式，求得：

$$X_i = X\lambda^{-\frac{1}{1-\sigma}} \times P_i^{-\frac{1}{1-\sigma}} \tag{8.10}$$

显然，需要将(8.10)式中的 $X\lambda^{-\frac{1}{1-\sigma}}$ 给代换掉。而要作这样的代换，自然是要利用约束条件(8.9)式。

为了能够利用(8.9)式，我们将(8.10)式等号两边同时乘以 P_i，然后两边同时求和，得到：

$$\sum_{i=1}^{N} P_i X_i = \sum_{i=1}^{N} X\lambda^{-\frac{1}{1-\sigma}} \times P_i^{-\frac{\sigma}{1-\sigma}} = X\lambda^{-\frac{1}{1-\sigma}} \sum_{i=1}^{N} P_i^{-\frac{\sigma}{1-\sigma}} = M$$

由上式得到：

$$X\lambda^{-\frac{1}{1-\sigma}} = \frac{M}{\sum_{i=1}^{N} P_i^{-\frac{\sigma}{1-\sigma}}}$$

将上式代入(8.10)式中，得到：

$$X_i = \frac{M}{\sum_{i=1}^{N} P_i^{-\frac{\sigma}{1-\sigma}}} \times P_i^{-\frac{1}{1-\sigma}} \tag{8.11}$$

类似于(8.3)式定义复合商品的形式，我们来定义复合商品的(复合)价格 P。为此，我们把(8.11)式代入(8.3)式，经过适当的整理和化简，得到：

$$X \times \left(\sum_{i=1}^{N} P_i^{-\frac{\sigma}{1-\sigma}}\right)^{-\frac{1-\sigma}{\sigma}} = M \tag{8.12}$$

根据(8.12)式，定义复合商品的价格 P 为：

$$P \equiv \left(\sum_{i=1}^{N} P_i^{-\frac{\sigma}{1-\sigma}}\right)^{-\frac{1-\sigma}{\sigma}} \tag{8.13}$$

有了定义(8.13)式，那么(8.12)式就是 $PX=M$。形如(8.13)式那样来定义复合商品价格的理由就是为了得到这个预算约束式子。

把等式 $PX=M$ 和(8.13)式一起代入(8.11)式中，经过适当化简，得到：

$$X_i = \left(\frac{P_i}{P}\right)^{-\frac{1}{1-\sigma}} \times X = P_i^{-\frac{1}{1-\sigma}} \times P^{\frac{1}{1-\sigma}-1} \times M \tag{8.14}$$

当商品种类数 N 比较大的时候，单个商品价格 P_i 的变动对总价格 P 的影响可以忽略。由此，

单个商品价格 P_i 的变动对总商品 X 的影响也可以被忽略。这就是说，P_i 变动不会导致 P 和 X 变动。在此条件下，很容易求得需求函数(8.14)式的价格弹性为 $\varepsilon \equiv -\frac{1}{1-\sigma}$。显然，这个弹性与商品种类无关，也就是说，所有单个商品的需求-价格弹性都是相同的常数。

能够导出等价格弹性需求函数这一性质，使得不变替代弹性函数在内生技术进步经济增长模型中被大量使用。究其原因，它在“特定”条件下解决了内生技术进步引起的“规模报酬递增”与“厂商是价格接受者”假设之间的矛盾。这个特定条件就是产品需求者的生产(或效用)函数是不变替代弹性函数。

我们知道，在生产函数关于竞争性要素呈现规模报酬不变时，如果再加上技术这种非竞争性要素的话，除非技术不是无偿使用的，否则就得放弃规模报酬不变假设。假设技术进步外生给定，这是此前模型解决这个矛盾的种种方法。具体说来，或者假设技术进步来自“干中学和知识外溢性”，或者假设技术是由政府提供的公共物品，如此等等。这些方法的共同之处，就是通过各种不同方式假设技术是可以被免费使用的。只要技术不需要获得报酬，那么规模报酬不变，从而厂商是价格接受者的假设就可以成立。这就是说，在内生技术进步条件下，规模报酬不变假设就不复成立，由此，厂商就具有了市场支配力，而不再是价格接受者了。

等价格弹性需求函数巧妙地解决了这个矛盾。根据厂商均衡理论，我们知道，具有市场支配力的厂商定价原则是：

$$P\left(1+\frac{1}{\varepsilon}\right)=MC \tag{8.15}$$

式中，P 是厂商要决定的商品价格，ε 是厂商面临需求函数的价格弹性，MC 是厂商生产产品的边际成本。由(8.15)式不难看出，由于不同商品的需求价格弹性即 ε 是相同的，因此，即使商品价格需要由厂商来决定，但是，不同厂商定价时的“加成比例”是相同的，因为这个比例等于 $1+\frac{1}{\varepsilon}$。这样一来，虽然厂商可以定价，但是他们的定价原则完全相同，这就和厂商是价格接受者(或者说价格既定)假设时的结果是相同的。这一切都是因为不同商品的需求函数具有相同的价格弹性；而相同的需求价格弹性则是源于不变替代弹性效用(生产)函数。

8.1.2 建立模型

从最终品生产函数(8.1)式可以看出，建立这个模型的关键是要决定三种投入：劳动 L、中间品数量 X_i、技术水平即中间品种类数量 N。

劳动 L 的决定。关于劳动，模型假设劳动时间外生给定，也就是说，消费者不进行劳动和闲暇之间的选择；同时，假设人口(劳动)增长率为零。由此，在这个模型中，劳动供给曲线不但是垂直的，而且是不变的。正是由于劳动供给曲线的特殊性，在这个模型中，劳动供给函数和劳动市场均衡条件不会“显性”存在。出现在模型中的劳动需求函数也仅仅用来决定工资水平，对均衡劳动数量的决定不起作用。简言之，不变的劳动数量 L 作为已知条件而直接出现在模型中。由于这个假设的存在，在这个模型里，我们不需要区分变量的总水平和平均水平。

中间品数量 X_i 的决定。中间品生产厂商是垄断竞争的。一方面，竞争性表现在有很多种中间品，每一种中间品之间存在一定的替代性；另一方面，每一种中间品之间存在一定的差异，这种差异性体现在它们各自购买从而垄断的技术存在区别。所以，中间品数量是由中间品厂商来决定的，其决策依据自然是利润最大化，为此，我们先写出中间品生产厂商的利润函数。

要写出这个利润函数，就需要对中间品生产函数做出说明。

关于中间品生产函数，模型假设在购买中间品生产技术之后，中间品厂商要花费 1 单位中间品来生产 1 单位最终品。据此，中间品生产厂商的利润函数就是：

$$\pi_i = (P_i - 1)X_i \tag{8.16}$$

式中，P_i 表示中间品的价格，1 是生产 1 单位中间品的成本，它们都是以最终产品来表示的。显然，要想通过最大化上述利润函数来求出 X_i，还需要找到中间品的价格 P_i，也就是中间品生产厂商所面临的（最终品厂商）对中间品的（反）需求函数。

需求中间品的是最终品厂商，因此，这个中间品（反）需求函数自然就是最终品厂商利润最大化问题的最优条件。根据最终品生产函数，可以将最终品厂商的利润函数写成如下形式：

$$\pi = L^{1-\alpha} \times \sum_{i=1}^{N} X_i^{\alpha} - wL - p_i X_i$$

式中，π 表示利润，最终品的价格被单位化为 1。

最终品厂商的利润最大化问题一阶条件为：

$$\alpha L^{1-\alpha} X_i^{\alpha-1} = P_i \tag{8.17}$$

$$(1-\alpha)(Y/L) = w \tag{8.18}$$

(8.18)式是厂商的劳动需求函数，(8.17)式是厂商的中间品需求函数。为了清晰起见，可以将(8.17)式写成如下形式：

$$X_i = L(\alpha/P_i)^{1/(1-\alpha)} \tag{8.19}$$

将上述等式两边同时取自然对数，然后，求一阶导数 $\mathrm{d}(\ln X_i)/\mathrm{d}(\ln P_i)$，就能够得到中间品需求函数的价格弹性等于$-\dfrac{1}{1-\alpha}$。这就证明了上文的观点：由生产函数(8.1)式导出的所有中间品的需求函数的价格弹性都相等。

现在，将(8.17)式或(8.19)式代入中间品生产厂商利润函数(8.16)式中，就可以求得中间品的价格和数量。这里，我们将(8.19)式代入，先求价格，再求数量。将(8.19)式代入(8.16)式中，中间品生产厂商的利润最大化问题就是如下形式：

$$\max_{P_i} \pi_i = (P_i - 1)L(\alpha/P_i)^{1/(1-\alpha)}$$

通过上述利润最大化问题的一阶最优条件，可以直接求得价格为：

$$P_i = P = 1/\alpha \tag{8.20}$$

这个价格对所有中间品厂商、所有时间都是相同的。

对于所有厂商，价格相同的原因是，需求中间品的最终厂商的生产函数是替代弹性不变的，由此，中间品厂商面临的需求函数的价格弹性就是相同的，从而中间品厂商定价时的加成比例是相同的；另外，我们假设所有中间品厂商生产 1 单位中间品的边际成本相等，都等于 1。将边际成本 1 以及需求价格弹性$-\dfrac{1}{1-\alpha}$代入(8.15)式可以验证(8.20)式。

将(8.20)式代入(8.19)式，得到：

$$X_i = \bar{X} = L\alpha^{2/(1-\alpha)} \tag{8.21}$$

再对(8.21)式关于 i 加总，就有下式成立：

$$X = N\bar{X} = NL\alpha^{2/(1-\alpha)} \tag{8.22}$$

将(8.22)式代入(8.2)式中，得到：

$$Y = LN\alpha^{2\alpha/(1-\alpha)} \tag{8.23}$$

虽然我们已经找到了劳动 L 和中间品数量 X_i，但是，要求出 Y，还需要决定技术水平即中间品种类数 N，这从(8.23)式可以清楚地看到。

技术水平 N 的决定。 在内生技术进步增长模型中，技术(进步)是研发厂商有意投入生产要素而生产出来的。因此，技术水平的决定也就是研发投入水平的决定。自然，研发厂商决定研发投入数量从而技术水平的原则是利润最大化。

为此，就这个模型而言，先要给出中间品研发厂商的生产函数。模型假设研发一种新产品需要 η 单位的最终产品 Y，由此，研发活动的生产函数可以表示为：

$$\dot{N} = \frac{1}{\eta}D \tag{8.24}$$

式中，$\dot{N}$ 表示新产品种类的增加量，D 则表示投入中间品研发活动的最终品数量。研发活动的“产出”通常表现为新产品的设计方案或者生产方法。

根据上述生产函数，可以将研发厂商的利润函数写成如下形式：

$$\pi_N = P_N\dot{N} - D = P_N \frac{1}{\eta}D - D$$

式中，π_N 表示研发厂商的利润，P_N 表示技术的价格。导出上式第二个等号时使用了(8.24)式。由研发厂商利润最大化条件即 $\partial\pi_N/\partial D=0$，可以得到研发厂商决定技术水平的原则为：

$$P_N = \eta \tag{8.25}$$

要注意，(8.25)式是用来决定中间品研发厂商要投入多少最终品来进行研发活动的，简单地说，就是用来决定 D 的大小的，从而经由技术生产函数(8.24)式来决定技术水平 N。(8.25)式中，η 是已知的，因此，要决定技术水平，就需要求出技术价格 P_N。

求解技术价格 P_N，需要注意到这样一个事实：技术价格就是中间品生产厂商为生产中间品投入的资本。这样，技术价格就等于中间品生产厂商的利润流现值。用 V 来表示这个利润流现值，再结合(8.25)式，就有下列等式成立：

$$V = P_N = \eta \tag{8.26}$$

现在，我们的任务就是求解中间品生产厂商的利润流现值。

关于(8.26)式，作一点进一步的说明。我们可以将中间品研发和生产厂商“合二为一”成“中间品厂商”，这个厂商自己进行研发活动，然后利用研发成果和最终品来生产中间品。那么，(8.26)式就是中间品厂商利润最大化的原则：投入研发活动的成本等于从售卖中间品所获得的利润流现值，即 $V=\eta$。因此，很多增长文献是不区分中间品研发厂商和生产厂商的，比如 Barro and Sala-i-Martin(2004)就是这样做的。我们这里做这样的区分是为了展现建模的细节，特别是 $V=\eta$ 的来历。

某一时点 t 的利润流现值 $V(t)$ 就是，要将时点 t 到 ∞ 期间内每个时点的利润都贴现成 t 时的价值并加总。[①] 用公式表示如下：

$$V(t) = \int_t^{\infty} \pi(v)e^{-\bar{r}(t,v)(v-t)}dv$$

式中，$\bar{r}(t,v)$ 是 t 到 v 期间的平均利率，它是贴现率，由下式给出：

① 终点为无穷大是因为模型假设中间品生产厂商购买了一项技术，就拥有了对这项技术的永久垄断权。

$$\bar{r}(t,v) \equiv \frac{1}{v-t}\int_t^v r(\omega)\mathrm{d}\omega$$

综合以上两式,$V(t)$的决定式为:

$$V(t) = \int_t^{\infty} \pi(v)\mathrm{e}^{-\int_t^v r(\omega)\mathrm{d}\omega}\mathrm{d}v \tag{8.27}$$

把(8.26)式代入(8.27)式,就可以得到下式:

$$V(t) = \int_t^{\infty} \pi(v)\mathrm{e}^{-\int_t^v r(\omega)\mathrm{d}\omega}\mathrm{d}v = \eta$$

别忘了我们是要通过上式来决定研发投入 D,从而决定技术水平 N,尽管从表面上看,上式并不含有 D 或(和)N。其实,只要用技术生产函数即(8.24)式代换掉上式中的 η,D 和 N 就出现在上式中了。

由于上式含有积分项,不容易被直接用来求解 D 或(和)N。为此,我们对上式等号两边同时关于时间求导数以化简这个式子。上式中 η 是常数,它的导数等于零,因此,关键是要求 $\dot{V}(t)$。由于求解这个导数的方法与(4.49)式的导出方法完全相同,这里,只直接给出结果:

$$\dot{V}(t) = -\pi(t) + r(t)V(t) \tag{8.28}$$

当然,导出(8.28)式的过程中,我们利用(8.27)式进行了必要的代换;还使用了莱布尼茨规则。这个式子的直观含义:数量 $V(t)$的投资获得的利润要等于等量的金融资产能够获得的利息 $r(t)V(t)$,加上资本本身价值的变动量 $\dot{V}(t)$。这就是投资者进行投资的决策原则,也就是说,这个式子就是用来决定研发投入从而决定技术水平的。

令(8.28)式等于零,可以得到:

$$V(t) = \frac{\pi(t)}{r} \tag{8.29}$$

利润 $\pi(v)$由(8.16)式给出。将(8.21)式决定的 X_i 和(8.20)式决定的 P_i 一起代入(8.16)式中,可以得到:

$$\pi_i(v) = \pi = L\,\frac{1-\alpha}{\alpha}\alpha^{2/(1-\alpha)} \tag{8.30}$$

将(8.30)式和(8.26)式一起代入(8.29)式中,得到:

$$r = \frac{L}{\eta} \times \frac{1-\alpha}{\alpha} \times \alpha^{2/(1-\alpha)} \tag{8.31}$$

(8.31)式就是中间品研发厂商关于 D 的需求函数。

再次说明一下,如果我们用技术生产函数即(8.24)式代换掉(8.31)式中的 η,那么,(8.31)式表示的就是 D 与利率之间的关系。(8.31)式类似于 AK 模型中的关系式 $r=A-\delta$。本来应该是一个利率与资本之间的一个函数关系,像拉姆齐模型中的(3.55)式那样。但是,在特殊条件下,就像 AK 模型中那样,资本的边际报酬取一个常数,而不是表现为一个关于资本的函数,因此,利率直接就被决定了。简单地说,在拉姆齐模型中资本需求函数是一条向右下方倾斜的曲线,而在这里则表现为一条水平直线。正是这一点,使得实验设备模型要比罗默模型简单一些。

为了求出 D 进而求出 N,我们得到了(8.31)式,遗憾的是,(8.31)式又引入了新变量利率 r。这就需要我们去寻找 D 的供给函数。我们知道,D 来自最终品。最终品一共有三个用途:消费 C、生产中间品的投入 X 和研发中间品的投入 D。因此,D 的供给函数可以表示为:

$$D = Y - C - X \tag{8.32}$$

(8.32)式中的生产中间品的投入 X 由(8.22)式给出，虽然这个式子中含有未知变量 N，但是，它是旧变量。只是我们又引入了新变量 C。这样，决定消费 C 就是完成模型建立过程的最后一步了。

消费还是由消费者跨时点效用最大化问题来决定。消费者最优问题的目标函数为：

$$U = \int_0^{\infty} \left(\frac{C^{1-\theta} - 1}{1-\theta}\right) e^{-\rho t} dt \tag{8.33}$$

约束条件为：

$$\dot{Z} = wL + rZ - C \tag{8.34}$$

式中，Z 表示消费者的资产。消费最优的欧拉方程还是如下形式：

$$\frac{\dot{C}}{C} = \frac{1}{\theta}(r - \rho) \tag{8.35}$$

消费者最优条件同样还包括约束条件(8.34)式和横截性条件，后者要求利率的增长率要超过产出的增长率。至此，D 进而 N 就可以被决定了，因为通过欧拉方程，我们可以决定消费，尽管这个式子含有利率 r，而现在它不再是新变量了，在(8.31)式已经出现过了。随着技术水平 N 被决定，整个建模过程也就结束了。这个模型包括如下这些方程：(8.22)式、(8.23)式、(8.24)式、(8.31)式、(8.32)式和(8.35)式。

最后指出一点，在这里，我们是用最终品市场均衡条件即(8.32)式来将模型“封闭”起来的。其实，如前文所指出的那样，我们也可以用资本市场均衡条件来替代(8.32)式。资本市场的供给是消费者的资产 Z。模型中的最终品部门生产中没有使用资本，只使用了劳动和中间品，而模型假设中间品是非耐用品。同样，研发活动和中间品生产都只需要投入一定的最终品。因此，模型中只有在作为生产者的中间品厂商，从作为研发者的中间品厂商那里“购买”新技术时才存在资本。这样，中间品部门的市场价值就等于消费者的资产。也就是说，资本市场的均衡条件为：

$$Z = NV = N\eta$$

将上式代入消费者约束条件(8.34)式中，经过适当化简，就可以得到(8.32)式。化简过程中要用到(8.18)式、(8.22)式、(8.23)式、(8.24)式和(8.31)式。

8.1.3 模型分析

现在导出模型的基本微分方程组。还是采取本书一贯的做法，将模型中的非微分方程代入微分方程中去。具体到这个模型，先将(8.22)式和(8.23)式代入(8.32)式中，再将代换、化简之后的(8.32)式代入(8.24)式中，就得到：

$$\eta\dot{N} = Y - C - X = (1-\alpha^2)Y - C = (1-\alpha^2)LN\alpha^{2\alpha/(1-\alpha)} - C \tag{8.36}$$

导出(8.36)式时，用到了关系式 $X=\alpha^2 Y$，将(8.22)式比上(8.23)式就可以得到这个关系式。再将(8.31)式代入(8.35)式，得到消费增长率为：

$$\frac{\dot{C}}{C} = \frac{1}{\theta}\left(\frac{L}{\eta} \times \frac{1-\alpha}{\alpha} \times \alpha^{\frac{2}{1-\alpha}} - \rho\right) \tag{8.37}$$

(8.36)式和(8.37)式以及横截性条件即经济增长率大于利率($\dot{C}/C > r$)，一起构成模型的基本微分方程。

不难看出，(8.36)式就是第七章基本 AK 模型中的(7.7)式，(8.37)式则是基本 AK 模型中的(7.8)式。只是(8.36)式表示的是 N 和 C 之间的关系，而不是像(7.7)式那样表示的是资本 K 与 C 之间的关系。这是因为，在这个模型里，物质资本没有直接进入生产过程，像基本 AK 模型那样，而是以技术创新的方式进入生产过程的。明白了这一点之后，就能够清楚地看到，水平创新的实验设备模型的本质就是 AK 模型。这样，以下的分析完全遵循分析基本 AK 模型的做法。

模型中的 Y、C、X 和 N 的增长率都相等，由(8.37)式给出。同时，由于(8.37)式决定的增长率是一个常数，所以模型也不存在转型动态。也就是说，模型中的主要变量总是以(8.37)式决定的增长率增长。由(8.22)式可以证明 X 和 N 的增长率相等，由(8.23)式可以证明 Y 和 N 的增长率相等，从而有 Y、X 和 N 三个变量的增长率相等。

要证明 C 和 N 的增长率相等，则需要使用(8.36)式、(8.37)式和横截性条件，具体证明方法与 AK 基本模型一样。先由(8.37)式求出 C；将它代入(8.36)式中，(8.36)式就变成了一个关于 N 的常系数微分方程，求解这个方程，得到 N；最后，将 N 代入横截性条件中，可以证明我们想要的结论“C 和 N 的增长率相等”。

在导出这些变量增长率相等时，始终没有用到稳态的定义，同时，(8.37)式给出的增长率是一个常数。因此，就说明模型不存在转型动态，这些主要变量总是以不变的速度增长。由(8.36)式可以清楚地看到，经济增长率与消费者的偏好参数 ρ 和 θ 成反比，与研发成本 η 成反比，同时模型也存在规模效应。

模型均衡结果不是帕累托最优的，这是由中间品厂商垄断造成的。我们把市场经济的均衡结果与社会计划者经济的均衡结果进行对比，就能说明这一点。社会计划者最优问题的目标函数是(8.33)式，约束条件则由下式给出：

$$\eta\dot{N} = (\alpha^{-1} - 1)\alpha^{1/(1-\alpha)} \times LN - C \tag{8.38}$$

不难看出，这个社会计划者经济的资源约束条件不同于市场经济下的资源约束条件(8.36)式。尽管如此，但是，两式都是从“整个经济的资源约束条件(8.32)式”和“技术生产函数(8.24)式”推导出来的。

造成两个约束条件之间的差异的原因是，两种经济的中间品数量从而产出水平不同。而导致中间品数量不同的原因则是，在社会计划者框架下，中间品最优数量是在完全竞争下求得的；而在市场经济框架下，中间品的最优产量是在垄断竞争条件下求得的。

在完全竞争条件下，中间品的价格等于其边际成本，即有 $P=1$；而在垄断竞争条件下，中间品的价格则由(8.20)式给出，即有 $P=1/\alpha$。将这两个不同的价格分别代入(8.19)式中，就可以得到两种不同经济的中间品的最优量。市场经济的中间品数量由(8.21)式给出。而社会计划者经济的中间品数量 $(X_i)_P$ 则等于：

$$(X_i)_P = \bar{X} = \alpha^{1/(1-\alpha)} L$$

将上式关于 i 加总，就可以得到社会计划者经济的中间品“总”数量：

$$X_P = \alpha^{1/(1-\alpha)} LN \tag{8.39}$$

将(8.39)式代入生产函数(8.2)式中，就得到了社会计划者经济的产出水平：

$$Y_P = \alpha^{\alpha/(1-\alpha)} LN \tag{8.40}$$

把(8.39)式、(8.40)式和技术生产函数(8.24)式代入(8.32)式中,经过适当化简就得到了(8.38)式。如果用(8.22)式和(8.23)式替换(8.39)式和(8.40)式的话,那么得到的就是(8.36)式。

在这里,我们小结一下寻找社会计划者的资源约束条件的主要步骤。首先,利用完全竞争下的厂商均衡条件——价格等于边际成本——来决定中间品的价格。其次,把这个价格代入中间品需求函数中,得到中间品最优数量。再次,一方面,把中间品数量代入最终品生产函数中得到最终产出水平;另一方面,将不同种类的中间品数量加总,得到中间品的“总”数量。最后,将这些准备好的结果连同技术生产函数(即(8.24)式)一起代入资源约束条件(即(8.32)式)中,进行适当的化简即可。自然,用技术生产函数代换掉的变量是用于技术研发的投入即 D。

由此,社会计划者最优问题的汉密尔顿函数为:

$$\mathcal{H}=\frac{C^{1-\theta}-1}{1-\theta}\mathrm{e}^{-\rho t}+\lambda(1/\eta)[(\alpha^{-1}-1)\alpha^{1/(1-\alpha)}\times LN-C]$$

在这个最优化问题中,C 为控制变量,N 是状态变量,λ 为状态变量 N 的共状态变量。

社会计划者最优问题的一阶条件为:

$$\partial\mathcal{H}/\partial C=0\Rightarrow C^{-\theta}\times\mathrm{e}^{-\rho t}=\lambda/\eta$$

$$\partial\mathcal{H}/\partial N=-\dot{\lambda}\Rightarrow\lambda(1/\eta)\times(\alpha^{-1}-1)\alpha^{1/(1-\alpha)}\times L=-\dot{\lambda}$$

适当化简、代换上述两式,就可以得到社会计划者最优问题的消费增长率:

$$\left(\frac{\dot{C}}{C}\right)_{P}=\frac{1}{\theta}\left(\frac{L}{\eta}\times\frac{1-\alpha}{\alpha}\times\alpha^{1/(1-\alpha)}-\rho\right)\tag{8.41}$$

对比(8.41)式和(8.37)式,社会计划者经济的增长率要大于市场经济的增长率。同样,对比(8.39)式和(8.22)式、(8.40)式和(8.23)式,能够得到相同的结果:社会计划者经济的中间品 X 和最终品产出 Y 都比市场经济的均衡结果要大。原因在于中间品厂商具有垄断权,它所定的垄断价格 $1/\alpha$ 要比生产中间品的边际成本 1 大,从而,市场经济的最优中间品进而最终品产出都要比社会计划者经济的最优水平小。

对于这样的缺乏效率的结果,政府可以通过税收、补贴等产业政策来加以“矫正”。这样的政策主要有两种。第一种是对最终品厂商给予补贴。具体做法是,每购买 1 个单位的中间品,政府给予最终品厂商 $1-\alpha$ 比例的补贴,这就是说,最终品厂商需要自己支付的价格等于 αP,在这个模型里就是 1。其结果是,一方面,中间品厂商得到的价格还是 $1/\alpha$,从而其研发热情得到了保护;另一方面,中间品的购买者支付的价格等于生产中间品的边际成本 1,从而其购买数量会达到最高。这时,计算中间品购买量就是要把 1 而不再是 $1/\alpha$ 代入(8.19)式中。由此得到的中间品需求与社会计划者问题时对中间品的购买量完全相同。这一政策的结果是,从静态看,即在中间品种类数 N 既定的条件下,中间品和最终品的数量都会增加;从动态看,中间品的增长率 $\dot{N}/N$ 也会增加。这些结论都很清楚。

第二种是对中间品厂商给予补贴。这种政策的本质就是降低了中间品厂商的研发成本 η。经由(8.31)式,这一政策可以提高利率,从而导致市场经济增长率达到社会计划者经济的增长率。但是,从(8.19)式可以清楚地看到,这一政策对市场经济的中间品产量没有影响,还是要小于社会计划者经济的产量。这就是说,这个政策虽然有动态效率,但是没有静态效率。

最后，在结束这一节之前，我们给出社会计划者最优问题的汉密尔顿函数的另外一种写法：

$$
\begin{aligned}
\mathcal{H} &= \frac{C^{1-\theta}-1}{1-\theta}\mathrm{e}^{-\rho t} + \lambda(1/\eta)D + \nu(Y - X - D - C) \\
&= \frac{C^{1-\theta}-1}{1-\theta}\mathrm{e}^{-\rho t} + \lambda(1/\eta)D + \nu(L^{1-\alpha}X^{\alpha}N^{1-\alpha} - X - D - C)
\end{aligned}
$$

上式中第二行是用生产函数(8.2)式代换掉第一行中的 Y 而得到的结果。社会计划者最优问题的约束条件包括经济的资源约束条件(8.32)式和技术生产函数(8.24)式。在这种汉密尔顿函数的写法中，这两个约束条件直接被写进汉密尔顿函数当中。不过，由于(8.32)式不含有微分项，因此，该约束条件要被写成拉格朗日乘数形式，即上式中等号右边第三项；而(8.24)式则由于含有微分项 $\dot{N}$，所以，这个约束条件按照最优控制论中的形式被写入，即上式中等号右边第二项。

对比这两种汉密尔顿函数的写法，能够发现，它们之间存在两点差异。一是求解中间品最优数量的时间不同。第一种写法在写汉密尔顿函数之前，就要求出中间品的最优数量。第二种写法则是把中间品最优数量的选择，连同社会计划者要做出的其他决策(比如最优消费水平)，都留待写出汉密尔顿函数之后一起来解决。由此，在使用第一种写法时，我们要事先求出中间品数量，并且用这个求出的数量代换掉生产函数中的 X；而在使用第二种写法时，生产函数则要以最原始的形式即(8.2)式出现。

二是技术生产函数进入汉密尔顿函数的方式不同。在第一种写法中，技术生产函数先要被代入资源约束条件中去，然后作为资源约束条件的一个“构件”进入汉密尔顿函数中。在第二种写法中，技术生产函数是独立、直接进入汉密尔顿函数中的。

在第二种写法的汉密尔顿函数中，变量 X、D 和 C 是控制变量，而变量 N 是状态变量；ν 是拉格朗日乘数，λ 是状态变量 N 的共状态变量。因此，在这种写法下，最优问题的一阶条件包括 $\partial\mathcal{H}/\partial C=0$、$\partial\mathcal{H}/\partial X=0$、$\partial\mathcal{H}/\partial D=0$ 和 $\partial\mathcal{H}/\partial N=-\dot{\lambda}$。

8.2 罗默模型

8.2.1 建立模型

罗默模型源自 Romer(1990)。与实验设备模型相比，罗默模型最大的不同就是，用于中间品研发的投入是劳动而非最终品。同实验设备模型一样，劳动总量 L 被假设外生给定，并保持不变。只是现在要被分为两个部分：用于最终品生产的 L_y 和投入研发活动的 L_x。我们还是从最终品生产函数出发来建立模型。

最终品生产函数。罗默模型的最终品生产函数为：

$$
Y = L_y^{1-\alpha} \times \sum_{i=1}^{N} X_i^{\alpha} \tag{8.42}
$$

式中，L_y 是投入最终品生产的劳动，N 是经济中中间品的种类总数，X_i 是第 i 种中间品的数量。根据这个生产函数，这个模型就是要围绕着 L_y、X_i 和 N 三个变量的决定来展开。

中间品数量 X_i 的决定。中间品数量还是由中间品生产厂商的利润最大化行为来决定的。

由于中间品生产厂商的生产函数与实验设备模型一样，都是“用1单位最终品生产1单位中间品”，因此，中间品生产厂商的利润函数还是由(8.16)式给出。同样，要求解这个利润最大化问题，还是要先找到中间品的(反)需求函数。这个反需求函数也是要从最终品厂商的利润最大化行为来推出。

由于最终品生产函数发生了变化，所以，最终品厂商的最优条件，从而，中间品需求函数也与实验设备模型有所不同：

$$X_i = L_y(\alpha/P_i)^{1/(1-\alpha)}$$

将上述反需求函数代入(8.16)式中，同样可以求出中间品的最优价格还是由(8.20)式给出。把(8.20)式回代到上式中，可以求出中间品数量：

$$X_i = L_y\alpha^{2/(1-\alpha)} \tag{8.43}$$

对(8.43)式关于 i 加总，就能够得到中间品的总数量：

$$X = NL_y\alpha^{2/(1-\alpha)} \tag{8.44}$$

把(8.43)式代入最终品生产函数(8.42)式中，可以得到下式：

$$Y = NL_y\alpha^{2\alpha/(1-\alpha)} \tag{8.45}$$

注意到(8.43)式没有能够像实验设备模型中的(8.21)式那样直接决定了 X_i，因为这个式子中存在有待决定的变量 L_y。正是这一点使得罗默模型比实验设备模型更加复杂。不过，好在这个未知变量是旧变量而非新引入的变量，因此，我们可以让这个式子就这样进入模型。

· **投入最终品生产的劳动数量 L_y 的决定。**自然，L_y 的需求函数来自最终品厂商利润最大化行为。由于这个最优化问题很简单，这里直接写出结果：

$$(1-\alpha)(Y/L_y) = w \tag{8.46}$$

L_y 的供给函数则由下式给出：

$$L_y = L - L_x \tag{8.47}$$

遗憾的是，(8.47)式又引入了新变量 L_x。不过，值得庆幸的是，这个新变量是研发的投入，在接下来技术 N 的决定中，需要求解这个变量。所以，我们也可以让这个式子直接进入模型。

技术即中间品种类数 N 的决定。同样，这个决策是由中间品研发厂商来做出的，决策的原则当然也是利润最大化。为此，要先给出研发厂商的技术生产函数：

$$\dot{N} = \beta NL_x \tag{8.48}$$

式中，L_x 表示投入研发活动的劳动，β 是技术参数。

从这个生产函数可以看出，只要中间品研发厂商决定了投入多少劳动从事研发活动，也就是决定了 L_x，就决定了 N 的大小；同时，经由(8.47)式就决定了投入最终品生产的劳动数量 L_y。由此，为了减少一个变量，我们用(8.47)式代换掉(8.48)式中的 L_x，也就是说，我们让中间品研发厂商来选择(它愿意“留给”)最终品厂商使用的劳动数量 L_y。这样，(8.48)式就变成了如下形式：

$$\dot{N} = \beta N(L-L_y) \tag{8.49}$$

根据(8.49)式，可以将研发厂商的利润函数写成如下形式：

$$\pi_N = P_N\dot{N} - w(L-L_y) = P_N\beta N(L-L_y) - w(L-L_y)$$

由最优条件 $\partial\pi_N/\partial L_y = 0$，可以得到研发厂商决定技术水平 N(也就是决定 L_y 和 L_x)的原则是：

$$P_N = \frac{w}{\beta N}$$

在上式中,P_N 是新引入的变量。接下来需要求出这个变量。

同上一节一样,这个 P_N 还是等于中间品生产厂商的利润流现值 V。这就是说,有下列等式成立:

$$V = P_N = \frac{w}{\beta N} \tag{8.50}$$

不难发现(8.50)式就相当于上一节中的(8.26)式。要注意的是,(8.26)式中的研发成本 η 是一个常数,这就是说,要使用上一节的方法,就得证明这里的研发成本 $w/\beta N$ 也是一个常数。庆幸的是,这里的研发成本还真是一个常数。将(8.45)式和(8.46)式一起代入这个研发成本中,适当化简,可以得到:

$$\frac{w}{\beta N} = \frac{1}{\beta}(1-\alpha)\alpha^{2\alpha(1-\alpha)}$$

显然,上式等号右边是常数。

为此,我们可以使用上一节完全相同的方法,找到 L_y 的决定式。这里,不再详细展开求解过程,只是将主要步骤概述如下:将中间品价格(8.20)式和中间品数量(8.43)式一起代入利润函数(8.16)式中求出利润;再通过(8.29)式来求 V;最后将求得的 V 代入(8.50)式中,进行必要的化简,就可以得到我们需要的结果,化简时要用到上式。L_y 的决定式是:

$$r = \alpha\beta L_y \tag{8.51}$$

可是,(8.51)式又引入了新变量 r。

要决定利率 r,我们自然就想到了消费者跨时点效用最大化问题。由于这个问题以及求解与上一节的模型完全相同,这里,就直接写成其结果即欧拉方程如下:

$$\frac{\dot{C}}{C} = \frac{1}{\theta}(r-\rho) \tag{8.52}$$

要经过(8.52)式来决定利率,就需要知道 C。

要找消费 C,就需要借助于最终品市场均衡条件。在这个模型中,最终品只有两种用途:消费和生产中间品。于是,可以将最终品市场均衡条件写成:

$$Y = C + X \tag{8.53}$$

式中,X 为中间品数量,由(8.44)式给出。至此,建模工作就结束了。

8.2.2 模型分析

将(8.51)式代入(8.52)式,得到消费增长率为:

$$\dot{C}/C = (1/\theta)(\alpha\beta L_y - \rho) \tag{8.54}$$

上述微分方程存在 C 和 L_y 两个变量。

再将(8.44)式和(8.45)式一起代入(8.53)式中,适当化简,得到:

$$(1-\alpha^2)NL_y\alpha^{2\alpha/(1-\alpha)} = C \tag{8.55}$$

方程(8.49)、(8.54)和(8.55)一起构成了模型的基本(微分)方程组。这是一个含有三个变量和三个方程的微分方程组。要求解出这个方程组的显性解是很困难的,由此,我们只能对模型进行稳态分析。

罗默模型的稳态表现为：主要变量消费、产出、中间品数量和中间品种类数的增长率相等，即 $\gamma_C=\gamma_Y=\gamma_X=\gamma_N$；同时，投入中间品和最终品生产的劳动数量即 L_y 和 L_x 不变。

按照前文证明稳态基本性质的方法，利用(8.47)式能够证明稳态时，L_y 和 L_x 的增长率要与 L 的增长率相等，而模型假设劳动是不变的；由此，可以推出 L_y 和 L_x 不变。由于稳态时 L_y 不变，所以，对(8.45)式等号两边同时取自然对数，然后，关于时间求一阶导数，就能够证明：稳态时，$\gamma_Y=\gamma_N$。最后，利用(8.47)式，可以很容易证明：稳态时，$\gamma_C=\gamma_Y=\gamma_X$。其实，可以证明这三个变量的增长率即使不是稳态时也是相等的。将(8.44)式与(8.45)式等号两边分别相除，得到 $X=\alpha^2Y$，根据这个式子就可以得到 $\gamma_Y=\gamma_X$；再把(8.44)式与(8.45)式同时代入(8.47)式中，就可以得到$(1-\alpha^2)Y=C$，由这个式子就可以证明 $\gamma_C=\gamma_Y$。

稳态时，消费增长率等于中间品种类数增长率。由此，由(8.49)式和(8.54)式，可以得到：

$$(1/\theta)(\alpha\beta L_y-\rho)=\beta(L-L_y)$$

解上述方程，可以求得投入最终品生产的劳动数量：

$$L_y=\frac{\beta\theta L+\rho}{\beta(\alpha+\theta)}$$

再将上式代入(8.51)式中，可以求得利率：

$$r=\frac{\alpha(\beta\theta L+\rho)}{\alpha+\theta}$$

最后将上式代入(8.54)式中，就能够得到模型消费增长率、也就是模型主要变量的稳态增长率：

$$\gamma^*=\frac{\alpha\beta L-\rho}{\alpha+\theta} \tag{8.56}$$

将罗默模型的增长率(8.56)式与实验设备模型的增长率(8.37)式相比，能够发现两者的决定因素是一样的。增长率都与 θ 和 ρ 成反比；都与中间品部门的研发成本成反比，这个成本在实验设备模型中是 η，在罗默模型中是 $1/\beta$，都与 L 成正比，也就是说，两个模型都存在所谓规模效应问题。

同样，罗默模型的均衡结果也不是帕累托最优的。还是将市场经济均衡与社会计划者经济均衡进行比较。社会计划者最优问题的目标函数还是(8.33)式，约束条件则是下式：

$$\frac{1}{\beta}(\alpha^{-1}-1)\alpha^{1/(1-\alpha)}\dot{N}=(\alpha^{-1}-1)\alpha^{1/(1-\alpha)}\times LN-C \tag{8.57}$$

导出(8.57)式的方法与导出(8.38)式的方法完全一样。还是简单说明一下：

先将 $P_i=\overline{P}=1$ 代入(8.43)式中，得到：

$$(X_i)_P=\alpha^{1/(1-\alpha)}L_y$$

再将上式代入生产函数(8.42)式中，得到社会计划者经济中的最终品水平：

$$Y_P=\alpha^{\alpha/(1-\alpha)}\times NL_y$$

同时，将$(X_i)_P$ 关于 i 加总，得到中间品的总数量：

$$X_P=\alpha^{1/(1-\alpha)}\times NL_y$$

最后，将 Y_P 和 X_P 连同技术生产函数(8.49)式一起代入(8.53)式中，进行适当化简，就可以得到(8.57)式。

由(8.33)式和(8.57)式，可以将社会计划者的汉密尔顿函数写成如下形式：

$$\mathcal{H}=\frac{C^{1-\theta}-1}{1-\theta}\mathrm{e}^{-\rho t}+\frac{\lambda\beta}{(\alpha^{-1}-1)\alpha^{1/(1-\alpha)}}[(\alpha^{-1}-1)\alpha^{1/(1-\alpha)}\times LN-C]$$

社会计划者最优问题的一阶条件为：

$$\frac{\partial\mathcal{H}}{\partial C}=0\Longrightarrow C^{-\theta}\times\mathrm{e}^{-\rho t}=\frac{\lambda\beta}{(\alpha^{-1}-1)\alpha^{1/(1-\alpha)}}$$

$$\frac{\partial\mathcal{H}}{\partial N}=-\dot{\lambda}\Longrightarrow\lambda\beta L=-\dot{\lambda}$$

对上述一阶条件，进行适当的化简和代换，就可以得到社会计划者最优问题的增长率为：

$$\gamma_P=(1/\theta)(\beta L-\rho) \tag{8.58}$$

用(8.58)式减去(8.56)式，得到：

$$\gamma_P-\gamma^*=\frac{\alpha(\beta L-\rho)+\theta\beta L(1-\alpha)}{\theta(\alpha+\theta)}$$

不难发现，上式应该是大于零的，从而，社会计划者经济的增长率要大于市场经济的增长率。

同样，我们也可以将社会计划者最优问题的汉密尔顿函数按照第二种方法写成如下形式：

$$\mathcal{H}=\frac{C^{1-\theta}-1}{1-\theta}\mathrm{e}^{-\rho t}+\nu(L_y^{1-\alpha}N^{1-\alpha}X^{\alpha}-C-X)+\lambda\beta(L-L_y)N$$

式中，λ 是 N 的影子价格（共状态变量），ν 是拉格朗日乘数。由于(8.53)式中不含有微分项，所以，该约束条件要被写成拉格朗日乘数形式，而(8.49)式则由于含有 $\dot{N}$，因此要以最优控制论中的形式进入。上式中，N 是状态变量，而 C、X 和 L_y 均为控制变量。在这种写法下，最优问题的一阶条件包括 $\partial\mathcal{H}/\partial C=0$、$\partial\mathcal{H}/\partial X=0$、$\partial\mathcal{H}/\partial L_y=0$ 和 $\partial\mathcal{H}/\partial N=-\dot{\lambda}$。

8.3 消费品多样化模型

在前面两节讨论的水平创新增长模型中，技术进步都是表现为“中间”产品的增加。其实，技术进步也可以表现为“最终（消费）”品的增加，为此，这一节，我们将简要介绍一下消费品多样化增长模型。

模型有三个经济行为人：消费者、最终品生产厂商和最终品研发厂商。由于这一模型中的消费者最优行为与前两个模型中的有所不同。这里先专门讨论一下这个问题，找到最优条件以备下文建模时使用。

8.3.1 消费者最优行为

消费者的效用函数还是由(8.33)式给出。与前两节模型不同的是，这里的 C 是一种“复合”消费品，它是由 N 种不同的消费品按照如下 CES 函数形式“加总”而成：

$$C(t)\equiv\left(\int_0^{N(t)}c(i,t)^{\frac{\varepsilon-1}{\varepsilon}}\mathrm{d}i\right)^{\frac{\varepsilon}{\varepsilon-1}} \tag{8.59}$$

式中，$c(i,t)$表示 t 时第 i 种消费品数量，$N(t)$是 t 时消费品的种类数；$\varepsilon>1$。

效用函数的这一改变导致的后果是，除了像此前的模型一样，要在总收入当中选“总”消费量 C 以外，还要决定每一种消费品的数量 c_i，也就是说，要把 C 在 c_i 之间进行分配。正是这后一个决策，给每一种消费品的生产厂商提供了需求曲线。

先讨论“总”消费量 C 的选择。如果我们假设总消费 C 的价格为 1 的话，那么，消费者在选择 C 时的预算约束还是由(8.34)式给出。这样，消费者在选择总消费时，要遵循的原则也就是欧拉方程还是由(8.35)式给出。

下面讨论消费者对每一种消费品的需求。由于效用函数是不变替代弹性函数，所以，消费者对每一种商品的需求函数求解与(8.14)式的导出完全相同。这里直接给出结果：

$$c_i = \frac{P_i^{-\varepsilon}}{\left(\int_0^N P_i^{1-\varepsilon}\mathrm{d}i\right)^{-\frac{\varepsilon}{1-\varepsilon}}} \times C = \left(\frac{P_i}{P}\right)^{-\varepsilon} \times C \tag{8.60}$$

式中，$P \equiv \left(\int_0^N P_i^{1-\varepsilon}\mathrm{d}i\right)^{\frac{1}{1-\varepsilon}}$。

8.3.2 建立模型

模型假设经济的劳动总数 L 外生给定，并且保持不变。劳动有两种用途：研发最终品和生产最终品。分别用 L_x 和 L_y 来表示这两种用途的劳动数量，就有下列等式成立：

$$L = L_y + L_x \tag{8.61}$$

建模仍然从最终品生产函数出发。这个模型中，有 N 种最终品，假设每一种最终品的生产函数为：

$$Y_i = L_i \tag{8.62}$$

式中，L_i 是投入第 i 种产品生产的劳动数量。总的最终品 Y 等于 N 种最终品之和，即：

$$Y = \int_0^N Y_i \mathrm{d}i = \int_0^N L_i \mathrm{d}i = L_y \tag{8.63}$$

由此，不难发现，建模的关键是要决定 L_y 和 N。

根据前面两个模型的建模经验，我们知道，这里的 L_y 和 N 都由最终品研发厂商利润最大化行为来决定。在研发厂商选择了最优的 L_x 之后，一方面，经由(8.61)式就决定了 L_y；另一方面，经由即将给出的技术生产函数就决定了 N。

要讨论研发厂商的最优化行为，自然需要给出研发厂商的技术生产函数。在这个模型中，研发厂商的技术生产函数与罗默模型完全一样，也由(8.48)式也就是(8.49)式给出。

从而，研发厂商的利润最大化行为的均衡条件与罗默模型一样。这个均衡条件还是由(8.50)式给出：

$$V = P_N = \frac{w}{\beta N} \tag{8.64}$$

要注意的是，虽然(8.64)式与(8.50)式写法完全一样，但是，它们之间存在两点不同。一是，这里与技术价格 P_N 相等的是最终品(而非中间品)生产厂商的利润流现值 V；二是，在这个模型中，我们无法证明研发成本 $w/\beta N$ 是常数。

为了使用上述均衡条件，接下来的任务就是要求解(8.64)式中的利润流现值 V。由于我们现在无法证明研发成本是常数，所以，要找利润流现值 V，就要利用(8.28)式而不是(8.29)式。为了方便，把这个式子重新写一遍：

$$r = \frac{\pi}{V} + \gamma_V \tag{8.65}$$

式中，γ_V 表示利润流现值 V 的增长率，(8.65)式就是(8.28)式，只是书写形式改变一下，我们给它重新编号了。

根据(8.65)式，要求解利润流现值 V 需要知道利率 r 和最终品厂商的利润 π。以前的建模经验告诉我们决定利率的仍然是欧拉方程(8.35)，而要用欧拉方程来决定利率需要给定消费，同样消费还是由最终品市场均衡条件给出。

在这个模型中，最终品不用于最终品的研发和生产，也就是说全部被用于消费。这样，最终品的供给量就是消费量。用公式表示就是：

$$c_i = Y_i$$

由上式和(8.63)式，可以得到：

$$C = Nc = Y = L_y \tag{8.66}$$

导出(8.66)式时，还是利用了模型的对称性。

至于最终品生产厂商的利润则由下式决定：

$$\pi = (\overline{P} - w)c \tag{8.67}$$

马上就会看到模型是对称的，所以，在(8.67)式中，我们省略了下标 i。现在，求利润的关键是要求得 $\overline{P}$ 和 c。

最终品厂商是垄断竞争的，这与前两个模型中的中间品生产厂商一样，因此就不再解释理由。由于每个最终品厂商的需求函数都是从 CES 效用函数导出的，所以，这些需求函数即(8.60)式的价格弹性都是相等的，这个弹性等于 $-\varepsilon$。这样，就可以直接根据价格加成公式(8.15)式求得最终品的价格为：

$$P_i = \overline{P} = \frac{\varepsilon}{\varepsilon - 1} w \tag{8.68}$$

式中，w 是工资。

这里的 c 由(8.60)式给出。只是这个式子又引入了 C 和 P_i，好在这两个变量可以由(8.66)式和(8.68)式分别给出。不仅如此，由于利用模型的对称性，(8.66)式还直接给出了变量 c，所以，我们可以直接用这个式子来替换(8.67)式中的变量 c。

为此，将(8.66)式和(8.68)式一起代入(8.67)式中，得到最终品生产厂商的利润为：

$$\pi = \frac{1}{\varepsilon - 1} \frac{L_y}{N} w \tag{8.69}$$

至此，建模工作结束。

8.3.3 模型分析

下面对模型进行稳态分析。首先，将(8.60)式等号两边同时乘以 P_i，再关于 i 加总，利用模型的对称性，能够得到：

$$N\overline{P}c = PC$$

由于模型令 $P \equiv 1$，所以，利用上式可以证明：稳态时有：

$$\gamma_C = \gamma_{\overline{P}} + \gamma_N + \gamma_c \tag{8.70}$$

其次，由于 L 为常数，利用稳态的基本性质，由(8.61)式可以证明稳态时 L_y 不变。这样，利用(8.66)式可以证明：稳态时，有 $\gamma_c = -\gamma_N$。将这一等式代入(8.70)式中，得到稳态时有 $\gamma_C = \gamma_{\overline{P}}$。再由(8.68)式可以证明：稳态时有 $\gamma_{\overline{P}} = \gamma_w$。综合这两个式子，就能得到稳态时，有：

$$\gamma_C = \gamma_w \equiv \gamma^*$$

由(8.64)式和上式可以导出，稳态时有：

$$\gamma_V = \gamma_w - \gamma_N = \gamma^* - \gamma_N \tag{8.71}$$

最后，用(8.64)式代换掉(8.69)式中的 w，得到：

$$\pi = \frac{1}{\varepsilon - 1} L_y \beta V \tag{8.72}$$

进行这样的代换纯粹是为了简化化简过程。

有了上述这些准备，我们将(8.61)式、(8.71)式和(8.72)式代入(8.65)式中，得到：

$$r = \frac{1}{\varepsilon - 1}(L - L_x)\beta + \gamma^* - \gamma_N$$

再用技术生产函数(8.48)式代换掉上式中的 L_x，得到：

$$r = \frac{\beta}{\varepsilon - 1} L + \gamma^* - \frac{\varepsilon}{\varepsilon - 1}\gamma_N \tag{8.73}$$

欧拉方程(8.52)式给出了利率 r 与稳态增长率 γ^* 之间的另一个关系式如下：

$$\gamma^* = (1/\theta)(r - \rho) \tag{8.74}$$

对比方程(8.73)和(8.74)，能够发现“多出”了一个变量 γ_N。这就要求找到一个关于 γ_N 与 γ^* 或 r 之间的方程。

为此，我们将(8.66)式代入(8.59)式中，得到：

$$C = L_y N^{\frac{1}{\varepsilon - 1}}$$

稳态时，L_y 是常数，所以，由上式可以得到，稳态时有：

$$\gamma^* = \frac{1}{\varepsilon - 1}\gamma_N$$

将上式代入(8.73)式中，得到：

$$r = \frac{\beta}{\varepsilon - 1} L + (1 - \varepsilon)\gamma^* \tag{8.75}$$

解(8.74)式和(8.75)式构成的方程组，得到模型的稳态增长率如下：

$$\gamma^* = \frac{\beta L - (\varepsilon - 1)\rho}{(\varepsilon - 1)[\theta + (\varepsilon - 1)]}$$

由上式可以看出，模型的结果与罗默模型是一样的。增长率都与 θ 和 ρ 成反比；都与研发成本成反比，这个成本在这两个模型中都是 $1/\beta$；都与 L 成正比，也就是说，这个模型也与前两节的模型一样存在所谓规模效应问题。虽然这一章讨论的三个模型都存在规模效应问题，但是，由于第九章要介绍的垂直创新增长模型也存在这个问题，所以，我们将在第九章最后来专门讨论“不存在规模效应的内生增长模型”。

?习题

1. 增长文献是如何区分水平创新和垂直创新的？
2. 水平创新内生增长模型中的最终品生产函数，一般采用如下形式：

$$Y = L^{1-\alpha} \times \sum_{i=1}^{N} X_i^{\alpha}$$

请简述这个生产函数的三个主要性质。

3. 考虑如下不变替代弹性 CES 函数：

$$X = \left(\sum_{i=1}^{N} X_i^{\sigma} \right)^{1/\sigma}$$

① 求出上述函数中 X_i 之间的替代弹性；

② 证明：当 $\sigma=0$ 时，上述 CES 函数就是柯布-道格拉斯形式；当 $\sigma \to -\infty$ 时，上述 CES 函数就是函数 $X=\min(X_1, X_2, \cdots, X_N)$。

4. 考虑如下消费者效用最大化问题：

$$\max X = \left(\sum_{i=1}^{N} X_i^{\sigma} \right)^{1/\sigma}$$

$$\text{s. t.} \quad \sum_{i=1}^{N} P_i X_i = M$$

导出消费者对 X_i 的需求函数，并且证明这个需求函数的价格弹性是不变的。

5. 导出实验设备模型的基本微分方程组。

6. 对实验设备模型进行稳态和转型动态分析。

7. 导出罗默内生技术进步模型的基本微分方程组。

8. 对罗默内生技术进步模型进行稳态和转型动态分析。

9. 建立和分析消费品多样化内生技术进步增长模型。

第九章　垂直创新内生增长模型

无疑，第八章讨论的水平创新内生增长模型是富有洞察力的。不过，现实中，有很多技术进步并不是表现为产品种类的增加，而是表现为原有产品质量的提升，这就是垂直创新。为此，这一章我们将讨论垂直创新内生增长模型。由于垂直创新和水平创新是互补关系，所以，这一章与第八章也是一种互补关系。

垂直创新的一个最大特点就是，新的、质量高的产品会取代旧的、质量低的产品，而不是像水平创新那样新旧产品并存。这就是熊彼特所言的“创造性破坏”。因此，垂直创新增长模型也叫作“熊彼特增长模型”或者“产品质量提升模型”。垂直创新的这一特点带来的一个后果是，创新者对新技术的垄断不再是“永久”的了，也就是说，原来的垄断者会面临新来者的挑战直至失去垄断地位。随着模型的展开，我们将看到，垂直创新模型与水平创新模型之间的主要差别就是源于技术创新者垄断地位的这种暂时性。

这一章包含三节。与第八章相对应，我们还是先讲解实验设备模型的“垂直创新版本”。第二节讨论阿吉翁-霍伊特模型，是这个模型开启了垂直创新内生增长理论。第三节的主题是内生增长模型的规模效应问题，介绍几种建立不含有规模效应内生增长模型的思路。

9.1　实验设备模型

按照 Barro and Sala-i-Martin(2004)，我们把现时拥有最新技术的厂商叫作“领先者”(leaders)，而把其他现时技术处于落后地位的厂商叫作“外来者”(outsiders)。垂直创新的主要特点是新技术要取代旧技术。这样，领先者和外来者势必会为了拥有下一次创新垄断权而展开竞争。

在领先者和外来者之间，谁从下一次创新中获取的利润多，谁就会是下一次创新的完成者。从下一次创新获得的收益是创新带来的利润流现值。对于领导者和外来者而言，这个收益是相同的。

从事下一次创新的成本，对于领先者和外来者来说就会有差异了。这种差异主要表现在两个方面。其一，从事创新活动，对于外来者来说，只有“直接”成本；而对于领先者而言，则还要付出“间接”成本。这里，直接成本是指“投入研发活动的资源价值”；而间接成本则表现为“由于新技术来临而失去的从现有技术中获得的收益”。其二，在领先者和外来者之间，直接成本就有可能存在差异。一个比较合理的推理是，领先者由于熟悉已有技术，因此，在进行下一次创新时，会有一定的成本优势。

这样一来，外来者和领先者都有可能成为下一次创新的完成者。就要看领先者在直接成本方面的优势是否大于其间接成本：是的话，领先者就是下一次创新的完成者；否的话，外来者就是完成下一次创新的厂商。

为此，我们分别来讨论外来者和创新者完成下一次创新的内生增长模型。这两个模型就是这一节前两小节的主题，第三小节对这两个模型的均衡结果进行效率分析，也就是把这两个模型的均衡结果与社会计划者经济均衡结果进行比较，看它们能否达到帕累托最优。

与第八章中的水平创新实验设备模型一样，垂直创新实验设备模型中也存在消费者、最终品厂商、中间品研发厂商和中间品生产厂商四个经济行为人。由于消费者的最优行为与水平创新实验设备模型完全相同，所以这里就不单独展开了，下文建模需要时，将直接使用第八章的相关结论，主要是欧拉方程(8.35)式和消费者约束条件(8.34)式。

9.1.1 外来者创新模型

在这一小节，我们假设新的技术创新总是由现时技术相对落后的外来者完成的。这就是说，我们假设领先者在直接创新成本方面没有优势，或者，即使有优势，但是这个优势不足以弥补创新给它带来的间接成本。这样，与领先者相比，外来者总是可以从创新中获取更多的"净"收益。由此，外来者总是更有完成下一次创新的积极性。

1. 最终品生产函数。由于创新形式不同，所以，最终品生产函数与第八章实验设备模型的生产函数(8.1)式有所不同。具体来说，要改成如下形式：

$$Y = L^{1-\alpha}\sum_{i=1}^{N}\widetilde{X}_i^{\alpha} \tag{9.1}$$

同第八章模型的生产函数一样，这里，L 表示整个经济的劳动，假设是外生给定的，并且保持不变；另外，有 $0<\alpha<1$。(9.1)式中的新变量 $\widetilde{X}_i$ 表示经过了质量调整的第 i 种中间品的数量。

用 q^{κ} 来表示中间品质量等级，$q>1$。这里，$\kappa=0,1,\cdots,k$，表示某一种中间品经历过的质量提升(技术创新)次数。这样，初始中间品的质量等级为 $q^0=1$，因为它没有经历质量提升；经过一次技术创新的中间品的质量为 $q^1=q$，经过两次技术创新的中间品的质量为 q^2，经过 k 次技术创新的中间品的质量为 q^k，如此等等。

进一步，由于垂直创新所具有的"创造性破坏"的特质，所以，现存的每一种中间品的质量级别都是最高的，即 q^{k_i}。这样一来，第 i 种经过质量调整的中间品数量为：

$$\widetilde{X}_i = q^{k_i}X_i$$

由此，生产函数(9.1)就变成了如下形式：

$$Y = L^{1-\alpha}\sum_{i=1}^{N}(q^{k_i}X_i)^{\alpha} \tag{9.2}$$

把第八章水平创新增长模型中的最终品生产函数(8.1)式与(9.2)式对比一下，能够发现，(8.1)式是(9.2)式在 $k_i=0$ 条件下的特殊情形。当然，在(8.1)式中，N 是随着时间(技术进步)而变大的；而在(9.2)式中，N 是不变的，技术进步体现在中间品最高质量级别 k 的增加。

由于劳动外生给定，并且保持不变，因此，这里，建模的关键就是要决定中间品投入数量 X_i 和下一次创新带来的中间品质量提升即 $q^{k_i+1}-q^{k_i}$。这里，特别说明一下，在这个模型中，我们总是假设现有技术为第 k_i 次技术创新的结果，而研发厂商正努力实现的就是第 k_i+1 次创新。

2. 中间品数量 X_i 的决定。同第八章实验设备模型一样，中间品生产厂商是垄断竞争的。

一方面，不同中间品之间存在一定的替代关系；另一方面，不同中间品之间存在差异。因此，中间品数量是由中间品生产厂商的利润最大化问题来决定的。中间品厂商还是投入 1 单位最终品来生产 1 单位中间品。据此生产函数，购得第 k_i 次创新的中间品厂商的利润函数为：

$$\pi(k_i) = (P_i - 1)X_i \tag{9.3}$$

式中，P_i 为第 i 种中间品的价格。

同样，中间产品的需求函数是由最终品厂商利润最大化行为来决定的。最终品厂商的利润函数为：

$$\pi = Y - wL - \sum_{i=1}^{N} P_i X_i$$

式中，w 表示工资。厂商利润最大化的一阶条件为：

$$\alpha L^{1-\alpha} q^{\alpha k_i} X_i^{\alpha-1} = P_i \tag{9.4}$$

$$(1-\alpha)(Y/L) = w \tag{9.5}$$

(9.4)式和(9.5)式就是最终品厂商对中间品和劳动的需求函数。为了清晰和方便起见，将(9.4)式写成如下形式：

$$X_i = L(\alpha q^{\alpha k_i}/P_i)^{1/(1-\alpha)} \tag{9.6}$$

同(8.19)式一样，(9.6)式所代表的最终品厂商对中间品的需求函数的价格弹性也是等于 $-\dfrac{1}{1-\alpha}$。

将(9.6)式代入中间品生产厂商的利润函数(9.3)式中，用最优一阶条件 $\partial\pi(k_i)/\partial P_i = 0$，可以得到中间品厂商的价格为：

$$P_i = P = 1/\alpha \tag{9.7}$$

显然，这个价格不因为时间和厂商的不同而变化。

将(9.7)式回代到(9.6)式，得到：

$$X_i = L\alpha^{2/(1-\alpha)} q^{\alpha k_i/(1-\alpha)} \tag{9.8}$$

再将(9.8)式关于 i 相加得到：

$$X = L\alpha^{2/(1-\alpha)} \sum_{i=1}^{N} q^{k_i \alpha/(1-\alpha)} \equiv \alpha^{2/(1-\alpha)} LQ \tag{9.9}$$

式中的 Q 是我们定义的总中间品质量指数：

$$Q \equiv \sum_{i=1}^{N} q^{k_i \alpha/(1-\alpha)} \tag{9.10}$$

利用这个中间品质量指数，可以将最终品生产函数写成：

$$Y = \alpha^{2\alpha/(1-\alpha)} LQ \tag{9.11}$$

3. 技术水平即中间品质量的决定。技术进步是由研发厂商利润最大化行为来决定的，同样需要写出技术生产函数。在这个模型中，技术进步表现为中间品质量的提升，根据(9.10)式所定义的中间品质量指数，技术进步就是这个指数的变化量 ΔQ。需要特别注意的是，虽然 Q 是非随机变量，但是，其变化量 ΔQ 却是随机变量，因为下一次技术创新的来临是随机的。因此，技术进步就表现为 ΔQ 的期望值：

$$E(\Delta Q) = \sum_{i=1}^{N} p(k_i) \times [q^{(k_i+1)\alpha/(1-\alpha)} - q^{k_i \alpha/(1-\alpha)}]$$

$$= p(k_i) \times (q^{\alpha/(1-\alpha)} - 1) \times \sum_{i=1}^{N} q^{k_i \alpha/(1-\alpha)}$$

$$= p(k_i) \times (q^{\alpha/(1-\alpha)} - 1) \times Q \tag{9.12}$$

式中，$p(k_i)$表示在第 k_i 次技术创新基础之上，下一次即第 k_i+1 次创新发生的概率。

根据大数定律，只要中间品部门数 N 足够大，中间品质量指数 Q 的增长量就接近于(9.12)式的等号右边项。这就是说，只要假设 N 足够大，以保证 Q 可导，那么，$\dot{Q}$ 就是非随机的，并且等于(9.12)式的等号右边项，即有：

$$\dot{Q} = p(k_i) \times (q^{\alpha/(1-\alpha)} - 1) \times Q \tag{9.13}$$

(9.13)式表示的只是"技术进步"，也就是说，它只是技术生产函数中的产出。因此，要写成技术生产函数，还需要把研发厂商的投入 $D(k_i)$与下一次创新来临的概率 $p(k_i)$联系起来。

为了简单起见，假设 $p(k_i)$与 $D(k_i)$成正比。同时，对于给定的研发投入 $D(k_i)$，研发成功的概率 $p(k_i)$也与 k_i 有关。两者之间既有可能呈现正比关系，也有可能呈现反比关系。前者表示前面的创新会使得后面的创新更加容易；后者则意味着创新次数越多，创新就越困难。对此用函数 $\phi(k_i)$来表示。综合以上两点，研发成功概率的决定式就可以写成如下形式：

$$p(k_i) = \phi(k_i) \times D(k_i) \tag{9.14}$$

将(9.14)式代入(9.13)式中，就可以得到如下技术生产函数：

$$\dot{Q} = \beta D(k_i) \tag{9.15}$$

式中，$\beta \equiv \phi(k_i)(q^{\alpha/(1-\alpha)} - 1)Q$ 表示技术生产效率参数，类似于(8.24)式中的 $1/\eta$。

顺便作一个术语约定：我们总是将(9.14)式叫作"研发成功概率决定式"或者"研发成功概率函数"，它表示研发成功概率与研发投入之间的关系；而把(9.15)式叫作"技术生产函数"，它表示技术进步与研发投入之间的关系。

使用上述技术生产函数，能够导出研发厂商决定研发投入 $D(k_i)$的最优条件还是：技术价格等于研发成本。技术价格还是由创新收益给出，而创新收益就是购买技术的中间品生产厂商的利润流现值。与第八章的模型不同，这个模型中的技术创新收益是一个随机变量。

创新收益的随机性表现在两个方面。一方面，投入一定资源从事研发活动，创新是否发生是一个随机事件；另一方面，下一次创新到来就会终止现有技术拥有者获取垄断利润的时期，而下一次创新何时来临是随机的，从而，拥有现有创新而拥有的获取垄断利润的时期是随机的，因此，从这个随机时期获得的利润流现值就是一个期望值。综合这两点，第 k_i+1 次创新能够给创新者带来的收益是：

$$p(k_i) \times E[V(k_i + 1)]$$

式中，$E[V(k_i+1)]$表示第 k_i+1 次创新带来的利润流现值和的期望值。创新发生的概率由(9.14)式给出，因此，现在的关键是要求出 $E[V(k_i+1)]$。

如果我们用 t_{k_i} 和 t_{k_i+1} 来分别表示第 k_i 次和第 k_i+1 次技术创新发生的时间的话，那么，进行第 k_i 次技术创新的厂商拥有对该创新的垄断权的时期 $T(k_i)$为：

$$T(k_i) = t_{k_i+1} - t_{k_i}$$

这里，之所以认为进行第 k_i 次技术创新的厂商对这次创新的垄断权在下一次创新来临时就会终止，是因为我们假设下一次创新总是由其他厂商(即外来者)完成的。也就是说，我们在此假设技术领先者不从事下一次技术创新。在下一节，我们将专门讨论"领先者创新模型"。

同样，我们用加总时期的平均利率作为贴现因子。如此一来，第 k_i 次技术创新的厂商能够获得的利润流现值为：

$$V(k_i) = \int_{t_{k_i}}^{t_{k_i}+1} \pi(k_i) \times e^{-\int_{t_{k_i}}^{v} r(\omega)d\omega} dv$$

接下来要做的事情就是利用"从创新中获得的利润流现值之和等于研发成本"这个关系式，找到中间品厂商利润最大化原则决定的利率，换言之，就是找到中间品厂商对资本的需求函数。

由于研发成本被假设是一个不变常数，所以，问题的关键是要求现值 V 关于时间 t_{k_i} 的一阶导数。为计算简单一点，我们假设利率不随时间变化，不妨用 r 表示；在模型均衡时，利率确实不随时间变化。求解这个导数的方法还是导出(4.49)式和(8.28)式的方法。只是需要注意它们之间的一个细微不同：这里，由于有 $t_{k_i+1} = t_{k_i} + T(k_i)$，所以当 t_{k_i} 变化时，$t_{k_i}+1$ 也会变化。由此，将 V 关于时间 t_{k_i} 求导数，就是要关于定积分的上限和下限同时求导数。

在此基础上，可以得到：

$$\begin{aligned}\dot{V} &= \pi(k_i) \times e^{-\int_{t_{k_i}}^{v} r(\omega)d\omega} \Big|_{v=t_{k_i}+1} - \pi(k_i) \times e^{-\int_{t_{k_i}}^{v} r(\omega)d\omega} \Big|_{v=t_{k_i}} \\ &\quad + r\int_{t_{k_i}}^{t_{k_i}+1} \pi(k_i) \times e^{-\int_{t_{k_i}}^{v} r(\omega)d\omega} dv \\ &= -\pi(k_i)[1 - e^{-r\times T(k_i)}] + rV\end{aligned}$$

令上式中的 $\dot{V} = 0$，就可以得到：

$$V(k_i) = \pi(k_i)[1 - e^{-r\times T(k_i)}]/r \tag{9.16}$$

遗憾的是，在(9.16)式中，中间品厂商对发明的垄断时期即 $T(k_i)$ 从而 $V(k_i)$ 是一个未知的随机变量，因为下一次创新来临的时间 t_{k_i+1} 是随机的。既然 $T(k_i)$ 是随机变量，那么，自然的做法是先求出这个变量的密度函数；然后利用这个密度函数来求出现值 V 的期望值即 EV。

定义 $T(k_i)$ 的累积分别函数为：

$$G(\tau) = P(T(k_i) \leqslant \tau)$$

这样，$G(\tau)$ 关于 τ 的一阶导数表示的就是，第 k_i 次技术创新的厂商在 $t_{k_i}+\tau$ 时失去对该次创新垄断权的概率。这就是说，在 $t_{k_i}+\tau$ 这个时点，第 k_i+1 次创新会来临；同时，在这个时点之前，第 k_i+1 次创新不会发生。由此，就有下列等式成立：

$$G'(\tau) = [1 - G(\tau)] \times p(k_i)$$

式中，$1-G(\tau)$ 表示的是，在 $t_{k_i}+\tau$ 这个时点之前第 k_i+1 次创新不会发生的概率；如前所述，$p(k_i)$ 表示在第 k_i 次技术创新基础之上，下一次即第 k_i+1 次创新发生的概率。由于 $p(k_i)$ 是一个不随时间变化的常数项，因此，上式是一个关于 $G(\tau)$ 的常微分方程。

求解这个微分方程不困难。令 $G'=0$，就可以得到 G 的稳态值为 1；另外，显然，G 的初始值为 0。以此为基础，就可以得到这个微分方程的解：

$$G(\tau) = 1 - e^{-p(k_i)\times\tau}$$

对这个累积分布函数求一阶导数，就得到了 $T(k_i)$ 的密度函数如下：

$$g(\tau) = G'(\tau) = p(k_i) \times e^{-p(k_i)\times\tau} \tag{9.17}$$

利用(9.17)式和(9.16)式，可以求得利润流现值的期望值为：

$$E[V(k_i)] = \frac{\pi(k_i) \times p(k_i)}{r} \times \int_0^\infty (1 - e^{-r\tau}) \times e^{-p(k_i)\cdot\tau} \times d\tau$$

求出上式中的积分，然后化简可以得到：

$$E[V(k_i)] = \frac{\pi(k_i)}{r + p(k_i)} \tag{9.18}$$

要求出上述期望值，就需要求解中间品厂商的利润。为此，将(9.7)式和(9.8)式一起代入(9.3)式中，得到：

$$\pi(k_i) = \bar{\pi} q^{\alpha k_i/(1-\alpha)} \tag{9.19}$$

式中，

$$\bar{\pi} \equiv L\,\frac{1-\alpha}{\alpha}\alpha^{2/(1-\alpha)} \tag{9.20}$$

不难看出，当 $k_i=0$ 时，有 $\pi(k_i)=\bar{\pi}$；同时，$\bar{\pi}$ 就是(8.30)式，因为在水平创新模型中，中间品的质量确实没有变化，也就是满足条件 $k_i=0$。另外，还能够从(9.20)式看出，当 $\bar{\pi}$ 不变时，$\pi(k_i)$ 与 k_i 成正比。

用(9.19)式代换掉(9.18)式中的 $\pi(k_i)$，得到：

$$E[V(k_i)] = \frac{\bar{\pi} q^{\alpha k_i/(1-\alpha)}}{r + p(k_i)}$$

这个式子表示的是，第 k_i 次创新确定发生之后到下一次创新来临期间，第 k_i 次创新者能够获得的创新收益。根据上式，可以“写出”第 k_i+1 次创新的利润流现值的期望值为：

$$E[V(k_i)+1] = \frac{\bar{\pi} q^{\alpha(k_i+1)/(1-\alpha)}}{r + p(k_i+1)} \tag{9.21}$$

现在，我们就可以写出中间品生产厂商从第 k_i+1 次创新中获得的收益，也就是第 k_i+1 次创新的价格为：

$$\phi(k_i) \times D(k_i) \times E[V(k_i+1)]$$

让上式等于研发成本 $D(k_i)$，就可以得到，中间品研发厂商从事第 k_i+1 次创新的决策原则：

$$D(k_i) \times \{\phi(k_i) \times E[V(k_i+1)] - 1\} = 0$$

显然，上式中的 $D(k_i)>0$，所以，研发厂商利润最大化一阶条件为：

$$\phi(k_i) \times E[V(k_i+1)] - 1 = 0 \tag{9.22}$$

将(9.21)式代入(9.22)式中，可以得到：

$$r + p(k_i+1) = \phi(k_i) \times \bar{\pi} q^{\alpha(k_i+1)/(1-\alpha)} \tag{9.23}$$

(9.23)式就是经由研发厂商利润最大化行为决定的对研发投入 $D(k_i)$ 的需求。只需要用(9.14)式代换掉其中的概率，就可以看出这个函数关系了。只是，还需要给定了函数 $\phi(k_i)$ 的具体形式。

这里，采用 Barro and Sala-i-Martin(2004)中的如下具体函数①：

$$\phi(k_i) = (1/\zeta) \times q^{-(k_i+1)\alpha/(1-\alpha)} \tag{9.24}$$

式中，$\zeta>0$ 是一个表示研发成本的参数。(9.24)式表明：研发成功的概率随着产出的增加而递减。这是因为，一方面，从(9.24)式可以看出，$\phi(k_i)$ 与 $q^{(k_i+1)\alpha/(1-\alpha)}$ 成反比；另一方面，产出 Y 与 $q^{(k_i+1)\alpha/(1-\alpha)}$ 成正比。后一点，从下面这个式子中可以看出：

---

① 更多的具体函数形式见 Barro and Sala-i-Martin(2004)。

$$Y=\alpha^{2\alpha/(1-\alpha)}L\sum_{i=1}^{N}q^{k_i\alpha/(1-\alpha)}$$

上式是将(9.8)式代入(9.2)式化简得到的。

将(9.24)式代入(9.23)式中,可以得到:

$$r+p(k_i+1)=\bar{\pi}/\zeta$$

由上式可以看出,创新取得成功的概率与部门即 i 和创新次数即 k 都无关。因此,上式可以写成:

$$r=\frac{\bar{\pi}}{\zeta}-p \tag{9.25}$$

这个式子就是研发厂商关于研发投入的需求函数,只是我们又引入了新变量利率。

同样,我们还是用消费者跨时点效用最大化问题的一阶条件欧拉方程(8.35)式来决定利率;要用欧拉方程来决定利率,就需要先决定消费水平。而决定消费水平的方程,则还是用最终品市场均衡条件。在这个模型中,最终品有三种用途:消费、研发和生产中间品。因此,最终品均衡条件是:

$$Y=C+X+D \tag{9.26}$$

至此,建模工作完成。

4. 模型分析。先导出基本微分方程组。用(9.25)式代换掉(9.13)式中的概率 p,得到:

$$\frac{\dot{Q}}{Q}=\left(\frac{\bar{\pi}}{\zeta}-r\right)(q^{\alpha/(1-\alpha)}-1) \tag{9.27}$$

经由(9.14)式、(9.24)式和(9.25)式可以求出部门 i 投入研发活动的最终品数量:

$$D(k_i)=q^{(k_i+1)\alpha/(1-\alpha)}\times(\bar{\pi}-r\zeta)$$

由上式可以看出,研发投入与创新级别高低(k_i)成正比。而创新成功的概率则与创新级别无关,这是因为,根据(9.14)式求创新成功概率时,研发投入 $D(k_i)$ 要除以 $q^{(k_i+1)\alpha/(1-\alpha)}$,从而使得 $D(k_i)$ 中的 k_i 不会出现在概率决定式里。将上式关于 i 加总,可以得到整个经济投入研发活动的最终品的总量:

$$D\equiv\sum_{i=1}^{N}D(k_i)=q^{\alpha/(1-\alpha)}Q\times(\bar{\pi}-r\zeta) \tag{9.28}$$

在 r 不变时,D 与 Q 成正比。

把(9.9)式、(9.11)式和(9.28)式一起代入(9.26)式,进行适当化简,得到:

$$q^{\alpha/(1-\alpha)}Q\times(\bar{\pi}-r\zeta)=(1-\alpha^2)\alpha^{2\alpha/(1-\alpha)}LQ-C \tag{9.29}$$

综合起来,欧拉方程(8.35)式、(9.27)式和(9.29)式一起构成模型的基本微分方程组。

从理论上说,由欧拉方程(8.35)式可以将 C 表示为 r 的函数,由(9.27)式可以将 Q 表示成 r 的函数,然后将这两个函数一起代入(9.29)式中就可以将这个式子变成一个关于 r 的函数,从而求解出 r。可是,实际上,这个工作几乎是无法完成的。为此,只有另寻其他途径来分析模型。

由(9.9)式、(9.11)式和(9.28)式可知,X、Y 和 D 都是关于 Q 的线性函数。这一命题加上(9.26)式,就可以知道 C 也是关于 Q 的线性函数。由此,这四个变量的增长率都等于 Q 的增长率。不妨令这个相等的增长率为 γ。

由于 C 的增长率和 Q 的增长率相等,所以,用欧拉方程(8.35)式代换掉(9.27)式中的利率，就可以得到增长率 γ 为：

$$\gamma = \frac{(q^{\alpha/(1-\alpha)}-1)[(\bar{\pi}/\zeta)-\rho]}{1+\theta(q^{\alpha/(1-\alpha)}-1)} \tag{9.30}$$

将(9.30)式回代到欧拉方程(8.35)式或者(9.27)式中，就可以得到利率：

$$r = \frac{\rho + \theta(q^{\alpha/(1-\alpha)}-1)(\bar{\pi}/\zeta)}{1+\theta(q^{\alpha/(1-\alpha)}-1)}$$

将上式代入(9.25)式中，可以决定 p 的均衡值：

$$p = \frac{(\bar{\pi}/\zeta)-\rho}{1+\theta(q^{\alpha/(1-\alpha)}-1)}$$

式中，$\bar{\pi}$ 由(9.20)式给出。

由(9.30)式可以看到，增长率与消费者偏好参数 θ 和 ρ 成反比，与研发成本 ζ 成反比，而与 $\bar{\pi}$ 和 q 成正比。进一步，由于有 $\bar{\pi} \equiv L\frac{1-\alpha}{\alpha}\alpha^{2/(1-\alpha)}$，所以增长率与劳动数量 L 成正比。这就是说，模型存在所谓规模效应问题。

模型不存在转型动态，也就是说，模型的主要变量包括 Y、C、X、D 和 Q 总是以相同的不变增长率变化的，这个增长率由(9.30)式给出。这是因为，我们在证明这些变量增长率相等时没有用到稳态的定义，同时这个增长率是不随时间变化的，所以模型的主要变量总是处于稳态。

9.1.2 领先者创新模型

在这一小节里，我们假设下一次创新总是由领先者来完成的。也就是说，我们认为，领先者在直接创新成本方面的优势比较大，大到除弥补其在间接成本方面的损失之外，还能够比外来者获得更多的利润。

与上一节的外来者创新模型相比，这一节讨论的领导者创新模型的唯一不同就是，在这个模型中，每一次创新都是由领导者（中间品厂商）来完成的。[①] 因此，模型中的另外两个经济行为人——消费者和最终品厂商——的决策行为与基本模型完全相同。有鉴于此，我们将讨论的重点放在中间品厂商的最优决策上。

在领先者创新模型中，由于没有外来者进入研发活动，因此，决定中间品厂商最优的就不再是"研发活动自由进出条件"。不过，中间品厂商利润最大化的目标是不会发生变化的。现在，中间品厂商的决策是，选择最优的研发投入（也就是研发成功概率），来最大化从研发活动中获得的利润流现值。如此一来，接下来，展开模型的关键是计算中间品厂商从创新中获得的利润流现值。

考虑一个中间品厂商，他研发了第 k_i 次创新，从此拥有对这次创新的垄断权，直至下一次创新来临。我们还是用 $T(k_i)$ 来表示研发厂商对第 k_i 次创新垄断权的持续时间。同时，创新仍然具有所谓"创造性破坏"的特质，即下一次创新一旦出现，就会完全取代现有的技术。这样，在 $T(k_i)$ 期间内，中间品厂商要做两件事情：一是利用第 k_i 次创新和最终品投入来生产中间品以获取利润，我们还是用 $\pi(k_i)$ 来表示这个利润；二是投入数量为 $D(k_i)$ 的最终品来研发第 k_i+1 次创新，以期在 $T(k_i)$ 结束之后，从第 k_i+1 次创新中获取利润。

综合起来，中间品厂商的总利润流现值就包含两个部分。一是在 $T(k_i)$ 期间获得的净利

[①] 这里，我们不再区分中间品研发厂商和生产厂商，因为前文已有指出，这样区分对模型结果没有影响。

润流现值。这个时期的净利润等于 $\pi(k_i)-D(k_i)$，这里，“净利润”的含义是把这个时期用于研发下一次创新的成本 $D(k_i)$ ，从这个时期获得的利润 $\pi(k_i)$中予以扣除。二是在 $T(k_i)$结束之后所获得的利润流现值，也就是第 k_i+1 次创新所带来的利润流现值。

由于创新成功与否是一个随机事件，所以，为了计算利润流现值，我们还得对研发活动的成功概率做出假设。这个假设与上一节模型中的假设是一样的，即由(9.7)式和(9.24)式来决定[①]：

$$p(k_i)=\frac{D(k_i)}{\zeta_l \times q^{(k_i+1)\alpha/(1-\alpha)}} \tag{9.31}$$

式中，ζ_l 是表示领导者研发成本的参数。

先计算第一部分利润流现值，其计算方法与计算(9.18)式完全相同，只需要将(9.18)式中的分子由 $\pi(k_i)$替换成 $\pi(k_i)-D(k_i)$即可，这一部分利润流现值可以表示为：

$$\frac{\pi(k_i)-D(k_i)}{r+p(k_i)}$$

第二部分利润流现值等于：

$$\mathrm{e}^{-r\cdot T(k_i)}\times E[V(k_i+1)]$$

式中，$E[V(k_i+1)]$表示第 k_i+1 次创新的利润流现值，要注意的是，这个现值的计算起点是第 k_i+1 次创新来临也就是第 k_i 次创新结束时。为此，要将这个现值进行再次贴现，贴现到第 k_i 次创新出现之时，这个贴现因子就是式中的 $\mathrm{e}^{-r\times T(k_i)}$。再用(9.17)式所表示的概率密度来计算随机变量 $T(k_i)$的期望值，则上式变成：

$$E[V(k_i+1)]\times p(k_i)\times\int_0^{\infty}\mathrm{e}^{-[r+p(k_i)]\tau}\mathrm{d}\tau$$

计算出上式中的积分，就可以得到：

$$\frac{p(k_i)\times E[V(k_i+1)]}{r+p(k_i)}$$

把上述计算出的两部分利润流现值加起来，就得到了中间品厂商的总利润流现值 $E[V(k_i)]$：

$$E[V(k_i)]=\frac{\pi(k_i)-D(k_i)+p(k_i)\times E[V(k_i+1)]}{r+p(k_i)} \tag{9.32}$$

用(9.31)式代换掉(9.32)式中的 $D(k_i)$，可以得到：

$$E[V(k_i)]=\frac{\pi(k_i)-p(k_i)\times\zeta_l\times q^{(k_i+1)\alpha/(1-\alpha)}+p(k_i)\times E[V(k_i+1)]}{r+p(k_i)} \tag{9.33}$$

中间品厂商的决策就是，通过选择 $p(k_i)$也就是 $D(k_i)$来最大化 $E[V(k_i)]$。由这个最优问题的一阶条件，得到：

$$E[V(k_i+1)]-E[V(k_i)]=\zeta_l\times q^{(k_i+1)\alpha/(1-\alpha)}=\frac{D(k_i)}{p(k_i)} \tag{9.34}$$

(9.34)式第二个等号的得出，利用了(9.31)式进行代换。

用(9.33)式代换掉(9.32)式中的 $E[V(k_i+1)]$，可以得到：

① 其实，这个研发成功概率决定式就是技术生产函数，只要用(9.13)式代换掉(9.31)式中的概率，技术生产函数的形式就呈现出来了。

$$E[V(k_i)] = \frac{\pi(k_i)}{r} \tag{9.35}$$

将(9.35)式与(9.18)式进行对比，能够发现，在领先者创新模型中，从第 k_i 次创新中获得的利润流现值是永久的而非暂时的。这是因为下一次创新也是由领导者来完成的。正是因为利润流是永久的，所以，(9.35)式中的贴现因子就是 r，而不是 $r+p(k_i)$。

利用(9.35)式代换掉(9.34)式中的 $E[V(k_i+1)]$ 和 $E[V(k_i)]$，得到：

$$\frac{\pi(k_i+1)-\pi(k_i)}{r} = \zeta_l \times q^{(k_i+1)\alpha/(1-\alpha)}$$

再用(9.19)式代换掉上式中的 π，并进行适当化简，可以得到资本需求函数、也就是利率决定式如下：

$$r_l = \frac{\bar{\pi}}{\zeta_l}[1-q^{-\alpha/(1-\alpha)}]$$

式中的 $\bar{\pi}$ 还是由(9.20)式给出。能够看出，上式中的利率是一个常数，就像 AK 模型中的利率那样。由此可以知道，模型中的主要变量以相等的不变增长率增长。同样，用上式代换掉欧拉方程(8.35)式中的利率，就可以得到这个不变的增长率：

$$\gamma_l = \frac{1}{\theta}\left\{\frac{\bar{\pi}}{\zeta_l}[1-q^{-\alpha/(1-\alpha)}]-\rho\right\} \tag{9.36}$$

因此，模型也不存在转型动态。

9.1.3 效率分析

下面对这一节的两个模型进行效率分析。我们的做法还是将这两个模型的市场均衡结果与社会计划者最优问题的结果进行对照。基本结论是，领导者模型的增长率小于帕累托最优增长率；而外来者模型的增长率，有可能小于也有可能大于帕累托最优增长率。为此，我们首先要找到社会计划者经济的增长率。

社会计划者的目标函数还是代表性消费者的效用函数即(8.33)式。寻找社会计划者的约束条件，我们还是从整个经济的资源约束条件和技术生产函数出发。作为准备，我们先求出完全竞争条件下（也就是社会计划者经济中）的最优中间品数量 $(X_i)_P$、最终品产出 Y_P 和中间品的总数量 X_P。先将 $P_i=\overline{P}=1$ 代入(9.6)式，得到：

$$(X_i)_P = L\alpha^{1/(1-\alpha)} q^{k_i\alpha/(1-\alpha)} \tag{9.37}$$

再将(9.37)式代入(9.2)式中，得到社会计划者经济中的产出水平为：

$$Y_P = \alpha^{\alpha/(1-\alpha)} LQ \tag{9.38}$$

式中，Q 表示中间品质量的指数，还是由(9.10)式给出，即：

$$Q \equiv \sum_{i=1}^{N} q^{k_i\alpha/(1-\alpha)}$$

最后，对(9.37)式关于 i 加总，得到中间品总数量：

$$X_P = \alpha^{1/(1-\alpha)} LQ \tag{9.39}$$

这个模型的技术生产函数为：

$$\dot{Q} = \frac{D[1-q^{-\alpha/(1-\alpha)}]}{\zeta_l} \tag{9.40}$$

对此解释如下：在这个模型中，技术进步表现为中间品质量的提升。自然，技术进步要用中间品质量指数的变化量来表示。前文已经指出，这个变化量是一个随机变量，因此，我们还是要求它的期望值。这个期望值由(9.12)式给出，为了方便，再次写在下面：

$$E(\Delta Q)=\sum_{i=1}^{N}p(k_i)\times[q^{(k_i+1)\alpha/(1-\alpha)}-q^{k_i\alpha/(1-\alpha)}]$$

这里，研发成功概率决定式还是由(9.31)式给出。[1] 将(9.31)式代入上式中，可以得到：

$$E(\Delta Q)=\frac{D[1-q^{-\alpha/(1-\alpha)}]}{\zeta_l}$$

我们再次假设中间品种类数足够大，根据大数定律，有 $\dot{Q}=E(\Delta Q)$，这样，就得到了技术生产函数(9.40)式。

下面，将(9.38)式、(9.39)式和(9.40)式一起代入整个经济的资源约束条件(9.26)式中：

$$Y=C+X+D$$

经过适当的化简，就可以得到社会计划者最优问题的约束条件如下：

$$\dot{Q}=\frac{1-q^{-\alpha/(1-\alpha)}}{\zeta_l}[(\alpha^{-1}-1)\alpha^{1/(1-\alpha)}\times LQ-C] \tag{9.41}$$

由此，社会计划者最优化问题的汉密尔顿函数就可以写成如下形式：

$$\mathcal{H}=\frac{C^{1-\theta}-1}{1-\theta}e^{-\rho t}+\frac{[1-q^{-\alpha/(1-\alpha)}]\times\lambda}{\zeta_l}[(\alpha^{-1}-1)\alpha^{1/(1-\alpha)}\times LQ-C]$$

式中，Q 是状态变量，C 是控制变量；λ 是状态变量 Q 的共状态变量。由一阶条件 $\partial\mathcal{H}/\partial C=0$ 和 $\partial\mathcal{H}/\partial Q=-\dot{\lambda}$，可以得到社会计划者经济的经济增长率为：

$$\gamma_P=\frac{1}{\theta}\left\{\frac{1}{\zeta_l}(\alpha^{-1}-1)\alpha^{1/(1-\alpha)}[1-q^{-\alpha/(1-\alpha)}]L-\rho\right\} \tag{9.42}$$

对比(9.42)式与(9.36)式，不难发现 $\gamma_P>\gamma_l$。这是因为在 $0<\alpha<1$ 的条件下，有 $\alpha^{1/(1-\alpha)}>\alpha^{2/(1-\alpha)}$。这就是说，领导者创新模型的增长率小于社会计划者经济的增长率。造成市场均衡缺乏效率的原因仍然是中间品厂商的垄断性。对比(9.42)式和(9.30)式就能够发现，无法肯定地判断这两个增长率的大小。对于社会计划者来说，一方面，市场经济的增长率太低，因为创新带来的利润的暂时性使得外来者缺乏创新的动力；另一方面，市场经济的增长率太高，因为创新能够让创新者占有前任创新者的利润，由此，出现所谓“过度”创新现象。

最后，说明一下，我们无法用第二种方法写出这个模型的社会计划者最优问题的汉密尔顿函数。因为我们不能够像(8.2)式那样，把这个模型的最终品生产函数(9.2)式写成关于“中间品总数量 X”的函数。倒是可以写成第一种和第二种方法的“混合体”。这里，“混合体”的含义是，一方面，先求出中间品数量、从而最终品水平；另一方面，技术生产函数不被代入资源约束条件中，而是直接进入汉密尔顿函数中。这种混合体形式的汉密尔顿函数如下：

$$\mathcal{H}=\frac{C^{1-\theta}-1}{1-\theta}e^{-\rho t}+\lambda\frac{D[1-q^{-\alpha/(1-\alpha)}]}{\zeta_l}+\nu[(\alpha^{-1}-1)\alpha^{1/(1-\alpha)}LQ-C-D]$$

这里，Q 是状态变量，D 和 C 都是控制变量；λ 是状态变量 Q 的共状态变量，ν 是拉格朗日乘数。

---

[1] 用这个式子的原因是，社会计划者会将研发活动安排给研发成本最低的研究者，在这里，这个研究者自然是领先者。

9.2 阿吉翁-霍伊特模型

在这一节里，我们分"基本模型"和"简单模型"来介绍阿吉翁-霍伊特模型，前者来自 Aghion and Howitt(1998)，后者则取自 Aghion and Howitt(2009)。与前述内生技术进步增长模型一样，阿吉翁-霍伊特模型存在三个经济行为人①：消费者、最终品厂商和中间品(研发和生产)厂商。还有，就是模型也假设人口(劳动)数量保持不变，不妨还是用 L 来表示，这样，模型中的变量就没有必要作人均量和总量的区分了。最终品厂商和作为研发者的中间品厂商都是完全竞争的；而作为生产者的中间品厂商则是垄断竞争的。

9.2.1 基本模型

基本模型完全"舍弃"了资本积累。在这个模型中，中间品是生产最终品的唯一投入；而中间品的研发和生产则只需要劳动。由此，最终品全部被用于消费。这样，最终品产出就可以直接被写入消费者的效用函数中，而不需要再写出最终品市场均衡条件。

基本模型使用的是如下线性效用函数：

$$U(Y)=\int_0^{\infty} Y(t)\mathrm{e}^{-rt}\mathrm{d}t \tag{9.43}$$

式中，r 是时间偏好率，同时等于利率。由此，在这个模型中，由于使用了这个特殊的效用函数，利率就被当成一个给定外生变量了。这个效用函数就是前文常用的不变替代弹性效用函数在 $\theta=0$ 时的特例，即将 $\theta=0$ 代入(8.33)式中就可以得到(9.43)式。正是在 $\theta=0$ 这一条件下，由欧拉方程即 $r=\rho+\theta\gamma C$，就可以"倒推"出 $r=\rho$ 这一结论。也是由于这个特殊的假设，我们将看到，消费者在决定经济增长率方面没有发挥直接的作用。

1. 最终品生产函数。建模工作还是从最终品生产函数出发。基本模型的最终品生产为：

$$Y=AX^{\alpha} \tag{9.44}$$

式中，A 是技术参数，X 表示投入最终品生产的中间品数量，$0<\alpha<1$。

技术参数 A 由技术创新来决定，技术创新表现为高质量中间品替代低质量中间品，中间品质量的每一次提升都以不变的倍数 $g>1$ 增加 A 值。这就是说，如果用 A_0 表示一次技术创新都没有发生时的初始技术水平的话，那么，在经过 τ 次技术进步之后，技术参数就是 $A_\tau=A_0g^\tau$。

依据最终品生产函数，建模的关键是要决定中间品数量 X 和技术水平 A。而技术水平又由研发投入决定，因此，接下来的建模工作，我们围绕中间品数量决定和研发投入决定两个方面来展开。

2. 中间品数量的决定。中间品数量是由中间品生产厂商决定的，因为中间品生产厂商是垄断竞争的。自然先还是要给出中间品生产厂商的生产函数。模型假设 1 单位劳动生产 1 单位中间品，因此，X 也就是投入中间品生产的劳动数量。根据这个生产函数，中间品生产厂商的利润函数就是：

$$\pi_\tau=(P_\tau-w_\tau)X_\tau \tag{9.45}$$

① 这里不再区分中间品研发厂商和中间品生产厂商，而是将它们"合二为一"成"中间品厂商"。

式中，π_τ 表示购买了第 τ 次创新的中间品生产厂商的生产、售卖中间品得到的利润，P_τ 表示使用第 τ 次创新所生产的中间品的价格，w_τ 表示第 τ 次创新与第 $\tau+1$ 创新期间的工资，X_τ 表示使用第 τ 次创新生产的中间品数量。同样，要通过中间品生产利润最大化条件来寻找 X_τ，就要先找到中间品厂商面临的需求函数。

由于使用中间品的是最终品厂商，所以，中间品厂商面临的需求函数是由最终品厂商利润最大化问题来决定的。最终品厂商的利润最大化条件，也就是中间品厂商面临的(反)需求函数为：

$$P_\tau = \alpha A_\tau X_\tau^{\alpha-1}$$

将上式代入(9.45)式，得到：

$$\pi_\tau = \alpha A_\tau X_\tau^\alpha - w_\tau X_\tau \tag{9.46}$$

根据上述利润函数，由一阶条件 $\partial\pi_\tau/\partial X_\tau=0$，得到：

$$X_\tau = \left(\frac{\alpha^2}{w_\tau/A_\tau}\right)^{1/(1-\alpha)} \equiv \left(\frac{\alpha^2}{\omega_\tau}\right)^{1/(1-\alpha)} \tag{9.47}$$

式中，$\omega_\tau \equiv w_\tau/A_\tau$。

3. 研发投入的决定。技术水平由研发投入决定，中间品(研发)厂商决定研发投入的原则自然还是利润最大化。为此，先给出研发成功概率函数如下：

$$p(\tau+1) = \lambda N_{\tau+1} \tag{9.48}$$

式中，$p(\tau+1)$表示第 $\tau+1$ 次创新成功的概率，$N_{\tau+1}$表示在第 τ 次创新和第 $\tau+1$ 次创新之间，研发厂商投入研发第 $\tau+1$ 次创新的劳动，λ 表示研发成功的技术参数。

如果用 $P(\tau+1)$表示第 $\tau+1$ 次创新的价格，那么，研发厂商的利润函数可以写成如下形式：

$$\pi(\tau+1) = P(\tau+1)\times\lambda N_{\tau+1} - w_\tau N_{\tau+1}$$

式中，$\pi(\tau+1)$表示第 $\tau+1$ 次创新给研发厂商带来的利润，w 表示劳动工资。

由一阶条件 $\partial\pi/\partial N_{\tau+1}=0$，可以得到决定 $N_{\tau+1}$的条件为：

$$\lambda P(\tau+1) = w_\tau$$

同样，$P(\tau+1)$还是用第 $\tau+1$ 次创新给生产厂商带来的利润流现值来计量。由此，决定 $N_{\tau+1}$的条件就是：

$$\lambda V_{\tau+1} = w_\tau \tag{9.49}$$

式中，$V_{\tau+1}$表示第 $\tau+1$ 次创新给生产厂商带来的利润流现值。

要注意的是，这个利润流现值实际是一个期望值，因为一次创新能够生存的时间从而购买了这次创新的生产厂商能够获取利润的时间是随机的；而这个随机性则是源自终止现有创新的下一次创新来临的时间是随机的。

这个利润流现值还是由(9.16)式给出，不妨用这里的相关变量符号重写如下：

$$V_{\tau+1} = \frac{\pi_{\tau+1}}{r+\lambda N_{\tau+1}} \tag{9.50}$$

式中，$\pi_{\tau+1}$表示的是第 $\tau+1$ 次创新给购买这次创新的生产厂商带来的利润，要与研发厂商生产、出售第 $\tau+1$ 次创新带来的利润 $\pi(\tau+1)$区别开来。接下来，要做的事情就是求解 $\pi_{\tau+1}$。

要求创新带来的利润流现值，需要先求出利润。为此，将(9.47)式代入(9.46)式中，可以得到：

$$\pi_\tau = \frac{1-\alpha}{\alpha} A_\tau \omega_\tau X_\tau \tag{9.51}$$

将(9.51)式中的 τ 都用 $\tau+1$ 来替换，然后代入(9.50)式中，得到：

$$V_{\tau+1} = \frac{(1-\alpha)/\alpha A_{\tau+1}\omega_{\tau+1}X_{\tau+1}}{r+\lambda N_{\tau+1}}$$

再把上式代入(9.49)式，同时将(9.49)式等号两边同时除以 A_τ，得到：

$$\omega_\tau = \lambda \frac{(1-\alpha)/\alpha \times g \times \omega_{\tau+1}X_{\tau+1}}{r+\lambda N_{\tau+1}} \tag{9.52}$$

得到(9.52)式时，使用了等式 $g=A_{\tau+1}/A_\tau$ 进行必要的代换。

模型假定投入中间品生产以外的劳动全部被投入中间品研发活动，如果用 N 来表示投入中间品研发活动的劳动数量的话，那么，就有如下劳动市场均衡条件：

$$X + N = L \tag{9.53}$$

至此，方程(9.47)、(9.52)和(9.53)一起可以决定中间品数量 X 和研发投入 N 从而技术水平 A。只是要求解这三个式子构成的方程组并不容易，为此，我们只对模型进行稳态分析。

4. 稳态分析。由于 L 不变，根据稳态的基本性质，由(9.53)式可知，稳态时，N 和 X 是不变的。由(9.47)式可知，稳态时，ω_τ 也是不变的。这样，将 $\omega_\tau=\omega_{\tau+1}=\omega$、$N_{\tau+1}=N$ 和 $X_{\tau+1}=L-N$ 这几个变量的稳态值一起代入(9.52)式，经过适当化简，就可以得到决定 N 的稳态值的关系式如下：

$$1 = \lambda \frac{(1-\alpha)/\alpha \times g(L-N)}{r+\lambda N} \tag{9.54}$$

整理(9.54)式，得到：

$$N = \frac{(1-\alpha)/\alpha \times gL - r/\lambda}{1+(1-\alpha)/\alpha \times g}$$

由上式可知，N 与 r 成反比，而与 λ、L 和 g 都成正比。

有了稳态值 N，就可以写出稳态时的产出水平：

$$Y_\tau = A_\tau (L-N)^\alpha$$

由上式可知：

$$Y_{\tau+1} = gY_\tau \tag{9.55}$$

得到(9.55)式的原因是，变量 L 和 N 都与 τ 无关。将(9.55)式等号两边同时取对数，得到：

$$\ln Y_{\tau+1} - \ln Y_\tau = \ln g$$

上式中的 $\ln Y_{\tau+1}-\ln Y_\tau \approx (Y_{\tau+1}-Y_\tau)/Y_\tau$，这样，上式的含义就是，一次创新带来的产出增长率为 $\ln g$。

由此，某一时期(比如从第 t 期到第 $t+1$ 期)的产出增长率，就等于这一时期内发生创新的次数，乘以“一次创新带来的产出增长率即 $\ln g$”。一段时期发生创新的次数是由技术生产函数即(9.48)式给出的，稳态时，这个概率就是 λN。综合起来，就有：

$$\ln Y_{t+1} - \ln Y_t = \lambda N \ln g$$

同样，上式等号左边项表示产出 Y 关于时间的增长率。如果用 γ 来表示这个增长率的话，那么，由上式可以得到：

$$\gamma = \lambda N \ln g \tag{9.56}$$

(9.56)式就是稳态时的产出增长率。显然，这个增长率与 λ、g 和 N(从而 L)都成正比，与 L 成正比说明模型存在“规模效应”问题。

5. 效率分析。下面对模型的市场均衡结果进行效率分析。我们的做法还是把它同社会计划者经济模型的结果进行比较。社会计划者最优问题的约束条件就是(9.53)式，目标函数则是(9.43)式。要注意的是，模型中的产出是按照创新次数而非自然时间给出的，所以，要将目标函数中的产出转换成自然时间的产出。具体做法如下：

$$U=\int_0^{\infty}\mathrm{e}^{-rt}Y(t)\mathrm{d}t=\int_0^{\infty}\mathrm{e}^{-rt}\left(\sum_{\tau=0}^{\infty}\Pi(\tau,t)A_{\tau}X^{\alpha}\right)\mathrm{d}t \tag{9.57}$$

式中，$\Pi(\tau,t)$表示在 t 时刻第 τ 次创新来临的概率。根据技术生产函数(9.48)式，创新活动是一个参数为 λN 的泊松过程，密度函数为：

$$\Pi(\tau,t)=\frac{(\lambda Nt)^{\tau}}{\tau!}\mathrm{e}^{-\lambda Nt} \tag{9.58}$$

将(9.53)式、(9.58)式连同关系式 $A_{\tau}=A_0g^{\tau}$ 一起代入(9.57)式中，得到：

$$U=\int_0^{\infty}\mathrm{e}^{-rt}\mathrm{e}^{-\lambda N_t}A_0(L-N)^{\alpha}\left(\sum_{\tau=0}^{\infty}\frac{(\lambda Ngt)^{\tau}}{\tau!}\right)\mathrm{d}t$$

$$=\int_0^{\infty}\mathrm{e}^{-rt}\mathrm{e}^{-\lambda Nt}\mathrm{e}^{\lambda Ngt}A_0(L-N)^{\alpha}\mathrm{d}t$$

求出上式积分，得到：

$$U=\frac{A_0(L-N)^{\alpha}}{r-\lambda N(g-1)}$$

由一阶最优条件 $\partial U/\partial N=0$，得到社会计划者选择的最优研发劳动数量 N^* 满足如下关系式：

$$1=\frac{\lambda(g-1)(1/\alpha)(L-N^*)}{r-\lambda N^*(g-1)} \tag{9.59}$$

社会计划者经济的经济增长率为：

$$\gamma^*=\lambda N^*\ln g \tag{9.60}$$

显然，对比(9.60)式和(9.56)式，社会计划者经济的增长率 γ^* 是大于还是小于市场经济的增长率 γ，取决于社会计划者经济投入研发活动的劳动 N^* 是大于还是小于市场经济投入研发活动的劳动 N。

对比 N 的决定式(9.54)式和 N^* 的决定式(9.59)式，能够发现两者之间存在三个方面的差异。第一，两式的贴现因子也就是分母不同。具体来说，(9.54)式中的私人贴现因子 $r+\lambda N$ 在(9.59)式被社会贴现因子 $r-\lambda N^*(g-1)$取代。显然，私人贴现率高于利率，而社会贴现率则要低于利率。导致这一差别的原因是所谓“跨时溢出效应”(intertemporal spillover effect)。社会计划者会考虑到下一次创新给整个社会带来的利益，而持续投入资源进行研发活动；而私人则不会考虑下一次创新给“社会”带来的收益，从而，只要对自己没有“私人”利益，他们就不会继续投入资源来进行研发活动。这一效应往往会导致自由市场经济下，研发投入不足。

第二，存在于(9.54)式中的乘积因子 $1-\alpha$，没有出现在(9.59)式中。这一点表现出的是所谓“占有(专属)效应”(appropriability effect)。其含义是，垄断厂商无法获取全部的产出流，而只能获取其中的 $1-\alpha$ 部分。这一效应也会导致研发投入不足。

第三，(9.54)式分子中的 g，在(9.59)式中被 $g-1$ 所取代。这体现的是所谓“抢夺市场份额效应”(business-stealing effect)。私人研发厂商只会考虑到研发给自己带来的利益，而不会考虑研发给之前的研发者带来的损失。而从社会利益出发的社会计划者则要考虑之前研发者因为创新而带来的损失。这样一来，同一个创新，在私人看来只有收益；而在社会计划者看来，有收益的同时还有损失，因此，私人收益就大于社会收益。这一效应会导致市场经济下有过多的研发投入。

综上所述，跨时溢出效应和攫取效应都会使得私人的研发投入小于社会计划者的研发投入，从而使得市场经济的增长率小于社会最优增长率；而抢夺市场份额效应则正好相反，会使得私人研发投入大于社会计划者的研发投入、从而导致市场经济的增长率大于社会最优增长率。由于这两类效应正好相互抵消，所以，最终的净效应要看这两类效应的作用谁大谁小。

当 g 比较大时，跨时溢出效应和攫取效应占主导地位；而当 α 接近于零也就是厂商的垄断能力比较强时，抢夺市场份额效应就占主导地位。

9.2.2 简单模型

与基本模型相比，简单模型的"简单"之处表现在：在这个模型中，时间被认为是离散的，并且经济行为人都只生存一个时期，这样，"跨时点因素"从而"动态"问题就被抽象掉了。简单模型的另外两个关键假设与基本模型是相同的：一是人口（劳动数量）L 外生给定并且保持不变；二是消费者的效用函数也是线性的，由此，利率也是等于外生给定的时间偏好率，自然，消费者也是简单地追求"消费数量"也就是"产出"最大化。

在简单模型中，存在消费者、最终品厂商和中间品（研发和生产）厂商。线性效用函数"导致"利率被外生给定，由此，消费者的行为不对经济增长率的决定产生影响。这样，建模工作就集中于最终品厂商和中间品厂商的行为。同样，最终品厂商和中间品（研发）厂商是完全竞争的；中间品（生产）厂商是垄断的。

1. 一种中间品模型。还是从最终品生产函数出发。这里，最终品生产函数为如下形式的柯布-道格拉斯函数：

$$Y_t = (A_t L)^{1-\alpha} X_t^{\alpha} \tag{9.61}$$

式中，Y_t 表示 t 期的产出，X_t 表示中间品数量，A_t 是代表中间品质量的技术参数，$0<\alpha<1$。显然，建模的关键是决定中间品数量 X_t 和技术参数 A_t。

中间品数量 X_t 是由中间品（生产）厂商利润最大化行为来决定的。在这个模型中，中间品生产函数被假设为：1 单位最终品生产 1 单位中间品。这样，中间品（生产）厂商的利润函数为：

$$\pi_t = (P_t - 1) X_t$$

式中，P_t 表示中间品的价格。

中间品价格由中间品（生产）厂商面临的（反）需求函数给出。这个需求函数则要由最终品厂商利润最大化决策来导出。根据最终品生产函数，这个反需求函数为：

$$P_t = \partial Y_t / \partial X_t = \alpha (A_t L)^{1-\alpha} X_t^{\alpha-1} \tag{9.62}$$

用(9.62)式代换掉利润函数中的 P_t，中间品（生产）厂商的利润函数就变成为：

$$\pi_t = \alpha (A_t L)^{1-\alpha} X_t^{\alpha} - X_t \tag{9.63}$$

由中间品（生产）厂商均衡的一阶条件 $\partial \pi_t / \partial X_t = 0$ 得到最优的中间品数量为：

$$X_t = \alpha^{2/(1-\alpha)} A_t L \tag{9.64}$$

将(9.64)式代入(9.63)式中，可以得到中间品生产厂商的均衡利润为：

$$\pi_t = \bar{\pi} A_t L \tag{9.65}$$

式中，$\bar{\pi} \equiv (1-\alpha)\alpha^{(1+\alpha)/(1-\alpha)}$。把(9.64)式代入(9.61)式中，就可以得到：

$$Y_t = \alpha^2 \alpha/(1-\alpha) A_t L \tag{9.66}$$

由(9.66)式可知，$\dot{Y}_t/Y_t = \dot{A}_t/A_t$，因此，接下来要做的事情就是要找到 $\dot{A}_t/A_t$ 的决定式。像基本模型一样，这里还是假设创新实现之后，技术参数 A_t 就会以不变的倍数 g 增加，即有 $A_t = gA_{t-1}$，$g>1$。这就是说，一旦创新实现，A_t 的增长率就是：

$$\gamma_t = \frac{A_t - A_{t-1}}{A_{t-1}} \tag{9.67}$$

如果创新没有实现，那么，A_t 的增长率就是：

$$\gamma_t = \frac{A_{t-1} - A_{t-1}}{A_{t-1}} = 0 \tag{9.68}$$

(9.68)式的含义是，在时期 t 内，如果没有创新来临，这个时期的技术还是保持前一个时期的水平，即有 $A_t = A_{t-1}$。由此，这个时期的技术参数增长率就等于零。

在时期 t 内，技术创新是否来临是一个随机事件。这就是说，A_t 的增长率应该是(9.67)式和(9.68)式所决定的增长率的期望值。不妨，假设创新来临的概率是 μ，那么，创新不来临的概率就是 $1-\mu$。由此，技术参数的增长率、也就是经济增长率等于：

$$\gamma = E(\gamma_t) = \mu(g-1) \tag{9.69}$$

由(9.69)式可知，现在，建模的关键就是要确定创新实现的概率 μ。

同样，这个创新成功概率是由中间品(研发)厂商的利润最大化行为来确定的。为此，先给出研发成功概率函数如下：

$$\mu_t = \phi(D_t/A_t) \tag{9.70}$$

式中，D_t 表示时期 t 投入研发活动的最终品数量；$A_t = gA_{t-1}$ 表示创新成功后中间品质量的技术参数。研发成功概率函数(9.70)式表明：创新成功概率与研发投入成正比，与要完成的创新水平成反比。

遵循 Aghion and Howitt(2009)的做法，我们也定义 $n_t \equiv D_t/A_t$ 来表示经过了效率调整的研发支出。以此为基础，给出如下具体的柯布-道格拉斯形式的研发成功概率函数：

$$\mu \equiv \phi(n) = \lambda n^{\sigma} \tag{9.71}$$

式中，λ 表示研发活动的技术参数，σ 表示研发成功概率函数的产出弹性，它大于 0 小于 1。这个具体研发成功概率函数的法则如下：

$$\phi'(n) = \sigma\lambda n^{\sigma-1} > 0, \quad \phi''(n) = \sigma(\sigma-1)\lambda n^{\sigma-2} > 0$$

有了研发成功概率函数，我们就可以写出研发厂商的利润函数如下：

$$\Pi_t = \phi(D_t/A_t)\pi_t - D_t$$

式中，π_t 是购买创新的中间品厂商获得的利润，由(9.65)式给出，在这里它表示的是创新的价格。这个利润就是前述模型中的利润流现值，原因是这里所有的活动都发生在一个时期之内。

由研发厂商的利润最大化一阶条件 $\partial\Pi_t/\partial D_t = 0$，得到研发厂商关于最优研发投入数量的决定式如下：

$$\phi'(D_t/A_t)\pi_t/A_t - 1 = 0 \tag{9.72}$$

用(9.65)式代换掉(9.72)式中的 π_t，就可以得到：

$$\phi'(n_t)\bar{\pi}L = 1$$

上式的含义就是研发活动的边际收益(等号左边)等于研发活动的边际成本(等号右边)。

上式表明,经过效率调整的研发投入 n_t 是一个常数,即有 $n_t = n$。由此,研发成功概率也是一个常数,即 $\mu = \phi(n)$。在(9.71)式这种具体技术生产函数下,有:

$$n = (\sigma\lambda\bar{\pi}L)^{\sigma/(1-\sigma)} \tag{9.73}$$

$$\mu = \lambda^{1/(1-\sigma)}(\sigma\bar{\pi}L)^{\sigma/(1-\sigma)} \tag{9.74}$$

将(9.74)式代入经济增长率决定式(9.69)式中,就可以得到经济增长率为:

$$\gamma = \lambda^{1/(1-\sigma)}(\sigma\bar{\pi}L)^{\sigma/(1-\sigma)}(g-1) \tag{9.75}$$

2. 多种中间品模型。 在这个模型里,被用来生产最终品的中间品不再只有一种,而是有很多不同的种类。不妨用 i 来表示中间品的种类数,为不失一般性,可以假设 $i \in [0, 1]$。这样,最终品生产函数就需要改写成如下形式:

$$Y_t = L^{1-\alpha}\int_0^1 A_{it}^{1-\alpha}X_{it}^{\alpha}di \tag{9.76}$$

式中,X_{it} 表示 t 时使用的第 i 种中间品的数量,A_{it} 是表示中间品质量的技术参数,$0 < \alpha < 1$ 表示中间品的产出弹性。

由于劳动数量 L 是外生给定的,因此,同一种中间品模型一样,为了找到经济增长率,确定中间品数量和研发投入是关键。中间品生产函数还是投入 1 单位最终品生产 1 单位中间品,由此,中间品生产厂商的利润函数为:

$$\pi_{it} = P_{it}X_{it} - X_{it}$$

式中,P_{it} 为第 i 种中间品的价格,它还是由最终品厂商利润最大化条件来给出:

$$P_{it} = \partial Y_{it}/\partial X_{it} = \alpha(A_{it}L)^{1-\alpha}X_{it}^{\alpha-1} \tag{9.77}$$

用(9.77)式代换掉中间品生产厂商利润函数中的 P_{it},中间品生产厂商的利润函数就变成为如下形式:

$$\pi_{it} = \alpha(A_{it}L)^{1-\alpha}X_{it}^{\alpha} - X_{it} \tag{9.78}$$

由中间品生产厂商利润最大化问题的一阶条件即 $\partial\pi_{it}/\partial X_{it} = 0$,可以求得:

$$X_{it} = \alpha^{2/(1-\alpha)}A_{it}L \tag{9.79}$$

$$\pi_{it} = \bar{\pi}A_{it}L \tag{9.80}$$

(9.80)式中的 $\bar{\pi}$ 与(9.65)式中的 $\bar{\pi}$ 相同。将(9.79)式代入最终品生产函数(9.76)式中,得到:

$$Y_t = L^{1-\alpha}\int_0^1 A_{it}^{1-\alpha}[\alpha^{2/(1-\alpha)}A_{it}L]^{\alpha}di$$

$$= \alpha^{2\alpha/(1-\alpha)}L\int_0^1 A_{it}di \equiv \alpha^{2\alpha/(1-\alpha)}LA_t \tag{9.81}$$

式中,$A_t \equiv \int_0^1 A_{it}di$ 表示中间品的"总"技术参数。

由(9.81)式可知,$\dot{Y}_t/Y_t = \dot{A}_t/A_t$。技术参数 A_t 的增长率为:

$$\gamma_t = \frac{A_t - A_{t-1}}{A_{t-1}} \tag{9.82}$$

在这里,总技术参数的增长率不再是随机的了,因为在一个时期内,总有某一个部门的创新能够获得成功。

当然,就每一个部门而言,在某一个时期内,创新来临还是一个随机事件,我们还是假设创

新来临的概率为 μ。同样，假设一旦创新发生，技术参数就按照不变的倍数 g 来增加。这样一来，$A_{it}=gA_{it-1}$ 的概率为 μ；$A_{it}=A_{it-1}$ 的概率为 $1-\mu$。

根据大数定律，我们可以知道每一个时期内，发生创新的部门比例为 μ。由此，总技术参数 A_t 就等于：

$$A_t = \mu A_{1t} + (1-\mu)A_{2t}$$

式中，A_{1t} 是 t 期内发生了创新的部门的技术参数，A_{2t} 则是 t 期内没有发生创新的部门的技术参数。在 t 期内所有没有发生创新的部门的平均技术参数就是 $t-1$ 期整个经济的平均技术参数 A_{t-1}，即 $A_{2t}=A_{t-1}$；类似地，在 t 期内所有发生了创新的部门的平均技术参数就是 $t-1$ 期整个经济的平均技术参数 A_{t-1} 乘以 g，即 $A_{1t}=gA_{t-1}$。将这两个式子代入上式中，就可以得到：

$$A_t = \mu g A_{t-1} + (1-\mu)A_{t-1}$$

最后，将上式代入(9.82)式中，能够得到技术增长率也就是经济增长率为：

$$\gamma = \mu(g-1)$$

显然，上式就是(9.69)式，由于它表示的增长率是不变的，因此省去了下标。要导出增长率决定式，接下来要做的事情是决定创新成功概率 μ。

创新成功概率由研发厂商投入研发活动的最终品数量来决定；而研发厂商投入的最终品数量则由研发厂商利润最大化行为来决定。由于这个问题的求解过程和结果与一种中间品模型完全一样，这里就不再展开。直接用(9.74)式代换掉上式中的 μ，就能够得到模型的增长率决定式，这个增长率还是由(9.75)式给出。

3. 资本中间品模型。在前面两个模型中，中间品都被假设为是非耐用品。[①] 这个模型将放弃这个假设，我们的做法是，假设中间品是由资本生产出来的，从而，中间品表现为资本品。模型的其他假设与上述“多种中间品模型”相同。人口(劳动)数量外生给定，并且保持不变，还是用 L 来表示。最终品生产函数还是由(9.76)式给出。

还是先讨论中间品数量的决定，自然需要给出中间品生产函数。在这个模型里，1 单位的资本生产 1 单位的中间品，即：

$$X_{it} = K_{it} \tag{9.83}$$

根据(9.83)式，中间品生产厂商的利润函数为：

$$\pi_{it} = P_{it}X_{it} - RK_{it}$$

式中，P_{it} 为中间品的价格，R 是资本的租金。中间品价格也就是中间品厂商面临的(反)需求函数还是由最终品厂商利润最大化问题来决定，因此，还是由(9.77)式给出。

将(9.77)式和(9.83)式一起代入上述利润函数中，就可以把这个利润函数转换成如下形式：

$$\pi_{it} = \alpha(A_{it}L)^{1-\alpha}K_{it}^{\alpha} - R_tK_{it} \tag{9.84}$$

由中间品生产厂商利润最大化一阶条件即 $\partial\pi_{it}/\partial K_{it}=0$，可以得到厂商的资本需求函数如下：

$$K_{it} = (\alpha^2/R_t)^{\frac{1}{1-\alpha}}A_{it}L \tag{9.85}$$

只要将(9.85)式中的 K_{it} 直接换成 X_{it}，它就是中间品供给函数，这是因为资本与中间品之间存

① 其实，到目前为止所涉及的内生增长模型都是这样。

在 1∶1 的转换关系即(9.83)式。

将(9.85)式关于 i 加总，可以得到总资本需求函数如下：

$$K_t = (\alpha^2/R_t)^{\frac{1}{1-\alpha}} A_t L \tag{9.86}$$

式中，$A_t \equiv \int_0^1 A_{it} \mathrm{d}i$ 还是总技术参数。

至于资本供给函数，像索洛模型那样，我们假设消费者会将总收入的不变份额 s 储蓄起来，同时，假设不变的外生资本折旧率为 δ，这样，资本供给函数就是：

$$K_{t+1} - K_t = sY_t - \delta K_t \tag{9.87}$$

(9.86)式和(9.87)式两式决定资本市场均衡。

为了把它们化简成一个代表资本市场均衡的方程，我们先将(9.83)式和(9.85)式一起代入最终品生产函数(9.76)式中，得到：

$$Y_t = (\alpha^2/R_t)^{\frac{\alpha}{1-\alpha}} A_t L$$

用(9.86)式代换掉上式中的 R_t，就可以得到如下形式的最终品生产函数：

$$Y_t = (A_t L)^{1-\alpha} K_t^{\alpha}$$

把上式代入(9.87)式中，就可以得到代表资本市场均衡的差分方程：

$$K_{t+1} - K_t = s(A_t L)^{1-\alpha} K_t^{\alpha} - \delta K_t \tag{9.88}$$

接下来，需要做的事情是找到决定技术参数 A_t 的方程。同"一种中间品模型"和"多种中间品模型"一样，技术增长率也就是经济增长率还是由(9.30)式给出。也就是说，至此，要决定技术参数 A_t，就需要找到创新成功概率 μ。

根据(9.71)式，μ 是由 n 来决定的，而 n 仍然是由研发厂商的利润最大化条件来决定的。由于研发厂商的技术生产函数与前两个模型完全相同，所以，厂商利润最大化的条件还是由(9.72)式给出。不妨重写如下：

$$\phi'(D_{it}/A_{it})\pi_{it}/A_{it} - 1 = 0 \tag{9.89}$$

当然，与(9.72)式相比，(9.89)式有一点细微的差别，那就是由于这里存在多种中间品，因此，每个变量都多了一个区分中间品种类的下标 i。

为求利润 π，我们将(9.85)式代入(9.84)式中，能够求得：

$$\pi_{it} = \alpha(1-\alpha)(A_{it}L)^{1-\alpha} K_{it}^{\alpha}$$

把上式连同具体的技术生产函数(9.71)式一起代入(9.89)式中，可以求得：

$$\begin{aligned} n_t &= [\lambda\sigma\alpha(1-\alpha)L(K_{it}/A_{it}L)^{\alpha}]^{\frac{1}{1-\sigma}} \\ &= [\lambda\sigma\alpha(1-\alpha)L(K_t/A_t L)^{\alpha}]^{\frac{1}{1-\sigma}} \end{aligned} \tag{9.90}$$

导出(9.90)式时，利用了等式 $K_{it}/A_{it}L = K_t/A_t L$，这个等式可以由(9.85)式和(9.86)式导出。再把(9.90)式代入(9.71)式，可以得到创新成功概率：

$$\mu_t = \lambda^{\frac{1}{1-\sigma}}[\sigma\alpha(1-\alpha)L(K_{t+1}/A_{t+1}L)^{\alpha}]^{\frac{\sigma}{1-\sigma}} \tag{9.91}$$

将(9.91)式代入(9.69)式中，可以得到①：

$$A_{t+1} = \{1 + \lambda^{\frac{1}{1-\sigma}}[\sigma\alpha(1-\alpha)L(K_t/A_t L)^{\alpha}]^{\frac{\sigma}{1-\sigma}}(g-1)\}A_t \tag{9.92}$$

---

① 要注意的是，在代换时，(9.91)式中的下标都由 t 换成了 $t+1$，因为这里要求的是 A_{t+1}。

得到(9.92)式的过程中利用(9.82)式进行了必要的代换。

至此，就得到了模型的基本差分方程组，那就是(9.88)式和(9.82)式。不难证明模型的稳态表现为：$\gamma_K=\gamma_A$。将(9.88)式等号两边同时除以 K_t，得到：

$$\gamma_K \equiv \frac{K_{t+1}-K_t}{K_t}=s\left(\frac{A_tL}{K_t}\right)^{1-\alpha}-\delta$$

根据稳态的定义，稳态时要求 γ_K 是常数，而上式中的 s、δ 和 L 都是常数，由此，上式要求稳态时有 $\gamma_K=\gamma_A$。

同样，我们先将基本差分方程中的变量都转换成"零变量"，这个零变量自然是 $\hat{k}\equiv K_t/A_t$。如此一来，基本差分方程组可以变换成如下形式：

$$\gamma_K = sL^{1-\alpha}\hat{k}^{\alpha-1}-\delta \tag{9.93}$$

$$\gamma_A = \xi\times\hat{k}^{\frac{\alpha\sigma}{1-\sigma}}(g-1) \tag{9.94}$$

在(9.94)式中，$\xi\equiv\lambda^{\frac{1}{1-\sigma}}[\sigma\alpha(1-\alpha)L]^{\frac{\sigma}{1-\sigma}}$。

由于稳态时有 $\gamma_K=\gamma_A$，所以，解(9.93)式和(9.94)式构成的方程组，就可以求出 $\hat{k}$ 的稳态值 $\hat{k}^*$，然后将这个稳态值回代到两式中的一个当中就可以找到稳态增长率。只是要解出这个方程组的显性解不是一件容易的事情。下面借助几何图形来对模型进行稳态分析，如图 9.1 所示。

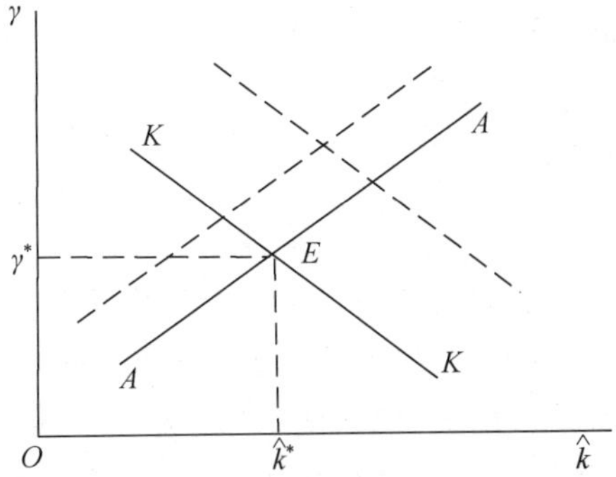

图 9.1　阿吉翁-霍伊特模型的稳态分析

在图 9.1 中，曲线 KK 和 AA 分别表示(9.93)式和(9.94)式。两条线的交点 E 对应的资本水平 $\hat{k}^*$ 和增长率 γ^* 是模型的稳态值。从图 9.1 中可以清楚地看出，AA 曲线移动会导致稳态的资本水平和增长率向相反方向变化；KK 曲线移动则会导致稳态的资本水平和增长率向相同方向变化。这样，比如，λ、g 和 L 的增加会使得 AA 曲线向左上方移动，从而导致增长率增加、资本水平下降，其中，L 增加引起增长率增加就是所谓的"规模效应"；储蓄率 s 的增加会使得 KK 曲线向右上方移动，从而导致增长率和资本水平增加。

为了对模型进行转型动态分析，我们将(9.93)式减去(9.94)式，得到：

$$\gamma_{\hat{k}} = sL^{1-\alpha}\hat{k}^{\alpha-1}-\xi\times\hat{k}^{\frac{\alpha\sigma}{1-\sigma}}(g-1)-\delta$$

对上式进行对数线性化，得到：

$$\frac{\mathrm{d}\ln\hat{k}}{\mathrm{d}t}=\left[s(\alpha-1)L^{1-\alpha}(\hat{k}^*)^{\alpha-1}-\xi(g-1)\frac{\alpha\sigma}{1-\sigma}(\hat{k}^*)^{\frac{\alpha\sigma}{1-\sigma}}\right](\ln\hat{k}-\ln\hat{k}^*)$$

不难证明上式右边方括号内的系数是小于零的，因为有 $(\alpha-1)<0$、$\xi>0$ 和 $(g-1)>0$，由此，模型的稳态是收敛的。当然,我们也可以用相位图来对模型进行转型动态分析,这里不展开,可参见 Aghion and Howitt(2009)。

9.3 不存在规模效应的内生增长模型

到目前为止,我们所讨论的内生技术经济增长模型,不论是水平创新模型、还是垂直创新模型,都存在所谓的"规模效应"问题:人均经济增长率与人口规模成正比。内生增长理论的这一预期因与经济增长的现实不相符而颇受非议。比如,OECD 国家研究人员数量的增加对人均产出增长率没有影响(Jones,1995a);1950 年至 1987 年,美国研究人员增加了五倍,但是美国人均产出增长率没有增加五倍(Jones,1995b)。

为克服与事实不符的规模效应结论,经济学家做了不少的努力。这种努力主要从两个方向展开:一个方向以 Jones(1995b)、Kortum(1997)和 Segerstrom(1998)为代表;另一个方向以 Aghion and Howitt(1998)和 Alwyn Young(1998)为代表。这里,我们分别以琼斯模型和阿吉翁模型[①]为例来讲述不含有规模效应的内生增长模型。

9.3.1 琼斯模型

琼斯模型从两个方面改进了前文中的罗默模型。一是改变了罗默模型中的技术生产函数;二是人口不再固定不变,而是像索洛模型那样,以外生的不变增长率 n 增长。罗默模型的其他假设条件则都被琼斯模型继承。

在琼斯模型中,技术生产函数为:

$$\dot{N} = \beta L_x^{\lambda} N^{\phi} \tag{9.95}$$

函数(9.95)式在关于变量 L_x 和 N 的指数假设方面与罗默模型不同。L_x的指数λ 表示更多的劳动被投入研发活动时,会对已有的从事研发活动的劳动效率产生外部性;N 的指数 ϕ 则表示已有技术水平对新技术研发活动产出的外部性。指数大于零表示正外部性,小于零表示负外部性,等于零则表示不存在外部性。在罗默模型中,这个两个变量的指数都等于 1。而在琼斯模型中,$0<\lambda\leqslant 1$,$\phi<1$。[②] 随着模型的展开,L_x 的指数假设的改变不是本质性的,而 N 的指数假设的改变才让琼斯模型"摆脱"了规模效应问题的困扰。

琼斯模型关于 ϕ 的假设使得模型的稳态分析变得非常简单。首先,根据稳态的基本性质,利用劳动市场均衡条件(8.47)式可以知道,稳态时投入研发活动和投入最终品生产的劳动占总劳动的比例不变;换言之,就是稳态时,L_x 和 L_y 的增长率都等于总劳动 L 的增长率 n。

其次,将技术生产函数(9.95)式等号两边同时除以 N,得到:

$$\gamma_N = \beta L_x^{\lambda} N^{\phi-1}$$

由稳态的定义知,稳态时,$\gamma_N=0$。由此,可以推出稳态时,有如下等式成立:

$$\lambda\gamma_{L_x} = (1-\phi)\gamma_N$$

通过上式,可以求出 N 的稳态增长率为:

---

① 需要说明的是,阿吉翁-霍伊特模型来自 Aghion and Howitt (2009)。

② 在第八章中的水平创新实验设备模型中 $\phi=0$。

$$\gamma_N^* = \frac{\lambda n}{1-\phi} \tag{9.96}$$

导出(9.96)式时,利用了“L_x 的稳态增长率等于总劳动 L 的增长率 n”这一结论。

最后,利用(8.44)式和(8.45)式可以证明,人均中间品和人均产出的稳态增长率等于 N 的稳态增长率;利用(8.53)式则可以证明,人均消费的稳态增长率也等于 N 的稳态增长率。

关于琼斯模型,作两点总结性说明。第一,$\phi<0$ 假设使得琼斯模型的稳态分析比罗默模型的稳态分析简单许多。这一点,从(9.96)式可以清楚地看出。在罗默模型中,由于 $\phi=1$,所以,(9.96)式中的分母等于零,因此,就不能够直接用这里使用的方法来求解稳态增长率,而必须先求出稳态时的 L_x 数量,再经由技术生产函数来求出稳态经济增长率。当然,在琼斯模型中,要求出稳态时的 L_x 数量,还是要使用与罗默模型相同的方法。

第二,虽然琼斯模型的稳态增长率确实与人口 L 没有关系,也就是说,规模效应问题不再存在了,但是它也导致了另外两个问题。其一,稳态增长率与人口增长率成正比,这是另外一种形式的“规模效应”问题。其二,稳态增长都是由外生的参数来决定的,这样,政府的政策就无法影响经济增长率,从这一点看,琼斯模型“重复”了索洛模型的不足。不过,琼斯模型还是有别于索洛模型的,那就是经济增长的源泉是厂商有意的研发活动。

9.3.2 无规模效应的阿吉翁模型

为了克服规模效应问题,阿吉翁-霍伊特模型[①]遵循 Young(1998)的做法,认为人口数量增加在导致研究人员数量增加的同时,还会导致消费品种类(也就是生产部门)的增加,并且部门增加速度与人口增加速度一致。这样,尽管人口数量增加了,但是每部门拥有的人口数量从而每部门拥有的研究人员数量不变,人口增加就不再有规模效应了。

与存在规模效应的阿吉翁-霍伊特模型相比,无规模效应的阿吉翁模型主要是在最终品生产函数上作了改变。具体说来,最终品生产函数由(9.76)式变成如下形式:

$$Y_t = (L/M)^{1-\alpha}\int_0^M A_{it}^{1-\alpha} X_{it}^{\alpha}\,\mathrm{d}i \tag{9.97}$$

与(9.76)式相比,生产函数(9.97)式的改变体现在如下两点:一是表示中间品种类数的区间由[0,1]变成了[0,M],这便于测度中间品数量;二是 L/M 取代了 L。这一改变将垂直创新与水平创新结合在一个模型当中了。

为此,与前文介绍的阿吉翁-霍伊特模型相比,这里,需要讨论中间品种类数的决定问题。对于这一点,Aghion and Howitt(2009)给出了如下简单做法:一方面,假设每一个人都可以在不需要任何投入的条件下,按照成功概率 ψ 来发明新的中间品种类;另一方面,中间品种类每年会以外生给定的比例 ε 消失。

由此,如果人口不变,那么,每一年中间品种类数量的改变量为:

$$\psi L - \varepsilon M_t$$

稳态时,要求上述改变量等于零。这样一来,稳态时的中间品种类数量就是:

$$M = (\psi/\varepsilon)L$$

① 这里,将无规模效应的阿吉翁-霍伊特模型简称为“阿吉翁模型”,这样做除了名称简单一些以外,还能够与前文的存在规模效应的阿吉翁-霍伊特模型从名称上区别开来。

将上式代入(9.97)式中,就可以得到如下形式的最终品生产函数:

$$Y_t = (\varepsilon/\psi)^{1-\alpha}\int_0^M A_{it}^{1-\alpha}X_{it}^{\alpha}\mathrm{d}i$$

从这个生产函数就可以看出,产出不再依赖于人口数量。

接下来,中间品数量 X_i 和研发投入 n(从而研发成功概率 μ)的决定方法,都与阿吉翁-霍伊特模型完全相同。中间品生产厂商面临的(反)需求函数,还是由最终品厂商利润最大化条件给出:

$$P_{it} = \partial Y_{it}/\partial X_{it} = \alpha(\varepsilon/\psi)^{1-\alpha}A_{it}^{1-\alpha}X_{it}^{\alpha-1} \tag{9.98}$$

对比(9.98)式与(9.77)式能发现,两式的差别在于:(9.77)式中的 L 在(9.98)式中被替换成了 ε/ψ。将(9.98)式代入中间品生产厂商的利润函数中,找出中间品厂商利润最大化条件,就可以求得 X_i、π_i 和 Y_t。其实,只需要把(9.79)式、(9.80)式和(9.81)式中的 L 依次替换成 ε/ψ,就能够得到我们所需要的结果:

$$X_{it} = \alpha^{2/(1-\alpha)}A_{it}(\varepsilon/\psi) \tag{9.99}$$

$$\pi_{it} = \bar{\pi}A_{it}(\varepsilon/\psi) \tag{9.100}$$

$$Y_t = \alpha^{2\alpha/(1-\alpha)}(\varepsilon/\psi)A_t \tag{9.101}$$

这里,$\bar{\pi}$ 就是(9.80)式中的 $\bar{\pi}$。从(9.99)式、(9.100)式和(9.101)式可以清楚看到,X_i、π_i 和 Y_t 都与规模变量——人口 L 无关。

由(9.101)式可知,经济增长率等于技术参数 A 的增长率。而技术参数增长率还是由(9.75)式给出,因此,接下来的任务就是要求出研发投入 n 及其决定的研发成功概率 μ。同样,它们还是由研发厂商利润最大化行为来决定。类似地,将(9.73)式和(9.74)式中的 L 依次替换成 ε/ψ,就可以得到这里的 n 和 μ:

$$n = [\sigma\lambda\bar{\pi}(\varepsilon/\psi)]^{\sigma/(1-\sigma)} \tag{9.102}$$

$$\mu = \lambda^{1/(1-\sigma)}[\sigma\bar{\pi}(\varepsilon/\psi)]^{\sigma/(1-\sigma)} \tag{9.103}$$

将(9.103)代入经济增长率决定式(9.75)式中,就可以得到经济增长率为:

$$\gamma = \lambda^{1/(1-\sigma)}[\sigma\bar{\pi}(\varepsilon/\psi)]^{\sigma/(1-\sigma)}(g-1)$$

从上式可以清楚地看到,经济增长率与人口 L 无关,规模效应问题由此得以克服。

不过,需要指出的是,这里克服规模效应的做法并非没有缺陷。其一,它并没有真正"切断"研究人员数量与人均增长率之间的正比关系。之所以没有表现出规模效应,是因为有了生产部门的增加,人口增加不能导致每个部门的研究人员的增加。其二,关于人口增加速度与生产部门数量增加速度相等的假定过于严格。换言之,只要两者不相等,规模效应仍然存在(Jones,1999)。

?习题

1. 垂直创新模型与水平创新模型最为主要的区别是什么?
2. 讨论外来者垂直创新模型中的中间品数量的决定问题。
3. 讨论外来者垂直创新模型中的中间品质量(即技术水平)的决定问题。
4. 对外来者垂直创新模型进行分析。
5. 对领先者垂直创新模型进行分析。

6. 建立和分析阿吉翁-霍伊特基本模型。

7. 建立和分析阿吉翁-霍伊特简单模型。

8. 说明琼斯模型是如何克服规模效应问题的。

9. 说明不存在规模效应的阿吉翁模型是如何克服规模效应问题的。

10. 简要评述不存在规模效应的内生增长模型克服规模效应问题是否成功。

第十章 可变时间偏好率增长模型

在此前的模型中，消费者的时间偏好率都被假设是外生给定并且保持不变(即不随时间变化而变化)。其实，这个假设更多是为了方便模型分析，而并非因为其符合经济现实。相反，人们的时间偏好率确实是可变的。这是因为人们的耐心要受到自己的消费、财富水平等变量的影响。比如，有很多学者认为一个人越富有，就会越有耐心；当然，也有不少学者认为，正好相反，一个人越贫穷，越有耐心。不管是哪一种情况，能够肯定的是，人们的时间偏好率应该是可变的。① 为此，在这一章里，我们将讨论可变时间偏好率增长模型。

可变时间偏好率增长模型的基本做法是，引入一个由模型的内生变量作为自变量的效用折扣率函数，来替代此前模型中的外生给定的不变折扣率。由于效用折扣率是决定消费者时间偏好率的主要因素，由此，这个折扣率函数在内生化折扣率的同时，将时间偏好率也内生化了；同时，模型内生变量变化就会导致折扣率、从而时间偏好率变化。基于此，可变时间偏好率模型又常常叫作"内生折扣(或内生时间偏好)率模型"。

在相关文献中，决定效用折扣率的内生变量有很多，主要包括消费、收入、物质资本、人力资本，等等。这一章，我们将讨论两个可变时间偏好率增长模型。在这两个模型中，决定可变时间偏好率的因素分别是消费和物质资本。

自然，可变时间偏好率模型既可以是新古典的拉姆齐模型，也可以是内生增长模型，就看模型所使用的生产函数是否具有新古典性质。第一个模型将采用新古典生产函数，第二个模型将采用凸技术生产函数即 AK 生产函数。这就是说，第一节讨论的是可变时间偏好率的拉姆齐模型；第二节讨论的则是可变时间偏好率的 AK(内生增长)模型。

10.1 可变时间偏好率的拉姆齐模型

这一节，我们讨论可变时间偏好率的拉姆齐模型。在这个模型里，决定消费者的效用折扣率从而时间偏好率的因素是消费者的消费水平。至于折扣率与消费水平之间的具体关系，既有文献(Uzawa，1968)认为成正比，也有文献(Das，2003)主张成反比。由于成反比的情形，还

---

① 除此之外，不变时间偏好率假设还受到了两点质疑。一是在一个具有不同时间偏好率的异质消费者拉姆齐模型中，不变时间偏好率假设会导致更为严重的与现实不符的结果。那就是，其中最具有耐心的消费者会最终拥有这个经济的所有资本。二是在引入不确定性之后，不变时间偏好率假设要求把消费者的风险规避(aversion to risk)和跨时替代规避(aversion to intertemporal substitution)两个偏好性质区分开来，并且彼此相互独立；可是，预期效用理论不支持这样的区分(Le Van and Vailakis，2003)。

需要折扣率函数满足其他条件[①]，因此这里只讨论成正比的情形。

如果用 ε 表示消费者的主观折扣率，c 表示人均消费，那么，消费者的效用折扣率函数就可以表示为：

$$\varepsilon = \varepsilon(c), \quad \varepsilon'(c) > 0, \quad \varepsilon''(c) < 0 \tag{10.1}$$

我们假设这个折扣率函数是存在二阶导数的连续函数，其法则为：一阶导数大于零，二阶导数小于零。(10.1)式的含义是，随着消费的增加，人们会变得越来越缺乏耐心；但是，这个变化的速度递减。

进一步，我们用 Δ 表示累积的折扣率(cumulated discount rate)，那么，就有如下关系式成立：

$$\dot{\Delta} = \varepsilon(c) \tag{10.2}$$

也就是有下式成立：

$$\Delta(t) = \int_0^t \varepsilon(c(v))\mathrm{d}v$$

为了给出时间偏好率的定义，也就是建立效用折扣率与时间偏好率的关系，需要先给出消费者的总效用函数：

$$U(C) = \int_0^\infty u(c(t))\mathrm{e}^{-\Delta(t)}\mathrm{d}t = \int_0^\infty u(c(t))\mathrm{e}^{-\int_0^t \varepsilon(c(v))\mathrm{d}v}\mathrm{d}t \tag{10.3}$$

式中，$C=\{c(t)\}_0^\infty$，表示人均消费序列。这里，我们也假设效用函数 $u(c)$ 是存在二阶导数的连续函数，并且，满足“一阶导数大于零，二阶导数小于零”。即有：

$$u'(c) > 0, \quad u''(c) < 0$$

关于函数 $\varepsilon(c)$ 和 $u(c)$ 所做出的如上假设在可变时间偏好率文献中比较普遍，尽管也存在争议(Palivos, Wang and Zhang, 1997)。

还需要给出“在时点 T 附近、沿消费路径 C 发生的微小消费变化的边际效用(the marginal utility with respect to a small increment in consumption along the path C and near time T)”的定义。这个边际效用是总效用函数即(10.3)式中的 U 关于 $c(t)$ 的沃尔泰拉(Volterra)导数。如果用 $U_T(C)$ 来表示这个边际效用的话，那么，它就由下式给出：

$$U_T(C) = [u'(c(T)) - \varepsilon'(c(T))U({}_TC)]\mathrm{e}^{-\int_0^T \varepsilon(c(v))\mathrm{d}v} \tag{10.4}$$

(10.4)式中的 ${}_TC$ 来表示从 T 开始之后的消费序列；$U({}_TC)$ 则表示由这个消费序列所带来的总效用(换言之，就是时点 T 开始的总效用)，它由下式给出：

$$U({}_TC) = \int_T^\infty u(c(t))\mathrm{e}^{-\int_T^t \varepsilon(c(v))\mathrm{d}v}\mathrm{d}t$$

得到上式只需要将总效用函数(10.3)式中的积分下限由 0 替换成 T 即可。

关于(10.4)式的含义说明三点。其一，T 时消费变化的边际效用为 $u'(c(T))$；其二，T 时消费变化会引起此后效用折扣率变化，这个变化量为 $\varepsilon'(c(T))$，由此，$\varepsilon'(c(T))U({}_TC)$ 表示的就是由于折扣率变化导致的 T 点之后的总效用的改变量；其三，这两个边际效用都是 T 时点的量，都需要被贴现到 0 时点，这个贴现因子就是(10.4)式中的最右边项。

按照 Epstein and Hynes(1983)，时间偏好率 ρ 被定义为，$U_T(C)$ 沿着不变路径的变化率，

① 参见 Chang(2009)。

即：

$$\rho(c(t),U(_TC)) \equiv -\frac{\mathrm{d}}{\mathrm{d}T}\ln U_T(C)\mid_{\dot{c}(t)=0}$$

求解上述一阶导数，能够得到：

$$\rho = \frac{\varepsilon(c)u'(c)-u(c)\varepsilon'(c)}{u'(c)-\varepsilon'(c)U(_TC)} \tag{10.5}$$

不难看出，当折扣率为常数即 $\varepsilon'(c)=0$ 时，有时间偏好率 $\rho=\varepsilon$。这就是说，当个人消费（更一般地说就是效用函数的自变量）变化不能改变效用折扣率时，消费者的时间偏好率就等于效用折扣率。在此前的模型中，效用折扣率都被假设为是外生给定的不变常数，自然，它不会随着个人消费的变化而变化，由此，这些模型中的时间偏好率就等于这个不变的效用折扣率。

要注意的是，时间偏好率等于效用折扣率的条件是，效用函数的自变量变动不改变效用折扣率，而不是效用折扣率为常数。简单地说，后者是前者的充分条件而非必要条件。这就是说，当效用折扣率由那些不受效用函数自变量变化影响的内生变量决定时，时间偏好率也总是等于效用折扣率，只是这时的效用折扣率（也就是时间偏好率）是可变的。

10.1.1 建立模型

除了消费者的效用折扣率（从而时间偏好率）不再保持不变而是由（10.1）式给出以外，为了简化模型，我们进一步假设资本折旧率和人口（劳动）增长率等于零。模型的其他假设都与第三章中的基本拉姆齐模型相同，这些假设主要包括：一部门生产技术、新古典生产函数、完全竞争市场。如此一来，模型的生产函数就由下式给出：

$$Y = F(L,K) \tag{10.6}$$

式中变量的含义与此前模型完全相同。

由上述生产函数，不难得出厂商利润最大化的一阶条件如下：

$$w = f(k) - f'(k)k \tag{10.7}$$

$$r = f'(k) \tag{10.8}$$

在导出（10.7）式和（10.8）式时，我们使用了生产函数的集约形式；式中的 w 和 r 还是分别表示劳动的工资和资本的利率。当然，两式也是厂商对劳动和资本的需求函数。

由于模型假设人口（劳动）增长率等于零，那么，人口（劳动）数量 L 就是一个已知量。从而，劳动需求函数（10.7）式仅仅被用来决定工资水平。而资本供给函数则还是由消费者的预算约束给出，即：

$$\dot{a} = ra + w - c \tag{10.9}$$

资本市场的均衡条件还是：

$$a = k \tag{10.10}$$

至此，虽然模型的主要构件都有了，但是模型还没有封闭起来。原因就是作为资本供给函数的（10.9）式引入了新的变量 c。因此，为了使模型封闭起来，还是要将 c 表示为 k 的函数。而这个函数就是欧拉方程。所以，接下来要做的工作就是讨论消费者跨时点效用最大化问题。

由于模型假设人口数量不变，所以，代表性消费者的跨时效用最大化的目标函数就是（10.3）式，而消费者的约束条件是（10.9）式，由此，这个效用最大化问题的汉密尔顿函数就是：

$$\mathcal{H}(c,a,\Delta,\tilde{\lambda},\tilde{\mu}) = \mu(c(t))e^{-\Delta(t)} + \tilde{\lambda}(ra + w - c) - \tilde{\mu}\varepsilon(c)$$

式中，c 是控制变量，a 和 Δ 是状态变量，$\tilde{\lambda}$ 和 $\tilde{\mu}$ 则是前述两个状态变量的共状态变量即影子价格。与第三章的基本拉姆齐模型相比，这里多出了一个状态变量 Δ。汉密尔顿函数等号右边最后一项前面的负号表示的是，缺乏耐心（折扣率）会导致消费者"收益（效用）"的减少。也可以理解为 Δ 的影子价格为负数。

不难求得最优化问题的一阶条件如下：

$$\frac{\partial \mathcal{H}}{\partial c} = 0 \Rightarrow u'(c)e^{-\Delta} + \tilde{\mu}\varepsilon'(c) = \tilde{\lambda}$$

$$\frac{\partial \mathcal{H}}{\partial a} = -\dot{\tilde{\lambda}} \Rightarrow r\tilde{\lambda} = -\dot{\tilde{\lambda}}$$

$$\frac{\partial \mathcal{H}}{\partial \Delta} = \dot{\tilde{\mu}} \Rightarrow -u(c)e^{-\Delta} = \dot{\tilde{\mu}}$$

横截性条件为①：

$$\lim_{t\to\infty} \mathcal{H}(t) = 0 \tag{10.11}$$

当然，最优条件还要包括两个状态变量的运动方程(10.9)式和(10.2)式。

为了化简消费者效用最大化问题的最优条件从而导出欧拉方程，我们先定义 $\lambda \equiv \tilde{\lambda}e^{\Delta}$ 和 $\mu \equiv \tilde{\mu}e^{\Delta}$。由此，上述三个一阶最优条件就可以变换成如下形式：

$$u'(c) - \mu\varepsilon'(c) = \lambda \tag{10.12}$$

$$\dot{\lambda} = \lambda[\varepsilon(c) - r] \tag{10.13}$$

$$\dot{\mu} = \mu\varepsilon(c) - u(c) \tag{10.14}$$

下面，我们还是将(10.12)式两次代入(10.13)式中。先将(10.12)式关于时间求一阶导数，代入(10.13)式等号左边，同时，将(10.12)式直接代入(10.13)式的等号右边，得到：

$$\dot{c} = \frac{(u' - \mu\varepsilon')(\varepsilon - r) + \dot{\mu}\varepsilon'}{u'' - \mu\varepsilon''}$$

再用(10.14)式代换掉上式中的 $\dot{\mu}$，得到：

$$\begin{aligned}\dot{c} &= \frac{u' - \mu\varepsilon'}{-u'' + \mu\varepsilon''}\left(r - \varepsilon - \varepsilon'\frac{\mu\varepsilon - u}{u' - \mu\varepsilon'}\right) \\ &= \frac{u' - \mu\varepsilon'}{-u'' + \mu\varepsilon''}\left(r - \frac{\varepsilon u' - u\varepsilon'}{u' - \mu\varepsilon'}\right)\end{aligned} \tag{10.15}$$

将(10.7)式、(10.8)式和(10.10)式一起代入(10.9)式中，可以得到：

$$\dot{k} = f(k) - c \tag{10.16}$$

用(10.8)式代换掉(10.15)式中的利率 r，可以得到：

$$\begin{aligned}\dot{c} &= \frac{u' - \mu\varepsilon'}{-u'' + \mu\varepsilon''}\left[f'(k) - \varepsilon - \varepsilon'\frac{\mu\varepsilon - u}{u' - \mu\varepsilon'}\right] \\ &= \frac{u' - \mu\varepsilon'}{-u'' + \mu\varepsilon''}\left[f'(k) - \frac{\varepsilon u' - u\varepsilon'}{u' - \mu\varepsilon'}\right]\end{aligned} \tag{10.17}$$

至此，(10.14)式、(10.16)式和(10.17)式三个关于变量 k、c、μ 的微分方程，一起构成了模型的基本微分方程组。

---

① 参见：Michel(1982)。

10.1.2 模型分析

能够证明模型的稳态表现为：$\dot{c}=\dot{k}=\dot{\mu}=0$。根据稳态的基本性质，很容易证明稳态时，$\dot{c}=\dot{k}=0$。由此，可以知道，稳态时，$\varepsilon(c)$和$u(c)$都是常数。这样，经由(10.14)式可知，稳态时有：$u(c)/\mu$为常数，而前面已经证明稳态时$u(c)$是常数。如此一来，就能推出稳态时有$\dot{\mu}=0$。

这就是说，分别令(10.14)式、(10.16)式和(10.17)式等于零，而得到的如下方程组就可以决定模型中变量k、c、μ的稳态值：

$$\mu = u(c)/\varepsilon(c) \tag{10.18}$$

$$c = f(k) \tag{10.19}$$

$$f'(k)-\varepsilon(c)-\varepsilon'(c)\frac{\mu\varepsilon(c)-u(c)}{u'(c)-\mu\varepsilon'(c)}=0 \tag{10.20}$$

将(10.18)式和(10.19)式代入(10.20)式中，经过简单化简，能够得到稳态人均资本决定式如下：

$$f'(k)=\varepsilon[f(k)] \tag{10.21}$$

在用(10.21)式决定人均资本k的稳态值之后，我们就可以用(10.19)式决定人均消费c的稳态值；最后，就可以用(10.18)式决定共状态变量μ的稳态值。因此，决定人均资本的稳态值是求解模型稳态的关键。

图10.1展示的是人均资本稳态值k^*的决定。函数$f'(k)$具有负斜率是因为生产函数是新古典生产函数。而函数$\varepsilon(c)$是一个单调函数，因此，函数$\varepsilon[f(k)]$的形状就与函数$f(k)$的形状相同。

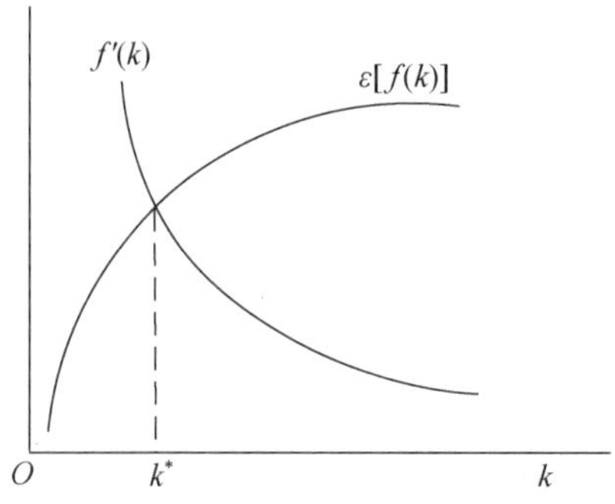

图10.1 可变时间偏好率拉姆齐模型的稳态

为了对模型进行转型动态分析，还是先将模型的基本微分方程组进行对数线性化。为此，先将(10.14)式、(10.16)式和(10.17)式等号两边分别除以μ、k和c，得到：

$$\frac{\dot{\mu}}{\mu}=\varepsilon-\frac{u}{\mu}$$

$$\frac{\dot{k}}{k}=\frac{f(k)}{k}-\frac{c}{k}$$

$$\frac{\dot{c}}{c}=\frac{1}{c}\left[\frac{u'-\mu\varepsilon'}{-u''+\mu\varepsilon''}f'(k)-\frac{\varepsilon u'-u\varepsilon'}{-u''+\mu\varepsilon''}\right]$$

用本书给出的对数线性化方法，求出上述三个微分方程的对数线性化形式不是很难的事情，当然，计算过程有些复杂。

为了减少篇幅，这里，直接给出对数线性化后的基本微分方程组的系数矩阵：

$$\begin{bmatrix} 0 & \left(\varepsilon'-\dfrac{u'}{\mu}\right)c & \dfrac{u}{\mu} \\ \dfrac{f'(k)k-f(k)}{k}+\dfrac{c}{k} & -\dfrac{c}{k} & 0 \\ \dfrac{k(u'-\mu\varepsilon')}{c(-u''+\mu\varepsilon'')}f''(k) & 0 & \dfrac{(\varepsilon'u''-u'\varepsilon'')f'(k)-(u\varepsilon'-\varepsilon u')\varepsilon''}{c(-u''+\mu\varepsilon'')^2}\mu \end{bmatrix}$$

用(10.14)式、(10.16)式和(10.21)式代换掉上述矩阵中的 μ、c 和 $f'(k)$，则上述矩阵就可以被变换成：

$$\begin{bmatrix} 0 & \dfrac{u\varepsilon'-\varepsilon u'}{u}f(k) & \varepsilon \\ \varepsilon & -\dfrac{f(k)}{k} & 0 \\ \dfrac{k(\varepsilon u'-u\varepsilon')}{f(k)(-u''\varepsilon+u\varepsilon'')}f''(k) & 0 & \dfrac{-\varepsilon\varepsilon''u}{f(k)(-u''\varepsilon+u\varepsilon'')} \end{bmatrix}$$

遗憾的是，要直接求上述这个 3×3 系数矩阵的特征值不是一件容易的事情。为解决这个困难，一方面，我们设法将 μ 表示成 c 和 k 的函数，从而将方程组的变量由三个减少为两个；另一方面，用相位图来对模型进行分析。

对于动态优化问题，有如下结论成立：沿着最优路径，有 $\mathrm{d}\,\mathcal{H}/\mathrm{d}t=\partial\,\mathcal{H}/\partial t$。证明这个结论并不困难，简要说明如下：

考虑如下汉密尔顿函数：

$$\mathcal{H}(x,u,y,t)$$

上式中，x 表示状态变量，y 是状态变量的协状态变量，u 为控制变量，t 则表示时间。这个动态优化问题的一阶条件为：

$$\frac{\partial\,\mathcal{H}}{\partial u}=0,\quad \frac{\partial\,\mathcal{H}}{\partial x}=-\dot{y},\quad \frac{\partial\,\mathcal{H}}{\partial y}=\dot{x} \tag{10.22}$$

对汉密尔顿函数进行全微分，可以得到：

$$\frac{\mathrm{d}\,\mathcal{H}}{\mathrm{d}t}=\frac{\partial\,\mathcal{H}}{\partial u}\dot{u}+\frac{\partial\,\mathcal{H}}{\partial x}\dot{x}+\frac{\partial\,\mathcal{H}}{\partial y}\dot{y}+\frac{\partial\,\mathcal{H}}{\partial t} \tag{10.23}$$

将最优条件(10.22)式代入(10.23)式中，不难看出，(10.23)式等号右边第一项等于零，而第二项和第三项互为相反数，由此，就能够推出(10.23)式等号右边前三项之和等于零，从而，有 $\mathrm{d}\,\mathcal{H}/\mathrm{d}t=\partial\,\mathcal{H}/\partial t$。

把这一结论运用到我们所讨论的动态优化问题中，能够得到 $\mathrm{d}\,\mathcal{H}/\mathrm{d}t=\partial\,\mathcal{H}/\partial t=0$。因为在我们讨论的动态优化问题中，时间 t 没有作为独立变量直接进入汉密尔顿函数中，也就是说，有 $\partial\,\mathcal{H}/\partial t=0$。这个结论连同横截性条件(10.11)式一起，可以推出：

$$\mathcal{H}=0 \tag{10.24}$$

为简化分析，将前述消费者最优的汉密尔顿函数改写成社会计划者最优问题的汉密尔顿函数：

$$\mathcal{H}(c,k,\Delta,\tilde{\lambda},\tilde{\mu})=u(c)\mathrm{e}^{-\Delta(t)}+\tilde{\lambda}[f(k)-c]-\tilde{\mu}\varepsilon(c)$$

将条件(10.24)式运用到上式，就可以得到：

$$\mu = \frac{u}{\varepsilon} + \frac{\lambda}{\varepsilon}[f(k) - c]$$

再用(10.12)式代换掉上式中的λ,经过适当化简,就能够求出:

$$\mu = \frac{u(c) + u'(c)[f(k) - c]}{\varepsilon(c) + \varepsilon'(c)[f(k) - c]}$$

用上式代换掉(10.17)式中的μ,就可以将(10.17)式变换成一个关于变量c和k之间的微分方程:

$$\dot{c} = \frac{u' - \mu\varepsilon'}{-u'' + \mu\varepsilon''}\{f'(k) - [\varepsilon + \varepsilon'(f(k) - c)]\} \tag{10.25}$$

要注意的是,(10.25)式中等号右边的第一乘积项中的μ并没有被代换掉。这样做的原因是,在对模型进行相位图分析时,这一乘积项不对分析结果产生影响。方程(10.25)连同(10.16)式一起构成了只包含c和k两个变量的基本微分方程组。

令(10.16)式中的$\dot{k}$和(10.25)式中的$\dot{c}$等于零,就可以分别得到变量k和c的零值运动方程如下:

$$c = f(k) \tag{10.26}$$

$$f'(k) = \varepsilon(c) + \varepsilon'(c)[f(k) - c] \tag{10.27}$$

能够发现,在以变量c为纵轴、变量k为横轴的坐标系中,变量k的零值运动曲线还是呈现为倒U形,这与标准的拉姆齐模型没有区别。为了判定变量c的零值运动曲线的形状,我们对(10.27)式进行全微分,得到:

$$f''(k)\mathrm{d}k = \varepsilon'(c)\mathrm{d}c + \varepsilon''(c)[f(k) - c]\mathrm{d}c + \varepsilon'(c)[f'(k)\mathrm{d}k - \mathrm{d}c]$$

由上式可以求得c关于k的一阶导数为:

$$\frac{\mathrm{d}c}{\mathrm{d}k} = \frac{f''(k) - \varepsilon'(c)f'(k)}{\varepsilon''(c)[f(k) - c]}$$

能够判定上述一阶导数大于零。这是因为,一方面,根据假设,$f''(k)<0$、$\varepsilon'(c)>0$和$f'(k)>0$,由此,上式等号右边的分子小于零;另一方面,根据假设,$\varepsilon''(c)<0$,同时,根据现实,应该有$f(k)-c>0$,从而上式等号右边的分母也小于零。

在图10.2中,倒U形曲线是变量k的零值运动曲线,向右上方倾斜的曲线是变量c的零值运动曲线,两条曲线的交点代表的就是模型的稳态。同样,这两条零值运动曲线把整个第一象限区分为四个区域;在每一个区域中,变量c和变量k的运动方向如图中箭头所示。由图10.2中表示变量运动方向的箭头,很容易可以知道模型的稳态是鞍形稳定的。

10.1.3 与基本拉姆齐模型的比较

就主要结论而言,这一节所讨论的可变时间偏好率模型与基本拉姆齐模型之间的相同之处主要表现在,稳态时的人均增长率都等于零,同时,稳态是鞍形稳定的。这一点,通过上文对模型的分析,可以清楚地看到。

不同之处则体现在以下三个方面。其一,主要变量的稳态水平值不同。从图10.2可以看出,可变时间偏好率模型的人均资本稳态值(k^*)要比标准拉姆齐模型的稳态值(k_R^*)小。这是模型假设折扣率与消费成正比的必然结果:随着经济的增长,人均消费越来越高,从而折扣率越高,消费者积累的资本就会越少。

其二,稳态时的均衡利率不再是不变了。在标准拉姆齐模型中,由于时间偏好率被假设是

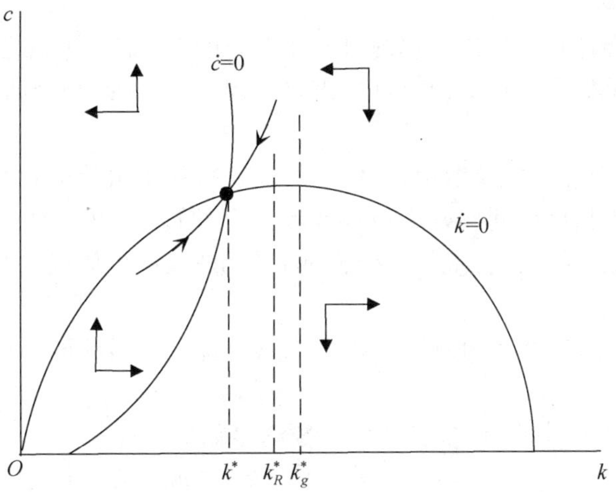

图 10.2　可变时间偏好率拉姆齐模型的相位图

不变的，所以，稳态时的均衡利率总是等于这个不变的时间偏好率，也就是说，它不受生产函数等因素的影响。在可变时间偏好率模型中，由于生产函数等因素要影响消费者的消费水平从而影响时间偏好率，所以，稳态时的均衡利率要随着生产函数等因素的变动而变化。

其三，在异质消费者模型中，不会出现最有耐心的消费者拥有该经济中的全部资产的情形。在可变时间偏好率模型中，即使不同消费者具有不同的折扣率函数，但是，稳态时不同消费者都具有相同的折扣率。这样，消费从而财富在不同消费者之间的分布是稳定。由此，就不可能出现最有耐心的消费者拥有一个经济的全部资产的情形出现。

10.2　可变时间偏好率的 *AK* 模型

与上一节的可变时间偏好率的拉姆齐模型相比，这一节将要讨论的可变时间偏好率的 *AK* 模型主要有两点不同。一是决定个人时间偏好率的因素由消费者的消费水平变成了消费者拥有的资本数量；二是使用的生产函数由新古典函数变成了 *AK* 函数。

为了简化模型，我们假设要讨论的经济社会人口不变。因此，不妨碍模型的一般性，可以将这个不变人口单位化为 1。这样，模型中的变量就不需要区分为总量和平均量。模型的生产函数就可以表述为：

$$y = f(K) = Ak \tag{10.28}$$

式中，$A>0$，表示技术水平。

10.2.1　建立模型

建模还是从最终品生产函数即(10.28)式出发。由于这个生产函数只存在资本一种要素，因此，只需要利用资本市场均衡决定资本投入数量就可以将模型建立起来。为了简化模型，这里，我们用计划者经济框架来建模。于是，社会计划者的约束条件，也就是整个经济的资源约束条件是：

$$\dot{k} = Ak - \delta k - c \tag{10.29}$$

式中，δ 表示资本折旧率。

接下来要找到社会计划者最优问题的目标函数，也就是消费者的总效用函数。由于消费者的折扣率从而时间偏好率是可变的，所以，需要给定具体的折扣率函数之后才能写出消费者的总效用函数。

前文已有说明，在个人资本模型中，消费者的效用折扣率由消费者的个人资本来决定。至于消费者的效用折扣率从而时间偏好率与消费者拥有的资本（财富）之间的具体关系，大多数文献都主张两者成反比。换言之，就是一个人拥有的资本越多，他就越有耐心，从而，效用折扣率、时间偏好率就越低。

如果还是用 ε 来表示消费者的效用折扣率，那么，就有如下折扣率函数：

$$\varepsilon = \varepsilon(k) \tag{10.30}$$

式中，k 表示人均资本。进一步，假说折扣率函数满足如下条件：

$$\varepsilon(k), \quad \varepsilon'(k) < 0, \quad \varepsilon''(k) > 0, \quad \lim_{k\to\infty}\varepsilon(k) = \bar{\varepsilon} > 0$$

根据上述折扣率函数，消费者的总效用函数可以表示为：

$$U(C) = \int_0^\infty u(c(t))\mathrm{e}^{-\int_0^t \varepsilon(k(v))\mathrm{d}v}\mathrm{d}t \tag{10.31}$$

式中，$C=\{c(t)\}_0^\infty$，表示人均消费序列。这里，我们也假设效用函数 $u(c)$ 是存在二阶导数的连续函数，并且满足“一阶导数大于零，二阶导数小于零”。即有：

$$u'(c) > 0, \quad u''(c) < 0$$

为了便于模型求解和分析，我们给出具体的效用函数如下：

$$u(c) = \frac{c^{1-\theta}}{1-\theta}$$

于是，社会计划者跨时点最优问题的汉密尔顿函数可以写成如下形式：

$$\mathcal{H}(c,k,\Delta,\tilde{\lambda},\tilde{\mu}) = \frac{c^{1-\theta}}{1-\theta}\mathrm{e}^{-\Delta(t)} + \tilde{\lambda}(Ak-\delta k-c) - \tilde{\mu}\varepsilon(k) \tag{10.32}$$

同上一节的模型一样，(10.32)式中的 Δ 表示的是消费者的累积折扣率，即有：

$$\Delta(t) = \int_0^t \varepsilon(k(v))\mathrm{d}v$$

上述最优化问题的最优条件为：

$$\frac{\partial\mathcal{H}}{\partial c} = 0 \Rightarrow c^{-\theta} = \lambda \tag{10.33}$$

$$\frac{\partial\mathcal{H}}{\partial k} = -\dot{\tilde{\lambda}} \Rightarrow (A-\delta)\lambda - \mu\varepsilon'(k) = -\dot{\lambda} + \lambda\varepsilon(k) \tag{10.34}$$

$$\frac{\partial\mathcal{H}}{\partial\Delta} = \dot{\tilde{\mu}} \Rightarrow -\frac{c^{1-\theta}}{1-\theta} = \dot{\mu} - \mu\varepsilon(k) \tag{10.35}$$

横截性条件为：

$$\lim_{t\to\infty}\mathcal{H}(t) = 0 \tag{10.36}$$

在导出上述最优条件的过程中，我们利用前文定义的恒等式 $\lambda\equiv\tilde{\lambda}\mathrm{e}^{\Delta}$ 和 $\mu\equiv\tilde{\mu}\mathrm{e}^{\Delta}$ 进行了相关的代换。

为了化简模型，我们还是将(10.33)式两次代入(10.34)式中，得到：

$$\frac{\dot{c}}{c} = \frac{1}{\theta}(A-\delta-\varepsilon-\mu\varepsilon'c^{\theta}) \tag{10.37}$$

同样，利用横截性条件(10.36)式，可以将 μ 表示成变量 c 和 k 的函数。具体做法是令(10.32)式等于零，可以得到：

$$\mu = \frac{1}{\varepsilon} \times \frac{c^{1-\theta}}{1-\theta} + \frac{1}{\varepsilon} c^{-\theta}(Ak - \delta k - c) \tag{10.38}$$

在导出(10.38)式时，我们使用(10.33)式以及上述两个恒等式 $\lambda \equiv \tilde{\lambda} e^{\Delta}$ 和 $\mu \equiv \tilde{\mu} e^{\Delta}$ 进行了必要的代换。

最后，将(10.38)式代入(10.37)式中，就可以得到模型的欧拉方程如下：

$$\frac{\dot{c}}{c} = \frac{1}{\theta}\left[A - \delta - \varepsilon - \frac{\varepsilon'}{\varepsilon} \frac{c}{1-\theta} - \frac{\varepsilon'}{\varepsilon}(Ak - \delta k - c)\right] \tag{10.39}$$

将不变时间偏好率 AK 模型的欧拉方程即(7.4)式与(10.39)式比较一下，能够发现(10.39)式比(7.4)式多出了两项：$(-\varepsilon'/\varepsilon)c/(1-\theta)$ 和 $(-\varepsilon'/\varepsilon)(Ak-\delta k-c)$。这两项都是由于"时间偏好率依赖于资本水平"而引起的。

为了代换掉(10.39)式中的 ε'，我们对(10.30)式等号两边同时关于时间求一阶导数，得到：

$$\dot{\varepsilon} = \varepsilon' \dot{k} \tag{10.40}$$

将(10.40)式代入(10.39)式，模型的欧拉方程就可以变换成如下形式：

$$\frac{\dot{c}}{c} = \frac{1}{\theta}\left[A - \delta - \varepsilon - \frac{1}{1-\theta} \frac{\dot{\varepsilon} c}{\varepsilon \dot{k}} - \frac{\dot{\varepsilon}}{\varepsilon}\right] \tag{10.41}$$

在导出(10.41)式的过程中，利用(10.29)式进行了必要的代换。

至此，欧拉方程(10.41)式与资源约束条件(10.29)式这两个关于变量 c 和 k 的微分方程一起构成了模型的基本微分方程组。当然，这个微分方程组包含折扣率 ε。这个折扣率可以用折扣率函数(10.30)式来进行代换。

为了方便模型的求解和分析，我们给出如下具体的折扣率函数①：

$$\varepsilon(k) = \bar{\varepsilon} + \varepsilon_0 k^{-\eta} \tag{10.42}$$

式中，参数 $\eta > 0$ 用以控制经济增长引起的折扣率收敛到 $\bar{\varepsilon}$ 的速度。接下来要做的事情应该是利用(10.42)式代换掉(10.41)式中的 ε 和 $\dot{\varepsilon}$。

为了代换掉(10.41)式中的 $\dot{\varepsilon}$，我们先求(10.42)式关于 k 的一阶导数，然后，将求得的这个导数代入(10.40)式中，经过适当化简，可以求得：

$$\dot{\varepsilon} = -\eta(\varepsilon - \bar{\varepsilon}) \frac{\dot{k}}{k} \tag{10.43}$$

用(10.43)式代换掉(10.41)式中的 $\dot{\varepsilon}$，就可以将(10.41)式变换成：

$$\frac{\dot{c}}{c} = \frac{1}{\theta}\left[A - \delta - \varepsilon + \eta \frac{\varepsilon - \bar{\varepsilon}}{\varepsilon}\left(\frac{1}{1-\theta} \frac{c}{k} + \frac{\dot{k}}{k}\right)\right] \tag{10.44}$$

本来，我们应该用(10.42)式来代换掉(10.44)式中的 ε，以便将这个含有 ε、c 和 k 三个变量的方程，变换成一个关于 c 和 k 两个变量的方程。从而让这个式子与(10.29)式一起构成两个只含有变量 c 和 k 的基本微分方程组。只是代换掉(10.44)式中的 ε 会将这个式子变成一个十分复杂的方程，因此我们就不进行这样的代换，而是另寻其他方法将这个方程中的三个变

---

① 这个折扣率函数来自 Strulik(2012)。

量变换成两个变量。这个方法是引入一个零值变量 $x \equiv c/k$。定义这个零值变量是因为，由(10.29)式可以很容易证明：c 和 k 的稳态增长率相等。

这样，由(10.29)式，可以得到：

$$\dot{k}/k = A - \delta - x \tag{10.45}$$

将(10.45)式代入(10.43)式中，得到：

$$\dot{\varepsilon} = -\eta(\varepsilon - \bar{\varepsilon})(A - \delta - x) \tag{10.46}$$

把(10.44)式等号两边同时减去 $\dot{k}/k$，再用(10.45)式进行适当的替换，就可以将(10.44)式变换成：

$$\frac{\dot{x}}{x} = \frac{1}{\theta}\left[A - \delta - \varepsilon + \eta\frac{\varepsilon - \bar{\varepsilon}}{\varepsilon}\left(A - \delta - x + \frac{x}{1-\theta}\right)\right] - (A - \delta - x) \tag{10.47}$$

于是，(10.46)式和(10.47)式两个包含变量 x 和 ε 的微分方程就构成了模型的基本微分方程组。

10.2.2 模型分析

前文已经说明，稳态时变量 x 的增长率为零。利用(10.46)式，不难证明变量 ε 的增长率也等于零。将这个式子等号两边同时除以 ε，得到：

$$\dot{\varepsilon}/\varepsilon = -\eta(1 - \bar{\varepsilon}/\varepsilon)(A - \delta - x)$$

式中，η、δ 和 A 是常数，稳态时 x 是常数，而稳态的定义又要求 $\dot{\varepsilon}/\varepsilon$ 是常数，由此，稳态时，就要求 $\bar{\varepsilon}/\varepsilon$ 是常数；又有 $\bar{\varepsilon}$ 是常数。所以，稳态时，变量 ε 必定是常数，也就是说，其稳态增长率等于零。

这样，求解模型的稳态，就是要求解以下两个方程构成的方程组：

$$-\eta(\varepsilon - \bar{\varepsilon})(A - \delta - x) = 0 \tag{10.48}$$

$$\frac{1}{\theta}\left[A - \delta - \varepsilon + \eta\frac{\varepsilon - \bar{\varepsilon}}{\varepsilon}\left(A - \delta - x + \frac{x}{1-\theta}\right)\right] - (A - \delta - x) = 0 \tag{10.49}$$

求解上述方程组，可以得到模型的两个稳态解如下：

$$x^* = A - \delta, \quad \varepsilon^* = \frac{A - \delta + \phi}{2} + \sqrt{\frac{(A - \delta + \phi)^2}{4} - \phi\bar{\varepsilon}} \tag{10.50}$$

$$x^{**} = \frac{\theta - 1}{\theta}(A - \delta) + \frac{\bar{\varepsilon}}{\theta}, \quad \varepsilon^{**} = \bar{\varepsilon} \tag{10.51}$$

其中，(10.50)式中的 $\phi \equiv \frac{\eta(A-\delta)}{1-\theta}$；(10.51)式要求 $\bar{\varepsilon} > (A-\delta)(1-\theta)$，这个条件用于保证 $x^{**} > 0$。

本来，(10.50)式中的 ε^* 应该还有一个解：

$$\varepsilon^* = \frac{A - \delta + \phi}{2} - \sqrt{\frac{(A - \delta + \phi)^2}{4} - \phi\bar{\varepsilon}}$$

这个解被省去了。原因如下：由(10.42)式可知，ε 有最小值 $\bar{\varepsilon}$，而被省去的这个解无法满足这个条件。

最后，将 x^* 和 x^{**} 分别代入(10.45)式中，就可以求得两个稳态的人均资本也就是人均产出(消费)的增长率如下：

$$\gamma_k^* = 0$$

$$\gamma_k^{**} = A - \delta - x$$

我们采用相位图来对模型的两个稳态进行转型动态分析。(10.48)式是变量 ε 的零值运动方程,(10.49)式是变量 x 的零值运动方程。由(10.48)式可知,变量 ε 的零值运动曲线是两条直线:$x^* = A - \delta$ 和 $\varepsilon^{**} = \bar{\varepsilon}$。在图 10.3 中,前者是那条水平直线;后者则是那条垂直直线。两个稳态点则是这两条直线与(10.49)式所表示的变量 x 的零值运动曲线的交点。

接下来原本应该是求解(10.49)式的斜率,从而画出变量 x 的零值运动曲线。遗憾的是,直接去求解这个函数的斜率不是一件容易的事情,我们只好另寻办法。由(10.49)式可知,$\varepsilon^* > \varepsilon^{**} = \bar{\varepsilon}$。这就是说,变量 x 的零值运动曲线与变量 ε 的零值运动(水平)曲线的交点,要位于变量 ε 的零值运动(垂直)曲线的右边。

类似地,由(10.50)式和(10.51)式可知,$x^* > x^{**}$。这是因为,$x^* - x^{**} = (1/\theta)(A - \delta - \bar{\varepsilon})$,而这个等式的右边项大于零是保证模型增长率大于零的基本条件,类似于第七章中的(7.11)式。由此,可以知道,变量 x 的零值运动曲线与变量 ε 的零值运动(垂直)曲线的交点,要位于变量 ε 的零值运动(水平)曲线的下边。基于这两点信息,我们能够导出如下结论:变量 x 的零值运动曲线向右上方倾斜,如图 10.3 所示。

同样,图 10.3 中的箭头代表着所作区域点的运动方向。至于确定箭头方向的方法,在前文已有介绍。这里只用两个例子来加以说明。其一,判定变量 ε 的零值运动(垂直)曲线左侧点沿横轴运动的方向。为此,我们对(10.46)式求如下一阶导数:

$$\mathrm{d}\dot{\varepsilon}/\mathrm{d}\varepsilon = -\eta(A - \delta - x) < 0$$

由于变量 ε 的零值运动(垂直)曲线左侧点的横坐标小于 $\bar{\varepsilon}$,所以,根据上式,这些点将沿着横轴向右运动。

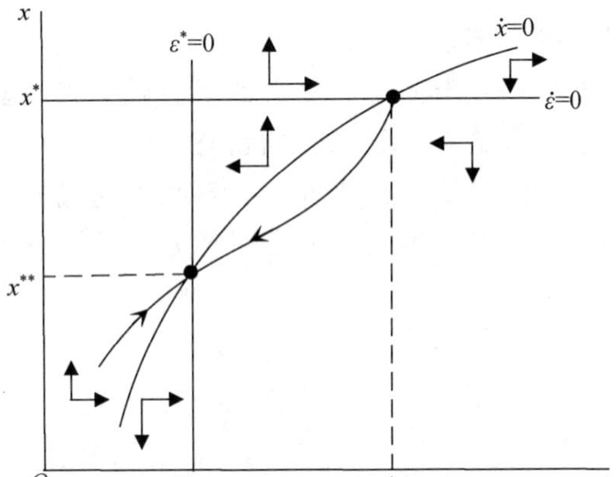

图 10.3　可变时间偏好率 AK 模型的相位图

其二,判定变量 x 的零值运动曲线上边点沿纵轴运动的方向。为此,我们对(10.47)式求如下一阶导数:

$$\frac{\mathrm{d}(\dot{x}/x)}{\mathrm{d}x} = \frac{\eta(\varepsilon - \bar{\varepsilon})}{(1-\theta)\varepsilon} + 1 \tag{10.52}$$

根据(10.42)式,(10.52)式中的 η 和 $\varepsilon - \bar{\varepsilon}$ 都大于零,因此,当 $\theta < 1$ 时,(10.52)式就一定大于零,从而可以判定变量 x 的零值运动曲线上边点沿纵轴向上运动。

不过,当 $\theta > 1$ 时,判定 $\mathrm{d}(\dot{x}/x)/\mathrm{d}x$ 的符号则要费一番周折。具体做法是,想办法将(10.52)式中等号右边第一项给代换掉。为此,我们先将(10.49)式整理成如下形式:

$$[(1-\theta)(A-\delta)+\theta x-\varepsilon]+[(1-\theta)(A-\delta)+\theta x]\frac{\eta(\varepsilon-\bar{\varepsilon})}{(1-\theta)\varepsilon}=0$$

解上述方程，得到：

$$\frac{\eta(\varepsilon-\bar{\varepsilon})}{(1-\theta)\varepsilon}=-\frac{(1-\theta)(A-\delta)+\theta x-\varepsilon}{(1-\theta)(A-\delta)+\theta x}\equiv-\frac{m}{n} \tag{10.53}$$

得到(10.53)式中的恒等关系，是因为我们令

$$(1-\theta)(A-\delta)+\theta x-\varepsilon\equiv m$$

和

$$(1-\theta)(A-\delta)+\theta x\equiv n$$

将上式代入(10.52)式中，可以得到：

$$\frac{\mathrm{d}(\dot{x}/x)}{\mathrm{d}x}=1-\frac{m}{n} \tag{10.54}$$

显然，(10.53)式中的 m 小于 n。当 $x=x^*=A-\delta$ 时，有 $m=A-\delta-\varepsilon>0$；当 $x=x^{**}=[(\theta-1)/\theta](A-\delta)+\bar{\varepsilon}/\theta$ 时，有 $m=0$。这就是说，当 $x\in[x^*,x^{**}]$时，有 $n>m\geqslant 0$。由此，可以推出(10.54)式大于零，从而可以判定变量 x 的零值运动曲线上边点沿纵轴向上运动。

从图 10.3 所标出的运动箭头，可以清楚地看出：稳态(ε^*，x^*)是不稳定的；而稳态(ε^{**}}，x^{**})则是鞍形稳定的。稳定路径以外的其他路径，要么导致 $x=0$ 从而出现零消费现象；要么导致 $x=\infty$ 从而出现零资本现象。无论是消费还是资本，对于一个经济社会的存在都是必需的。这就是说，当 $\varepsilon(k(0))>\varepsilon^*$ 也就是 $k(0)<k^*$ 时，模型不存在最优路径；而当 $\varepsilon(k(0))<\varepsilon^*$ 也就是 $k(0)>k^*$ 时，经济会沿着最优路径收敛于鞍形稳态(ε^{**}，x^{**})。

至于模型的转型动态，则表示为从稳态(ε^*，x^*)向稳态(ε^{**}，x^{**})转换。当经济处于稳态(ε^*，x^*)时，资本和产出水平都很少，而折扣率很大。差不多所有的产出都被消费了，从而储蓄很少，人均资本增长率几乎等于零即 $\dot{k}=0$。

随着资本的积累，人们会变得更有耐心。更大的耐心就会引起储蓄从而资本的增加。随着这个过程的持续，经济就会从稳态(ε^*，x^*)转向稳态(ε^{**}，x^{**})。在这个转换过程中，储蓄率和经济增长率持续提高。由此，经济增长步入一种自我加速过程：经济增长速度越快，人们就变得越富有和更有耐心；更有耐心的消费者就会储蓄更多，更多的储蓄自然会导致更多的资本和更高的经济增长。

?习题

1. 某消费者有如下效用函数：

$$U(C)=\int_0^\infty u(c(t))\mathrm{e}^{-\Delta(t)}\mathrm{d}t=\int_0^\infty u(c(t))\mathrm{e}^{-\int_0^t\varepsilon(c(v))\mathrm{d}v}\mathrm{d}t$$

式中，$C=\{c(t)\}_0^\infty$ 表示人均消费序列；ε 表示消费者的主观折扣率。请推导出这个消费者的时间偏好率。

2. 导出可变时间偏好率的拉姆齐模型的基本微分方程。

3. 对可变时间偏好率的拉姆齐模型进行稳态和转型动态分析。

4. 简述可变时间偏好率的拉姆齐模型与标准拉姆齐模型之间的差异。

5. 建立和分析具有可变时间偏好率的 AK 模型。

参考文献

蒋中一,《动态最优化基础》(中译本). 商务印书馆,1999.

阮炯,《差分方程和常微分方程》. 复旦大学出版社,2002.

Acemoglu, D. , *Introduction to Modern Economic Growth*. Princeton University Press, 2009.

Aghion, P. , and Howitt, P. , *Endogenous Growth Theory*. The MIT Press,1998.

Aghion, P. , and Howitt, P. , *The Economics of Growth*. The MIT Press,2009.

Barro, R. , "Government Spending in a Simple Model of Endogenous Growth", *Journal of Political Economy*, 1990, 98(5): 103—126.

Barro, R. , and Sala-I-Martin, X. , *Economic Growth*. The MIT Press, 2004.

Brock, W. , and Taylor, S. , "The Green Solow Model", *Journal of Economic Growth*, 2010, 15(2): 127—153.

Chang, F. R. , "Optimal Growth and Impatience: A Phase Diagram Analysis", *International Journal of Economic Theory*, 2009, 5(2): 245—255.

Das, M. , "Optimal Growth with Decreasing Marginal Impatience", *Journal of Economic Dynamics and Control*, 2003, 27(10): 1881—1898.

Dixit, A. K. , and Stiglitz, J. E. , "Monopolistic Competition and Optimum Product Diversity", *American Economic Review*, 1997, 67(3): 297—308.

Epstein, L. , and Hynes, A. , "The Rate of Time Preference and Dynamic Economic Analysis", *Journal of Political Economy*, 1983, 91(4): 611—635.

Galor, O. , *Discrete Dynamical Systems*. Springer,2007.

Gillman, M. , *Advanced Modern Macroeconomics: Analysis and Application*. Financial Times/Prentice Hall, 2011.

Jones, C. , "R&D-based Models of Economic Growth", *Journal of Political Economy*, 1995a, 103(4): 759—784.

Jones, C. , "Time Series Tests of Endogenous Growth Models", *Quarterly Journal of Economics*, 1995b, 110(2): 495—525.

Kaldor, N. , "Capital Accumulation and Economic Growth", In F. Lutz and D. Hague, editors, *Proceedings of a Conference Held by the International Economics Association*. Maxmillan, 1963.

Kortum, S. , "Research, Patenting, and Technological Change", *Econometrica*, 1997,

65(6): 1389—1420.

Le Van, C., and Vailakis, Y., "Existence of a Competitive Equilibrium in a One Sector Growth Model with Heterogeneous Agents and Irreversible Investment", *Economic Theory*, 2003, 22(4):743—771.

Lucas, R., "On the Mechanics of Economic Development", *Journal of Monetary Economics*, 1988, 22(1): 3—42.

Mas-Colell, A., Whinston, M., and Green, J., *Advanced Modern Macroeconomics: Analysis and Application*. Oxford University Press, 1995.

Michel, P., "On the Transversality Condition in Infinite Horizon Optimal Problems", *Econometrica*, 1982, 50(4): 975—985.

Palivos, T., Wang, P., and Zhang, J., "On the Existence of Balanced Growth Equilibrium", *International Economic Review*, 2009, 38(1): 205—224.

Romer, P., "Endogenous Technological Change", *Journal of Political Economy*, 1990, 98(5): S71—102.

Schlicht, E., "A Variant of Uzawa's Theorem", *Economics Bulletin*, 5(6): 2006, 1—5.

Segerstrom, P., "Endogenous Growth Without Scale Effects", *American Economic Review*, 1998, 88(5): 1290—1310.

Strulik, H., "Patience and prosperity", *Journal of Economic Theory*, 2012, 147(1): 336—352.

Takayama, A., *Mathematical Economics*. Cambridge University Press, 1985.

Uzawa, H., "Neutral Inventions and the Stability of Growth Eqilibrium", *Review of Economic Studies*, 1961, 28(2): 117—124.

Uzawa, H., "Time Preference, the Consumption Function, and Optimum Asset Holdings", In J. Wolfe, editor, *Value, Capital and Growth: Papers in Honour of Sir John Hicks*. University of Edinburgh Press, 1968.

Varian, H., *Intermediate Microeconomics: A Modern Approach*. W. W. Norton and Company, 2009.

Wälde, K., *Applied Intertemporal Optimization*, Edition 1.1. Mainz University Gutenberg Press, 2011, Available at www.waelde.com/aio。

后　记

本书源自我讲授的硕士生课程“经济增长理论”的讲稿。屈指算来，讲授这门课程有六年多了，准备讲稿的时间跨度则是七年有余。这期间，我用了一年多的时间把讲稿改写成书稿。

时下，讲授这样有一定难度的课程，是一件“吃力不讨好”的事情。能够坚持下来，要感谢这几年来听我讲授这门课程的学生。他们对我课堂教学效果的肯定，给了我些许信心：可能有读者愿意购买、阅读我这本书；读过之后，还能觉得这个购书款花得值。或许这不是信心，而是奢望。信心也好，奢望也罢，这些年，多亏有它一路相伴。

还要感谢我的家人。父母给了我善良，妻儿给了我家的温馨。这两者是我讲课和写作的不竭动力源泉。

这样一本不够成熟的小书能够出版，当然也要感谢北京大学出版社和相关编辑老师。没有出版社的勇气和担当，这样一本纯理论性的书籍是不可能问世的；缺少了王晶、兰慧等编辑老师的高效而细致的工作，本书也无法顺利出版。

虽然成书时间不短，我也是尽心尽力在写作，但是，由于自己学力有限，书中难免存在疏漏乃至错误。为此，我真心欢迎读者的批评！

沈佳斌

2015 年 6 月于武昌沙湖

教师反馈及教辅申请表

北京大学出版社本着“教材优先、学术为本”的出版宗旨，竭诚为广大高等院校师生服务。为更有针对性地提供服务，请您认真填写以下表格并经系主任签字盖章后寄回，我们将按照您填写的联系方式免费向您提供相应教辅资料，以及在本书内容更新后及时与您联系邮寄样书等事宜。

书名		书号	978-7-301-	作者	
您的姓名				职称职务	
校/院/系					
您所讲授的课程名称					
每学期学生人数		______人_____年级		学时	
您准备何时用此书授课					
您的联系地址					
邮政编码			联系电话（必填）		
E-mail（必填）			QQ		
您对本书的建议：				系主任签字 盖章	

我们的联系方式：

北京大学出版社经济与管理图书事业部

北京市海淀区成府路 205 号，100871

联系人：徐冰

电话：　010-62767312 / 62757146

传真：　010-62556201

电子邮件：em_pup@126.com　　em@pup.cn

Q Q：5520 63295

新浪微博：@北京大学出版社经管图书

网址：　http://www.pup.cn